Seadove

Seadove

只有羅素，
可以把哲學史寫成全球暢銷書！

羅素拿到諾貝爾獎的哲學史

二十世紀最暢銷的哲學書

A History of Western Philosophy

伯特蘭·羅素的《西方哲學史》是一本珍貴的書，這是一本超越派別和意見衝突的書。

他可以把一般性的哲學思想成功地介紹給人們，他這樣做，是對哲學家始終保持興趣的最成功的範例。

——美國物理學家 愛因斯坦

一九五〇年羅素獲得諾貝爾文學獎的頒獎詞

Bertrand Russell

伯特蘭·羅素 著

伯庸 譯

前言

亞歷山卓的詩人卡利馬科斯[1]說：「一部大書就是一個大災難。」對此我抱有同感。我之所以敢把這本書寫出來，是因為就災難而言，這本書是不大的。前段時間，我寫過一部名叫《西方哲學史》的著作，與現在的這部主題相同。但是我要在此說的是：《哲學簡史》是一本全新的書。

本書試圖寫成一部從泰利斯[2]到維根斯坦[3]的故事概述，並且對這些事蹟所涉及的歷史背景做出提示。為了說明問題，我在書中收集許多與此相關的圖片。它至少顯示一個優點：它不受任何語種的約束。

至於說到會再出現一部哲學史著作，我想，基於兩個緣由。首先，同

---

1. 卡利馬科斯（約前305—？），古希臘最博學的詩人和評論家之一，也是一位勤奮的目錄學家，起初在亞歷山卓城郊講學，後來任職於亞歷山卓圖書館。他曾經將著名的亞歷山卓圖書館收藏的大量手稿進行彙編，奠定研究希臘文學的基礎。據稱，其作品將近有八百篇，包括散文與詩歌、風格模仿，對羅馬詩歌創作影響很大，但是現存完整的不多。另有一說，認為他曾經擔任館長，但是尚無確證。——譯者注

2. 泰利斯（前624—前546），古希臘思想家、科學家、哲學家，古希臘最早的哲學學派——米利都學派的創始人。他是希臘七賢之一，西方思想史上第一個有記載並且留下名字的思想家。他還是古希臘及西方第一個自然科學家和哲學家，被稱為「科學和哲學之祖」，其弟子有阿那克西曼德、阿那克西米尼。——譯者注

3. 路德維希·維根斯坦（1889—1951），出生於奧地利，後入英國籍，哲學家、數理邏輯學家。他是語言哲學的奠基人，也是20世紀最有影響力的哲學家之一，其哲學著作主要有《邏輯哲學論》、《哲學研究》、《藍皮書和棕皮書：〈哲學研究〉》、《哲學評論》。——譯者注

時顧及簡明和全面的哲學著作極少；其次，目前知識的專門化已成風尚，對於祖先的智慧已漸漸遺忘。本書的目的就是要挑戰這種數典忘祖的現象。

嚴格說來，西方的哲學就是希臘哲學，任何試圖割斷我們與往昔的這些偉大的思想家之間的血脈的思考都是不明智的。對於那些認為哲學開始於1921年的人，與他們進行希臘哲學的探討尤其必要。

哲學史的寫作，要麼是純敘述式的，要麼是夾敘夾議式的。本書採取的是後一種方式，但是我要強調的是，不應該讓讀者因為某位哲學家的漏洞而對其不予理睬。康德④說過，他不擔心被證明有錯誤，卻擔心被誤解。至少，我們應該在明白某些哲學家的思想之後，再將他們擱到一邊。

本書的資料收集歸功於我的編輯保羅·福爾克斯博士，他幫助我選擇圖片、設計圖表，並且幫助我撰寫正文。

本書旨在考察哲學家們業已討論過的首要問題。如果讀者在讀完之後印象深刻，就達到我寫作本書的目的。

伯特蘭·羅素

---

4. 伊曼努爾·康德（1724—1804），德國哲學家、天文學家、星雲說的創立者之一、德國古典哲學的創始人、唯心主義者、不可知論者、德國古典美學的奠定者。他被認為是對現代歐洲最具影響力的思想家之一，也是啟蒙運動最後一位主要哲學家。——譯者注

CONTENTS

目錄

第一章

開篇

哲學家們究竟做了什麼？這確實是一個奇怪的問題，要回答這個問題，也許我們有必要先揭示他們沒有做什麼。

在這個世界上，我們對身邊的許多事物都已經十分瞭解。比如蒸汽機的運轉方式，這屬於力學和熱力學知識。我們對人體結構及其功能也相當熟悉，這些是解剖學和生理學的研究對象。再比如星球的運行，我們也瞭解不少，這就屬於天文學範疇。所有諸如此類有明確定義的知識都屬於某種具體的學科。

但是，所有這些知識又全都被未知的領域包圍著。如果你越過邊界，走入這個未知的領域，你就從科學轉向沉思，這種沉思活動是一種探索，其中就包含「哲學是什麼」這個問題。正如我們在後面將讀到的那樣，從這個意義上說，科學的各個領域無不發端於哲學探索。一旦某種科學有了牢固的基礎，除了一些邊緣問題和方法問題，它會在發展中從不同程度上變得獨立。但是換個角度看，探索的過程不會這樣進行下去，它只是在不斷地前進，進而找到新的研究內容。

我們必須把哲學和其他的沉思活動區別開來，哲學本身既不打算為我們解除煩惱，也不是為了拯救我們的靈魂。正如希臘人所說的那樣，所謂哲學，也就是一種出於自身原因而進行的探險旅行。因此，原則上不存在什麼教條、禮儀或神聖的問題，儘管個別哲學家可能會拘泥於教條，變得越來越固執。對於未知的事物，實際上有兩種態度：一是接受人們基於書

本、神話或神靈啟示所做的聲明；二是自己親自走出去看一看，這種方法正是哲學和科學的方法。

最後，我們可能還注意到哲學的一個特性。如果有人問我們什麼是數學，我們可以告訴他一個辭典上的定義，出於辯論的需要，我們可以說數學就是關於數的科學，這樣說不僅可以避免非議，而且提問者也很容易理解，儘管他可能對數學一竅不通。用這種方式，我們可以就任何一個具體的學科給出定義；但是，我們卻不能這樣定義哲學。對哲學所下的任何一個定義都會引起爭議，因為它僅僅是某一種哲學態度的表現。要弄清哲學究竟是什麼，唯一的途徑就是去研究哲學，本書的主要目的也就是揭示以前的人們是怎樣研究哲學的。

人們經常會在心中產生很多問題，這些問題又無法從科學領域找到答案；此外，那些有主見、善於獨立思考的人也不甘心輕易相信預言家提供的現成答案。哲學要做的事情正是探索這些問題，有時甚至是解決這些問題。

因此，我們可以試著問自己幾個這樣的問題：比如，生活的意義是什麼，如果真的有；世界的存在是否有一個目的；歷史究竟要往哪裡發展；或者，以上問題是否毫無意義？

此外，還有這樣幾個問題：如自然界是否真的被規律支配著？還是因為我們願意看到萬物有一定的秩序，認為本來應該如此？此外，還有一個普遍存在的疑問，那就是世界是否被分割成精神和物質這兩個不同的部分？如果是，它們又是怎樣發生聯繫的？

關於人類，我們又應該做何評價？是否就像天文學家所說的，人只是在一個渺小的星球上無助地爬行的一些塵埃？或者像化學家所說的那樣，

人只是以某種奇妙的方式組合而成的一堆化合物？或者像哈姆雷特[1]所認為的那樣，人都有高貴的理性和無限的潛能？又也許，人同時具備了上述所有的特點？

同時，還存在關於善與惡的倫理問題。是否可以說某種生活方式是善的，另一種是惡的，或者無論採取哪種生活方式都無所謂？如果真的存在一種善的生活方式，它是什麼？我們是否可以從中有所收益？

是否存在一種我們可以稱之為「智慧」的東西？或者是否所謂的智慧只是虛妄和瘋狂而已？

所有這些問題都讓人感到迷惘。我們當然不能透過實驗室的實驗來解決這些問題，有獨立見解的人又不願意苟同那些兜售靈丹妙藥者的觀點。

對於這些問題，哲學史提供盡可能詳盡的答案。

想要研究這個艱深的課題，我們就有必要瞭解過去時代的人們是怎麼思考這些問題的。這樣，我們才可以更深地理解他們，因為處理哲學的方式成為他們生活方式的一個重要組成部分。這將最終引導我們學會怎樣生活，儘管我們從中學到的東西可能不多。

---

1. 莎士比亞「四大悲劇」之一《哈姆雷特》中的主角，丹麥王子。以下所引那句話見此劇第二幕第二場。——譯者注

第二章

蘇格拉底之前

當一個普遍性問題被人提出來時，哲學就產生了，科學也是這樣。最早表現出這種好奇心的是希臘人。我們現在所瞭解的哲學和科學都源自希臘人。希臘文明的出現，導致思想活動的繁榮，可以說，這是人類歷史上最宏大的事件之一。這樣的巔峰時期是空前絕後的，在短短的200年裡，希臘人在藝術、文學、科學和哲學領域都取得令人驚歎的偉大成就，這些傑作彙聚成奔流不息的激流，最終形成西方文明的普遍標準。

哲學和科學開始於西元前6世紀初米利都[1]的泰利斯。在此之前，究竟是什麼事件導致希臘人天才的大爆發？我們必須盡力找到其中的答案。從20世紀以來，考古學取得很大的進展，借助它的幫助，我們也許可以從各種零星資料中發現希臘世界的發展軌跡。

在世界所有的文明中，希臘文明是後起之秀。埃及和美索不達米亞文明要比希臘文明早好幾千年。這些農業社會在大河兩岸發展起來，其統治者或是神聖的君主，或是靠武力發跡的貴族，或是掌握多神教教義闡釋權的祭司特權階級，佔人口絕大多數的是那些種地的農奴。

埃及人和巴比倫人都曾經為後來的希臘人提供某些知識，但誰也沒有

---

1. 位於安納托利亞西海岸線上的一座古希臘城邦，靠近米安得爾河口，今屬土耳其。它是在古希臘時代從事殖民的重要城邦，也是早期哲學家泰利斯、阿那克西曼德、阿那克西美尼的出生地，在荷馬的《伊利亞德》也有出現。——譯者注

發展出哲學和科學。其中的原因是否由於缺乏天賦或者社會條件，在這裡沒有多大意義，儘管這兩點都在某種程度上產生作用。最主要的是，宗教在智力的探險旅程中沒有產生積極的作用。

埃及的宗教更多地關注人死後的生活。金字塔就是喪葬的紀念性建築，它的修建過程中用到某些天文知識，以預測尼羅河洪水的爆發。作為管理者，祭司創造象形文字，但卻沒有為其他方面的發展提供多少有價值的遺產。

在美索不達米亞，強大的閃族帝國趕走先前的蘇美人[1]，並且取而代之。他們採納蘇美人的楔形文字，在宗教方面，他們對今生的幸福更感興趣。無論是日月星辰的運行記錄，還是巫術和占卜之類的活動，都為這個興趣所左右。

我們可以發現，貿易社會不久就出現了，其中最主要的成員是克里特居民，克里特人的文明直到最近才重現於世。他們可能來自小亞細亞沿海一帶，很快就在整個愛琴海諸島佔據主導地位。大約在西元前1500年，新的移民潮導致克里特文明的繁盛。克里特人在克諾索斯和斐斯托斯興建了宏偉的宮殿，他們的船隊在地中海各地穿梭往來。

從西元前1700年起，頻繁的地震和火山爆發迫使克里特人開始向臨近的希臘和小亞細亞移民。克里特的手工藝人使大陸居民的文化發生改變，在希臘，能證明這一點的最著名的遺址是阿爾戈斯的邁錫尼城，也就是傳

1.　大約西元前4300年，蘇美人從中亞經過波斯遷移到美索不達米亞南部。進入蘇美王朝時期以後，興起許多大小城邦，楔形文字也被發明出來。閃族人（包含希伯來人、亞述人、腓尼基人、阿拉伯人、巴比倫人）從敘利亞向美索不達米亞滲入，並且於後來建立巴比倫帝國和亞述帝國。——譯者注

說中的阿加曼農②的故鄉。《荷馬史詩》記載的正是邁錫尼時代的歷史。西元前1400年左右，一場劇烈地震使克里特人遭到毀滅性的打擊，其霸權和優勢也隨之突然結束了。

此前，希臘大陸已經連續遭到兩次入侵，第一次是北部的愛奧尼亞人，時間大約是西元前2000年，這些人似乎逐漸和當地居民融為一體。

300年後，亞該亞人也入侵希臘，這一次不同，他們成為統治者。整體來說，在邁錫尼時代和荷馬時代，統治希臘人的就是這些人。

克里特－亞該亞人在整個地中海有廣泛的商貿往來。即使在西元前1400年的大地震中，克里特人的這種聯繫也沒有中斷。在西元前1200年左右威脅到埃及的「海洋民族」中，就有克里特人，也就是最早的非利士人，其定居地「巴勒斯坦」也因此而得名。

大約西元前1100年，更進一步的入侵造成自然災害也無法產生的結果。在多利安人入侵的影響下，這個尚未開化卻又生氣勃勃的游牧民族征服整個希臘和愛琴海，亞該亞人早在西元前12世紀初的特洛伊戰爭中就傷了元氣，根本抵禦不了這種猛烈的進攻。海上霸權也落到腓尼基人的手中。從此，希臘進入默默無聞的時期。大約就在這個時期，希臘人從腓尼基商人那裡學會閃語字母，隨後又增加一些母音，使它變得越來越完善。

希臘本土的地形很複雜，氣候變化無常。貧瘠的山脈把國土分割開來，山谷之間的陸上交通十分困難，不同的社會區域只有在肥沃的平原上

---

2. 希臘神話中的邁錫尼國王，特洛伊戰爭的希臘軍統帥，荷馬史詩《伊利亞德》把他描寫為勇敢的鬥士，傲慢而激情，但是搖擺不定，容易灰心喪志，其妻子克呂泰涅斯特拉與人私通，並且將其謀殺。——譯者注

才可以發展起來，當土地再也養活不了更多的人時，一些人就開始漂洋過海，尋找新的殖民地。

西元前8世紀中葉到西元前6世紀中葉，希臘人的城市零星地散落在西西里海岸、義大利南部和黑海。隨著殖民地貿易出現和發展，希臘人和東方的聯繫又重新恢復。

在政治上，多利安以後的希臘發生一系列有規則的變遷，首當其衝的是王權。權力逐漸落到貴族手裡，接下來是非世襲的君主時代，最後，政權落到公民手中，「公民」字面上的意思就是：民主。就這樣，君主政治和民主政治交替實施。只要可以把全體公民召集到集市上，純粹的民主就可以發揮作用。在我們生活的這個時代，只有瑞士的一些小州才倖存著純粹的民主。

希臘最早、最偉大的文學豐碑應該是荷馬的作品。關於荷馬，我們所瞭解到的沒有一樣是確切的，甚至有人認為在荷馬之後有很多詩人都在用這個名字。不管怎樣，荷馬的兩部偉大史詩——《伊利亞德》和《奧德賽》——似乎在西元前800年前後就已經寫成了。史詩中描述的特洛伊戰爭發生在西元前1200年，因此我們可以從後來的多利安人那裡找到他們對祖輩事蹟的描述；也正是由於這個原因，這種描述中必然有很多不連貫或不一致的地方。從目前的版本來看，史詩追溯到了西元前6世紀雅典的統治者庇西特拉圖的退位，在荷馬史詩中，其早期的暴行已經有所淡化，儘管還留有一些痕跡。史詩的確反映當時思想開放的統治者的一些理性態度。我們知道，在邁錫尼時代，屍體是要埋葬的，這個時期的屍體卻是火化的。在奧林匹亞的諸神廟裡，眾神濟濟一堂，認真修行。由於宗教對人們的行為不具有約束力，規矩繁多的社會習俗，如和陌生人友好相處，就變得強

有力。一些更原始的做法，比如處死囚犯並且將其作為儀式上的獻祭，雖然偶爾也可以看到，但已經非常少見了。整體來說，那個時期的社會充斥著理性的氣氛。

從某個角度看，這是希臘人靈魂張力的象徵。一方面，存在秩序和理性；另一方面，又存在無序和本能的衝動。前者產生哲學、藝術和科學；後者出現在有豐富儀式的原始宗教活動中，這類因素在荷馬史詩裡似乎受到極大的抑制，到了後期，尤其是恢復與東方的聯繫後，它再次大量湧現，這與人們崇拜戴歐尼修斯或酒神巴克斯（最初為色雷斯的神）有關。

對這種原始衝動的革新是由於受到神話人物奧菲斯①的影響，傳說他是被喝醉酒的瘋狂女祭司們肢解的。奧菲斯教義主張抑制欲望，重視精神的喜悅，它希望進入一種「神秘感應」或「天人合一」的狀態，以此來獲得用其他方式得不到的神秘知識。奧菲斯宗教透過這種形式，對希臘哲學產生深遠的影響，最早是畢達哥拉斯在自己的神秘主義學說裡吸納這種觀念，隨後在非純粹科學的範圍裡，它的各種觀點先後在柏拉圖②和絕大多數希臘哲學家的書中找到自己的位置。

但是，甚至在奧菲斯的傳統中也存在更原始的因素，這實際上是古希臘悲劇的發端。在古希臘悲劇中，那些被強烈的情感和熱情所折磨的人

---

1. 古希臘神話中的一位神奇的歌手和豎琴彈奏者，發明音樂和作詩法。相傳，他的父親是太陽神兼音樂之神阿波羅，母親是司管文藝的繆斯女神卡利俄佩。這樣的身世，使他生來就具有非凡的藝術才能。奧菲斯憑著他的音樂天才，在英雄的隊伍中，建立卓越的功績。——譯者注

2. 柏拉圖（前429—前347），古希臘偉大的哲學家，也是西方哲學甚至西方文化最偉大的哲學家和思想家之一，他和老師蘇格拉底、學生亞里斯多德並稱為古希臘三大哲學家。——譯者注

們總是能得到同情。亞里斯多德很貼切地把悲劇稱為「感情（受到藝術的感染而引起的）淨化」。正是希臘人這種雙重性格，最終使世界發生翻天覆地的變化，尼采①稱這兩種因素為「阿波羅因素」和「戴歐尼修斯因素」。任何一個因素都不可能單獨使希臘文化發揚光大，在東方，主宰一切的是神秘主義因素。將希臘人從迷惘中拯救出來的是愛奧尼亞學派。但是，寧靜本身和神秘主義一樣，是無法使思想發生演變的，還要有對真與美的熱烈探索，奧菲斯的影響似乎正是提供這種觀念。

對於蘇格拉底來說，哲學就是生活的方式。值得關注的是，「理論」一詞最初在希臘語中有「觀光」的意思，希羅多德②正是在這個意義上使用這個詞的。長盛不衰的好奇心以及熱烈而不帶偏見的探索，使古希臘人在歷史上獲得獨一無二的地位。

古希臘是西方文明的源頭，其基礎就是始於2500年前米利都的哲學和科學傳統，西方文明正是在這一點上有別於世界上其他主要文明。古希臘哲學的主導概念是「邏各斯」③（古希臘哲學術語），含有「言辭」和「量度」的意思，還有一些別的意思。因此，哲學討論與科學探索是密不可分的。在這種聯繫下產生的倫理學說發現知識中的善，這正是需要公正

---

1. 尼采（1844—1900），德國近代詩人、哲學家，他宣告：「上帝已死！」徹底動搖西方思想體系的基石，其高遠的「超人哲學」對20世紀人類精神生活產生巨大影響，主要著作有《悲劇的誕生》、《查拉圖斯特拉如是說》、《道德譜系學》、《快樂的科學》、《權力意志》。——譯者注

2. 希羅多德（約前484—前425），古希臘作家，生於小亞細亞的哈利卡那索斯，因為反對該城暴君被放逐，曾經在埃及、巴比倫、黑海沿岸旅行，並且長期寄居雅典和南義大利的圖利城邦。他把旅行中的所聞所見，以及波斯帝國的歷史記錄下來，著成《希臘波斯戰爭史》一書，成就其「歷史之父」的美名。——譯者注

探討的論題。

之前說過，當普遍性的問題被人提出來時，哲學和科學就開始了，這類問題是以什麼形式被提出的？從廣義上說，對於漫不經心的觀察者來說，提出這類問題相當於在一連串雜亂的偶發事件中找到一種秩序。

想想秩序這種觀念最初是怎樣產生、為什麼產生的，是一件有趣的事情。亞里斯多德認為人是政治動物，不可能孤立生活，要生活在一定的社會中。即使是在最原始的水準上，秩序觀念也含有某種程度的組織形式。首先是社會秩序，自然界的一些有規律的變化，如晝夜更替、四季輪換等，在很早以前就被人發現，這些變化只有被賦予一些有人情味的解釋，才可以為當時的人們所理解。所謂天就是神靈，是自然的精神力量，這些都是人根據自己的想像創造出來的說法。

想要生存，首先意味著人必須按照自己的意願去征服自然。在運用我們現在稱為科學的方法去做到這一點之前，人們靠的是巫術。從基本觀念來看，兩者是相同的。巫術是一種嘗試，它試圖透過嚴格地執行儀式來獲取某種特定的結果，它基於對因果關係原則的認同，認為只要給出同樣的前提條件，就會出現同樣的結果。因此可以說，巫術是原始的科學。另一方面，宗教正好相反，它企圖得到不符合規則的結果，它只有在出現奇蹟的時候才會產生作用，其中含有對因果關係的摒棄。兩種思維方式存在很多差異，儘管我們經常發現它們在原始思維中混雜在一起。

---

3. 邏各斯，此詞最早見於赫拉克利特的著作中，意思是「普遍的準則」，後來逐漸蒙上神秘色彩，也帶有多重含義，用以指「宇宙理性」、「命運」、「神的理性」，黑格爾指其為「概念」、「理性」、「絕對精神」。——譯者注

在集體參與的各種公共活動中，被我們稱為語言的交流方式產生了。語言的根本目的在於實現人的共同目標，因此它的基本概念就是同意。而且，可以把這個概念視為邏輯的出發點。它源於這樣的事實：人們透過交流，最終達成一致，儘管有時候不過是同意保留各自的意見。當出現無法達成一致的僵局時，毫無疑問，我們的祖先會用武力來解決問題，當你殺死對手後，他自然也就無法再堅持不同意見了。有時候也採取另一種方法，那就是透過討論來解決問題，如果有可能討論。這種方法就是一種哲學和科學的方法。讀者可以自己得出結論，從史前時代至今，人類在這個方面取得多大的進展。

在各個時期，希臘哲學都受到許多二元論的影響，它們一直以不同的形式成為哲學家們寫作和爭論的主題。最根本的問題就在於對真與假的區別。在希臘人的哲學思想中，和真與假密切相關的是善與惡、和諧與衝突二元論，其次還有至今仍屬熱門話題的現象與本質二元論，同時，還有精神與物質的問題、自由與宿命的問題，甚至還有宇宙論的問題，如事物是「一」還是「多」，是單純還是複雜。最後，還有混亂與秩序、無限與有限二元論。

早期哲學家們對這類問題的處理方式是有指導意義的。一個學派可能會抨擊某個二元論的一個方面，緊接著，另一個學派則可能對此提出批評，並採納相反的觀點；最後，第三個學派也許會更進一步，找到某種妥協的觀點，以取代之前兩種觀點。黑格爾正是透過觀察前蘇格拉底哲學家之間對立學說的這種拉鋸戰，才建立他自己的辯證法體系。

許多這類二元論都以某種形式相互聯繫，但是我們可以用一種簡單的方式將其分割開來，以揭示哲學所研究的不同類型的問題是什麼樣子。真

與假是邏輯學討論的對象；善與惡、和諧與衝突，表面上看是屬於倫理學的問題；現象與本質、精神與物質則是知識論或認識論的傳統問題；其他的二元論都在不同程度屬於本體論或存在論。當然，這樣的劃分不是一成不變的，事實上，打破這些界限正是希臘哲學的一個典型特徵。

米利都產生第一個科學的哲學學派時，這座位於愛奧尼亞海岸的城市是生機勃勃的貿易中心。米利都的東南是賽普勒斯、腓尼基和埃及，北邊是愛琴海和黑海，越過愛琴海以西就是希臘大陸和克里特島。米利都的東面有呂底亞，並透過呂底亞與美索不達米亞帝國有密切聯繫。米利都人從呂底亞人那裡學會鑄造金幣。米利都的港口擠滿了各國商船，城裡的貨倉也堆滿了來自世界各地的貨物，人們把這種可以保值的貨幣用於流通，交換各種商品。因此，米利都的哲學家提出萬物由什麼構成的問題也就不奇怪了。

據說，米利都的泰利斯認為「萬物皆由水構成」，哲學和科學由此產生了。希臘人將泰利斯列為「七賢」[1]之一。我們可以從希羅多德那裡瞭解到，泰利斯曾經預言過一次日食，據天文學家推斷，那次日食發生的時間大約在西元前585年，這也正符合他在世的時間（泰利斯生卒年不詳）。泰利斯雖然不可能瞭解日食的原理，但是他一定熟悉巴比倫人對日食現象所做的記錄，因而能知道什麼時候會再發生。幸運的是，這種日食現象可以在米利都看到，它不僅為編撰年表提供便利，而且也使泰利斯出了名。

---

1. 古代希臘七位名人的統稱，現代人瞭解較多的只有立法者梭倫和哲學家泰利斯，其餘五人一般認為是契羅、畢阿斯、庇塔庫斯、佩里安德、克萊俄布盧，但是無法確定。——譯者注

此外，他是否在幾何學領域創立三角形相似定理也同樣值得懷疑。但是他在測量海上船隻或其他無法接近的目標的距離時，顯然運用埃及人測量金字塔高度的「經驗測演算法」。他還據此提出「幾何原理具有普遍應用範圍」的觀點，因此我們說，是希臘人首創了這個普遍性觀點。

據說，泰利斯認為磁石具有靈魂，因為它可以使鐵移動。至於他認為萬物都具有靈魂這種進一步的論述，就更加值得懷疑了。這很可能是人們根據他的前一種說法，透過推理強加給他的。但是這樣做其實沒有必要，因為只有當所有其他事物都沒有靈魂時，磁石具有靈魂的說法才有價值。

和泰利斯有關的故事還有很多，其中一些也許是真實的。據說，有一次有人懷疑他的能力，他就透過壟斷橄欖油市場表現出他的實踐才能。他所具備的氣象學知識使他可以預見到橄欖將會大豐收，於是他提前租下了所有能弄到手的榨油機，到了橄欖成熟的時候，再以高價租出去，進而大獲其利。同時也向那些輕慢他的人證明：哲學家也可以賺到錢，假如他們願意。

泰利斯最重要的觀點是「萬物皆由水構成」，這既不是匆忙一瞥得出的印象，也不是沒有觀察的純粹臆想。今天，我們把生成水的氫稱為一種化學元素，其他任何元素都可以與它合成。這種「萬物歸一」的觀點是一種非常可貴的科學假說。單就觀察而言，海邊的觀察使得這個假說看起來似乎更加合理。人們看到海水在太陽下蒸發，霧氣從海面升騰起來，形成雲，然後又形成雨降落到海裡。按照這種觀點，大地就是以濃縮水的形式存在的。其中的細節可能來自非常奇特的想像，但它仍然是一個了不起的貢獻，因為它揭示一種物質可以在各種不同的聚合狀態中保持不變。

米利都的第二位哲學家是阿那克西曼德，他大約出生於西元前610

年。他和泰利斯一樣，既是一位發明家，又是一位注重實踐的人。此外，他還是第一個地圖繪製者和黑海沿岸某個米利都殖民地的首領。

阿那克西曼德批評了他的前輩泰利斯的宇宙論。是啊，為什麼一定就是水？構成事物的基本要素不可能以事物本身的某種形式出現，它應該是一種與所有這些形式都不同的東西，也就是說，它是一種更基本的東西。因為物質的各種形式始終在相互衝突著，如冷與熱，濕與乾，它們總是不斷地此消彼長，也許在希臘人看來，它們處於「不公平」的狀態，也就是缺乏平衡。如果其中一種形式就是基本物質，它可能早就戰勝別的形式了。亞里斯多德把起始物質稱為「物質因數」，阿那克西曼德則稱之為「無際」，也就是可以全方位擴展的無限物質，世界生於此，也將終於此。

阿那克西曼德認為地球是一個自由漂浮著的圓柱體，人類就生活在其中的一個切面上。而且，他還設想我們的世界被無數別的世界包圍著。這裡所說的別的世界之一，就是我們現在所稱的銀河，每個世界的內部功能都被漩渦運動左右著，該運動將地球向地心吸引。天體就是被氣遮蔽的火輪。只有一點不同，我們可以把它比喻成自行車輪胎，未被遮蔽的那一點就是氣嘴，我們當然還記得，那時的希臘人認為氣就是可以使事物隱形的東西。

關於人類的起源，阿那克西曼德提出一個非常「現代化」的觀點。他注意到年幼的人需要長期的照料和看護，進而得出一個結論：如果最初的人也像今天這個樣子就不可能延續到今天。因此，他認為以前的人一定和現在的人不同，也就是說，人一定是從一種可以很快做到自我供給的動物進化而來的。這種論證法就是歸謬法，即透過一個給定的假設推斷出一

些明顯的錯誤。在他看來，既然人不可能延續到今天，這種假設（最初的人和現在的人一樣）就只能被推翻。如果這種說法是對的（我也這樣認為），即：假如最初的人和現在的人一樣需要長期照料才可以長大，人類就不可能延續至今。我們可以很輕鬆地建立這樣的論點：其間一定發生某種形式的進化。但阿那克西曼德並未對此感到滿足，他還進一步認為，人是由海洋中的魚類演變而來，他還以自己對化石遺跡和鯊魚餵養幼鯊的觀察來證明這一點。正是由於這個原因，他告誡我們不要吃魚。我們的海洋同胞們是否也對我們懷有同樣深厚的感情，就不得而知了。

　　米利都第三位著名的哲學家是阿那克西美尼[1]。我們除了知道他是三位哲學家中最年輕的一位之外，不瞭解他所處的具體年代。從某種意義上說，他的理論和他的前輩相比是一種倒退。雖然他的思想不夠大膽，但是從整體上說卻更加經得起檢驗。他和阿那克西曼德一樣，也堅持認為存在一種基本物質，不過他是從具體的物質「氣」中發現這一點的。我們發現物質的各種形式都是透過聚散過程從「氣」裡產生出來。既然這種觀點認為一切差異只是量的差異，把某種具體的物質看作基本因數就應該是對的。「氣」構成靈魂，賦予我們生命，也使世界得以延續。後來，這種觀點為畢達哥拉斯學派[2]所採納。阿那克西美尼在宇宙論問題上走入歧途，所幸的是，畢達哥拉斯學派在這個方面繼承阿那克西曼德的宇宙觀；而在其他方面，他們更喜歡借用阿那克西美尼的學說。從某種意義上說，他們

---

1. 阿那克西美尼（約前585—前525），古希臘哲學家、米利都學派的第三位學者，是阿那克西曼德的學生。他繼承前兩位米利都學派哲學家的傳統，也是此學派最後一位哲學家。——譯者注

是對的。阿那克西美尼是米利都學派最後一位代表人物，他繼承該學派的所有傳統。此外，正是他的「聚散論」使米利都人的世界觀得到真正的完善。

米利都哲學家的氣質與今天某些戴著哲學家頭銜的專家不同，他們從事的是城邦的實際事務，而且可以親身感受各種突發事件。據說，阿那克西曼德的理論還在一篇地理學論文中得到廣義上的闡釋。這些早期論文的內容已經遺失，留存下來的題目大意是「論事物的物理本質」，可見，課題涉及的範圍很廣，論述也許不是很深入，後來的赫拉克利特反對這種「關於多種事物的知識」。

對哲學而言，重要的不是給出的答案，而是提出的問題。從這個意義上說，米利都學派是名副其實的。由此，孕育荷馬史詩的愛奧尼亞被稱為科學和哲學的搖籃也就不奇怪了。我們知道，荷馬時代的宗教帶著奧林匹亞特徵，而且始終如此。在那裡，神秘主義未能對社會產生很大的影響，科學思辨更有可能得以順利發展。雖然後來的許多希臘哲學學派紛紛接受神秘主義，但是我們應該記住，他們全都從米利都學派吸取營養。

米利都學派和任何宗教活動都沒有關係，這確實是前蘇格拉底哲學家的一個顯著特徵，他們全都獨立於盛行的宗教傳統之外，甚至像畢達哥拉斯這種不反對宗教的學派都是如此。整體來說，希臘人的宗教活動和各個城邦的風俗有關，當哲學家們堅持自己的觀點，走自己的路時，可能會與

---

2. 又稱為「南義大利學派」，是一個集政治、學術、宗教於一體的組織。它產生於西元前6世紀末，由古希臘哲學家畢達哥拉斯創立，西元前5世紀被迫解散，其成員大多是數學家、天文學家、音樂家，是西方美學史上最早探討美的本質的學派。——譯者注

所在城邦的國教發生衝突，這是很正常的，這種不幸的命運可以在任何時候、任何地點輕易地壓服那些具有獨立思想的人。

離愛奧尼亞不遠就是薩摩斯島，儘管在地理位置上很近，但島上的傳統在某些方面卻比大陸的城邦更為保守。在薩摩斯島，昔日的愛琴海文明似乎更為完整地保存下來。我們應該記住，這種地域的差異帶來什麼樣的結局。整體來看，荷馬筆下的愛奧尼亞和早期的米利都學派沒有認真考慮過宗教，但是薩摩斯島人卻從一開始就深受奧菲斯觀念的影響，這種影響最終移植到從克里特一愛琴海時代留存下來的信念中。

奧林匹亞膜拜是一項沒有嚴格宗教教義的國家事務，另一方面，奧菲斯教義卻具有神聖的經文，它透過灌輸信念的方式把信徒們聚集在一起。在這種背景下，哲學變成一種生活方式，這種觀點為後來的蘇格拉底所繼承。

薩摩斯人畢達哥拉斯[1]正是這種新哲學精神的先驅。我們對他生活的年代和生活細節知之甚少。據說，他在西元前532年曾經名噪一時。當時正好是波呂克拉底的君主統治時期，薩摩斯城可與米利都和其他大陸城邦相匹敵。西元前544年，波斯人佔領薩第斯後攻陷薩摩斯，但是薩摩斯的船隊仍然在整個地中海往來穿梭。波呂克拉底曾經和埃及國王阿瑪西斯結為盟友，這就使得下面的故事有了發生的可能：畢達哥拉斯曾經遊歷埃及並且在那裡獲得數學知識。他之所以要堅持離開薩摩斯，是因為不能忍受波呂

---

1. 畢達哥拉斯（前570—前495），古希臘哲學家、數學家、音樂理論家，生於愛琴海中的薩摩斯島，自幼聰明好學，曾經在名師門下學習幾何學、自然科學、哲學，並且最早悟出萬事萬物背後都有數的法則在產生作用，創立帶有濃厚的宗教色彩的秘密學術組織——畢達哥拉斯學派。——譯者注

克拉底的壓迫。他在義大利南部的一座希臘城市——克羅頓定居下來，並且建立自己的社團。他在克羅頓生活了20年，直到西元前510年發生反對學派的內亂，他才到梅達朋提翁隱居，在那裡一直住到去世。

我們知道，對米利都人來說，哲學是一種緊張的實踐過程，哲學家的確都是務實而善於行動的人。在畢達哥拉斯那裡，一種對立的觀念出現了，也就是說哲學成為對世界的孤立的思索。這種觀念帶有奧菲斯教義的痕跡，畢達哥拉斯對生活的態度就表現這種思想。如果我們把人按其生活方式分為三類，就像參加奧林匹克運動會②的三種人一樣，層次最低的是那些小販，其次是參加比賽的人，第三種是觀眾，也就是書上所說的理論家，哲學家在一定程度上就是這種人。哲學的生活方式是唯一有可超越存在的偶然性並擺脫輪迴的途徑，按照畢達哥拉斯的觀點，靈魂是受一系列輪迴的支配的，這類傳統與繁複的原始禁忌有關。我們會在柏拉圖的《理想國》、畢達哥拉斯學派以及其他前蘇格拉底學派中再次發現生活方式的三分法。可以說，它是早期哲學家各種學說的綜合表現。

但是另一方面，畢達哥拉斯學派又產生一種科學傳統，具體地說就是數學傳統。畢達哥拉斯學派的真正繼承者是數學家。儘管在奧菲斯復興時出現神秘主義因素，但宗教觀念沒有改變該學派科學的一面。科學本身是不會變成宗教的，即使對科學生活方式的追求帶有一些宗教色彩。

畢達哥拉斯可能發現被我們稱為「音程」的簡單的數的關係。一根調

---

2. 古希臘人於西元前776年規定，每4年在奧林匹亞舉辦一次運動會（為了和平）。後來，運動會的規模逐漸擴大，並且成為顯示民族精神的盛會，優勝者獲得月桂、野橄欖、棕櫚編織的花環。從西元前776年到西元394年，歷經1170年，總共舉行293屆，西元394年被羅馬皇帝狄奧多西一世禁止。——譯者注

和琴弦按其長度平分，可以獲得八度音；同理，如果長度減為四分之三，則會發出四度音；如果減為三分之二，則發出五度音；四度音和五度音合在一起又可得到八度音，即4/3×3/2=2/1。因此，這些音程與調和級數的比值2：4/3：1相一致。據說，調和絃的三個音程可以與人的三種生活方式相類比。雖然這種比較是一種思辨，但調和絃肯定在希臘哲學思想中起了核心作用。平衡意義上的和諧概念就像適當調高或調低音程一樣，所有這些觀點都可以在畢達哥拉斯的發現中找到源頭，其中許多內容我們將在柏拉圖的學說中看到。

畢達哥拉斯「萬物皆數」觀點的產生，很可能與他在音樂中的發現有關。根據這個觀點，如果我們想認識身邊的世界，就必須找出事物中的數；一旦瞭解數的結構，我們就可以控制整個世界。這的確是一個非常重要的觀點。雖然它的意義在古希臘人文主義時代之後遭到暫時的埋沒，但是在文藝復興時期，人們開始重新對古代資料產生興趣時，它就得到更多的認同。這是近代科學觀念的主要特徵之一。我們可以從畢達哥拉斯那裡首次發現，他對數學的興趣最初不是出於實踐需要。埃及人掌握數學知識，但只是用它來建造金字塔或丈量土地；希臘人則是「為了探索」而開始對數學的研究。用希羅多德的話說，畢達哥拉斯是他們之中最重要的研究者。

畢達哥拉斯發明排列卵石或符點的計算方法。這種方法確實以各種形式存在很長一段時間，拉丁文中的「計算」就有「擺弄石子」的意思。與此相關的是他對算術級數的研究。如果我們把卵石排成行，第一行放一個，下面的每行都比上一行多放一個，於是我們就得到一個「三角形」數。它的特殊意義還在於1+2+3+4=10這種四行三角形數裡面。與此相似，

連續奇數之和可以得出一個「正方形」數；而連續偶數之和則可以出現一個「長方形」數。

　　在幾何學研究中，畢達哥拉斯發現一個著名的定理，就是直角三角形弦的平方等於另外兩邊的平方之和，雖然我們不知道他是怎麼證明這一點的，但是在這裡，我們再次找到與「經驗測演算法」相反的普遍性方法的實例。但是，這個定理的發現卻給學派出了一道極大的難題，因為它有一個推論是正方形對角線的平方等於邊長平方的2倍，但卻沒有任何一個「正方形」數可以被分解為兩個相等的正方形數；因此，這個問題無法用我們現在稱為「有理數」的方法來解決。對角線是不可能用邊來實際測量的，要解決這個問題，我們就要用到後期畢達哥拉斯學派所提出的「無理數」。顯然，這個「無理」可以追溯到這樁早期數學醜聞中，傳說當時有一個學派成員因為洩露了秘密而被沉入大海淹死。

　　至於世界觀，畢達哥拉斯則在米利都學派的基礎上，加進了自己的數的理論。之前所說的用於排列計數的數字被稱為「界石」，自然是因為它起源於對田地邊界的測量或字面意義上的「幾何」。拉丁文「界石」（Tern）在字面上有同樣的意思。按照畢達哥拉斯的說法，無限的氣將各種基本單元分隔開，單元又為無限提供量度，進一步說，無限相當於黑暗，有限相當於火，顯然，這種觀念來自對天空和星辰的觀察。畢達哥拉斯和米利都人一樣，認為存在許多世界，儘管從他的數學觀來看，他不可能認為有無限多的世界。他在阿那克西曼德的觀點之上進一步提出，地球是一個球體，進而摒棄米利都人的漩渦理論。但是這還不夠完善，後來的薩摩斯人又在這個基礎上提出太陽中心說。

　　醉心於數學的畢達哥拉斯提出我們以後將碰到的理念論或共相論。一

個數學家在證明一個三角形命題時，它所涉及的不是任何正在談論的畫在某個地方的圖形，而是只有他心目中才有的東西。於是，可知事物與可感事物的區別就產生了，而且這個已確定的命題永遠都是完全正確的。

從這個觀點到下述觀點只有一步之遙：只有可知事物才是真實、完美和永恆的；而可感事物只是表象，是有缺陷和暫時的。這些都是畢達哥拉斯學說的直接推論，從此這些觀點一直支配著哲學和神學思想。

我們還應該知道，畢達哥拉斯的信徒們的主神是阿波羅。儘管在他們的信仰中有奧菲斯因素，但是歐洲的理性主義正是靠了這種阿波羅傾向，才與東方的神秘主義區分開來。

由於受到早期畢達哥拉斯學派的影響，原有的奧林匹亞宗教被一種新的宗教觀念所取代。色諾芬尼[1]可能生於西元前565年的愛奧尼亞，他對傳統的諸神進行猛烈的抨擊。西元前540年，當波斯人入侵愛奧尼亞時，他逃到西西里島。他的主要目標是想徹底推翻奧林匹亞神廟中根據人的形象塑造的諸神。同樣，他也反對奧菲斯復興時的神秘主義，並且嘲笑畢達哥拉斯。

這種哲學傳統的下一個代表人物也是愛奧尼亞人，他就是以弗所的赫拉克利特。大約西元前6世紀末，赫拉克利特的事業達到頂峰。我們對他的生平幾乎一無所知，只知道他出生於一個貴族家庭。不過他一些遺作的殘篇卻流傳了下來，我們從中不難看出，他為什麼會被人看作難以捉摸

---

1. 色諾芬尼（約前570—前475），古希臘哲學家、詩人、歷史學家、社會宗教評論家，伊利亞學派的先驅。他拒絕相信許多標準的神像，而且不認為神的思想和外形像人一樣。他一段經典的嘲笑名句是：「如果牛可以想像神，牠們的神一定像牛。」此外，他還認為，在內陸甚至高山上發現貝殼是海陸變遷的證據。——譯者注

的人，他的一些觀點經常以預言的形式表達出來，其殘稿簡潔、高雅，到處是生動的隱喻。說到永恆的生死輪迴，赫拉克利特說：「時間是一個下跳棋的孩子，支配權就在他的手中（即時間支配著一切）。」當他以輕蔑的態度奚落遲鈍的人時，會毫無顧忌說出刻薄的話：「傻子即使聽到了別人的談話也會像聾子一樣無動於衷：即使他們在場，也跟不在場一樣。」「如果人們的頭腦不能理解別人的語言，眼睛和耳朵對於他們來說只是一種無用的擺設。」

為了提醒我們，想要取得有價值的成就，就需要付出很大的努力，赫拉克利特說：「尋覓金子的人即使挖了很多土也不會有很多收穫。」由於這項工作過於艱難，有些人會半途而廢，他挖苦他們就像「驢子（笨蛋）寧要草料，不要黃金」。此外，他還預示後來蘇格拉底在一句名言中表述過的思想，告誡我們不要對自己擁有的東西沾沾自喜，蘇格拉底的名言是：「孩子在成人的眼裡是幼稚的，成人在上帝的眼裡也是幼稚的。」

對赫拉克利特的理論做更深的研究，有助於我們更明確地理解這些格言，儘管赫拉克利特缺少他的愛奧尼亞前輩們對科學的興趣，但是他的理論還是以愛奧尼亞學派和畢達哥拉斯的思想為基礎的。阿那克西曼德曾經說過，相互鬥爭的對立雙方最終將歸於無限，以調和彼此的侵犯。赫拉克利特從畢達哥拉斯的和諧概念出發，發展出一個新的理論，這也是他對哲學的卓越貢獻，他的觀點是，真實世界在平衡調節中包含對立的傾向。根據不同的量度，在對立雙方的衝突的背後，世界存在一種潛在的和諧。

通常，這種普遍性概念不是輕易顯露出來的，因為「自然喜歡隱藏自己」。的確，他在某種意義上似乎堅持認為，和諧的東西肯定不是立刻可以引人注目的。「潛在的和諧優於公開的和諧」。實際上，人們往往會忽

視和諧的存在，「人們不知道事物是怎樣實現對立統一的。這是一種對立的、緊張的和諧，就像弓與七弦豎琴一樣」。

因此，衝突就是使得世界保持生機的原動力。「荷馬說過，『如果神靈和人之間再也沒有衝突該多好啊！』但是他錯了。他沒有看到他是在祈求宇宙的毀滅，要是他的禱告可以被聽見，萬物都將消亡。」我們應該從邏輯學的角度，而不是按照軍事準則來理解他的「戰爭乃萬物之父」的論斷。

這種觀點是想要強調「火」這種重要而基本的物質。他在原則上而不是在細節上，繼承米利都學派的思想。

他說：「萬物皆可比做火，火亦能比做萬物；猶如貨物可以換黃金，黃金也可以換貨物一樣。」這種商業性的比喻闡釋該理論的觀點。一盞油燈的火苗看起來是固定不變的，但是在整個過程中，油不斷地被吸取，然後轉換為火焰，油煙隨著燃燒而落下，因此世界上所有事物的發展都是這種轉換的過程，沒有什麼東西可以保持原樣。「人不能兩次踏入同一條河流，因為在你面前流動的總是新的河水。」正是由於這種解釋，後世的作家們才把「萬物流變」的名言歸於赫拉克利特。蘇格拉底還給赫拉克利特及其信徒取了一個綽號，叫「流動者」。

我們有必要把赫拉克利特的這句名言與其另一句名言進行對比，後者是：「我們既踏入又沒有踏入同一條河流，我們既存在又不存在。」表面上看，這句話似乎與他的前一句名言不一致，但這只是同一理論的不同表達而已。線索就在於它的後半部分。「我們存在又不存在」這聽起來有些令人費解，其實它的意思是，我們的存在既是穩定的，又隨時在變化著。用柏拉圖後來創造的話來說就是，我們的存在是一種不斷的形成。還

是以河流為例，如果我今天踏入泰晤士河，明天再踏入一次，雖然我踏入的都是泰晤士河，但第二次的河水已經與第一次不同了，我想這種觀點再清楚不過了。另一種說法也論述這種觀點，即「上坡路與下坡路是同一條路，沒有什麼區別」。我們都觀察過火苗的情況：油被吸上燈芯，煙塵落在地上，兩者都是燃燒過程的一部分。首先，我們必須從字面上理解這種觀點。一條坡路既向上又向下，是上坡路還是下坡路，取決於你怎麼走，赫拉克利特的對立理論提醒我們，那些表面上看來有衝突的因素，實際上卻代表了事物的本質部分。關於這一點，最鮮明的一個表述就是「善惡一體」。這當然不是說善惡是一回事；相反，就像一個人不可能設想一條沒有下坡的上坡路一樣，我們也不可能在不理解惡的情況下去理解善的概念。如果你將坡鏟平，在消除上坡路的同時，你也就消除下坡路；對人來說，善惡也是如此。

看來，「萬物流變」的理論其實不是什麼新思想，阿那克西曼德就曾經提出十分類似的觀點。但是，赫拉克利特對事物為什麼會保持同一的解釋卻領先米利都學派一步。量度的主要概念源自畢達哥拉斯。儘管事物在不斷地變化，但是由於保持適當的量度，因此仍能維持原樣，這一點無論是對於人還是對於世界都是正確的。

自然界的事物根據量度而發生轉化。同樣，在人的靈魂中也有乾與濕的變化。濕的靈魂如果沒有火的抑制，就會墮落，而且有毀滅的危險；這一點大概可以透過觀察醉酒的人得到驗證。另一方面，「乾的[1]靈魂是最智慧、最優秀的靈魂」，儘管我們不應該錯誤地對它過分讚譽。過量的

---

1. 在英語中，「乾的」也有「禁酒」之意，此處作者是一語雙關。——譯者注

「火」和過多的「濕」一樣，也會扼殺靈魂。但是毀滅於火似乎讓人覺得更為光彩，因為「死得越壯烈，美名就越盛」。我們可以想到，這是由於火是永恆的物質，「這個世界對於萬物都是一樣的，既不為人而創造，也不為神而創造；它在過去、現在和將來都只是一團永恆的火，按照某種量度燃燒和熄滅」。

自然的各種演變過程無不遵循各自的量度。正如阿那克西曼德所說的那樣，「不公平」不是因為對立雙方的衝突，而是因為對量度的漠視，「太陽不會超出它的量度，否則愛林尼神（正義神的侍女）就會有所察覺」。但是量度不是絕對嚴格的，只要它沒有超出界限，它實際上可以在一定範圍內波動。這可以用來說明某些週期現象，如日夜更替、人的清醒與睡眠以及其他類似的變化。將這種量度波動概念和畢達哥拉斯的無理數理論聯繫起來看，是一件很有趣的事情。後者的連續近似值有時大於或小於精確值。但是我們不知道早期的畢達哥拉斯學派是否發展這種方法，儘管它在柏拉圖時代已經聞名遐邇。我們不是很有把握將這種知識歸功於赫拉克利特。

赫拉克利特和色諾芬尼一樣，也藐視當時的奧林匹亞教和奧菲斯教。儀式和獻祭不能使人變得善良。他清楚地看到宗教儀式活動膚淺而原始的特性。「為了淨化靈魂，他們徒勞地往自己身上塗抹鮮血；就像一個跳進泥坑的人企圖用汙泥洗淨雙腳一樣。任何人看到這種行為，都肯定會說他是瘋子。」善是不可能以這種方式得到的。

但是，智慧卻可以透過掌握事物的基本規律來獲取。這個規律就是對立雙方的和諧，雖然它無所不在，人們卻未能認識它。「我所說的規律，人們也許聽說過，也許沒有，但是他們都未能掌握它。因為，雖然萬物都

由此產生，但是人們從未體驗過。即使他們去感受我所闡釋的這些話語和行為，即使我分門別類地將事物區分開來，並剖析其中的緣由，他們也無法理解其真諦。」

如果我們無法認識到這個規律，任何學習都是毫無用處的。「學習很多事物，不等於學會理解那些事物」。這種觀點我們將在黑格爾的著作中再次看到，赫拉克利特則是最早提出它的人。

想要擁有智慧，就必須掌握基本規律，這個規律適用於所有事物。我們必須遵循基本規律，就像城市必須依法行事一樣。是的，我們甚至必須更為嚴格地遵循它，因為共同的規律具有普遍性，不同的城市可以有不同的法律。因此，赫拉克利特堅持共同性的絕對特徵，反對當時基於對不同民族的不同習俗進行對比而建立起來的相對主義概念。他的學說與詭辯家的實用主義觀點相對立，後來，畢達哥拉斯在其論述中將它說成「人是萬物的量度」。

儘管這種普遍規律或「邏各斯」無所不在，但許多人卻對此視而不見，他們自以為是，好像每個人都有個人的智慧似的。人們愚蠢地認為共同規律絕對不是公眾的意見，赫拉克利特因此有些瞧不起公眾。他是一位貴族，他主張最優秀的人物擁有權力。「以弗所人①應該把所有的成年人都吊死，讓孩子們來管理城市，因為他們放逐他們之中最優秀的人赫爾莫多羅，並且聲稱『我們不需要最優秀的人，如果有，就把他趕走，趕到別

---

1. 指以弗所居民。以弗所，呂底亞古城和小亞細亞西岸希臘的重要城邦，位於愛琴海岸附近巴因德爾河口處，古代為庫柏勒大神母（安納托利亞豐收女神）和阿提米絲的崇拜中心。——譯者注

人那裡』。」

赫拉克利特也非常自命不凡，也許我們可以原諒他這一點。除了有些偏執，他確實是一位很有影響的思想家。他總結前人的主要觀點，並且對柏拉圖產生至關重要的影響。

赫拉克利特的流變學說提到萬物皆包含某種運動的事實。希臘哲學的下一個轉捩點又把我們帶到另一個極端，那就是對運動的徹底否定。

迄今為止，我們談到的一切理論都具有這樣的特徵：每一種學說都試圖用某種單一的規律解釋世界。雖然不同的學說提出各不相同的解決方法，但是它們都涉及萬物產生的基本規律。但是，那時還沒有任何人對這種普遍性觀點做過批判性的驗證。第一個批判者是巴門尼德。就像對許多其他哲學家一樣，我們對他的生平也缺乏瞭解。巴門尼德是義大利南部的伊利亞人，他創建「伊利亞」學派。他事業的巔峰是在西元前5世紀上半葉。如果我們認可柏拉圖的說法就會知道，巴門尼德曾經和他的弟子芝諾訪問過雅典，兩個人大約在西元前450年的某個時候，見到了蘇格拉底。在希臘所有的哲學家中，只有巴門尼德和恩培多克勒①用詩歌的形式闡述出理論。巴門尼德的詩篇和許多早期哲學家的作品一樣，也取名為《自然》。全詩分為兩個部分，前一部分叫做「真理之道」，裡面包含我們感

---

1. 恩培多克勒，西元前5世紀的古希臘哲學家，西西里人。他認為，萬物皆由水、土、火、氣構成，再由「愛」與「衝突」或合成或分裂。「愛」使所有元素聚合，「衝突」使所有元素分裂。他還認為，宇宙在絕對的愛和衝突之間來回擺動。他跟巴門尼德一樣用韻文寫作，也只留下斷片，相傳其兩部作品名為《自然》和《淨化》。他的生平極富神話色彩，相傳他為證明自己的神性，投進埃特納火山而亡，但是火山卻將他的青銅涼鞋噴射出來，顯示他的不誠實。另一說是他跳進火山，向他的門徒證明他的不朽。他相信他在經過火焚燒之後會作為神回到人間，後世騷人墨客經常以此為詩材。——譯者注

興趣的邏輯理論；後一部分叫做「輿論之道」，他在裡面提出實質上屬於畢達哥拉斯學派的宇宙論，不過他非常明確地指出，我們必須把一切都看作虛幻。雖然他曾經是畢達哥拉斯學派的一個追隨者，但當他最終闡釋自己的批判觀點時，卻拋開畢達哥拉斯學派的理論，因此他在這部分詩篇中有意收錄了畢達哥拉斯學派的各種錯誤，他就是從這些錯誤中走出來的。

巴門尼德從所有前輩理論的一個共同弱點開始他的批判。他在「萬物皆由某種基本物質構成」和同時存在的虛空觀點之間找到這個弱點。對於物質，我們可以說它「存在」；對於虛空，我們則說它「不存在」。早於他的所有哲學家都犯了一個錯誤，那就是說「它」不存在，好像真有「它」似的。赫拉克利特甚至還說過「在同一時間既存在又不存在」的話。巴門尼德的不同在於，他僅僅斷定了「它的存在」。也就是說，不存在的東西是不會被想到的，因為人不可能思考「無」。不能被想到的東西是不存在的，存在的東西是可以被想到的，這就是巴門尼德觀點的主導思想。

我們可以由此立刻得出一些推論。「它存在」意味著世界充滿物質。虛空是完全不存在的，無論是世界的外部還是內部。而且，一個地方必然和另一個地方擁有同樣多的物質，否則我們就不得不說，在密度較小的地方，「它」就不存在，但這是不可能的。「它」一定在任何方面都相等，也不可能到達無限，因為這會意味著「它」是不完整的。「它」是永恆的，是不可創造的；「它」既不會被某種物質消解，也不會產生於某種物質，因為沒有任何別的東西和「它」在一起。這樣，我們所看到的世界就是一個堅固的、有限的、均勻的球體物質，沒有時間，沒有運動和變化。這對於我們的常識來說確實是一個可怕的打擊，但它是純粹的物質一元論

的邏輯論斷。假如我們的感知受到冒犯，人們必然會將感性經驗當作幻覺拋棄，這正是巴門尼德所希望的。透過將一元論推向極致，他迫使後來的思想家不得不尋找新的出發點，巴門尼德的球體理論對赫拉克利特的觀點進行闡釋，也就是說，如果衝突消失，世界也會隨之消失。

　　值得一提的是，巴門尼德的批判沒有妨礙人們正確理解赫拉克利特的理論，因為萬物皆由火構成的觀點不是赫拉克利特理論的真正實質。他的理論是透過隱喻產生作用的，火焰以多變的方式表現以下的重要觀點：沒有任何事物是靜止的，一切都處在發展中。在之前，我們已經談到赫拉克利特如何解釋「它存在又不存在」這樣的論斷，事實上，赫拉克利特學說已經隱含了對巴門尼德語言上的形而上學批判。

　　巴門尼德的理論在語言形式上，簡單地說就是這樣的：當你在想或說的時候，你想到或說到了某種東西，一定有某種獨立的、永恆的東西供你思考或談論。你可以在許多不同的場合做到這一點，因此想到或說到的東西一定是永遠存在的。如果它不存在，也就不可能發生變化。在這個觀點中，巴門尼德忽略了一點，那就是他永遠也不能否定任何事物，因為這樣一來就會迫使他自己承認「它不存在」。此外，假如真的是這樣，他就再也無法斷定任何東西都永遠存在了，這樣，一切言說和思想都成為不可能的事。除了「它存在」，沒有任何事物存在，這是一個空洞的恆等式。

　　但是，他的理論中也有一個重要的觀點，就是如果我們可以運用某個可理解的詞語，它就一定具有某種含義，這種含義必定在某種意義上是存在的。如果我們還記得赫拉克利特的話，就不會出現自相矛盾的問題。當問題變得很明確時，我們會發現沒有人真的認為「它不存在」，只是「某種類型的不存在」。因此，當我說「草不是紅色的」時，不是在說草不存

在，而是說它與那些紅色的東西不是同一類型。如果我找不出別的紅色物品做例子，如汽車，那我就的確不能說「草不是紅色的」。赫拉克利特的觀點就是，今天是紅色的東西也許到了明天就變成綠色，你是可以把一輛紅色的汽車漆成綠色的。

於是，詞語在什麼條件下才有意義的普遍性問題就產生了。這個問題過於複雜，在此就不做討論。然而巴門尼德對變化的否定卻為後世的所有唯物主義理論提供源泉。巴門尼德以「它」來表示存在，「它」後來被稱為「物質」，唯物主義者認為萬物就是由這種不變、不滅的物質構成的。

在所有的前蘇格拉底思想家中，巴門尼德和赫拉克利特建立兩個極端對立的理論。值得一提的是，除了柏拉圖，原子論者也綜合這兩種對立觀點。他們從巴門尼德那裡借用了不變的基本粒子，從赫拉克利特那裡獲得絕對運動的概念。這是首次對黑格爾辯證法有所啟發的經典例子之一。這的確是一種思想進步，這種進步源自對各種觀點的綜合，也是對於極端論點進行執著探索的必然結果。

要批判巴門尼德，就必須對「世界由什麼構成」的問題給出新的解決方法。阿克拉加斯的恩培多克勒找出了新答案。我們對他的生平也同樣知之甚少。他的巔峰期在西元前5世紀上半葉。在政治上，他站在多數人一邊，傳統的說法認為他是一位民主領袖。同時，他身上帶著一種與畢達哥拉斯的奧菲斯影響有關的神秘色彩。和巴門尼德一樣，恩培多克勒最初非常迷戀畢達哥拉斯的說教，後來又與之分道揚鑣。至今還流傳著一些關於他的離奇故事，據說他會呼風喚雨、控制天氣，毫無疑問，他用所掌握的醫學知識，曾經成功地控制塞利努斯的一次瘧疾流行。出於感激，人們把這件事鑄在城市的金幣上作為紀念。據說，他把自己當作天神，他死的時

候，有人說他升了天，有人說他跳進了埃特納火山口[1]，儘管這種說法很不可信——任何稱職的政治家都不會跳進火山口。

為了在伊利亞學說和平時的感知經驗之間達成妥協，恩培多克勒採納所有過去嘗試過的基本物質，並且將其增加到四種，稱之為事物的「根」，亞里斯多德稱它為「元素」，這就是著名的「水、氣、火、土」四元素理論。這個理論幾乎左右了化學領域兩千年之久，甚至在今天的日常用語中還殘存著其中一些痕跡，如我們所說的「暴風驟雨（其英文字面含義為『諸元素的憤怒』）」。這個理論實際上揭示兩組對立的「乾與濕、熱與冷」之間的本質。我們也許能注意到，想要對付巴門尼德的批判，僅僅增加基礎物質的種類是不夠的，還必須有某種可以用不同方式混合基礎物質的東西。於是，恩培多克勒提出愛與衝突的兩個動力原則，它們唯一的作用就是統一和分裂物質。由於當時還沒有產生非物質動因的概念，愛與衝突也只能被視為物質。所以它們自身被認為是物質的或實際存在的，並且和另外四個加在一起，構成六元素。這樣，當四元素分裂時，衝突就出現在它們中間；而當四元素統一時，愛就把它們合在一起。我們也許在無意中已經發現，有些東西可以證明「動因必須是物質」這種觀點。儘管這種觀點還值得商榷，但它仍然是近代科學的觀點，即動因必須在某處有一個物質源泉，即使是在它不產生作用的地方。

---

1. 埃特納火山是歐洲最大、最高、最活躍的火山，也是世界最著名的火山之一。它位於義大利南端、地中海最大的島嶼西西里島的東北角，南距島首府卡塔尼亞29公里，為一座黝黑的獨立錐形體。火山海拔3520公尺，周長129公里，主要火山口海拔3323公尺，直徑500公尺，周圍還有200多個比較小的火山錐。根據文獻記載，埃特納火山已經有500多次爆發歷史，被稱為世界上噴發次數最多的火山。——譯者注

阿那克西曼德已經提出動因是「氣」，儘管我們不知道他的依據是什麼。恩培多克勒找到不同的依據，因為他發現「氣」是物質這個事實，他是透過水漏壺實驗發現的。需要說明的是，他的前輩們所說的「氣」與他所說的「乙太」都是希臘單詞。後者在19世紀後半葉贏得新的科學地位，當時的電磁理論要求為波的傳播提供介質。

在改進這些理論的過程中，恩培多克勒保留伊利亞理論中的很多東西，如基本物質是永恆不變的，而且它本身不能被進一步解釋。這也是科學解釋的一個重要原則，拿一個大家熟悉的例子來說，人們用原子來解釋化學現象，這些原子本身必然是不能被再解釋的，想要解釋它們，人們必須認為它們是由更小的粒子構成的，這些更小的粒子不能被再解釋。

就像之前說過的「存在與否」的問題，沒有任何事物能從「不存在」中產生，也沒有任何事物可以變成「不存在」。所有這些都屬於純粹的伊利亞唯物主義。我們也許能看到，恩培多克勒對唯物主義學說進行修正後提出的一般觀點未能化解對巴門尼德的批判。他的觀點是，如果你認為有變化，你就必須承認有虛空。因為，如果變化是可能的，從原則上說，僅僅增加物質的數量是不夠的，一定空間裡的一定數量的物質同樣可能逐漸減少，直到消失。因此，巴門尼德在否定虛空的同時也否定變化，這是十分正確的。恩培多克勒沒有真正解決這個難題。我們將在後面看到原子論者是如何解決這個問題的。

恩培多克勒知道光的傳播需要時間，也知道月光是反射的。儘管我們不清楚他是怎樣獲得這些知識的。他的宇宙觀建立在以外部的「衝突」和內部的「愛」結合其他元素推動世界的循環理論上。「衝突」不斷地排擠「愛」，直到其他元素分離，「愛」也不見了蹤影；然後再反過來，世界

又回到起點。

與這種循環論相關聯的是他的生命觀。在循環的最低階段，當「愛」侵入球體時，各種不同的動物紛紛產生；當「衝突」消失後，就遵循「適者生存」的原則，任由各類事物自由發展組合；當「衝突」出現時，分化就開始了，我們人類的世界處在這個過程的高級階段，更多地為「適者生存」的進化原則所支配。

最後，我們必須注意到恩培多克勒對醫學和生理學的興趣。他從畢達哥拉斯學派的弟子——克羅頓的阿爾克邁翁醫生[1]那裡，吸取下述理論：健康就是對立因素之間的適當平衡；如果其中一個因素佔了上風，就會出現疾病。同樣，他還接受氣孔理論，即整個人體透過氣孔進行呼吸，正是這些氣孔使我們有了感性知覺。特別是他的視覺理論，在很長的時期裡都處於主導地位。該理論提出這樣的觀點：視覺是所視物體中流出來的東西與眼裡發出的光交匯的結果。

恩培多克勒的宗教觀念繼承奧菲斯傳統，與其哲學相去甚遠，因此我們不必在這裡多作停留。然而，讓人感興趣的是，在他的宗教著作中，似乎提出某些與其世界觀不一致的觀點。這種差異是常見的，特別是在那些沒有對自身信仰進行批判性驗證的人之中更是頻頻出現。要同時接受兩種相互矛盾的觀念，確實不可能；但有些人就喜歡今天相信這個，明天又相信完全相反的另一個，從不懷疑其中可能存在不一致的地方。

現在要說到的故事將把我們帶回到西元前5世紀，許多只能在前蘇格

---

1. 西元前6世紀，阿爾克邁翁醫生曾經進行人體解剖，指出腦是思想和感覺器官。他被認為是第一個以科學精神從事解剖的人。——譯者注

拉底哲學中討論的問題，實際上在蘇格拉底時代也出現了，因此我們經常不可避免地在某些方面有些重複。為了說明彼此的相互聯繫，我們不得不經常超越純粹的編年史界限。這是一個困擾著一切歷史研究的難題，因為歷史不會考慮為編年史的作者們提供便利。

過一會兒，我們還將更具體地提到雅典。現在，我們必須對西元前5世紀希臘的社會政治背景做簡單的介紹。儘管波斯戰爭使希臘人對自己的語言、文化及國家之間的聯繫有更深刻的理解，但是城邦仍然是利益的中心。除了所有說希臘語的人共同的傳統以外，每個城市都持續地保持各自的地方習俗。荷馬史詩算是他們的共同遺產，但是斯巴達與雅典[2]的區別，就像監獄和操場的區別一樣大，它同樣有別於科林斯或底比斯[3]。

斯巴達的發展將自己帶到一個獨特的轉捩點。由於人口膨脹，斯巴達人被迫向外擴張，征服附近的邁錫尼部落，並且將他們變成奴隸民族，結果，斯巴達國家逐漸成為一個軍事帝國。它的政府設有一個公民大會，大會選舉出元老院，並且任命兩名執政官或監察官。此外，還有兩位國王，他們來自不同的貴族家庭，不過實權掌握在執政官手中。斯巴達教育的全部目的就在於培養出嚴守紀律的士兵。斯巴達以窮兵黷武聞名於整個希臘，的確，它有一支令人生畏的軍隊：列奧尼達和他的三百士兵在溫泉關頑強抵抗薛西斯統率的波斯軍隊，這肯定算得上最值得紀念的歷史功績之

---

2. 二者均為古希臘著名城邦。這兩個城邦說相同的語言，其制度和思想卻有天壤之別：斯巴達人崇尚國家和紀律，雅典人追求自由和民主。——譯者注

3. 二者均為古希臘城邦。科林斯位於伯羅奔尼撒半島的東北，臨科林斯灣，是希臘本土和伯羅奔尼撒半島的連接點，又是穿過薩龍灣和科林斯灣通向愛奧尼亞海的航海要道，既是交通要地，又是戰略重地。底比斯坐落在雅典西北部的維奧蒂亞平原上。——譯者注

一。斯巴達人不是感情脆弱、病態的民族，他們紀律嚴明，善於抑制個人情感。為了不削弱種族的活力，他們遺棄畸形嬰兒。孩子們很小的時候就要離開父母，到類似於兵營的機構裡接受訓練。女孩的待遇基本上和男孩一樣，當時的婦女在多數情況下享有平等的社會地位。柏拉圖的許多理想國的觀念都是受到斯巴達範例的影響。

科林斯城位於地峽之上，主導著貿易和商業。它由一個寡頭統治，曾參加過斯巴達領導下的伯羅奔尼撒聯盟。科林斯人雖然偶爾也參加波斯戰爭，但是他們沒有行使過領導權，他們對做生意更有興趣。科林斯不以出政治家和思想家而聞名，而是以娛樂場所著稱於世。它是希臘所有的殖民地中最有名的大都市之一，在它與西西里島的敘拉古之間，沿科林斯海灣有一條受到保護的航道，它與廣義上的大希臘有活躍的貿易往來。

在西西里島，希臘人的近鄰是強盛的迦太基的腓尼基城。在薛西斯入侵希臘的同時，迦太基人也在西元前480年試圖侵犯該島。但是資源豐富的敘拉古在領袖傑拉的領導下，挫敗這種企圖，正如希臘大陸在偉大君主的領導下，一次又一次消除被征服的危險一樣。

在西元前5世紀的發展過程中，雅典逐漸取代科林斯，這是伯羅奔尼撒戰爭[1]的導火線。然而，正是災難性的敘拉古戰役使雅典最終敗北。

在雅典西北部的維奧蒂亞平原上，坐落著古城底比斯，伊底帕斯的傳說就和這座城市有關。西元前5世紀，底比斯也是由一位貴族寡頭統治。

---

1. 以雅典為首的提洛同盟與以斯巴達為首的伯羅奔尼撒聯盟之間的一場戰爭。從西元前431年一直持續到前404年，最後斯巴達獲勝。這場戰爭結束希臘的民主時代，幾乎所有希臘的城邦都參加這場戰爭，其戰場幾乎涉及當時整個希臘語世界。在現代研究中，也有人稱這場戰爭為古代世界大戰。——譯者注

它在波斯戰爭②中發揮的作用不值一提。在戰前，底比斯人與列奧尼達沒有分裂，但當薛西斯率領波斯軍隊入侵國土時，他們卻在普拉提亞站到波斯人一邊。為了懲罰他們的背叛行為，雅典人剝奪他們在維奧蒂亞的領導權，並且從此以後有些蔑視底比斯人。但是，隨著雅典的勢力不斷增長，斯巴達和底比斯結成聯盟，與之抗衡。在伯羅奔尼撒戰爭中，儘管底比斯周圍的鄉村遭到波斯軍隊的蹂躪，但他們還是堅持與雅典為敵。然而當斯巴達人取得勝利時，他們卻改變立場，轉而支持雅典。

在希臘，絕大多數城邦都控制著它們的周邊地帶。那些生活在鄉村的人耕種田地，政府的權力卻集中在城裡。公民們都有機會參與公共事務，而且這種參與意識十分普遍，一個不關心政治的人會受人鄙視，會被人稱為「白癡」。在希臘語中，這是「自私自利」的意思。

希臘的土地不適合大面積耕種，當人口激增時，他們就必須從外地進口糧食。這種供給的主要來源就是黑海沿岸附近的那些地方，幾個世紀以來，希臘人在那裡建立大量的殖民地。作為交換，希臘人向外出口橄欖油和陶器。

希臘人強烈的個性，表現在他們對法律的態度上。在這個方面，他們非常獨立，完全不同於同時代的亞洲人。在亞洲，統治者的權威來自法律，他們的法律是神授的；而希臘人認為法律是人制定的，而且是為人服務的，如果某項法律不再符合時代的需要，就可以透過一致同意的方式加以修正；但是，只要這項法律得到公民的共同支持，就必須遵守。在守法

---

2. 西元前6世紀至前4世紀，波斯國王薛西斯對亞洲、北非、黑海北部沿岸地區、巴爾幹半島各個民族進行的征服性遠征。——譯者注

方面，最經典的範例就是蘇格拉底拒絕逃避雅典法院對他的死刑判決[1]。

希臘人在法律上的獨立性，也意味著不同的城市有不同的法律，人們無法以和平的方式解決城市間的爭端，因為沒有統一的權威標準。

內部的相互忌妒和破壞性的個人主義，使得希臘人之間存在嚴重的分歧，國家也一直無法實現穩定。希臘曾經先後為亞歷山大和羅馬所征服。但是，它擁有一種允許其作為文化整體留存下來的制度和理想。我們在之前說到過它的民族史詩，除此之外，還有別的一些文化聯繫。所有希臘人都敬畏科林斯海灣北部山頂上的德爾菲神廟[2]，並且以某種方式遵守德爾菲的神諭。

德爾菲是阿波羅神的膜拜中心，阿波羅神象徵著光明與理性。在古代傳說中，阿波羅殺死代表黑暗的神蟲培冬，人們因此修建德爾菲神廟來紀念他的功績。阿波羅神為希臘各神的各種成就提供保護，同時，阿波羅崇拜還含有一種與淨化儀式相關的倫理傾向。阿波羅神自己也不得不為戰勝培冬時染上的瘴氣贖罪，現在他又向那些以血跡玷汙自身的人們提供幫助。只有一種罪不能得到寬恕，那就是弒母罪。不過有一件事情成為雅典人自信心增強的一個明顯的徵兆，那就是他們在艾斯奇勒斯[3]的悲劇中發現，俄瑞斯忒斯有這種罪名，卻被雅典娜和阿瑞俄帕戈斯宣判無罪。另一

---

1. 大約西元前399年，蘇格拉底因為「不敬國家所奉的神，並且宣傳其他的新神，敗壞青年」的罪名被判死罪。在收監期間，他的朋友買通獄卒，勸他逃走，但是他決心服從國家的法律，拒不逃走。——譯者注
2. 世界聞名的古蹟，位於距離雅典150公里的帕那索斯深山中。1987年，聯合國教科文組織將之列入《世界遺產名錄》。它主要由阿波羅神廟、雅典娜神廟、劇場、體育訓練場、運動場組成，其中最有名的是太陽神阿波羅的神廟。古希臘人認為，德爾菲神廟是地球的中心，是「地球的肚臍」。——譯者注

座主要的阿波羅神廟位於提洛島上，該島曾經是愛奧尼亞部落的一個宗教聚會點，還一度是提洛同盟的金庫所在地。還有一種偉大的泛希臘風俗，就是在西伯羅奔尼撒舉行的奧林匹克運動會，運動會每4年舉辦一次，而且在舉辦期間，任何其他活動，包括戰爭，都要停下來。再沒有比獲得奧林匹克比賽的勝利更偉大的榮譽了。優勝者將戴上桂冠，其所在城市還要在自己的奧林匹亞神殿裡立一尊雕像以茲紀念。第一次競賽是在西元前776年，從那以後，希臘人就用奧林匹克運動會的4年週期來計算年代。

奧林匹克運動會是希臘人重視身體價值的一個生動證明，也是強調和諧的一個典型特徵。人既要有肉體又要有思想，兩者都必須受到訓練。值得我們牢記的是，希臘思想家與我們現代社會那種繼承中世紀學究傳統的象牙塔裡的知識份子有本質的區別。

最後，我們還必須多費點筆墨來講述奴隸制度。人們常說希臘人不善於實踐，因為怕實踐會弄髒他們的手，於是把這種消遣遺留給了奴隸們。再沒有什麼比這樣的總結更容易誤導人的了。有證據清楚地顯示事實並非如此，這些證據就是關於他們科學成就的記錄和雕塑，還有建築遺跡。無論如何，對奴隸的重要性是不應估計過高的，即使那種認為紳士不必動手的勢利觀念真的存在。是的，在勞林山銀礦工作的奴隸們經受著非人的待遇，但整體來說，城市裡的奴隸沒有遭到有意的殘酷對待，其中一個原因就是，奴隸太有價值了，特別是當他還精通某項手工藝的時候。許多奴隸

---

3. 艾斯奇勒斯，古希臘悲劇詩人，西元前525年出生於希臘阿提卡的埃萊夫西納，與索福克里斯和尤里比底斯被稱為是古希臘最偉大的悲劇作家，有「悲劇之父」、「有強烈傾向的詩人」的美譽，代表作有《被縛的普羅米修斯》、《阿加曼農》、《復仇女神》。——譯者注

最終都成為自由人。大規模的奴隸制出現在西元前5世紀後的希臘。

　　知識實驗和發明的突然大量湧現，也許是西元前5世紀最令人驚歎的事件了，無論在藝術領域還是哲學領域都是如此。19世紀的雕塑在形式上還在生搬硬套埃及原型，現在卻突然貼近了生活。在文學方面，舊的形式主義傳統變成生動活潑的希臘戲劇。一切都在擴展，似乎沒有什麼是希臘人做不到的。這種巨大的自信心在索福克里斯①的《安蒂岡妮》的著名開場白中表現得尤為充分：「雖然存在很多強大的生物，但是它們誰也比不上人強大。」到了後來的時代，這種豪情消失了，但是在近代文藝復興時又得到恢復。在義大利人文主義者阿伯提②的作品中，我們可以看到有關人的地位的極為相似的觀點。

　　這個充滿蓬勃生機的時代沒有冷靜客觀地評價自身，過分的自信很容易使人產生毀滅性的傲慢。正是那個世紀的後期，蘇格拉底開始提醒人們注重善的形式。

　　這就是希臘文明達到無與倫比的高度的歷史背景，它以和諧的宗旨為基礎，雖然受到內部衝突的破壞，但是這卻最終使它顯得更加偉大。儘管它從未發展成一個強有力的泛希臘化國家，但是它征服所有曾經佔領過希臘國土的人，直到今天，它還保持西方文明的主體框架。

1.　索福克里斯（前496—前406），古希臘劇作家，和艾斯奇勒斯、尤里比底斯並稱古希臘三大悲劇作家，大致生活於雅典奴隸主民主制的全盛時期，在悲劇創作領域相當多產，一生總共寫過123個劇本，只有7部完整地流傳下來。他在27歲的時候首次參加悲劇競賽，戰勝著名的艾斯奇勒斯，並且保持這個榮譽20餘年。——譯者注

2.　阿伯提（1404—1472），文藝復興時期義大利的建築師、建築理論家、作家、詩人、哲學家、密碼學家，是當時的一位通才。他將文藝復興建築的營造提高到理論高度，著有《論建築》，是當時第一部完整的建築理論著作。——譯者注

第一位到雅典來生活的哲學家是阿那克薩哥拉，從波斯戰爭結束到那個世紀的中葉，他在那裡住了將近30年，但他卻是一位克拉佐美納伊的愛奧尼亞人。阿那克薩哥拉繼承米利都的愛奧尼亞學派的興趣，他的家鄉在愛奧尼亞人起義時被波斯人佔領，他大概就是隨著波斯軍隊一起來到雅典的。據史料記載，他在雅典當了一名教師，還和伯里克里斯成為朋友。甚至有人說，尤里比底斯曾經是他的學生。

阿那克薩哥拉關注的主要是科學和宇宙論方面的問題。我們至少知道一個證據可以證明他是一位敏銳的觀察家。西元前468年至西元前467年間，有一塊體積很大的隕石墜入了埃果斯波達莫斯河。他正是以這個現象作為部分依據，提出星辰由發光的灼熱石塊構成的觀點。

雖然他在雅典結交了一些有權勢的朋友，但還是引起狹隘的雅典保守者的厭惡。獨立的、非大眾化的思想在多數時代都是危險的。當它與那些自以為是的人的偏見相抵觸時，就可能給「異教徒」們帶來一種實實在在的危險。阿那克薩哥拉年輕時曾經傾向於波斯人這個事實，使得情況變得更為複雜。直到2500年後的今天，這種情況也似乎沒有多大的改變。無論如何，阿那克薩哥拉因被指控不敬神和歸順波斯而受到審判。至於他受到什麼樣的懲罰以及他怎樣逃脫，我們不得而知。也許是他的朋友伯里克里斯從獄中劫走了他，並且迅速將他轉移到其他地方。

從此以後，他在蘭薩庫斯定居下來，並且繼續講學，直到去世。特別值得稱道的是，該城的居民對他的活動持一種更開明的態度。阿那克薩哥拉肯定是歷史上唯一一個死後受到學校每年放假紀念的哲學家。他的教誨被載入課本，他的部分遺作在一些別的資料中保留下來。後來，蘇格拉底同樣被指控犯了不敬神的罪，他對法官說，他所堅持的這種不合傳統的觀

點實際上是阿那克薩哥拉的觀點，任何人只要花一個古希臘銀幣都可以買到阿那克薩哥拉的書。

阿那克薩哥拉的學說，正如他之前的恩培多克勒一樣，是一種消化巴門尼德批判的新嘗試。恩培多克勒認為基本物質是對立雙方的各個部分：熱與冷、乾與濕。與此相反，阿那克薩哥拉認為這樣的各個部分是按一定比例存在於一切微小物質之中的，不管它有多麼小。為了證明這一點，他求助於物質的無限可分性。正如他指出的那樣，僅僅將事物分成更小的事物，不能使我們最終獲得不同的事物。因為巴門尼德已經證明：不能存在的東西是無論如何也不能被劃分的，也不可能透過劃分把事物變得不存在。物質無限可分的假設是非常有趣的，他首次提出這個觀點。它的錯誤在這裡不重要，重要的是無限可分的概念適用於空間。

原子論者似乎從這裡找到一個起點，後來提出虛空的概念。就其最大限度的正確性而言，假如我們認可這種假設，阿那克薩哥拉對恩培多克勒的批判到此為止是最為合理的。

各種事物之所以不同，是因為對立雙方的某一方佔了較大的優勢。阿那克薩哥拉可能會由此認為，從某個角度看，雪是黑色的，除非白色佔了優勢。這在某些方面帶有赫拉克利特的特徵。對立雙方結合在一起，所有事物都可以轉變為別的事物。阿那克薩哥拉說，「世上的事物都不是分離的，也不是用斧子從彼此間砍下來的」，他還說，「除了理性，每個事物裡都包含著一部分別的事物，但是也有一些事物包含著理性」。

這裡所說的理性或智力就是取代恩培多克勒「愛與衝突」的活動原則。理性仍然被認為是一種物質，儘管它十分罕見，十分微妙。理性不同於其他物質，因為它是純粹的，不含任何雜質的。正是理性在驅動著事物

運動，對理性的擁有還可以使生命體與非生命體區分開來。

　　關於世界的起源，阿那克薩哥拉提出與近代思辨有某些類似的觀點，即理性在某處產生漩渦運動，由此聚積能量；各種不同的事物按照它們量的多少進行分離，沉重的大石頭被地球旋轉著拋了出去，而且拋得比別的物體更遠，由於運動速度過快，它們開始發光，這就解釋天體的性質。和愛奧尼亞一樣，他認為存在許多個世界。

　　關於知覺，他創造性地提出知覺取決於對比反差的生物原則。因此，視覺就是光闖入與之對立的黑暗中；過於強烈的感覺會引起痛苦和不適。這些觀點至今仍然在生理學中盛行。

　　阿那克薩哥拉在某些方面提出比前輩們更為精確的理論，至少有一些線索可以說明他試圖努力獲得虛空的概念。儘管他經常想使理性成為一種非物質因素，但是他似乎做得不成功。和恩培多克勒一樣，他最終也未能實現對巴門尼德的根本性批判，然而，他的無限可分設想卻在解釋世界由什麼構成方面象徵著新的進步。儘管這離「無限可分性屬於空間」的認識還有一段距離，但是這段路程是留給原子論者來完成的。

　　我們要是想像阿那克薩哥拉是一位無神論者，那就錯了，但是他的神靈觀念是哲學性的，與雅典的國教不一致。正是這種非正統觀點使他受到不敬神的指控，因為他把神與理性（一切運動的原動力）等同起來。這樣的觀點必然會引起政府的關注和不滿，因為它很自然地對現有儀式活動的價值提出質疑，因而在這個方面觸犯了政府的權威。

　　我們也許永遠也不會知道為什麼畢達哥拉斯和他的學派在西元前510年被驅逐出克羅頓。不過我們可以看出學派在什麼地方可能與正直的公民們發生衝突，要知道，畢達哥拉斯確實在干預政治，正如希臘哲學家們習

慣的那樣。儘管整體來說，很多人對哲學家持一種寬容和漠不關心的態度，但當他們提出批評意見時，顯然攪亂了職業政治的局面。最讓統治者惱火的是，哲學家暗示他們其實不像自己以為的那樣聰明。克羅頓人正是出於這樣的原因，燒毀畢達哥拉斯的學校。但是，為此而焚燒學校或人的行為證明他們對非正統觀念的無奈。災難的結局雖然是原來的學校被毀，但是這些非正統觀念卻使那些返回希臘的倖存者們的活動更加廣為人知。

我們已經知道，伊利亞學派的創始人最初是畢達哥拉斯學派的一名追隨者。後來，伊利亞哲學家芝諾對畢達哥拉斯數字論進行破壞性攻擊。因此，瞭解這種理論的內容是十分重要的。數被認為是由單元構成，單元又由點來表示，點則具有空間度，這種觀點是說，一個單元會佔據一個位置，即它具有某些度，無論是什麼樣的度。這種數的理論在處理有理數時是很有效的，因為總是可以以這種方式選擇一個有理數作為單元，任何一個有理數都是單元的整倍數。但是，當我們遇到無理數時，這種理論就失靈了。無理數是無法用這種方法測量的。值得注意的是，「無理」是從希臘語譯過來的詞，它的本義是「不可測量」，而不是「沒有理性」。為了克服這種困難，畢達哥拉斯冥思苦想，發明一種用連續的近似值找出這些難以捉摸的數字的方法。我們在之前說到過這種連分數的解釋。在這種數列中，我們可以透過遞減數的量，使近似值大於或小於精確值，但是在本質上，這個過程是無限的。無理數的目標是這個過程的極限。這種觀點使我們可以像接近極限一樣，獲得有理數的近似值。這個特性實際上與現代極限的解釋是一致的。因此，數的理論可以按照這些方法設計出來，但是離散數與連續量之間的根本混淆被單元的概念掩蓋了。這一點直到畢達哥拉斯將此理論應用於幾何學時才暴露出來。其中有哪些難題，我們將在討

論芝諾的批判時讀到。

畢達哥拉斯在數學方面的另一主要遺產是他的理念論。後來，蘇格拉底吸收和進一步發展這個理論。如果柏拉圖的話可信，這種理論也受到伊利亞學派的有效批判。我們已經初步知道了這種理論的數學起源。拿畢達哥拉斯的定理來說，想要絕對精確地畫出一個直角三角形，並且在它的每個邊畫出正方形，然後測量它們的面積，這完全是徒勞。就算畫得再精確，也不可能完全精確，實際上永遠也做不到這一點。這樣的圖形是不能證明其定理的，因為想要證明它，我們需要有一個不能被畫出來、而只能被想像的完全精確的圖形。任何實際的圖形必然在一定程度上忠實地反映我們腦子裡的圖像，這就成為理念論的一個包袱，也成為晚期畢達哥拉斯學說中著名的一部分。

我們已經知道畢達哥拉斯是怎樣從調和絃的發現中提出和諧原則的。在這個基礎上，他還提出健康就是對立面之間的某種平衡的醫學理論。後期畢達哥拉斯學派進一步發展這個理論，並且將和諧概念應用於靈魂，按照這種觀點，靈魂是肉體的一種和諧。這樣，靈魂就成為肉體有序狀態下才具有的一種功能。如果肉體組織壞掉，肉體分解，靈魂也就隨之消失。我們可以把靈魂看作某件樂器上張開的弦，將肉體看作安裝弦的骨架。如果骨架遭到破壞，弦就會鬆弛，失去和諧。這種觀點和早期畢達哥拉斯學派在這個問題上的概念有所不同：畢達哥拉斯似乎相信靈魂的輪迴，其後來的信徒們卻認為靈魂必會像肉體一樣消亡。

在天文學方面，後期畢達哥拉斯學派提出一個十分大膽的假說。根據這個假說，世界的中心不是地球，而是一團作為中心的火，地球是圍繞這團火轉的一顆行星。不過我們看不見這團火，因為我們所處的地球這一面

始終背向該中心。他們認為太陽也是一顆行星，它的光芒是對中心火的反射。這個假說向著後來阿里斯塔克斯[1]提出的「日心說」邁進一大步。但是，畢達哥拉斯學派提出的理論在形式上卻存在如此多的難點，以至於亞里斯多德又重新堅持地球是平面的觀點。由於亞里斯多德在其他問題上的權威，這個觀點竟然取代正確的觀點，在後來的時代裡盛行，該理論的來源卻被人們遺忘了。

在事物構成理論的發展上，畢達哥拉斯看到許多早期思想家所忽視或誤解的一個特徵，那就是虛空的概念。如果沒有虛空，則不可能對運動做出滿意的解釋。在這個方面，後來的亞里斯多德再一次退步，他認為「自然憎恨虛空」。原子論者則認為，他們必須尋找物理學理論發展的真實脈絡。

同時，畢達哥拉斯學派試圖吸收恩培多克勒取得的成就。當然，他們的數學觀不允許他們把這些元素當作終極元素。於是他們達成一種妥協，這就奠定物質構成的數學理論基礎。現在，他們認為元素是由規則的、立體狀的粒子構成的。在柏拉圖的《泰繆斯篇》中，這個理論得到進一步的發展。「元素」一詞本身很可能就是由後期畢達哥拉斯學派的思想家們創造出來的。

在這個方面，任何一位唯物主義者也不曾對巴門尼德的批判做出完全令人滿意的應戰努力。不管伊利亞學說本身有什麼樣的缺陷，事實依然存

---

1. 古希臘文獻學家，曾經擔任亞歷山卓圖書館的館長，於西元前3世紀首次測算太陽和月球對地球距離的比例，包括太陽、月球、地球大小之比，又提出太陽是宇宙中心和地球繞太陽運轉的主張。此外，他還確定八大詞類：名詞、動詞、分詞（兼有名詞和動詞的特點）、冠詞、代詞、前置詞、副詞、連詞。——譯者注

在，僅僅增加基本物質的種類是無法找到解決方法的。巴門尼德的信徒們提出的一系列論據，強有力地說明這一點。他們中最重要的一位哲學家就是伊利亞的芝諾，他大約生於西元前490年，是巴門尼德的同鄉和追隨者。我們除了知道他對政治感興趣外，還知道一個重要的事實，就是他和巴門尼德曾經在雅典會晤過蘇格拉底。這是柏拉圖說的，我們沒有理由懷疑。他之前已經說過，伊利亞學說產生一個令人吃驚的結論，因而很多人都在試圖彌補這種唯物論。芝諾試圖論證，如果伊利亞學說都違背常理，其他聲稱可以打破這個僵局的理論只能產生更加奇怪的難題。芝諾沒有直接為巴門尼德辯護，而是使對手陷入自相矛盾的境地。他從對手的假設入手，運用演繹論證法來證明對手的假設裡包含不可能的結論，進而表示這樣的假設無法成立，在事實上予以推翻。

這種論證法和我們討論阿那克西曼德的進化論時提到的歸謬法很相似，但有一個重要的不同。一般歸謬法會這樣論證：既然結論在事實上錯了，必然有一個前提在事實上也錯了。

在另一方面，芝諾試圖證明，從一個給定的假設中，人們可以推出兩個相互矛盾的結論，也就是說，這些結論不僅在事實上不真實，而且也不可能，因而他論證說，產生這種結論的假設本身也是不可能的。這種論證法不用在結論和事實之間作任何比較就可以進行下去。從這個意義說，它在問與答的範圍內是純粹辯證的。芝諾是第一次系統地運用辯證法的人，辯證法在哲學中具有非常重要的作用。蘇格拉底和柏拉圖從伊利亞學說中繼承它，並且按照各自的方式加以發展。正是從那時起，辯證法在哲學中佔據顯著的地位。

芝諾論證主要是為了顛覆畢達哥拉斯的單元概念。與此相關的是，他

還提出否定虛空和否定運動可能性的論證。

　　我們先看一看他是如何論證單元概念的謬誤性的。芝諾說：任何存在的事物必然具有某種量值。如果完全沒有量值，它就不可能存在。同樣，事物的每一部分也具有一定量值。他還繼續提出，這種說法一時或一直都是正確的。這是一種介紹無限可分性的簡單方法；不能說任何部分是最小的，否則事物那麼多，這些部分將不得不同時既是大的又是小的。實際上，它們必須小得沒有尺寸，因為無限可分性顯示事物的部分是無限多的，這就要求單元沒有量值，因而所有單元的總和也沒有量值。但是同時，單元又必須有某種量值，因此事物的大也是無限的。

　　這個論證很重要，它表示畢達哥拉斯數的理論在幾何學中失敗了。如果我們在考慮一條線，按照畢達哥拉斯的理論，我們應該可以說出線裡面存在多少個單元。顯然，如果我們用無限可分性來假設，單元理論立即就會瓦解。同時，我們還應該知道很重要的一點，就是它不是證明畢達哥拉斯的錯誤，而是證明不能同時既接受單元理論又接受無限可分性；換言之，它們是不相容的，必須拋棄其中一個——由於數學需要有無限可分性，所以畢達哥拉斯的單元理論必須拋棄。另一個值得注意的問題就是歸謬法本身。一個有意義的單一命題是不會產生不相容的直接結論的，只有當它和別的命題結合在一起時，才可能產生衝突。這就是說，在兩個不同的論證中，當其中一個的附加命題與另一個的附加命題不相容時，衝突才會產生。現在，我們就有兩個論證：第一，事物是很多的，單元沒有大小，因而事物沒有大小；第二，事物是很多的，單元有大小，因而事物在尺寸上是無限的。兩個不相容的附加前提就是：單元沒有大小和單元有一定大小。顯然，在任何一種解釋中，結論都將是荒謬的。因為每個論證的

前提都有錯誤，錯的正是畢達哥拉斯的單元理論。

為了替巴門尼德反對虛空的理論進行辯護，芝諾提出一個新的論證：如果真的存在空間，它必然包含在什麼東西裡面；這只能意味著還有更多的空間，由此類推，多到無窮。但是芝諾不甘願接受這種「退步」，於是他得出一個結論：不存在空間。這實際上是否定「空間是一個空容器」的觀點。按照芝諾的觀點，我們絕對不可能把物體和它所處的空間區分開來。顯然，容器理論與巴門尼德的球體理論是相抵觸的。因為，假設世界是一個有限的球體，就意味著它存在於虛空之中。芝諾在此試圖維護老師的理論，但令人懷疑的是，當他談到一個有限的球體時，如果球體之外什麼也沒有，他的話是否還有意義？

這種可以一再重複的論證叫「無限回歸」，它不總是引出衝突的結論，事實上，現在已經沒有人反對這樣的觀點了：任何空間都是更大空間的一部分。對芝諾來說，之所以會出現衝突，是因為他想當然地認為「存在是有限的」，因此他才會陷入這種「謬誤性的無限回歸」。

實際上，這種謬誤性的回歸論證就是某種形式的歸謬法，它揭示論證的基礎與別的某個真命題是不相容的。

芝諾最著名的論證就是關於運動的四個悖論，其中最重要的是阿基里斯與烏龜的故事。在這裡，他再一次間接地為巴門尼德的理論做了辯護。但是由於他們自己的理論也無法解釋運動，於是他把失敗推給了畢達哥拉斯學派，讓他們去尋找更好的解決方法。他的論證是這樣的：如果阿基里斯與烏龜賽跑，他永遠也不可能超過對手。假設烏龜在跑道上先跑一段距離，當阿基里斯跑到烏龜的起點時，烏龜將跑到更前面的某個位置；而當阿基里斯追到那個新位置時，烏龜又跑到了稍前一點的某個位置。這樣，

每當阿基里斯接近烏龜的前一位置時，這個討厭的小傢伙又已經跑到前面了。

當然，阿基里斯會離烏龜越來越近，但是他永遠也不可能超越牠。我們應該知道，芝諾的論證是直接針對畢達哥拉斯學派的。因此他利用該學派的假設，即一條線是由很多單元或點組成的。這就等於說，無論烏龜跑得多慢，牠在賽跑前就已經跑了一段無限長的距離。這是另一種論證方式，前提就是事物在尺寸上是無限的。

儘管我們不難發現這個結論的錯誤之處，但很顯然，作為畢達哥拉斯單元理論的反對意見，他的論證是無懈可擊的。我們只有拋棄單元觀點，才可以提出一個顯示該結論錯在哪裡的無限級數理論。比如，一個級數裡包含許多個以某個常數遞減的項，就像比賽中各連續路程的長度一樣，我們可以由此算出阿基里斯將在什麼地方追上烏龜。我們把這個級數之和定義為某個數，無論有多少個項，無論項有多大，它們的總和都絕對不會超過級數之和。但是，如果有足夠多、足夠大的項相加，它們的和就會越來越接近級數之和。對一個給定的級數來說，我們無需證明就可以指出，必定有一個，而且只有一個這樣的數。賽跑中涉及的這種級數就是幾何級數。今天，任何熟悉初級數學的人都可以處理好這個問題。但是我們不要忘了，正是由於芝諾的批判性工作，才使充分的連續量理論有了發展的可能；該理論是和數的基礎，如今對我們來說卻像孩子的遊戲一樣簡單了。

芝諾的另一個悖論（有時被稱為「跑道論」）揭示辯證攻擊的另一面。論證是這樣的：我們絕對不可能從跑道的一邊跨到另一邊去，因為這意味著我們必須在有限的時間內越過無限多的點。說得更明瞭一些，就是我們在到達任何一點之前，必須先到達半個點的位置，由此類推，沒有窮

盡。因此，我們永遠也不可能起跑。這個論證，加上阿基里斯與烏龜的論證，顯示已經起跑的人永遠也不可能停下來，進而推翻一條線上包含著無限多單元的假說。

透過假設一條線包含著有限的單元來進行彌補。我們先以三條長度相等的平行線為例，它們都由同樣多的有限的單元構成。讓其中一條在原地不動，另外兩條則以相同的速度向相反方向移動。透過這種方式，當兩條移動的線經過靜止的那條線時，三條線並位於在一起。兩條移動線之間的相對速度是任意一條移動線與靜止線之間相對速度的2倍。現在，根據進一步的假設來論證，即時間和空間都是由許多單元構成的，透過計量在給定時間內經過某一給定點的距離點數，就可以計算出速度。當一條移動線經過靜止線長度的一半時，它就經過另一條移動線的全長。因此，後一時間就是前一時間的兩倍。但是，為了到達相互並列的位置，兩條移動線得花同樣的時間。於是兩條移動線的速度似乎是它們實際移動速度的2倍。這個論證有點複雜，因為我們通常不是從距離上，而是從時間上考慮速度的。但它確實是對單元理論的極合理的批判。

最後是有關飛矢的悖論。飛行中的箭在任何時候所佔的空間都和它自身體積相等，因此它是靜止的，而且是永遠靜止的。這就是說運動甚至不可能開始，但前一個悖論說的卻是運動總要比實際速度快。芝諾正是用這個論證否定畢達哥拉斯的離散數量理論，並且為連續量理論打下基礎，這也正是維護巴門尼德連續球體理論所必須做的。

伊利亞學派另一位重要哲學家是薩摩斯的麥里梭，他和芝諾是同時代的人。關於他的生平，我們只知道他是薩摩斯起義時期的一位將軍，在西元前441年打敗一支雅典艦隊。麥里梭對巴門尼德理論的一個重要方面進行

修正。我們知道，芝諾為了維護老師的尊嚴，不得不一再堅持否認虛空。但是，把存在說成是一個有限的球體，也是不可能的。因為這暗示著球體之外還有別的什麼東西，或者說還存在虛空。一旦否認了虛空，我們將被迫把物質世界看成在所有方向上都是無限的。這就是麥里梭得出的結論。

　　麥里梭在為伊利亞學派的「太一」理論做辯護時，幾乎預見到原子論。他辯論說，假如事物是很多的，每個事物本身必定像巴門尼德的「太一」一樣。因為任何事物都不可能形成或消亡，所以唯一可以成立的理論就是把巴門尼德的球體分解成許多小球體，這樣，很多事物才可以產生，這正是原子論者至今仍然在繼續進行的課題。

　　芝諾的辯證法主要是破壞性地攻擊畢達哥拉斯的觀點，同時也為蘇格拉底的辯證法，特別是為我們後面將遇到的假說方法奠定基礎。而且，他首次針對某個具體問題，系統地運用嚴密的論證。伊利亞學派可能對畢達哥拉斯的數學深有研究，因而他們希望在該領域看到這種方法得到應用。遺憾的是，很少有人知道希臘數學家們分析時所用的實際方法。但是顯然，西元前5世紀後半葉數學的迅猛發展，與論證的既定原則的出現有關。

　　我們怎樣才可以從根本上解釋這個變化無常的世界？顯然，解釋的真正本質是它自身的基礎不能變化無常。最早提出這個問題的是早期的米利都學派，我們已經瞭解到，後來的學派逐漸對這個問題進行修正。後來，另一位米利都派哲學家對此做了最後的回答，他就是留基伯[1]。我們除了

1.　留基伯（前500—前440），古希臘唯物主義哲學家，原子論的奠基人之一。他是德謨克利特的老師，率先提出原子論（萬物由原子構成），其學說受到泰利斯、芝諾、恩培多克勒、阿那克薩哥拉等四位思想家和哲學家的影響。——譯者注

知道他被譽為「原子論之父」外，不知道他還有哪些重要成就。原子論是伊利亞學說的直接產物，麥里梭幾乎是偶然間發現它的。

留基伯的理論在「一」和「多」之間達成妥協。他採用無數粒子作為組成部分的概念，每個粒子都具有巴門尼德球體的特徵：堅固、立體、不可再分。這就是「原子」，就是那些不可分割的東西。它們總是在虛空裡運動著。所有原子的成分都被假設為相同，但是在形態上可以有所不同。所說的這些粒子不可分割的特性，是指無法用物理手段將它們分解，它們所佔的空間在數學上當然可以無限地分割下去。我們之所以無法用普通方法看見原子，是因為它們極其微小。現在，我們可以對事物的形成和變化進行解釋，正是由於原子的各種重新組合，世界才有永遠變化的一面。

如果原子論者使用巴門尼德的語言，那他們就不得不說「不存在」和「存在」同樣真實。換言之，空間之類的東西是存在的。至於那究竟是什麼，就不好說了。我認為在這個方面，今天的人們不比古希臘人進步了多少。我們真正有信心說出的一切就是，在某種意義上，幾何學是適用於虛空的。唯物主義早期的困難正是在於他們堅持認為萬物應該是有形的。巴門尼德也許是唯一對虛空概念有清晰認識的人，他否認了虛空的存在。同時，必須瞭解的是，「不存在的是存在的」在希臘語裡不等於措辭上自相矛盾。以下事實就是線索：在希臘語中，有兩個表示「不」的詞，一個是範疇性的，如陳述句「我不喜歡……」；另一個是假設性的，用以表示命令、願望等。這個假設性的「不」出現在伊利亞人的短語「不存在」裡面。要是範疇性的「不」用在「不存在的是存在的」這句話裡，當然就會使人莫名其妙。由於英語裡沒有這種區別，因此難免要在這裡說一些題外話。

人們經常會問，古希臘人的原子論是透過觀察得出的呢，還是黑暗中的意外收穫？他們除了哲學上的沉思以外，有沒有做別的基礎工作？這個問題的答案不像我們想像的那麼簡單。一方面，正如上面所說，原子論顯然是常識與伊利亞學說之間唯一可行的妥協，伊利亞理論是對早期唯物主義的邏輯批判。另一方面，留基伯是一位米利都人，熟知其偉大同胞及前輩們的各種理論。他自己的宇宙論就說明這一點，因為他沒有追隨畢達哥拉斯學派，而是接受阿那克西曼德早期的觀點。

　　在某種程度上，阿那克西美尼的「聚散論」顯然是以觀察下述現象作為基礎的，如霧氣在光滑的地面上凝聚等。因此，這是把伊利亞學派的批判吸收到粒子理論裡的結果。原子應該服從於永恆運動的說法很可能也出自同樣的觀察，或者是對塵埃在一束陽光裡飛舞的觀察。無論如何，阿那克西美尼的理論沒有產生真正的作用，除非我們考慮的是一大批密集的粒子。因此，那種認為希臘的原子論只是猜想的看法顯然是不對的。當近代的道爾頓重振原子論時，他清楚地理解古希臘人在這個問題上的觀點，並且發現該觀點還為他觀察化學物質按固定比例結合提供某種解釋。

　　此外，還有更深層的理由可以證明原子論不是偶然產生的，這涉及對本身邏輯結構的解釋。我們為什麼要對事物做出某種解釋？那是為了證明所出現的現象在怎樣的情況下才是事物構型變化的結果。因此，如果我們想對某個物體的變化做出解釋，就必須指出所假設的各種成分（這些成分本身不被解釋）排列組合的變化。只要不調查原子本身，原子的解釋功能就不會受到影響。如果我們要探究原子本身，原子就成為經驗探索的目標，產生解釋作用的實體則成為次原子微粒，這次又輪到次原子微粒不能被進一步解釋。法國哲學家E・梅耶松曾經對原子論的這個方面做過非常

詳盡的論述。因此，這樣的原子論是符合因果解釋的結構的。

德謨克利特進一步發展原子論。他是阿布德拉人，事業的巔峰期大約是在西元前420年。他的特殊之處在於，他將事物的本質和表象進一步區分開來。因此，按照他的原子觀，我們所處的世界實際上是由運動的原子組成，我們正在以各種方式體驗它。這就產生很久以後才被稱為本初性和從屬性的區別。一方面存在形狀、大小、物質，另一方面存在色彩、聲音、味道等，從屬性就必須根據原子自身具有的本初性來加以解釋。

在我們探討的過程中，還將多次遇到原子論，我們將在適當時候討論它的局限性。在這裡，我們只是指出原子論不是異想天開的結果，而是經過150年才發展起來的、對米利都人的問題做出的一個嚴肅的回答。

原子論除了對自然科學產生重要作用之外，還產生一個新的靈魂理論：和其他事物一樣，靈魂也是由原子構成的。靈魂的成分比別的原子更加精細，並且遍布全身。後來，伊壁鳩魯[1]及其門徒根據這個觀點，得出這樣的結論：死亡就意味著瓦解，個人的不朽是不存在的。幸福作為生命的終極目標，就存在於靈魂的平衡狀態之中。

隨著西元前5世紀各哲學學派的發展，出現一些在某種意義上處於哲學邊緣的人，他們通常被稱為詭辯家。蘇格拉底輕蔑地說他們是把無理說成貌似有理的人。我們很有必要瞭解這種運動的形成以及它在古希臘社會發揮什麼樣的作用。

---

1. 伊壁鳩魯（前341—前270），古希臘哲學家、無神論者，伊壁鳩魯學派的創始人。他成功地發展阿瑞斯提普斯的享樂主義，並且將之與德謨克利特的原子論結合起來，其學說主要宗旨就是要達到不受干擾的寧靜狀態。——譯者注

哲學辯論的背景不斷變化著，人們很難看出真理到底在哪一方。務實的人沒有時間去聽那些沒有結果的爭論，他們僅僅希望問題得到積極的解決，一個沒有定論的問題只會遭到他們的詛咒。整體來說，這種狀況為詭辯家提供用武之地，因為哲學家們相互衝突的理論使人很難相信他們的知識是可信的。此外，與其他民族廣泛交往的經歷顯示，不同民族的習俗之間存在不可逾越的障礙。希羅多德曾經說過一個軼聞：在波斯大帝的宮廷裡，各地部落的代表們會聚一堂，當他們聽說了其他部落的喪葬習俗後，都感到萬分恐懼。因為有些部落經常將屍體火化，有些部落把屍體吃掉。希羅多德在結論中引用品達[①]的話：「習俗乃萬物之王。」

　　詭辯家們感到擁有知識是不可能的，所以宣稱知識不重要，重要的是有價值的意見。當然，這裡面也包含著一定的真理，因為在處理實際事務時，成功確實是壓倒一切的想法。蘇格拉底對此提出相反的觀點。詭辯家們感興趣的是徹底的實踐，蘇格拉底卻認為這不夠，他認為沒有經過審驗的生活是沒有價值的。

　　在一個時期裡，希臘幾乎沒有什麼系統教育，正是詭辯家們承擔系統教育的任務。他們都是專職教師，工作是巡迴講課或指導。他們為蘇格拉底所厭惡的行為之一就是收學費。人們也許覺得蘇格拉底在這個問題上有點不公平，因為即使是空談家也要吃飯啊。值得注意的是，直到今天，學術傳統仍然認為工資是一種能讓教授們忘掉物質問題的聘用費。

1.　品達，古希臘抒情詩人，出身貴族，以寫合唱頌歌著稱，辭藻華麗，格律嚴謹，傳世作品有40多首，內容大多為讚美希臘諸神和奧林匹克競技的獲勝者，宗教氣息濃厚。歐洲文學中的品達體頌歌，即是因為他而得名。——譯者注

詭辯家們在講課時各有重視的科目。他們最值得稱道的活動只是提供某種文字教育，但是也有一些人在講授具有實踐價值的科目。隨著西元前5世紀民主制度的擴大，演講的能力變得日益重要，修辭學教師也就應運而生了。同樣，政治學教師會教學生們如何在集會上處理事務。還有辯論學教師，他們可以把壞的說成好的，這種技巧在被告必須為自己辯護的法庭上十分有用，教師們會告訴學生如何歪曲論證，進行反駁。

　　把辯論與辯證區分開來是十分重要的。辯論者的目的是取勝，辯證者則是要努力發現真理。實際上，這就是辯論和討論的區別。

　　雖然詭辯家們在教育上承擔重要的使命，但是他們的哲學觀點不利於對真理的探索。因為他們對知識持否定態度，他們的觀點是令人絕望的懷疑主義。這種思想可以用普羅達哥拉斯[2]的一句名言來概括：「人是萬物的尺度，是存在的事物存在的尺度，也是不存在的事物不存在的尺度。」因此，每個人的觀點對自己來說都是真實的，人與人之間的分歧不可能用真理來判定是非。難怪詭辯家塞拉西馬柯[3]會把「正義」定義為「強者的優勢」。

　　普羅達哥拉斯雖然放棄對真理的探索，但是出於實用的考慮，他似乎還同意一種意見比另一種更好，儘管這種立場容易在被人們問到兩種意見

----

2. 普羅達哥拉斯，西元前5世紀希臘哲學家，智者派的主要代表人物，生於西元前490—前480年之間，大約活了70歲。他出生在阿布德拉城，多次來到當時希臘奴隸主民主制的中心雅典，與民主派政治家伯里克里斯結為至友，曾經為義大利南部的雅典殖民地圖利城制定法典，一生旅居各地，收徒傳授修辭和論辯知識，是當時最受人尊敬的「智者」。——譯者注

3. 柏拉圖對話中一個真實的人物，是柏拉圖《理想國》正義理論的反對者，他認為「正義不是什麼，只是強者的利益」。——譯者注

哪一種更好時，立刻就會回到絕對真理的概念上。無論如何，普羅達哥拉斯都是實用主義的創始人。

以下這個有趣的故事可以說明人們是怎樣看待詭辯家的。普羅達哥拉斯自信地認為自己的授課簡單明瞭，連傻瓜都可以聽懂。他告訴一個窮學生，可以等他接到第一個訴訟案、賺到收入以後再支付學費。但那個年輕人學完後卻不去開業。於是，普羅達哥拉斯就把學生告上法庭，要求他支付學費。普羅達哥拉斯在法庭上說，這個學生必須付他學費，如果學生勝訴，就按照原來的協議付款，如果敗訴，則按判決付款。沒想到他的學生卻說：「如果我勝訴，按照判決就不用付款；如果敗訴（即沒有獲得訴訟收入），按照協議也不用付款。」

「詭辯家」一詞本身就有點「智者」的含義。由於蘇格拉底也是一位教師，這就難怪當時的人們會不加區分地把他也稱為詭辯家。我們已經說過，這種劃分是錯誤的。但直到柏拉圖時代，人們才正確地意識到這種差異。從某種意義上說，哲學家和詭辯家會引起人們相似的反應也是很自然的。

自遠古以來，那些沒有哲學頭腦的人對哲學持著十分奇怪而多變的態度。他們一方面會把那些溫和而善良的哲學家當作無害的傻瓜或怪人——他們走路望著天，問一些傻裡傻氣的問題，對人們真正關心的事不管不顧，對明智的公民應該參與的事務很淡漠；另一方面，哲學的思索又確實對既定慣例和習俗有一種深刻而不定的影響。這個時候，哲學家被懷疑是企圖顛覆傳統與習俗的「異教徒」，他們沒有無條件地同意那些在別人看來已經足夠好的習慣和觀點。一旦哲學家對人們珍視的信仰提出疑問，那些不習慣這種態度的人就會感到不安，並且做出憎惡和敵視的反應。蘇格

拉底因此被等同於通常的詭辯家，尤其是傳授巧辯術的教師，進而被指控
進行反傳統的教學。

第三章

雅典

希臘哲學史上最偉大的三個人物都與雅典有關。蘇格拉底和柏拉圖出生於雅典，亞里斯多德早年在雅典學習，後來又在雅典講學。因此，在我們討論他們的作品之前，先對他們生活過的城市做一番瞭解是有好處的。西元前490年，雅典人在馬拉松平原上孤軍擊敗大流士的野蠻游牧部落。10年後，希臘人又聯合起來摧毀薛西斯的陸軍和海軍。斯巴達的一支後衛部隊在溫泉關讓波斯人遭受重大傷亡。隨後，在雅典領導下的希臘艦隊在薩拉米斯又給了敵人的海軍致命打擊。次年，波斯人在普拉提亞遭遇最後的失敗。

但是雅典也因此荒蕪了。波斯人燒毀城市和廟宇，那裡的人民已經四散而逃。於是，一次偉大的重建拉開序幕。雅典在戰鬥中一馬當先，曾經是戰爭的領導者，現在危險過去了，它又成為和平時期的領袖。希臘大陸的人民得救之後，接下來就是解放愛琴海諸島。在這個方面，斯巴達軍隊幾乎派不上什麼用場，因此在海灣圍困波斯大王的使命就交給雅典海軍。這樣一來，雅典人就控制愛琴海。以德洛斯島為中心而締結的德洛斯聯盟，最終成為雅典帝國，金庫也從德洛斯遷到雅典。

雅典因為共同的事業而蒙受損失，因此它認為它的廟宇應該用公共資金來修復，這也是十分合理的事情。於是雅典人修建擁有帕德嫩神廟及其他建築物的新「山頂之城」衛城，其遺址一直保存到今天。雅典成為希臘最重要的城市，它是藝術家和思想家彙聚之地，也是航運和商貿中心，

雕塑家菲迪亞斯①為新神廟創作大量雕像，尤其是雅典娜女神的巨像高聳於衛城，俯視著神殿的前廳和台階。歷史學家希羅多德從愛奧尼亞的哈利卡那索斯來到雅典定居，並且寫出他的波斯戰爭史。希臘悲劇就是從參加過薩拉米斯戰役的艾斯奇勒斯開始，才進入繁榮階段。艾斯奇勒斯在《波斯人》一劇中講述薛西斯的戰敗，主題不是出自荷馬史詩，這在他的創作史中還是第一次。悲劇作家索福克里斯和尤里比底斯在有生之年還目睹了雅典的衰落，喜劇詩人阿里斯托芬也是如此，他辛辣尖刻的諷刺不放過任何人。修昔底德是第一位科學的歷史學家，他記錄斯巴達和雅典的偉大戰爭，在波斯戰爭和伯羅奔尼撒戰爭之間的數十年裡，雅典在政治和文化上達到巔峰。後人曾經用一個人的名字來為這個時代命名，這就是伯里克里斯。

伯里克里斯出身貴族，他的母親是改革家克里斯提尼的侄女，克里斯提尼開創使雅典的政治體制更為民主的事業。阿那克薩哥拉曾經是伯里克里斯的老師。伯里克里斯逐漸擺脫當時盛行的迷信，養成含蓄而穩健的性格，而且有點蔑視平民。但正是在他的領導下，雅典的民主政治才得以完全成熟。當時，類似上議院的雅典最高法院已經失去大部分權力，除了審判殺人罪，其全部作用已經被500人議會、市民大會和法庭取代。這些機構所有的成員都是享受俸祿的國家官員，全部透過簡單抽籤選舉產生。新的社會服務制度在一定程度上改變舊的傳統美德。

---

1. 菲迪亞斯（約前480—前430），雅典人，古希臘的雕刻家、畫家、建築師，被公認為最偉大的古典雕刻家，其著名作品為世界七大奇蹟之一的宙斯巨像和帕德嫩神廟的雅典娜巨像，雖然兩者均已被毀。——譯者注

伯里克里斯具有做領導的天賦。西元前443年修昔底德被放逐以後，伯里克里斯每年都被選為將軍之一。由於深受人民愛戴，這位極具魄力的演說家和能幹的政治家使同僚們黯然失色，伯里克里斯幾乎像獨裁者一樣統治雅典。修昔底德後來在提起伯里克里斯時期的雅典時寫道，民主只是虛有其名，雅典實際上是被第一公民統治。只是在伯羅奔尼撒戰爭爆發前的幾年裡，民主黨派才開始要求更多的權力。直到那時，人們才認識到限制公民權所帶來的惡果，以及無節制地大興土木所造成的財政緊張。由於斯巴達不滿雅典的帝國作風，戰爭爆發了，從西元前431年持續到了西元前404年，最後以雅典的徹底失敗而結束，伯里克里斯死於西元前429年戰爭爆發之初，也就是瘟疫襲擊雅典的西元前430年。雅典雖然在政治上衰落了，但是它作為文化中心卻長盛不衰。直到今天，它仍然是人類努力追求的一切偉大、美好目標的象徵。

現在，我們來談談雅典人蘇格拉底。也許他是一位人盡皆知的哲學家。我們對他的生平瞭解不多，他大約出生於西元前470年，是雅典公民，幾乎一貧如洗，也不想努力賺錢。他最大的消遣就是和別人討論問題，並且為年輕的雅典人講授哲學，不過他不像詭辯家那樣收取學費。喜劇家阿里斯托芬[2]曾經在《雲》一劇中取笑他，因此可以斷定他是雅典全城皆知的人物。西元前399年，他被指控從事違背雅典人傳統的活動，被判處服毒自盡的死刑。

---

2. 阿里斯托芬（約前448—前380），古希臘「喜劇之父」，雅典公民，生於阿提卡的庫達特奈昂，一生大多數時間在雅典度過，與哲學家蘇格拉底、柏拉圖有交往，相傳寫有44部喜劇，現存《阿卡奈人》、《騎士》、《和平》、《鳥》、《蛙》等11部。——譯者注

至於其他細節，我們必須依賴他的兩位學生——色諾芬尼將軍和哲學家柏拉圖的著作。其中柏拉圖的著作更重要。他在幾篇談話錄中向我們展示蘇格拉底的生活和言論。我們從《會飲篇》中瞭解到蘇格拉底很容易進入失神狀態。他會在某個地方突然停住，有時陷入沉思達數小時之久。同時他又有強壯的體格，據說他在服兵役期間，比別人更能忍受嚴寒和酷熱，也更能忍饑耐渴。我們還知道他在戰場上很英勇，有一次冒著極大的危險救了他的朋友阿爾西比亞德斯的命，當時阿爾西比亞德斯已經負傷倒地。無論在戰爭時期還是和平時期，蘇格拉底都是一個無所畏懼的人，這一點直到他臨終時也沒有改變。他長相一般，不修邊幅，穿著又皺又破的短袖長袍，而且還總是打著赤腳。他做任何事都很從容，對自己的身體有驚人的控制力。雖然他很少喝酒，但一旦痛飲起來，卻可以讓同伴們癱倒在桌子下，自己卻毫無醉態。

　　從蘇格拉底身上，我們發現晚期希臘哲學中斯多葛學派[①]和犬儒學派[②]的先兆。和他一樣，犬儒學派不關心世俗利益；而斯多葛學派則喜歡把德行作為眾善之首。除了年輕時代，蘇格拉底不過多地做科學思考，而是主要思考善的問題。在柏拉圖早期的一些對話錄中，蘇格拉底在這一點上的表現尤為突出，我們發現他在致力於倫理學術語的定義。《卡密德篇》提

---

1. 斯多葛學派，希臘時代一個有極大影響力的思想派別，被認為是自然法理論的真正奠基者。它的創始人是芝諾，由於他講學的地方是在公共建築下面的柱廊，所以希臘人稱之為斯多葛，其代表人物有愛比克泰德、馬可·奧里略、克律西波斯。——譯者注

2. 犬儒學派，古希臘一個哲學學派，由蘇格拉底的學生安提西尼創立，這個學派的信奉者被稱為犬儒。此學派否定社會與文明，提倡回歸自然，清心寡欲，鄙棄俗世的榮華富貴，要求人們克己無求，獨善其身，近似中國的道家，最著名的犬儒學派人士是安提西尼的弟子第歐根尼。——譯者注

出什麼是適度，《露西思篇》提出什麼是友誼，《拉黑斯篇》則提出什麼是勇氣。雖然他沒有向我們提供那些問題的最終答案，但卻向我們顯示提出那些問題的重要性。

他的主要思想在這裡得以顯示。儘管他總是說自己無知，但是他不認為知識是不能獲得的東西。我們正好應該努力去尋求知識，因為蘇格拉底認為一個人犯錯誤或犯罪的原因正是無知。一個人只有懂得知識，才不會犯過失。因此，無知是罪惡的首要根源。為了達到善的境界，我們必須具備知識，所以善也就是知識。善與知識的聯繫成為整個希臘思想的一個象徵。基督教的倫理觀是與此完全相反的，它認為重要的是有一顆純淨的心，無知的人心靈可能更純淨。

蘇格拉底試圖透過討論來澄清這些倫理學問題。這種以問答的方式來發現事物的方法被稱為辯證法，蘇格拉底很擅長辯證法，儘管他不是最早使用這個方法的人。根據柏拉圖的對話錄《巴曼尼得斯篇》的記錄，蘇格拉底年輕時曾經見過芝諾和巴門尼德，並且瞭解這種辯證法，後來他又傳授給別人。柏拉圖的對話錄顯示，蘇格拉底是一位具有幽默感、尖刻和機智的人。使他出名、並且令人畏懼的就是他的反諷。「反諷」是一個希臘詞，字面意思有點像英語裡的「有意識的非充分陳述」。因此，當蘇格拉底說自己無知的時候，就是在運用反諷，儘管在玩笑的背後總是隱藏著某個嚴肅的觀點。蘇格拉底熟知希臘所有的思想家、作家和藝術家的成就。但是當我們面對浩瀚無邊的未知領域時，我們知道的就太少了，簡直就像一無所知。一旦清楚了這一點，我們確實可以說自己無知。

《申辯篇》是蘇格拉底行為的最佳記錄，它向我們展示審判蘇格拉底的情形。這是他為自己所做的辯護，或者確切地說，是柏拉圖後來根據回

憶記下的話，它不是一字不差的報導，而是蘇格拉底有可能說的一些話。這種報導方式沒有什麼不同尋常之處，歷史學家修昔底德就曾很直率地使用過這種方式。因此，《申辯篇》可算是一篇歷史作品。蘇格拉底被指控為不信國教的異端，而且還以授課方式毒害青年。這完全是一個虛假的誣告。政府反對他是因為他和貴族派別的聯繫，他的絕大多數朋友和學生都屬於這個派別。由於有大赦法，法院難以在這項指控上有所作為，所以就讓民主派政客安尼托斯、悲劇詩人邁雷托斯和修辭學教師呂康充當正式起訴人。

訴訟一開始，蘇格拉底就充分運用他的反諷才能。他說指控他的人犯了強辯罪，所發表的言論華而不實。他自己已經年過七十，以前從未上過法庭，因此請求法官們容忍他不合法律程序的講話。蘇格拉底在這時還提到一些更狡猾、更陰險的控告者，因為他們躲在幕後，更加難以捉摸。這些人一直到處宣稱蘇格拉底是「一位智者，通曉天文地理，能把壞的說成好的」。蘇格拉底回答說，他不是科學家，不像詭辯家那樣為了錢而講課，也不知道詭辯家們到底懂得些什麼。

人們為什麼要稱他為智者？因為德爾菲的神諭曾經說過，沒有人比蘇格拉底更智慧。他也曾設法證明神諭是錯誤的，於是他找到那些公認的聰明人，向他們提出問題。他問過政治家、詩人、手藝人，發現他們沒有一個人可以說清自己在做些什麼，沒有一個堪稱聰明。在指出別人無知的同時，他也為自己大量樹敵。終於，他明白了神諭的深意：只有神才是最智慧的，人的智慧是微不足道的。在人之中，像蘇格拉底這樣有智慧的人卻看到自己智慧的渺小。因此，他一生都在揭穿那假裝有智慧的人，儘管這樣做讓他變成窮人，但是他必須去執行神諭。

蘇格拉底在質問原告邁雷托斯的時候，迫使他承認整個國家除了蘇格拉底，所有的人都在使青年進步。但是和好人在一起應該比和壞人在一起更好，因此他不可能故意毒害雅典人，假如他無意中做了，邁雷托斯應該糾正他，而不是控告他。蘇格拉底還被指控樹立了自己的新神，但邁雷托斯同時又嚴厲地指責他不信神靈，這種說法顯然是自相矛盾的。

　　這時，蘇格拉底告訴法庭，說他的使命就是執行神的旨意，研究自己和別人，即使是冒著與國家衝突的危險。蘇格拉底的這種態度告誡我們，「對忠誠的分裂」正是希臘悲劇的主題之一。他說自己是一隻令國家厭惡的牛虻，並且說有一個來自內心的聲音始終在指引著他，它禁止，從不命令他去做什麼。正是這種聲音阻止他參與政治，因為沒有人可以在政治中保持長久的誠實。原告們沒有提出讓他的任何一位學生出庭作證，他也不會帶著自己哭哭啼啼的孩子們來乞求憐憫，他應該說服法官，而不是乞求恩惠。

　　當法庭做出有罪判決時，蘇格拉底發表一番措辭尖刻的演說，提出願意為此支付30米尼的罰金。這當然遭到拒絕，死刑被再次確認。在最後陳詞中，蘇格拉底警告那些控告他的人，說他們將為自己的罪行遭受嚴重的懲罰。隨後，他轉向他的朋友們，告訴他們所發生的一切不是罪惡。不必害怕死亡，死亡就像無夢的睡眠，或者像另一個世界的生活，在那裡，他可以不受干擾地與奧菲斯、繆索斯、海希奧德以及荷馬[1]交談，他們肯定不至於殺死一個提問者。

　　由於去德洛斯做年度宗教訪問的船隻因為風暴而推遲返航，在它返

---

1. 四人均為古希臘早期詩人。——譯者注

回之前不宜處決死囚，因此蘇格拉底在喝下毒酒之前，在獄中被關了一個月。在這段期間，他拒絕越獄逃走，《斐多篇》中說，在臨終前的最後幾個小時，他還在和朋友及門徒們討論永生的問題。

當你讀完這本書後，將會發現沒有哪位哲學家佔有柏拉圖和亞里斯多德那樣大的篇幅，這是由於他們在哲學史上佔有獨特的地位。首先，他們是前蘇格拉底各學派的繼承者和系統的整理者，他們發展那些思想，並且使許多未能被早期思想家充分揭示的問題變得明晰起來。此外，他們在各個時期都對人類的想像力產生巨大的影響。西方的思辨論證無論在哪方面發達起來，背後都有柏拉圖和亞里斯多德的影子。最後，與他們之前或之後的任何思想家相比，也許他們對哲學做出更多實質性的貢獻。他們幾乎在所有的哲學問題上都發表過一些有價值的言論。今天，任何試圖在學術上有所獨創而忽視雅典哲學的人，都要冒巨大的風險。

柏拉圖一生經歷雅典的衰落和馬其頓的興起。他生於西元前428年，也就是伯里克里斯去世的第二年，因而他是在伯羅奔尼撒戰爭中長大的。他活了80多歲，死於西元前348年。他有貴族的家庭背景和成長環境。其父亞里斯東的祖先可追溯到古代雅典的王室，他母親培里克瓊來自長期活躍於政壇的家族。在柏拉圖還是一個孩子的時候，他的父親就去世了，母親隨即改嫁給他的叔叔畢利蘭伯，畢利蘭伯和伯里克里斯既是朋友又是同黨，柏拉圖的性格似乎就是在繼父家中形成的。有了這種背景，就難怪他會對公民的政治責任抱有堅定的信念。他不僅在《理想國》一書中鮮明地表達這些看法，而且還親身實踐。在他的早年，他似乎有可能做一個詩人，而且多少被認為應該從事政治活動。不過這種雄心在蘇格拉底被處死之後突然消失了。這個恐怖的政治陰謀在這個年輕人心頭留下難以磨滅的

印象。沒有人能在黨派政治的圈子裡保持長久的獨立和正直。從此,柏拉圖最終決定一生致力於哲學研究。

　　蘇格拉底是柏拉圖家族的老朋友,柏拉圖很小的時候就已經認識他了。蘇格拉底被處死後,柏拉圖和蘇格拉底的一些其他追隨者逃到墨伽拉避難,一直住到輿論平息。這之後,柏拉圖似乎外出旅行了多年,到過西西里、義大利南部,甚至還可能去過埃及,但是我們對他這個時期的情況所知甚少。無論如何,我們發現他在西元前387年又在雅典出現了。這時他創辦一所學校,學校在雅典西北部離城很近的一個小樹林裡。這塊土地與傳奇英雄阿卡德摩斯有關,因此學校取名為「阿卡德米(學院)」。學校的組織結構效仿義大利南部畢達哥拉斯學校的模式,柏拉圖在旅行中曾經與該學校有過往來。阿卡德米是中世紀以後出現的大學的前身。作為一所學校,它存在900多年,比任何同類機構都要長久。到了西元529年,它才被查士丁尼大帝①關閉,因為這種古典傳統的存在有違他的基督教原則。

　　阿卡德米的各種科目與畢達哥拉斯學派的傳統科目大致相同。算術、平面幾何、立體幾何、天文學、聲學、和聲學是教學的基本內容。也許是由於與畢達哥拉斯學派的密切聯繫,阿卡德米很重視數學。據說,學院的入口處有一塊銘文,提醒那些不喜歡這些學科的人不要入學。學生們接受這些學科的教育長達10年的時間。教育過程如此漫長,是為了把人們的注

---

1. 查士丁尼大帝,東羅馬帝國(拜占庭)皇帝,527年—565年在位。他曾經鎮壓平民起義,征服汪達爾王國、東哥德王國,主持建造聖索菲亞大教堂以及位於帝國西部義大利拉溫納的聖維塔教堂,統治期間,幾乎恢復昔日羅馬帝國的光輝,編纂歐洲歷史上第一部系統完整的法典《民法大全》,包括《查士丁尼法典》、《查士丁尼學說彙纂》、《查士丁尼法學階梯》、《查士丁尼新律》。——譯者注

意力從紛雜的經驗世界引到世界背後永恆不變的架構上，用柏拉圖的話說，就是從形成轉向存在。

不過這些科學不是獨立的，它們最終都要服從於辯證法原則，對這些原則的研究正是教育的真正特點。從現實的意義上看，即使到了今天，這仍然是教育的真正目的。大學的作用不是把盡可能多的事實塞進學生的大腦，應該是引導學生養成批判和觀察的習慣，以及理解與所有問題相關的原則和標準。

我們不可能瞭解到阿卡德米的組織細節，但是透過一些文字線索，我們可以推測它一定在很多方面都類似於近代的高等教育機構。學院配有科學儀器和一座圖書館，除了授課，他們還舉辦研討會。

由於有了這樣一所學校來提供教育，詭辯家的生意很快就衰落了。當然，為了使學院維持下去，來這裡學習的人必然得捐獻點什麼。但是在那個時候，錢不是真正重要的問題。因為除了柏拉圖十分富有，足以忽視這些問題外，更重要的是由於學院的辦學目的是為了訓練人們理性地進行獨立思考。學生們不必將所學直接用於實踐，這與詭辯家的目的完全相反，後者除了通曉世事以外，再無其他要求。

亞里斯多德屬於阿卡德米的第一批學生，也是該學院最著名的學生。他少年時就前往雅典，到該學院求學，並且在那裡住了將近20年，直到柏拉圖去世。我們從亞里斯多德那裡得知，他的老師授課前從來不備課。我們還從其他的資料中瞭解到，在專題研討會或小組討論會上，老師會提一些問題讓學生們去解決。他們的對話記錄就是書面的哲學論文，這些論文所針對的不是學生，而是更廣泛的受過教育的公眾。柏拉圖從未寫過一本教科書，也一直不肯將他的哲學思想整理成某種體系。他似乎覺得世界實

在過於複雜，以至於無法將它壓縮到一個預先設計好的書面模子裡去。

在阿卡德米成立20年的時候，柏拉圖再次出國。西元前367年，敘拉古的統治者狄奧尼修斯一世去世，他的兒子狄奧尼修斯二世繼位。這位30歲的年輕人似乎不夠老練，沒有足夠的經驗來掌握像敘拉古這樣重要國家的命運。實際掌權的是他的姐夫狄奧，狄奧是柏拉圖熱心的朋友和崇拜者。他邀請柏拉圖去敘拉古的目的，是想讓他檢驗一下狄奧尼修斯的本事，並且把他培養成一個見多識廣的人。要使這個計畫取得成功的可能性不大。但柏拉圖同意試一試，一方面當然是由於他和狄奧的交情，另一方面由於這是對阿卡德米聲望的一種考驗。同時這也確實給了柏拉圖一個機會，看看他的教育理論對統治者是否有效。這種科學教育能否把一個政治家變成更聰明的思想家，確實值得懷疑，不過柏拉圖顯然認為這是可能的。如果西部的希臘人想要在日益強大的迦太基勢力面前站穩腳跟，在西西里有一位有能力的統治者是十分重要的。假如一些數學訓練可以使狄奧尼修斯變成這樣的強者，可以算是成就不小，而且即使失敗了，也不會有什麼損失。

剛開始，柏拉圖取得一些進展，但是好景不長，狄奧尼修斯沒有長期堅持學習的毅力，而且他是一個令人厭惡的陰謀家。由於忌妒狄奧在敘拉古的影響和他與柏拉圖的友誼，他放逐狄奧，讓他流亡他鄉。這個時候，柏拉圖再留下來也不可能有什麼作為了，於是他就返回了雅典的阿卡德米。儘管遠在雅典，他仍然盡力設法挽回，但已經沒有用了。西元前361年，他再次來到敘拉古，為挽回局面作最後一次努力。他花了近一年時間來制定一些切實可行的措施，試圖把受到迦太基威脅的西西里的希臘人團結起來，但是結果告訴我們，保守派的敵意是無法逾越的障礙，起初甚至

危及到柏拉圖的生命，但最終他還是於西元前360年想辦法離開敘拉古，回到雅典。後來，狄奧靠武力恢復他在敘拉古的地位。但是，儘管柏拉圖向他提出忠告，他仍然是一個失策的統治者，他在某個時候被人暗殺了。雖然柏拉圖竭力勸說狄奧的追隨者採取原有的策略，但是他的忠告沒有引起重視。最後，西西里的命運正如柏拉圖所預見的那樣，為外國所征服。

柏拉圖於西元前360年回到雅典後，繼續在阿卡德米授課和寫作，作為一位勤勉的作家度過他的一生。在所有的古代哲學家中，柏拉圖是唯一把自己的作品近乎完整地傳給我們的人，之前所說的對話錄沒有被他當成哲學的正式論文和技術性論文。柏拉圖清楚地看到，如果像過去許多哲學家所做的那樣，追求建立一套體系來取代所有其他體系，這種嘗試必然會面臨重重困難。此外，在所有哲學家中，他的獨一無二還在於，他既是一位偉大的思想家，又是一位偉大的作家。柏拉圖的作品說明他是世界文學史上的傑出人物之一。遺憾的是，這種獨特性至今在哲學界仍然十分少見。有很多哲學著作冗長浮華、枯燥乏味或譁眾取寵。在一些地方幾乎形成一種傳統，那就是哲學作品一定不肯流暢、明快地表述，要在文體上搞得晦澀難懂才算高深。這的確令人遺憾，因為它嚇跑了那些喜歡哲學的外行。當然，我們也不能想當然地認為柏拉圖時代受過教育的雅典人就一定能讀懂他的對話錄，並且馬上就可以理解其哲學的重要性。這就像不能期望一個不懂數學的人打開一本微積分幾何書，就可以比以前懂得更多。但是不管怎樣，你是可以讀懂柏拉圖的，大多數其他哲學家就不好說了。

除了對話錄，柏拉圖的一些書信也留存下來，這些書信主要是寫給敘拉古的朋友們的。作為歷史文獻，這些書信也很有價值，不過缺少了他特有的哲學趣味。

我們必須講述蘇格拉底在對話錄中所充當的角色。蘇格拉底自己從未寫過任何東西，他的哲學思想主要是透過柏拉圖流傳的。同時，柏拉圖在後期的著作中又提出自己的理論，所以我們必須弄清楚對話錄中，哪些是柏拉圖的觀點，哪些是蘇格拉底的觀點。這項工作雖然有些棘手，但並非不可能。比如，在我們透過獨立證據判斷出的後期對話錄裡，柏拉圖批判蘇格拉底的某些早期觀點。過去經常有人認為對話錄裡的蘇格拉底只是柏拉圖的代言人，柏拉圖透過這種文學手法，把當時碰巧符合他思想的各種觀點提出來。但是這種說法是不尊重事實的，而且已經不再盛行。

柏拉圖在哲學方面的影響可能比任何其他人都大，作為蘇格拉底和前蘇格拉底各學派的繼承者，作為阿卡德米的創辦者和亞里斯多德的老師，柏拉圖處於哲學思想的核心地位。正是由於這個原因，法國邏輯學家E‧戈博才會這樣寫下這樣的評語：「柏拉圖的哲學不是某種形而上學，而是唯一的形而上學。」如果我們搞清蘇格拉底和柏拉圖的區別，就可以更確切地說，正是柏拉圖式的蘇格拉底學說對哲學產生深遠的影響。柏拉圖哲學憑其自身的魅力再次復興是前不久的事。在科學領域，這種復興可以追溯到17世紀初期；在哲學領域，就在我們這個時代。

要研究柏拉圖，很重要的一點，就是要牢記數學產生的中心作用。這是柏拉圖區別於蘇格拉底的特徵之一，蘇格拉底早就對科學和數學失去興趣。在以後的時代裡，由於人們不能很敏銳地掌握柏拉圖的理論，就把他嚴肅的哲學研究當成神秘的數字販賣。遺憾的是，這種不正常的現象不像人們希望的那樣少見。當然，對邏輯學家來說，數學仍然是他們特別感興趣的一個領域。我們現在必須要考察一下對話錄中所涉及的一些問題。要說出這些作品的文學價值不是一件容易的事情，好在這畢竟不是我們主要

關心的問題。不過即使是翻譯，我們還是保留必要的文采，以此表示哲學不必非搞得不可卒讀才有價值。

說到柏拉圖，人們馬上就會想到理念論。蘇格拉底在幾篇對話錄中提出這個理論。但到底是蘇格拉底提出的，還是柏拉圖提出的，則是一個長期有爭議的話題。

《巴曼尼得斯篇》雖然是一篇晚期的對話錄，但是它卻記載蘇格拉底年輕時的一件事情，那個時候柏拉圖還沒有出世。我們從中發現蘇格拉底試圖堅持理念論，以反對芝諾和巴門尼德。我們還在另一些地方發現蘇格拉底與一些顯然熟悉其理論的人交談（理念論發端於畢達哥拉斯學派）。我們來看看《理想國》對它的解釋。

我們先從這個問題開始：什麼是哲學家？從字面上看，哲學家就是愛好智慧的人。但並非每個有求知欲的人都算哲學家，因此這個定義的範圍必須縮小為：哲學家就是愛好真理本身的人。藝術品收藏家愛各種美的事物，但是他不因此就成為哲學家。哲學家愛的是美本身。如果說愛美的事物的人是在夢想，愛美本身的人就是清醒的。愛藝術的人只有意見，愛美本身的人卻有知識。正如巴門尼德所說，知識必須有一個對象，對象必須是某種存在的事物，否則就不會有知識。知識是固定、明確的，它是擺脫謬誤的真理；而意見則可能是錯誤的。但是由於意見既不是存在的知識，也不是子虛烏有，所以正如赫拉克利特所說的那樣，它一定是既存在又不存在的。

蘇格拉底由此認為，我們透過感知所瞭解的一切個體事物，都具有相反的特性。一尊單獨的美麗雕像也包含著某些醜的方面。從某種角度看，個體事物是大的；從另一個角度看，它又是小的。這一切都是意見的對

象。我們不能透過感知把握這樣的美和這樣的大，它們作為知識的對象，是永恆不變的。蘇格拉底結合巴門尼德和赫拉克利特的觀點，提出他的理念論或形式論，這個新的理論是兩位早期思想家都沒有的。在希臘語中，「理念」就是「圖畫」或「樣式」的意思。

理念論既有邏輯學的一面，又有形而上學的一面。在邏輯學方面，我們可以將某一類個體對象和這一類的共同名稱區分開來。因此，「馬」作為共同名稱，指的就不是這匹馬或那匹馬，而是任何一匹馬。它的含義與作為個體的馬以及發生在這些馬身上的各種情況都沒有關係。它不存在於空間，也不存在於時間，而是永恆的。在形而上學方面，理念論意味著某個地方存在一匹「理想」的馬，這匹馬是獨一無二的，也是永恆不變的，這就是共同名稱「馬」的含義。個體的馬之所以是馬，是由於牠們歸屬於或部分歸屬於「理想」的馬。理念是真實和完全的，個體則是一種表象，是有缺陷的。

為了便於我們理解理念論，蘇格拉底概括性地提出著名的洞穴比喻：沒有哲學思想的人就像洞穴裡的囚徒，他們戴著鐐銬，不能轉身。在他們的後面有一堆火，前面有一堵白牆，隔斷了空空的洞穴。牆就像幕布一樣，他們從上面看見自己的影子以及他們與火之間的物體的影子。但是由於無法看到別的東西，他們就以為影子是真實的。最後，有個人掙脫了枷鎖，摸索著爬到洞口。他在那裡第一次見到了陽光，陽光正普照著真實世界的蓬勃事物。然後他又回到洞穴裡，把他的發現告訴同伴們，並且試圖證明他們在洞裡見到的東西只是現實的模糊影子。但是，由於見到了燦爛的陽光，他有些頭昏眼花，發現自己此時更難辨別影子。他試圖指引同伴們走向光明，可是在同伴們看來，他似乎比以前更加愚蠢了，因此要說服

他們的確不是一件容易的事。如果我們在哲學上是門外漢，我們就像這些囚徒一樣，只能看到影子或事物的外表。但是，當我們懂得哲學的時候，我們就可以在理性與真理的陽光下看清周圍的事物，這就是實在。這樣的陽光賦予我們真理和求知的力量，代表著善的理念。

如之前所說，這裡的理論主要是受到畢達哥拉斯學派的啟發。不管怎樣，它也不能算柏拉圖成熟期的觀點，以下的事實似乎可以充分證明這一點：在他後期的對話錄中，理念論先是被推翻，後來則完全消失了。《巴曼尼得斯篇》的核心主題之一就是批判這個理論。巴門尼德與芝諾見過蘇格拉底的說法並非完全沒有依據，不妨把它看作歷史事件，儘管他們當時的談話內容不可能由對話錄來記載。此外，他們的談話是符合各自的性格的，他們所表達的觀點也與我們從其他獨立資料所瞭解到的相一致。我們還記得，巴門尼德年輕時曾受過畢達哥拉斯學派的影響，後來又徹底擺脫該派的說教。因此理念論對他來說不是新觀點，想要批駁年輕的蘇格拉底對這個理論的闡釋，他是可以找到現成論據的。

首先，巴門尼德指出，蘇格拉底可以把「形式」（即形式論）用於數學對象和善、美之類的概念，卻不肯把它用於元素和一些微小事物，這是沒有道理的，因為這將導致一個更為嚴重的問題。蘇格拉底形式論的主要難點就是怎樣才可以把形式與個體事物聯繫起來，畢竟形式只有一個，個體事物卻有很多。為了解釋這種聯繫，蘇格拉底使用參與的概念，但令人費解的是，個體事物是如何參與到形式中的。顯然，整體形式是無法出現在每個個體事物裡的，因為那樣一來，它就不可能成為一種形式。或者說，每個個體事物都含有形式的一部分，但是這樣一來，形式也就不能說明任何問題了。

更糟糕的還在後面。為了解釋形式與所屬個體事物之間的聯繫，蘇格拉底被迫提出參與概念，這個被許多事例證明的概念本身就是一個形式。但是我們肯定會馬上提問，這個形式（參與概念）是怎樣在與原來形式相聯繫的同時，又和個體事物相聯繫的？這樣一來，我們需要的似乎就不止這兩種形式，於是我們就陷入惡性的無限回歸。即每當我們提出一個形式，試圖彌補缺口時，就會出現兩個新的缺口。因此彌補缺口就像服海克力斯①式的勞役一樣，始終沒有逃脫的機會。這就是著名的第三者論證，它是由於在一個特殊的事例中，討論的形式是人的形式而得名。蘇格拉底試圖迴避難題，於是又說形式就是樣式，個體事物與之相類似。但這還是解釋不了第三者論證。因此，蘇格拉底始終無法解釋各種形式是怎樣與它們的個體事物相聯繫的。實際上，這一點是可以直接證明的，因為我們已經假設形式是不可感知的，而是可以理喻的。在它們的領域裡，聯繫只能在它們彼此間發生，個體事物也是如此。這就是說，形式似乎是不可知的。如果形式的確不可知，它們自然就是多餘的，也不可能再解釋任何事物。由此，我們也許可以換一種說法提出這個問題：如果形式只是其本身，與我們的世界無關，它們就是空洞、沒有意義的；另一方面，假如它們與我們的世界有關，它們就不屬於它們自己的世界。因此，形而上學的形式論是不能成立的。

在後面，我們將看到柏拉圖是怎樣解決共相問題的。在這裡，我們只

---

1. 海克力斯是希臘神話中最著名的英雄之一，他是主神宙斯與阿爾克墨涅之子，受到宙斯的妻子希拉的憎惡。後來，他完成12項被譽為「不可能完成」的功績，解救被縛的普羅米修斯，隱藏身分參加伊阿宋的英雄冒險隊，並且幫助他取得金羊毛。他死後靈魂升入天界，被招為神並且成為星座。——譯者注

需注意蘇格拉底的學說經不起嚴密的驗證。在《巴曼尼得斯篇》中，這個問題沒有繼續被追究下去。巴門尼德轉到另一個問題上，他指出，即使在蘇格拉底的形式領域之內，也不是所有的解釋都令人滿意。芝諾對此做了詳細的辯證批判，證明蘇格拉底關於各種形式彼此分離的觀點是錯誤的，這也為柏拉圖找到解決方法打下基礎。

但是還有一個困難，這個困難將使我們回到畢達哥拉斯學派提出的最初的理念論。我們知道，理念論的另一面來自數學中關於論證對象的解釋。當數學家提出某個三角形定理時，顯然不是在考慮任何可以被畫在紙上的實在圖形，因為任何這樣的圖形都有缺陷，不屬於數學研究的範疇。無論人們如何嘗試畫出一條精確的直線，它也永遠不會完全精確。由此得出的結論是，完美的直線屬於另一個世界，於是我們就有了以下觀點，即形式屬於與感知對象不同的存在層次。

看起來，這個觀點並非完全沒有道理。比如，認為兩個感知對象近乎相同，但又不完全相同；也許它們趨向於相同，卻又永遠達不到相同，這種觀點似乎不是完全沒有道理。不管怎樣，想要斷定它們完全相同，即使不是不可能，也是極為困難的。另一方面，我們以兩個不同的事物為例。這個時候我們總是一眼就可以看出它們的不同。因此似乎是不相同的形式才在感知世界裡十分明瞭地展示自己。如果不用形式論術語來系統地闡述這一點，而是採用通常的方式，那我們就會很自然地說，兩個事物幾乎相同，但又不完全相同。不過這種說法沒有什麼意義。因此，這種批判很直接地推翻形式論。

也許有人會問，既然理念論已經被伊利亞學派破壞性地批判過了，為什麼蘇格拉底還要繼續堅持？他一定非常瞭解這種批判的威力。但是，也

許我們把這個問題倒過來看要更加中肯一些。正因為蘇格拉底在智慧方面遇到諸多難題，他才會退避到倫理學和美學問題中。不管怎樣，人的善是不能用我們感知頭髮顏色的方式來發現的。但即使在這個領域，蘇格拉底也逐漸對參與理論有些不滿起來，儘管他從未提出其他新理論。但是這也給我們一個暗示，那就是：答案絕對不能從事物裡找到，要在對事物的論證中獲得。柏拉圖正是朝著這個方向繼續對共相問題做出努力的。

蘇格拉底在《斐多篇》中曾經提到這個問題，儘管他沒有把問題的這個方面繼續展開。柏拉圖在《泰阿泰德篇》和《詭辯家篇》中，也再次提出這個問題。

《理想國》也許是柏拉圖最著名的對話錄，它包含後世思想家們（直到我們這個時代）從事的許多探索的預見。對話錄就是因為書中討論一個理想國的建立而得名。我們現在要描述的就是這種國家的政體。我們知道，在希臘人看來，國家就是一座城市。希臘語「政體」一詞就說明這一點，它的大意就是「城鎮」，其含義還包括一座井然有序的城市所具備的一切社會機構。這篇對話錄的希臘語標題就是「政體」。英語裡的「政治」一詞就是從這裡來的。

柏拉圖把理想國裡的公民分為三個階級：管理者、士兵、平民。管理者是少數精英份子，他們單獨行使政治權力。國家建立之初，由立法者來任命管理者，而且其職位可以由親屬世襲。低階層中的優秀孩子可以被提拔進入統治階級，統治階級中能力低下的後代也可以被貶為士兵或平民。管理者的任務就是去執行立法者的意志。為了確保他們這樣做，柏拉圖制定一整套的計畫，規定他們必須如何接受教育和如何生活。他們將受到精神與肉體兩方面的培養。精神方面有「音樂」，即繆斯女神①主管的任何

一種藝術；肉體方面有「體操」，即不必列隊練習的運動。「音樂」或文化方面的訓練是為了培養出有教養的人，英國人所理解的「紳士」概念，就是從柏拉圖那裡產生的。受教育的年輕人必須做到舉止高雅而英勇。為了實現這個目標，書籍必須經過嚴格的審查。詩人的書必須查禁：荷馬和海希奧德把諸神描寫成喜歡爭吵、放縱欲望的樣子，這不利於人保持對神的敬意。神創造的不應該只是世界上的非邪惡事物，而是整個世界。此外，他們的詩篇中有些章節容易激起人們對死亡的恐懼和對叛逆行為的讚美，或者懷疑惡人會得勢而好人卻會遭殃。所有諸如此類的東西都應該查禁。包括那種狹義的音樂，也應該審查，只有那種能激發勇氣和宣導節制的調式、韻律才允許存在。

管理者必須過清心寡欲的生活，這樣他們就不用求醫，在他們年輕的時候，必須與庸俗的東西隔離開，到了一定年紀又要學會抵制恐懼和誘惑。只有那些可以同時應付恐懼和誘惑的人才適合做管理者。監管者的社會、經濟生活必須是嚴格的共產主義。他們的住所很小，只擁有一些維持個人生存的東西。他們分組進餐，吃最簡單的食物。男女完全平等，所有女人都是全體男人共同的妻子。為了保證他們的數量，統治者會在一些節日，用抽籤的方式選定一組合適的男女，讓他們聚在一起繁衍後代。孩子出生後馬上就被抱走，在子女和親生父母之間互不知曉的方式下集體養育成人。未經許可而生育孩子屬於非法，畸形或劣質嬰兒將被拋棄。這樣一

1.　繆斯女神，即希臘神話中的藝術與科學之神，歐洲詩人經常以她比作靈感與藝術的象徵‧即第六感女神。實際上，她們是天神宙斯的九個女兒，在希臘神話中被統稱為繆斯女神，每人分管從繪畫到音樂等諸多藝術中的一種，傳說這些女神可以激發藝術家的創作靈感。——譯者注

來，個人情感就變得越來越微弱，集體精神會逐漸強大起來。最優秀的孩子被選出來接受哲學教育，這些懂得哲學的人最終將適合做統治者。

　　如果是出於公共利益考慮，政府就有權撒謊。尤其是它將反覆灌輸「忠實的謊言」，即告訴公眾，這個美麗的新世界是神授予的。兩代人之後，人們將毫不懷疑地接受這個謊言，至少普通百姓是如此。

　　最後，我們來看看對正義的定義。自從柏拉圖提出他的理想國概念以來，這個定義就是所有的討論得以展開的理由，因為他認為首先在一個大的範圍討論正義可能會容易些。當每個人都只專心做自己的事情時，正義就會佔據支配地位。只有每個人都從事屬於自己職責的工作，不去干涉別人的事情，國家機器才可以從容而高效地發揮作用。「正義」一詞在希臘語中，是與和諧概念相聯繫的，是與每一部分各司其職、整體平穩運行相聯繫的。

　　從這本書裡，我們的確看到一幅可怕的國家機器藍圖，在這樣的國家裡，作為個體的人幾乎消失殆盡。《理想國》中描述的烏托邦正是阿爾道斯·赫胥黎的《美麗新世界》這一類幻想的源頭；而且它鼓舞過很多當權者，這些人處在主導社會變革的地位，卻全然不顧可能給人帶來的苦難。

　　在這種觀點盛行的任何地方，都必然會產生這樣的結果，即人被迫去適應預先設計好的制度。即使是今天，在某些地方，「國家應該是公民的僕人，而不是相反」的觀點仍然被視為異端。國家與公民之間如何達成平衡，這是一個複雜的問題，我們不必急於在此得到答案。總之，《理想國》中所描述的理想世界，使許多持反對意見的人給柏拉圖貼上了各種聳人聽聞的標籤，因此我們必須考察它所闡述的政治理論的準確含義。

　　首先，我們必須知道，柏拉圖在政治事務中的後期發展出現過逆轉。

這一點，我們過一會兒再做考察。《理想國》裡的理想社會與其說是柏拉圖式的，不如說是蘇格拉底式的，它似乎是在畢達哥拉斯學派理想的直接啟發下形成的。這就是問題的關鍵所在。理想國實際上是一種用合理的方式治理國家的科學家式的觀點。作為一種科學家的模式，它極有可能會誘使一位社會改革家去進行巨大變革，因為他可能會天真地相信自己正在做一件科學的事。如果聽任科學家們去做，這種事他們是做得出來的。同時，理想國的概念也鼓勵了這種認知。因為理想國畢竟只是一個為了討論某些問題而設想的模式。很顯然，蘇格拉底正是出於這種動機才提出建立理想國的，關於這一點，我們看看這個人間天堂的某些極端措施就知道了。此外，我們還應該考慮到某種程度上的反諷因素。比如，沒有人真的想去查禁詩人，也沒有人真的希望在性愛方面實行徹底的共產主義。當然，理想國的某些設想是來自對斯巴達實情的考察，但是它畢竟只是模式，不意味著它將作為一個切實可行的計畫，去建立一座實際的城市。當柏拉圖後來參與敘拉古的政治時，他也沒有試圖按照這種模式去建立一個理想國。我們知道，他的目標是十分穩妥和實際的，他只想改變一位被寵壞了的王子，使他有能力處理一個重要城邦的事務。柏拉圖沒有取得成功則又另當別論，但是這個例子足以說明教育不是人們所想像的那種靈丹妙藥。

在後期的對話錄中，柏拉圖曾兩次談論政治問題。在《政治家篇》中，我們讀到了他對城市裡可能存在的各種政治體制的解釋。出現什麼樣的體制取決於統治者的數量和統治方式。既有可能是君主制或寡頭政治，也有可能是民主制；每種制度既可以按照法律原則發揮作用，也可以拋開這些原則，總共可出現六種不同的組合。假如沒有法律原則，由於不存在

統一的目的，被多數人掌握的權力就會產生最少的罪惡。另一方面，如果有法律原則，民主制就是最糟糕的制度，因為這種情況下要辦成任何事情，都需要有一個共同的願望。既然這樣，君主制就成為首選。

還存在實行混合政體的可能性，就是從六種簡單政體中提取某些因素加以組合。柏拉圖在他最後一部作品《法律篇》中說，我們這個世界似乎找不到哲學家式的君王，我們所能採取的最佳方式就是在法律原則下，把個人統治與眾人統治相結合。《法律篇》對如何組織這種政體以及如何選舉官員都做了十分詳盡的指導。同時他在教育問題上，也對我們現在所說的中等教育的時間安排與內容，給予了大量的詳細說明。在希臘化時代，文法學校是年輕人接受教育的一個必經階段。《法律篇》就為這類教育機構奠定基礎。

之前已經分析過，《理想國》的政治理想不意味著要付諸行動。在這個方面，柏拉圖後期的思想是截然不同的。他對政治和教育持一種非常現實的態度。其中許多觀點都被後世不經意地接受，但是它們的源頭卻很快被人遺忘了。《理想國》中的體系正好相反，作為一種體系，它曾經被普遍地誤解，但是它那些驚人的條款卻不止一次找到熱心支持者，結果使那些人類的「豚鼠」（實驗動物）深受其害。正是出於這個原因，柏拉圖有時被說成是這些人的先驅，他們起初是不理解他，後來又為他的力量所征服，爭先恐後地走上歧途。

儘管如此，我們還是要承認，即使是柏拉圖，也在他的政治思想中表現出一定的局限性。在這個方面，他也有普通希臘人對野蠻民族的疏遠情緒。這是一種自我意識中的優越感，或者只是一種從至高無上的希臘文化中產生的思維方式，我們很難在這一點上做出判斷。

不管怎樣，柏拉圖在《法律篇》中仍然認為，在建立一座新城市（這是這篇對話假設的主題）時，為了避免被對外貿易及交往所腐蝕，人們應該在遠離大海的地方選址。當然，這樣做會帶來一些困難，因為一定程度的貿易活動是必需的，總得讓那些沒有獨立收入的人以某種方式謀生吧！尤其是在談到他所設想的文法學校的教師時，柏拉圖認為必須付給他們薪水，因此他們必須是外國人。

　　這種政治上的封閉態度，最終使得希臘世界沒有能力在更大的範圍上建立一個有生命力的組織。他們所設想的這種政治生活是靜態的，他們周圍的世界卻在飛速變化著。這就是希臘人政治觀念的主要弱點所在，以帝國形式出現的羅馬最終將建立一個世界性的大國。如果說羅馬人缺乏希臘人的創造力，他們也沒有受到城邦式的極端個人主義的影響。

　　在政治理論方面，我們可以把蘇格拉底式的理論與柏拉圖後來發展的理論區分開。不過一般說來，仍然有一些社會理論的特徵為兩人所共有，比如他們對教育本質的看法。當然，他們的態度僅僅是在證明希臘的探索傳統而已。我們回顧一下就知道，科學和哲學研究都是在師生之間可以密切合作的學校或社團裡進行的。有一個重要的真理似乎一開始就被認識到，至少是被模糊地理解，那就是學習不是一個傳播知識的過程。當然，其中有些東西確實是必須傳播的，但教師既不是唯一產生作用的人，也不是最重要的人，和那個時代相比，這一點在今天尤為明顯。因為那時的書面資料遠比現在少，找起來更困難，我們今天則有理由說，任何一個有閱讀能力的人都可以從圖書館收集資訊。和過去相比，教師更不應該僅僅是知識的傳播者了。這種觀念要歸功於古希臘的哲學家，他們早就明白了真正的教育應該如何進行。教師該做的就是引導，引導學生自己領悟知識。

但是，獨立思考不是一下子就可以學會的。它必須靠自己的努力，同時還要有好老師的幫助，後者可以指導這種努力，這也就是我們今天大學裡有的指導的研究方法。可以說，學校產生的恰當作用就是要達到這樣的效果：培養獨立思考的習慣和不帶成見與偏見的探索精神。如果一所大學不能完成這項任務，就說明它降到只會灌輸的水準。同時，這種失敗還會導致更加嚴重的後果，因為在獨立思考消失的地方（無論是因為缺乏勇氣，還是缺乏訓練），獨裁的惡習就會肆無忌憚地擴散開來。壓制批評意見是一個嚴重的問題，它比很多人想像的要嚴重得多。這種情況一旦出現，既不能在社會上確定一個有生氣的統一目標，又會強加給國家政體某種枯燥、脆弱的共性。遺憾的是，那些執政者和負責人沒有強烈地意識到這一點。

因此，教育就是讓學生在教師的指導下學會獨立思考。事實上，愛奧尼亞學派在辦學之初就是這樣實踐的，畢達哥拉斯學派也對此有清楚的認知。法國哲學家G・索雷爾曾經指出，哲學最初的含義不是愛智慧，而是「朋友們的智慧」。這裡所說的朋友當然是指畢達哥拉斯學派的弟兄們。無論這個定義是否正確，它至少強調科學和哲學是作為傳統，而不是作為孤立的個人探索發展起來的。同時我們還清楚了蘇格拉底和柏拉圖強烈反對詭辯家的原因，因為詭辯家只是提供一些實用的知識，他們的教導——如果還可以稱之為教導——是淺陋的。也許他們可以在某些方面指導別人對不同情況做出適當反應，但是這種知識的堆砌是缺少基礎的，也是沒有經過檢驗的。當然，這也不是說一個真正的教師就可以使每個學生都獲得成功。事實上，教育過程的一個顯著特徵就是它需要師生雙方的共同努力。

蘇格拉底認為，這種教育理論與另一個概念有關，這個概念可以追溯到早期的畢達哥拉斯學派。在《美諾篇》中，學習的過程被稱為「回憶」，也就是對過去知道的、後來又被忘卻了的存在事物的回憶。這就需要之前說的那種共同努力。回憶概念的基礎，就是靈魂要經歷一系列進入或脫離肉體的交替狀態的觀點，顯然，這個觀點與畢達哥拉斯學派所堅持的輪迴學說有關。靈魂脫離肉體後就像在睡眠中一樣，這就解釋為什麼當我們醒著時（或者說靈魂進入肉體時），以前學過的東西也必然會醒來。蘇格拉底曾經試圖透過對美諾的一名小奴隸提問來證實這一點。這個小奴隸除了日常希臘語知識外，幾乎沒有受過任何教育。但是蘇格拉底僅僅提了一些簡單的問題，就成功地誘導這個男孩按照給定的一個正方形，畫出一個2倍大的正方形來。我們應該承認，把這個故事作為回憶論的證據不能完全令人信服。因為蘇格拉底已經把圖形畫在了沙地上，而且每當男孩出現偏差時，他就指出來。此外，這卻是一次對教育情景的準確描述。正是按照這個例子所提出的方式，即教師和學生相互作用，共同努力，才產生真正的學習過程。從這個意義上說，學習可以被描述成某種辯證的過程，這也正是「學習」一詞的希臘語本義。有意思的是，這裡所描述的教育理論，不僅在學習和哲學中，還在日常口語中留下痕跡，比如我們經常會說到某個人對某個問題的興趣被喚醒或激發出來。這個例子說明語言發展過程中的一個普遍現象。日常語言是以往一點一滴的哲學思維的歸宿，假如那些傾向於提倡日常用語的人可以偶爾回憶起這一點，雖然有點超出探索原則，倒也不失為一件好事。

　　蘇格拉底運用回憶理論，目的是為了證明靈魂的不朽。《斐多篇》描述這種觀點，儘管有人會認為那個例子算不上成功。但是不管怎樣，後期

畢達哥拉斯學派捨棄輪迴理論，這還是值得關注的。如前所述，他們接受一種新的觀點，這種觀點以和諧概念為基礎，並且在事實上導致相反的結論，即靈魂最終會消亡。關於回憶過程的教育作用，我們也許還注意到精神分析療法正是完全基於對過去的記憶重新覺醒的概念。儘管它包含著某些更神秘的因素，但是比起以休謨[1]的觀點為基礎的聯想心理學來，精神分析療法更加正確地掌握教育與療法之間的聯繫。從廣義上說，教育在蘇格拉底眼裡就是靈魂療法。

教育的過程就是引導人通往知識的過程，因此也是引人向善的過程。這樣，無知就可以被看作自由之路上的某個階段，生活的自由正是透過知識與洞察力來實現的。我們在黑格爾的哲學中也可以看到類似的觀點，根據他的描述，自由就意味著人們對必然性的理解。

《美諾篇》還討論另一個也許更為重要的問題，儘管《歐緒弗洛篇》對這個問題的討論更有趣味性，這就是定義的邏輯問題。《歐緒弗洛篇》提出一個問題：什麼是神聖？對話錄顯示歐緒弗洛試圖為神聖下一個定義。在這裡，他的所有努力是否最終白費不重要，重要的是在討論過程中，蘇格拉底使他懂得形成一個定義需要具備什麼，並且由此澄清以「種」和「屬差」來下定義的形式邏輯特徵。

對今天的讀者來說，這種邏輯問題的論述方法似乎有些古怪，如今的人們習慣按照亞里斯多德的方式，去面對枯燥、教條的教科書的解釋。

---

1. 大衛・休謨（1711—1776），蘇格蘭哲學家，出生於貴族家庭，曾經學習法律和經商，後來研究哲學並且著述，1752年至1761年，進行英國史的編撰工作。休謨的主要著作有：《人性論》、《人類理解研究》、《道德原則研究》、《宗教自然史》，與約翰・洛克及喬治・柏克萊並稱為英國三大經驗主義者。——譯者注

柏拉圖發明的這種哲學對話錄體裁曾經有很多人效仿，但是現在已經過時了。這也許是一個遺憾，因為我們不能說只有今天的哲學作品樣式才是對的，與其他寫作形式相比，對話錄要求作者具備更高的文學修養。在這個方面，柏拉圖早期的對話錄是無與倫比的。我們還要知道，這裡討論的篇章是柏拉圖在蘇格拉底去世以後不久寫的，當時他自己的哲學思想還在形成中。但是作為一位才華出眾的藝術家，他的影響力已經達到巔峰。因此，這些對話錄比後期的作品更容易閱讀，因為它們更有文采，只是我們更難理解其中的哲學精粹。

在早期的幾篇對話錄裡，有這樣一些談話者，要他們為某個術語下定義時，他們都犯了一個根本而普遍的錯誤：他們不是在下定義，只是在舉例子。像歐緒弗洛那樣回答什麼是神聖的問題是沒有用的。他說，神聖就是揭發褻瀆宗教的人。但是這實際上根本不是什麼定義，它只是說明揭發褻瀆者是一種神聖的行為，但神聖的行為也可以是別的。至於神聖到底是什麼，我們仍然不知道。這就像問什麼是哲學家，有人回答說蘇格拉底就是一位哲學家。如果我們回顧一下當時談話的情景，就會發現那種場面帶著一些可笑的諷刺意味。蘇格拉底為了揭露對他的指控的本質而前往法庭，路上遇到歐緒弗洛，後者也正好要打一個官司，他準備去控告自己的父親殺死一個怠忽職守的奴隸。歐緒弗洛是按照公眾的正統慣例和宗教習俗去做的，並且表現出許多人所具有的那種自信。這種人對自己社會的習俗從不加以批評，總是給予有力的支持。於是，蘇格拉底就誇他是一位專家，還假裝向他請教道德問題，說他一定是這個方面的權威。

暫且先把道德問題放到一邊，我們發現蘇格拉底圓滿地解釋邏輯上所需要的東西。我們在探尋神聖的「形式」，換句話說，是什麼使神聖的

事物成為神聖的。用大家更習慣的話來說，我們現在要運用必要條件和充分條件來論述這個問題。因此，只有當某種動物具有理性時，「牠」才是人。也許蹣跚學步的孩子應該排除在外，他們是從匍匐爬行開始的，就像其他四足動物一樣。我們可以用兩個相交圓的圖解方法來說明這一點。人（被定義的術語）就是兩個相交圓的共同部分，這兩個圓涵蓋的分別是理性的和動物的範圍。我們定義的方法就是提出其中一個術語如「動物」，然後用第二個術語「理性的」對它加以限定。第一個術語叫做「種」，第二個就是「屬差」，也就是從動物中挑選出人。如果你同意，人就是具有理性屬差的動物。至少教科書上似乎是這樣說的。如果慎重考慮一些，人們就會懷疑，這個定義（儘管在形式上是對的）會不會在實質上是一個虔誠的錯誤？

在倫理學方面，對話錄清晰地展現雅典的國教，也闡明蘇格拉底的倫理觀和它有什麼不同。這種差異是權威主義與原教旨主義倫理觀的差異。歐緒弗洛對神聖的定義是諸神的一致贊同，當蘇格拉底想對這個定義做出進一步闡釋時，問題就變得清晰起來。蘇格拉底想知道，事物是因為得到諸神的贊同才神聖呢，還是因為它神聖，諸神才贊同它？顯然，這個問題實際上是含蓄地批判歐緒弗洛的觀點。對他來說，問題的關鍵在於諸神會發出該做什麼事的指令。在雅典歷史上存在過國教，這實際上就意味著必須完全服從市民大會頒布的法令。奇怪的是，蘇格拉底竟然承認這個問題是一個政治慣例，但是他同時又覺得自己不得不對國家本身的活動提出倫理上的質疑，這種做法是當今的「歐緒弗洛們」不會也不可能想到的，同時，這馬上就引發古老的「分裂忠誠」兩難推理，如前所述，「分裂忠誠」正是古希臘戲劇的核心主題之一。

從法律與正義的問題始終伴隨著我們這個事實中，我們可以清楚地看到，「分裂忠誠」絕對不是一個已經消失和被埋葬了的問題，法律與公正之間有怎樣的聯繫？當我們發現某項法律不公平，但又被要求服從時，我們怎麼辦？當我們盲目服從於政治主子，使世界面臨無法挽回的毀滅威脅時，這個問題就會變得比過去任何時候都更敏感。

總之，歐緒弗洛與蘇格拉底的不同就在於，前者認為法律是某種靜態的東西，後者的觀點暗示法律並非不可更改。儘管蘇格拉底沒有用更多的話來詳細闡述這一點，但是他在這裡表現得更像一位社會理論中的經驗主義者。這就使他覺得自己有責任去探討某些慣例的善惡問題，不管是誰在掌握它們。他肯定也清楚，這樣做會招致國家的厭惡和迫害，這對於那些觸犯了正統觀念根基的「異端」思想家來說，似乎是一種常見的命運。即使他們可能是出於完全公正的動機，去糾正別人所受的不公對待，也同樣會遭到敵視。

在《克力同篇》裡，蘇格拉底表現出他對雅典法律的態度，該篇說他拒絕採用越獄的方式來逃生。儘管法律是不公平的，但是也必須遵守，以免敗壞法律的聲望。然而他卻沒有認識到，正是因為不公平，法律才會臭名昭著。

蘇格拉底在權威問題上前後不一的態度，使他放棄簡單易行的逃生方式。由於他不肯妥協，檢察官不得不動手行刑。他成為自由思想的殉道者。《斐多篇》描述他的臨終時刻，這篇作品當屬西方文學的傑作之列。談話的中心議題是試圖證明靈魂是不朽的。我們不必在這裡考慮這些論證的細節。儘管他們提到關於靈與肉的一些有趣的話題，但是作為論證，他們做得還是不夠成功的。在談話快結束時，討論達到無人再提反對意見的

地步。雖然他們不可能完全忽視畢達哥拉斯學派的觀點，即新的難點將隨之產生，但似乎是由於該事件的不祥氣氛和對蘇格拉底的忠誠感情，使得他們克制住自己，不再對他的結論提出最後的質疑。從哲學角度看，對話錄中最有價值的部分也許是對假說和演繹法的描述。這正是一切科學論證的骨架。

當朋友們在論證中因遇到無法解決的困難而有些沮喪時，蘇格拉底就對問題進行解釋。他告誡朋友們不要厭惡討論，不要總是懷疑和拒絕論證，隨後他還就自己的方法做了一番正式的總結。

我們應該先從某種假設或假說開始。「假設」和「假說」的含義是一樣的，都有在某種前提下提出的意思，關鍵是我們必須為即將建立的論證打好基礎。從假說中演繹出必然的結論，然後看它是否與事實相一致，這就是「顧全現象」最初的含義：如果一個假設的結論與事實相似，那就是顧全了現象（出現在我們周圍的事物）。毫無疑問，這個概念最初與後期畢達哥拉斯學派的天文學有關，尤其是與流星或行星的概念有關。它們的表象運動是不規則的，不規則的特性不符合形而上學對簡單化的要求，因此他們需要用一個簡單的假說來顧全現象。

如果事實和假設的結論不一致，假設就是失敗的，我們就不得不另外提出假說。我們必須注意到一個重要的問題，那就是假說本身還是沒有得到證明。這不是說我們可以隨便選擇出發點，但是它的確意味著，論證必須從所有參與者承認的某個事物開始，即使不是為了得出定論，至少也要考慮論證的需要。假說的證明則完全是另一碼事，這時我們的論證就必須從一個更高的起點開始，該假設應該可以推出一定的結論。這正是蘇格拉底所設想的辯證法的任務。我們必須要從消除其特殊性的角度，推翻各類

科學的特殊假說。說到底，辯證法的目標就是要達到最高的起點，也就是善的形式，這當然會讓我們覺得有些前景黯淡，但是實際上，理論科學總是在朝著更普遍化的方向前進的，也就是說，在朝著各個領域的統一方向前進，這些領域看起來似乎是各不相關的。對於數理哲學家來說，理論科學更是朝著算術與幾何的統一方向前進的。大約2000年後，笛卡兒[1]以其過人的才華解決這個問題。

我們知道，蘇格拉底不是最早透過假設進行論證的人。伊利亞學派早就把這個程序運用到批判多元論的辯論中，但整體來說，他們論證的目的是否定和摧毀。這裡卻出現一個顧全現象的新概念，換言之，問題在於當我們觀察事實的時候，我們要對它做出某種肯定的解釋或「邏各斯」。我們正是透過假說來解釋事實的。值得注意的是，這種方法中隱藏著一個倫理學概念，即被解釋過的事實總是要比沒有解釋過的好。我們可以回顧一下，蘇格拉底就曾經認為，沒有經過審驗的生活是沒有價值的。總之，這一切都與畢達哥拉斯「探索本身就是善」的倫理觀念有關。而且，那種日益增強的統一化趨勢（直到萬物最終歸於善的形式），在某種程度上還顯示伊利亞學說積極的一面。善的形式與伊利亞學派的「太一」在以下這一點上是一致的，即理論學將以這些概念所暗示的方式發揮作用。

對假說與演繹法論述得最好的，首推《斐多篇》。奇怪的是，蘇格拉底好像從來沒有發現這種方法與他的知識論之間存在某種令人費解的衝

---

1. 勒內·笛卡兒（1596—1650），法國著名哲學家、科學家、數學家，對現代數學的發展做出重要的貢獻，因為將幾何座標體系公式化而被認為是解析幾何之父。他也是西方現代哲學思想的奠基人，是近代唯物論的開拓者，提出「普遍懷疑」的主張，開拓「歐洲理性主義」哲學。——譯者注

突。由於運用假說的演繹理論，顯然就要求所需顧全的現象本身必須是準確無誤的，否則就無法在現象與假說結論之間進行比較。另一方面，現象可以透過感知來理解，蘇格拉底卻認為感知可能會產生錯誤的意見。因此，如果我們要認真考慮假說和演繹法，就必須拋棄蘇格拉底的知識論和意見論。同時，它們也間接地破壞理念論，因為理念論的基礎正是建立在知識與意見的區別之上的。這個問題早就被經驗主義者解決了。

一種假說最初是怎樣建立起來的，這個問題尚未被觸及，對此我們無法給出一個統一的答案，何況也沒有什麼可以確保探索成功的正式規定。也許正因為蘇格拉底有遠見，他才根本不提這個問題。諸如發明的邏輯性之類的問題是不存在的。

從同一個角度看，《斐多篇》與《申辯篇》顯然都屬於歷史文獻。《斐多篇》展示蘇格拉底所堅持的生活方式，這種態度直到他去世也沒有改變。他總是體諒別人，有一種不自覺的自信感；他勇敢而從容，在他看來，情感過分外露有失尊嚴；他還責備他的朋友們，在他喝毒酒前的最後時刻，不該緊張得幾近崩潰。相反，他自己卻若無其事地喝下毒酒，然後躺下來靜候死神的光臨。他臨終前最後的請求，是希望他的朋友克力同在阿斯克勒庇俄斯[2]跟前獻祭一隻公雞。在他眼裡，死亡就是靈魂從肉體中解脫出來，就像接受一種治療一樣。

我們在對話錄《巴曼尼得斯篇》中，已經討論巴門尼德對蘇格拉底

---

2. 阿斯克勒庇俄斯，古希臘神話中的醫神，為太陽神阿波羅和色薩利公主科洛尼斯之子。他行醫人間，不僅帶著手杖，而且手杖上總是盤繞著一條蛇，其手杖就成為醫療的象徵，在世界衛生組織等醫療衛生組織中，其徽標多有木杖和盤繞著的蛇的圖案。——譯者注

理念論的批判。在《泰阿泰德篇》中，我們的確遠離蘇格拉底的理論，柏拉圖自己的學說正開始成形。如前所述，蘇格拉底認為知識具有形式，感知只能產生意見，這個觀點正確地強調數理知識與感知經驗之間的某些差異，但是它作為一般的知識論卻從未成功過。實際上，《巴曼尼得斯篇》就指出它不可能成功的原因，《泰阿泰德篇》為解決這個問題又做了新的努力。

在《泰阿泰德篇》中，蘇格拉底仍然是中心人物之一。該篇批判《理想國》中隱藏的知識論，所以這個問題由蘇格拉底來探討，似乎並無不妥。但是這時蘇格拉底的觀點已經不再處於主導地位了。在隨後的對話錄中，柏拉圖終於提出自己成熟的觀點，並且借一個陌生人之口講述自己的理論，於是蘇格拉底也就消失了。

對話錄得名於著名的數學家泰阿泰德，他以精於算術和幾何學而著稱於世。他發明計算二次不盡根的一般方法，還完成正立面體理論。我們從對話錄中可以看到，在蘇格拉底受審前不久，他已經是一個前途無量的青年了。西元前369年的科林斯戰役之後，泰阿泰德因傷身亡。本篇的問世就是對他的紀念。對話錄序言中的玩笑引出什麼是知識的問題。起初，泰阿泰德也是犯了常見的錯誤，即不是下定義，而是舉例子。但是他很快就意識到這一點，並且給出第一個定義。他說，知識就是基本感覺。這是一個通用的希臘術語，意指任何類型的感覺。英語中的「麻醉」只是失去知覺的意思。更具體地說，我們在這裡考慮的就是感知。「知識就是感知」的觀點實際上與普羅達哥拉斯的原則是一致的，他認為人是萬物的尺度。在感官知覺中，事物以其原樣出現，因此我們是不會搞錯的。在下面的討論中，問題變得明晰起來，即他為知識下的定義是不充分的。首先，我們不

可能真的認為，某種事物就是以它出現的原樣存在的，因為事實上沒有任何事物是這樣。正如赫拉克利特所說，事物總是處在一種不斷形成的狀態中。感知實際上是知覺者與知覺對象之間的相互作用。而且，普羅達哥拉斯自己也承認，在必須有定論的問題上，一個人的觀點不一定比另一個人的好，專家的判斷也不一定就比外行的判斷準確。此外，一個毫無哲學思想的人基本上不會贊同這種準則，所以這本身就意味著普羅達哥拉斯必須承認，他的理論對於這個人來說，是失真的。討論的結果是：如果我們想按照赫拉克利特的流變學說來描述知識，我們就找不到什麼可說的東西，因為每當我們用某個詞去約束任何一個事物的時候，它都已經消失在別的事物之中了。所以我們必須嘗試用其他方法來解答什麼是知識的問題。

下面，讓我們考慮一下這個事實：當各種感官都有其特定的對象時，透過不同的感官就可以獲取不同的知覺，如果有任何東西需要與這些不同的知覺發生聯繫，它就會要求用到某種整體的感官功能。這個整體感官就是靈魂或心靈，柏拉圖對這兩個詞沒有作明顯的區分。靈魂可以理解這樣一些普遍屬性，如一致、差異、存在和數量，同時它還可以理解倫理和藝術的一般屬性。因為我們不能把知識簡單地定義為感官知覺，我們應該盡力從靈魂的角度找到知識的定義。靈魂的作用就是進行自我對話。當某個問題得到一定程度的解決時，我們就說這是由於靈魂做出判斷。現在，我們必須來證實一下能否把知識定義為正確的判斷。我們透過調查發現，這個理論不可能對錯誤或錯誤的判斷做出滿意的解釋。很顯然，所有的人都會承認犯錯誤是不可避免的。真理與謬誤的區別在這個層面上還沒有被揭示出來。柏拉圖所做的只是開拓性工作，因為他自己對這個問題的解釋在當時還沒有完全展開。

假如判斷是靈魂本身的一種活動，就不可能有錯誤的判斷。我們不妨設想一下，如果心靈就像一塊刻有記憶標識的平板，謬誤可能就存在於當前的感覺與錯誤標記的聯繫中。但如果遇到算術錯誤，這就不產生作用了，因為我們對它沒有感覺。如果我們把心靈比做鳥籠，籠子裡的這些鳥就是知識的各個片段，我們偶爾也會抓錯某隻鳥，這隻被抓錯的鳥就是謬誤。但是，犯錯不等於說出一個離題的真理，因此我們必須事先設想其中一些鳥就代表著某種謬誤。但是這樣一來另一個問題又出現了，即如果我們抓到其中的某隻鳥，而且一抓到就知道它正是某個謬誤，我們就永遠不會去犯這個錯誤。此外，我們還注意到這個論證忽略的一點，即如果我們導入各種謬誤（事先就存在），在解釋謬誤的時候，整個敘述就會變成一種循環論證。

況且，一個人做出某個正確的判斷很可能是由於偶然原因或其他原因，比如說，他要堅持某個觀點，這個觀點碰巧在事實上又是正確的，知識的最終定義企圖符合如下論述：所謂知識就是有論證支持的正確判斷，沒有論證就沒有知識。我們不妨想一想那些字母，它們可以有名稱，但是沒有含義。當它們組成音節而這些音節又可以被分析時，它們就成為知識的對象。但是，假如音節只是字母的堆砌，它們就像其本身一樣，是不可知的。如果音節不僅僅是字母的堆砌（還有其他特徵），正是這個附加特徵才使它們變成可知的。如此看來，上述知識定義就毫無意義了。此外，這裡所說的論證又是什麼意思？很顯然，論證就是去解釋某一事物如何與其他事物不同。我們可以說論證就是進一步的判斷，也可以說它就是關於事物間區別的知識。前一種說法意味著某種回歸，後一種則是定義上的某種循環。儘管我們的問題沒能找到解決的方法，但是也澄清某些誤解。無

論是感知還是推理，都無法做到單獨解釋知識。

　　知識問題和謬誤問題顯然是同一個問題的兩個方面。由於在目前的討論中，哪一個方面都不能得到解決，所以我們必須換一個新起點。現在，就讓我們把注意力轉移到這個新起點上吧！

　　看看另一篇對話錄，它是《泰阿泰德篇》中的對話在次日的繼續，這就是《詭辯家篇》。從文風上看，該篇的寫作年代可能比《泰阿泰德篇》要晚很多。雖然進行討論的還是原來那些人，但現場多了一位伊利亞的陌生人。正是這位陌生人成為對話的中心，蘇格拉底只充當一個微不足道的配角。從表面上看，《詭辯家篇》所涉及的是一個定義問題，即何為詭辯家，怎樣才可以把他與哲學家區分開來。這裡面似乎隱藏著某種交鋒，它主要是針對墨伽拉的蘇格拉底學派的，該派提出一種片面而具有破壞性的伊利亞強辯模式。從這位伊利亞陌生人的嘴裡，我們似乎聽到了柏拉圖自己的聲音，該篇表現出對論點更為正確的把握，並且提出一個解決謬誤問題的高明方法。柏拉圖借這位陌生人的口，使我們瞭解到他自己堅持哲學發展的真正傳統，墨伽拉詭辯家的悖論販子已經誤入了歧途。

　　事實上，《詭辯家篇》討論的問題是巴門尼德關於「不存在」的難題。巴門尼德認為，這個問題主要與物質世界有關，其追隨者卻把它擴展到了邏輯學領域，我們在這裡要驗證的正是這個問題。在談論對話錄這個核心問題之前，我們也許應該對劃分方法稍加評論，因為它是阿卡德米的分類程序。亞里斯多德就是在阿卡德米學習期間進行他的動物分類工作的。這種方法為我們提供詳盡的術語定義，其過程是，先從「種」開始，然後透過給出一組可以替換的「屬差」，一步步將其逐級一分為二。《詭辯家篇》給出一個解釋這個過程的初步例子，需要被定義的術語是釣魚。

首先，釣魚是一門技術，因而技術就構成第一個「種」；我們可以把技術分為生產技術和獲取技術，釣魚顯然屬於第二種；現在，獲取又可以分為兩種情況，一是獲取對象是心甘情願的，二是獲取對象完全是被捕獲到的，釣魚就屬於後面這種情況；捕獲又可以分為公開的和隱蔽的，釣魚屬於後者；被捕獲的東西可以是沒有生命的，也可以是有生命的，釣魚的對象就屬於後一種；動物可能生活在陸地上，也可能生活在水裡，這裡所需定義的術語就屬於後者；生活在水裡的動物可以是禽類，也可以是魚類，魚可用網或魚鉤來捕獲；捕魚在夜裡或白天進行都可以，釣魚是在白天進行的；我們可以把鉤放到水上，也可以放到水下，釣魚則屬於後者。現在，回顧一下我們的步驟，並且把所有「屬差」聚在一起，我們就可以為釣魚下一個定義：這是一種在白天進行的、用隱蔽方式將鉤放到水下並捕獲水生動物的技術。當然，我們也不必對這個例子太較真，選擇它做例子是因為我們也可以把詭辯家看作釣魚者，只是他們的獵物是人的靈魂。關於詭辯家的各種定義也是如此，我們不必對此深究下去。

　　現在，我們轉到伊利亞問題的討論上。正如那位陌生人敏銳地指出的那樣，之所以會產生關於「不存在」的難題，正是因為哲學家們未能正確地理解「存在」的含義。我們不妨回顧一下，《泰阿泰德篇》中認為知識至少要有相互作用，因此也就需要「運動」（不管它還需要別的什麼）。但知識同樣需要「靜止」，否則任何東西都不可以談論。如果事物要成為探究的對象，它們就必須在某種意義上保持原樣。這也給我們一個解決這個難題的暗示，因為運動和靜止肯定都是存在的，但是由於它們相互對立，因此無法結合在一起。它們本身似乎可以有三種組合的可能，要麼是萬物保持完全分離的狀態，這個時候運動和靜止都不能與「存在」發生

關係；要麼是萬物可以合併在一起，運動和靜止也應該可以合併在一起，但是它們顯然又不能。因此問題仍然是，某些事物可以合併，另一些則不能。解決難題的方法就是承認「存在」和「不存在」的說法本身就是毫無意義的。它們只有出現在某個判斷中才有意義。所謂「形式」和種類，如運動、靜止、存在，都是《泰阿泰德篇》中已經提到的普遍屬性，它們顯然有別於蘇格拉底的「形式」。後來的「範疇論」就是從這種柏拉圖式的形式論發展起來的。

辯證法的作用就是研究哪些形式或「最高種類」可以結合，哪些不能。正如我們所瞭解的那樣，運動和靜止是不可以結合在一起的，但是它們可以分別和「存在」結合，而且自身都存在。此外，運動與它本身是一致的，但不同於靜止。相同或等同、不同或相異，就像「存在」一樣無所不在。因為它們每一方都與自身等同，而與所有其他方面相異。

現在，我們可以瞭解「不存在」是什麼意思了。我們可以說運動既存在又不存在，因為它是運動，而非靜止。在這個意義上，「不存在」與「存在」就屬於同一層次。但是很明顯，這裡所說的「不存在」絕對不能完全抽象地去理解。它是這樣的「不存在」，或者更確切地說，它不同於這樣的「存在」。柏拉圖由此找到困難的根源。用現代的行業術語來說，我們必須把「is（是）」在存在判斷方面的用法和它作為命題系動詞的用法加以區分。其中後一種用法具有重要的邏輯意義。

在這個基礎上，我們就可以對謬誤做出一個簡單的解釋。正確的判斷就是按照事物的原樣做出判斷。如果我們不這樣做，就會做出不正確的判斷，因而出現失誤。可能讓讀者感到意外的是，這個結果不像他們認為的那樣艱難和神秘。但是我們一旦知道解決方法，就可以處理任何問題。

最後，我們還可以看到，《泰阿泰德篇》中的問題也被解決了。從某種意義上說，這不是一個恰當的問題。我們必須堅持判斷，我們現在已經知道，這些判斷可能是正確的，也可能是錯誤的。但是我們怎樣才可以知道一個判斷的正確與否？答案就是，如果它與事物相符，它就是正確的，否則就是錯誤的，沒有什麼正式標準能確保我們不犯錯誤。

我們剛才對「不存在」所做的概括性解釋，使我們從此可以處理「變化論」。它也使赫拉克利特的理論變得更為清晰，並且去掉它表面的悖論色彩。柏拉圖還提出「變化論」，這和我們今天所瞭解的原子論及數學物理直接相關。這個理論是在《泰繆斯篇》中提出來的，該篇是柏拉圖思想成熟期和最後階段的一篇對話錄，其中對宇宙進化論的解釋將使我們離題太遠，我們需要注意的是，其中有大量畢達哥拉斯學說的成分。還有正確解釋行星運動的各種提示。沒錯，太陽中心說可能就是阿卡德米的發現。這篇對話錄還談到了許多別的科學問題，但是我們不得不把它們放在一邊。我們現在就轉到柏拉圖的「幾何或數學原子論」上。按照這個觀點，我們必須將形式、基本物質和感性世界的有形實在區分開來。這裡的基本物質僅僅是指虛空，可感知的實在是各種形式與空間混合的結果，這些形式在空間裡留下痕跡。柏拉圖在這個基礎上，為我們提供用四種元素來解釋物質世界的方法，這個世界既是物理的，又是生物的，但是這些元素現在被依次認為是由兩種基本三角形構成的幾何體，其中包括半個等邊三角形和一個直角等腰三角形，也就是半個正方形。我們可以用這些三角形構成五種正立體之中的四種。四面體、立方體、八面體和十二面體分別代表火、土、氣、水的基本粒子。透過把這些立體拆分成構成它們的三角形，再將其重新編排，就可以實現元素間的變換。此外，火的粒子具有銳利的

尖頭，可以刺穿別的立體；而水是由平滑的粒子構成的，所以水會流動。事實上，這裡所說的變換理論就是近代物理理論的一個了不起的發現。和德謨克利特的唯物主義原子論相比，柏拉圖確實領先一大步。這些基本三角形顯然就相當於近代物理學中的核或基本粒子，它們是基本粒子的組成部分。我們還會看到，這些粒子沒有被稱為原子，對古希臘人來說，這是一個明顯的錯誤。原子的字面意思是指一種不可分割的東西，因此嚴格地說，由其他成分構成的東西是不應該叫做原子的。

柏拉圖在這個方面正是近代主要科學傳統的先行者。所有事物都可以歸於幾何，這是笛卡兒明確提出的觀點，愛因斯坦也以另一種方式說明這一點。當然，柏拉圖拘泥於四種元素，從某種意義上說，這的確是他的一種局限性。他之所以選擇四種元素，是因為這個觀點在當時非常盛行。柏拉圖所做的努力就是要「顧全現象」，對這個觀點給出「邏各斯」或解釋，他提出的假說是數學式的。我們知道，從數的觀點看，世界最終是可以解釋清楚的，這也是柏拉圖接受的部分畢達哥拉斯學說。因此，我們得到一個可以進行物理解釋的數學模式。就方法來說，這也正是今天的數學物理學的目標。

這個理論應該和正立體理論有一種特殊的聯繫，也許這就是畢達哥拉斯學派神秘主義的一個特徵。的確，在這個方案中，我們沒有找到十二面體。在五種立體中，只有這種的各個面不是由兩種基本三角形，而是由等邊五角形構成的。我們回顧一下就知道，五角形正是畢達哥拉斯學派的神秘符號之一，它的構造涉及無理數，我們在討論後期畢達哥拉斯學派時曾經提到無理數，而且十二面體看起來要比其他四個立體都要圓一些，因此柏拉圖就用它來代表世界。這種思維不影響這個數學模式的合理性。

由於時間關係，我們無法在這裡完全展開柏拉圖的數學理論。但是不管怎樣，我們必須靠對話錄中的部分提示和亞里斯多德的某些講述，才可以把這個理論完整地拼接出來。但是，注意以下兩件事是很重要的：

　　首先是柏拉圖（就算不是他，也是阿卡德米學院）修正畢達哥拉斯學派有關數的理論，使它免遭伊利亞學派的批判。在這裡，他還預示一個十分現代的觀點。數的序列被認為是從「零」而不是從「單元」開始，這就為發展一般的無理數理論提供可能性。如果有誰「賣弄」學問，現在就不應該再像當初那樣說他無理了，同樣，在幾何學中，線被認為是由一個點的運動產生的，這個觀點在牛頓的流數理論[1]中充當主角，流數理論就是後來被稱為微積分的原形之一。我們可以清楚地看到，根據辯證法精神，這些發展促進算術與幾何學的統一。

　　第二件重要的事就是根據亞里斯多德說，柏拉圖曾經說過數不能相加，這個聲明實際上包含著一種極具現代色彩的數字觀的萌芽，和畢達哥拉斯學派一樣，柏拉圖也把數視為形式，形式顯然是不可以相加的，當我們做加法時，只是把某一類東西放在一起，比如卵石。但是數學家們所說的這類東西卻既不同於卵石，也不同於形式，似乎是介於兩者之間，數學家們相加的東西沒有被確定屬於哪一類，它可以屬於任何一類，只要在相關的方面，所有相加的東西都屬於同一類。根據弗雷格、懷特和我為數下

1.　西元1665年5月20日，英國傑出物理學家牛頓首次提出「流數法」（即微積分），後來世人就以這一天作為「微積分誕生日」。自古希臘以來，求解無窮小問題有許多特殊方法，牛頓將其統歸為兩類：正流數法（微分）和反流數法（積分），反映在《運用無限多項方程式》、《流數法與無窮級數》、《曲線求積術》三篇論文和《自然哲學的數學原理》一書中，以及他所寫的在朋友中傳閱的手稿《論流數》中。——譯者注

的定義來看，這一點就變得十分明晰了。例如，數「3」代表一切種類的三重物；一個三重物則代表了給定類別的這一類事物。同樣，其他任何基數無不如此。數「2」代表所有二重物，一個二重物則是某一類事物。你可以把屬於同一類的一個三重物和一個二重物相加，但不可以把數「3」和數「2」加在一起。

至此，我們僅僅是對柏拉圖的某些重要理論做了一番簡要的概括。就思想的廣度和深度而言，很少有別的哲學家能與柏拉圖相比（即使有，也十分罕見），超過他的人，則一個也沒有。任何打算從事哲學研究的人如果忽視他，都是不明智的。

亞里斯多德是居住在雅典，並且在那裡講學的三位偉大思想家中的最後一位，他也許是最早的職業哲學家，在他生活的年代，古典時期的巔峰已經過去，雅典在政治上正變得日漸衰落，馬其頓的亞歷山大（年輕時曾經是亞里斯多德的學生）為希臘化世界的繁榮打下帝國基礎，不過這是以後的事了。

亞里斯多德與蘇格拉底、柏拉圖不同，他是寄居在雅典的外地人。他大約在西元前384年降生於色雷斯的斯塔基拉，他的父親是馬其頓國王的御醫。18歲那年，亞里斯多德就被送到了雅典的阿卡德米學院，師從柏拉圖。在將近20年的時間裡，他始終是阿卡德米的一員，直到西元前348年至西元前347年柏拉圖辭世，他才離開那裡。由於阿卡德米的新任院長斯波西普斯具有強烈的柏拉圖式數學傾向，這種傾向正是亞里斯多德懂得最少和最不喜歡的，因此他離開雅典。

我們發現，在接下來的12年裡，他在很多地方工作過，小亞細亞海岸的密西亞統治者赫米阿斯曾經是亞里斯多德的老同學，亞里斯多德後來應

他的邀請加入當地的一個阿卡德米同學會，並且娶了東道主的侄女為妻。3年後，他去了累斯博斯島的米提利尼。

之前說過，亞里斯多德的動物分類工作是他在阿卡德米期間進行的。他在愛琴海居住的日子裡，肯定也做過海洋生物學的研究，他在該領域所做的貢獻，直到19世紀才有人超越。西元前343年，他被召到馬其頓國王腓力二世的宮庭裡，擔任王子亞歷山大的導師。亞里斯多德任該職達3年之久，但是我們卻找不到這個時期可信的原始資料，這也許是一件憾事。人們不禁會感到疑惑，這位智慧的哲學家用什麼方法管住了桀驁不馴的王子？但是我們似乎仍然可以肯定地說，兩個人看法完全一致的情況不多。亞里斯多德政治觀念的基礎是幾乎快要消亡的希臘城邦，亞歷山大大帝統治下的中央集權帝國，在他看來（實際上是在所有的希臘人看來）就是一種野蠻人的發明。就像在一般的文化問題上一樣，希臘人對自己的城邦制度的優越性表現出相當的敬意，但時代在改變，城邦在一天天衰落，一個希臘化的大帝國呼之欲出。關於亞歷山大崇尚雅典文化的說法是完全真實的，但那個時候所有人都是這樣，不是因為亞里斯多德的緣故。

從西元前340年到腓力二世去世（西元前335年），亞里斯多德一直在故鄉生活：然後，從西元前335年到西元前323年亞歷山大去世，他始終在雅典工作。在這個時期，他創辦自己的學校——呂刻昂學院，這個名稱源自阿波羅神廟附近的呂刻俄斯（殺狼者）。亞里斯多德在這裡為各個班級授課，授課的方式就是在講堂和庭園中漫步，邊走邊講。由於這個習慣，呂刻昂的教學就逐漸獲得逍遙哲學或漫步哲學的名聲。有意思的是，英語單詞「論述」（discourse）的原意就是「來回走」。它的拉丁文前身直到中世紀才開始具有現在的「推理論證」這個含義，因此它的最初含義可能

與逍遙哲學有關，儘管這一點還沒有完全的定論。亞歷山大去世以後，雅典人開始起義，反抗馬其頓的統治。亞里斯多德自然也被人另眼相看，人們懷疑他是馬其頓的支持者，並且以褻神的罪名指控他。蘇格拉底的案子已經說明，這種法律實踐有時候會導致不愉快的結局。亞里斯多德可不是蘇格拉底，他決定躲避「愛國者們」的魔爪，以免被雅典人再添上一個反哲學的罪名。他讓泰奧弗拉斯托斯[1]來管理呂刻昂學院，自己退居到加爾西斯，直到西元前322年離開這個世界。

亞里斯多德留存至今的絕大部分著作都屬於第二雅典時期。這些作品並非全都是真正的書。似乎爭議最少的是，亞里斯多德全集中有些部分是根據授課筆記寫成的，因此看來，亞里斯多德就是這些教材的第一作者，有些作品簡直像學生們的記錄。正是由於這個原因，亞里斯多德的著作在文風上顯得枯燥平淡，儘管據說他也曾經仿效柏拉圖寫過一些對話錄。亞里斯多德的對話錄沒有一篇得以流傳下來，但是從他別的作品來看，他在文學上的地位顯然無法與柏拉圖相比。柏拉圖寫出令人激動的傑作，亞里斯多德卻製造出乾巴乏味的教科書；柏拉圖文采飛揚，寫下散文一樣優美的對話錄，亞里斯多德寫的卻是系統的論文。

要瞭解亞里斯多德，就必須知道他是第一個批判柏拉圖的人。但是我們不能說亞里斯多德的批判都是有理有據的。當他陳述柏拉圖學說時，我

---

1. 泰奧弗拉斯托斯（約前371－約前287），亞里斯多德的弟子，古希臘邏輯學家、哲學家、植物學家。西元前323年，亞里斯多德逃離雅典以後，他接替亞里斯多德主持呂刻昂學院，成為逍遙學派的第一任領袖。他全面繼承亞里斯多德的邏輯學說，力求加強其系統性和完整性，同時也接受一些非亞里斯多德的觀點。在哲學上，他認為火是一種運動的形式，並且反對在自然界中尋找目的，在植物學方面也有重要貢獻。——譯者注

們有理由信任他；但當他繼續解釋其意義時，就不那麼可信了。我們可以設想亞里斯多德熟知當時的數學，他是阿卡德米成員之一的事實似乎就可以證明這一點。但同樣明顯的是，他不贊同柏拉圖的數學哲學，實際上，他也從來沒有真正弄懂過它。當他評論前蘇格拉底學派時，我們也必須同樣持保留意見，可以信賴他所做的間接陳述，但是絕對不能完全相信他所有的解釋。

亞里斯多德還是一位著名的生物學家，儘管我們能體諒他的一些十分古怪的過失，他在物理學和天文學方面的觀點也只能說是混雜不清，令人失望；綜合米利都學派與畢達哥拉斯學派傳統的柏拉圖，在這個領域卻非常接近正確目標，後來的希臘科學家，如阿里斯塔克斯①和埃拉托斯特尼②，也都是這樣。亞里斯多德對系統思維最著名的貢獻就是他的邏輯學著作，儘管其中有相當部分源自柏拉圖的觀點，但柏拉圖的邏輯學說散見於大量其他資料中，亞里斯多德則把它們搜集起來，並且以一種至今仍然保持原樣的講授方式提出來。亞里斯多德的影響曾經阻礙歷史的進步，這主要是由於他的許多追隨者持一種盲從的教條主義態度。當然，我們不能責怪亞里斯多德。文藝復興時期的科學復興仍然是與亞里斯多德決裂而重新走向柏拉圖。就亞里斯多德的觀點本身而言，仍然是古典時代的產物，儘

---

1. 阿里斯塔克斯（前310—前230），古希臘天文學家、數學家。他是歷史上有記載的首位提倡日心說的天文學者，將太陽而不是地球放置在已知宇宙的中心，被稱為「希臘的哥白尼」，其觀點並未被當時的人們理解，並且被掩蓋在托勒密的光芒之下，直到2000年以後，哥白尼才發展和完善其理論。——譯者注

2. 埃拉托斯特尼（前276—前194），古希臘博學的哲學家、詩人、天文學家、地理學家，其成就主要表現在地理學和天文學方面，因為在測地學方面的傑出貢獻及首創西文「地理學」一詞，被西方尊為「地理學之父」。——譯者注

管雅典在他出生之前就漸漸衰落了。對於自己有生之年發生的政治變革的重要意義，他從來沒有理解過，古典時代早已逝去多年了。

我們討論亞里斯多德的形而上學時之所以頗覺困難，一是由於它大量散見於其所有的作品之中，二是由於他沒有作某種明確的交代。首先值得注意的是，我們現在所說的形而上學和亞里斯多德時代的形而上學，含義是不一樣的。形而上學的字面意思只是「在物理學之後」，之所以如此稱呼，是因為一位早期的編輯在安排作品順序時把它放在物理學之後。也許把它放在物理學之前更恰當一些，因為那個位置本來就屬於它。亞里斯多德可能會稱它為「第一哲學」，也就是對於研究工作的一般前提的討論，然而「形而上學」這個名稱已經傳播開了。

可以這樣說，亞里斯多德在這個領域的工作就是試圖以自己的新理論來取代蘇格拉底的理念論。他的主要批判就是應用於參與學說的「第三者論證」，但這不過是附和了柏拉圖在《巴曼尼得斯篇》中的意見而已，因為亞里斯多德轉換了物質論和形式論。例如，用來建造圓柱的材料是物質，類似於建築師畫的圓柱圖樣的東西就是形式。在某種意義上，兩者都是抽象概念，兩者的結合才是真實的該物體。亞里斯多德也許會說，正是在這種形式被施加到物質上時，才使後者能以原樣存在。形式賦予物質特徵，實際上就是使物質變成某種實體：如果我們想正確地理解亞里斯多德的話，有一點特別重要，那就是不能把物質和實體混為一談。「實體」一詞是從亞里斯多德時代的希臘文直譯過來的，其含義是「基礎的東西」，它是某種不變的事物，是物質的載體。正因為我們會自然地傾向於按照某種原子論來思考，所以才會將實體與物質混為一談。因為在某種意義上，原子就是物質的統一體，其作用是承載物質和解釋變化。我們在談到原子

論者時就已經暗示過這一點了。

按照亞里斯多德的理論，形式無論如何也比物質更重要，因為形式是可以創造的。當然，物質也需要，但僅僅是被當作原材料而已。從字面意思上說，形式最終是實體的，按照剛才的解釋，顯然就意味著形式是構成現實世界的基本的、不變的、永恆的實體，因此歸根結底，這與蘇格拉底的理念或形式沒有太大的差別。假如說形式是實體的，那就意味著它們獨立於個體事物而存在，至於這種實體是怎樣存在的，則從來沒有過明晰的解釋，不管怎麼說，似乎還沒有人打算給它們確定一個屬於它們自己的獨特世界。值得注意的是，亞里斯多德認為，他的形式與共相是全然不同的。實際上，對理念論的批判和一個簡單的語言觀點有關。在日常會話中，有些詞代表事物，有些詞則描述該事物的樣子，前者是名詞，後者是形容詞。用專門的術語來說，名詞有時又叫「表示獨立存在的詞」。這個術語可以追溯到希臘化時代，並且揭示亞里斯多德的理論對語法學家產生多麼巨大的影響。因此，名詞也就是實體詞，形容詞則是表示性質的詞。但如果我們由此推斷出肯定獨立存在以形容詞命名的共相，那就錯了，亞里斯多德的共相觀點是更有機的，類似於生物學家的觀點。

共相總會在一定程度上干預事物的生成，但是共相不存在於自己的影子世界裡。儘管亞里斯多德不打算用他的物質——形式理論來取代共相，但是他的理論卻和這個問題有關。而且正如我們所知，它也沒有真的脫離理念論。我們應該記住很重要的一點，按照亞里斯多德的理論，人們完全可以恰當地談到非物質的實體，靈魂就是一個例子，它賦予肉體以形式。靈魂本身是一個實體，卻又是非物質的。

有一個問題是伴隨著共相問題出現的，就是如何解釋變化的問題。有

些人，如巴門尼德，發現這個問題過於複雜，於是直接否定變化的存在。另一些人採納某種精細的伊利亞學說，並且用原子論來進行解釋。還有一些人則繼續利用部分共相論，凡此種種，之前已經提到了。我們發現，與原子論相比，亞里斯多德的現實性和潛在性理論更類似於共相論。

在討論潛在性問題時，我們應該注意把它沒有價值的一種形式拋開。有一種說法認為，潛在僅僅是產生「馬後炮」的作用。假如一瓶油已經燃燒起來了，我們就可以說，這是因為它事先具有燃燒的潛在性，但是顯然，這根本不能算什麼解釋。的確，某些哲學學派正是根據這種理由，否認在這個問題上可以說出的任何有價值的觀點。正如我們後面將看到的那樣，墨伽拉的安提西尼①就是其中之一。根據這種觀點，事物或者具有，或者不具有某種性質，除此之外全是廢話。但是，我們顯然確實可以做出這樣的陳述，如「油是可燃的」，而且它們完全具有意義。亞里斯多德的分析為我們提供正確答案。當我們說一個事物具有A的潛在性時，我們指的是在某種條件下，潛在性確實會變成事實。說「油是可燃的」，就是承認如果給出一組指定的條件，它就會燃燒。因此，如果溫度正合適，你在油面上劃一根火柴就可以把它點燃。當然，這裡所說的條件必須是事實上可以出現的條件，或者是現實的條件。從這樣的邏輯意義上說，現實的要優於潛在的，這時，就可以用一種實體來解釋變化，這種實體就是能在其中變成現實的許多物質的潛在載體，無論這種解釋在實踐中可能有什麼樣

---

1. 安提西尼（前445—前365），古希臘哲學家，犬儒學派的奠基人，蘇格拉底弟子之一。他發揚蘇格拉底重視德行的思想，認為美德是唯一必須追求的目標，只有經過肉體的刻苦磨練才可以得到，這是唯一可能的幸福，進而鄙視一切舒適和享受，著作有《海克力斯》、《西落》、《阿切勞斯》、《政治論》。——譯者注

的缺陷，但是它至少在原則上是重要的，如果我們還記得亞里斯多德對潛在性的解釋，這種方法顯然能讓我們更多地聯想到蘇格拉底和柏拉圖，而不是原子論者：亞里斯多德在生物學方面的興趣影響其部分觀點，因為潛在性在生物學中尤其有用。但是，這個觀點還不是很完整，因為有一個重要的方面它還沒有涉及，即它沒有提到各種變化是怎樣發生及為什麼會發生。在這個方面，亞里斯多德有一個十分詳盡的答案，我們將在談到他的因果論時再考慮。至於宇宙起源說，還有上帝是第一動因或強大推動力的觀點，也將在以後討論。不過在這裡我們要記住的是，亞里斯多德把他的神學看作是我們現在所稱的形而上學的一部分。

現在，我們轉到亞里斯多德的邏輯學上。之前已經說過，希臘科學和哲學的一個顯著特徵就是證明概念。東方天文學家只滿足於記錄現象，希臘的思想家卻在竭力解釋它們。證明一個命題的過程包括建立各種論證。當然，這種工作在亞里斯多德之前就已經有人做了很長時間，但是據我們所知，他們之中還沒有一個人對論證所採取的形式做過詳盡的普遍性解釋。在這裡，亞里斯多德的著作提供一種考察，不管怎樣，他和康德都認為這種考察是完整的。他在這個方面的不幸疏忽其實不重要，重要的是，他已經發現了對形式邏輯做出普遍性解釋的可能性。也許我們最好馬上強調一下非形式邏輯的不存在，也就是說，論證的普遍性形式是邏輯學的一項研究，亞里斯多德的邏輯學是靠大量與其形而上學相關的假設存在的。首先，他想當然地認為所有的命題都是「主謂」型的。日常談話中有很多命題就屬於這種形式，這也正是「實體與物質」形而上學產生的根源之一。當然，柏拉圖早就在《泰阿泰德篇》中提出這種「主謂」形式，可以想像，亞里斯多德是第一個將該形式派生出來的人。共相問題正是在這種

情況下出現了。劃分命題的依據就是它們所涉及的究竟是共相還是個別。如果是前者，它們就可以涵蓋共相的整個範圍，如「人都是要死的」，這被稱為全稱命題；換一種情況，命題可能就只包括共相的一部分，如「有些人是明智的」，這是一個特稱命題；而「蘇格拉底是一個人」這樣的命題則是單稱命題，當我們在某項論證中將這些命題結合起時，單稱命題就必須被當作全稱命題來處理。命題是肯定的還是否定的，要看它的主語是在承認還是在否定什麼。

根據這種分類法，我們現在來看看論證中會發生什麼情況。從以一個或多個命題為前提開始，我們推論出別的命題或這些前提產生的結果。亞里斯多德認為，一切論證的基本類型就是他所說的三段論法。三段論法就是具有兩個「主謂」型前提的論證，而且它的兩個前提必須有一個共同的項。這個中間的項將在結論中消失。以下就是一個三段論法的例子：所有人都是理性的，嬰兒是人，所以嬰兒也是理性的。在這個例子中，結論的確是由兩個前提推出的，因此論證是成立的。至於各前提本身是真是假，則是另一個問題。的確，我們也可能從錯誤的前提中推出正確的結論來。但重要的是，如果各前提是真的，任何一個被有效推導出來的結論也必然是真的。所以，揭示哪些三段式論證有效，哪些無效，是非常重要的。

亞里斯多德對無效的三段論法做了一番系統的解釋，首先，各種論證按其「格」分類，「格」則取決於項的排列。亞里斯多德提出三種不同的構型，斯多葛學派後來又發現第四種：在每個「格」中，有些論證有效，有些則無效。18世紀的瑞士數學家歐拉發明一種巧妙的檢驗三段論法的方法。即用一個圓圈來表示某個項的範圍，這就很容易發現某個論證是否正確，因此就不難看出上文給出的例子是正確的。經院哲學家①為這種「第

一格」三段論取了一個專門的名稱——「巴巴拉」。同樣，哺乳動物都不會飛，豬是哺乳動物，所以豬也不會飛，這也是一個有效的「第一格」論證。這種形式被稱為「西拉倫特」，請注意，在這個特殊例子中，結論是真的，儘管有一個前提不真，因為蝙蝠就是會飛的哺乳動物。

　　亞里斯多德在後世的威望，使他的三段論法在其後兩千多年中被邏輯學家們認定為唯一的論證類型。對三段論法的批判，最後竟然還是由亞里斯多德最先提出的。例如：所有人都是會死的，蘇格拉底是人。因此蘇格拉底也會死。在這個論證中我們已經假定，如想知道第一個前提（人都會死），則必須事先知道結論。因此，這個論證採用的是未經證明的假定。造成這種誤解的原因就在於誤解我們是如何知道「所有A都是B的」這個結論的。實際上，通常沒有必要，也不會對A逐一檢驗，看它是不是B。相反，最常見的做法是檢驗某一單個例子，瞭解其關係就可以了。這個方法在幾何學裡更是如此，比如說所有三角形的三角之和等於兩個直角之和，在大膽地做出一般性斷定之前，任何明智的幾何學家都不會去逐一細看各種三角形，以消除心中的顧慮。

　　簡明扼要地說，這就是三段論法的主旨。亞里斯多德還論述過由模態命題構成的三段論，也就是包含「也許」或「一定」，而不是「是」的陳述句。模態邏輯在現代符號邏輯領域裡再次引起人們的關注。從較新的發展看來，三段論學說在當今似乎沒有原來想像的那麼重要，就科學領域

---

1. 經院哲學，歐洲中世紀特有的唯心主義思辨哲學，為宗教神學服務。它是天主教教會為了訓練神職人員而在其所設經院中教授的理論，故名經院哲學，其研究限制在基督教教義的範圍內，目的在於為信仰尋找合理根據，反對脫離教義而依靠理性和實踐去認識和研究現實，其傑出研究者被稱為經院哲學家。——譯者注

而言，三段論法的運用沒有證明其前提。於是出發點的問題就被提出來。按照亞里斯多德的觀點，科學必須開始於某些不需要論證的陳述。他把這種陳述稱為公理，它不一定在人們的經驗中很普遍，但是只要解釋就可以使人清楚地理解。有一點也許有必要指出來，那就是和科學探索的過程相比，它更多地涉及一批科學事實的陳列。敘述的順序總是遮蓋了發現的順序。在實際探索中，一旦問題得到解決，許多模糊或不確切的認識就會被清除。

在談到公理的時候，亞里斯多德腦子裡似乎想到過幾何學。直到他那個時代，幾何學才開始系統地出現。亞里斯多德與歐幾里得②只隔了幾十年時間，在這段時間裡，還沒有別的什麼科學達到過幾何學那樣的地位。似乎從那以後，各類科學就依照某種等級來排序。在這裡，數學是至高無上的，比如說，天文學的地位就在它之下，因為天文學必須要用數學來解釋其觀察到的各種運動，在這個領域，亞里斯多德預見到後人的工作，尤其是法國實證論者孔德的科學分類法。

亞里斯多德認為語言研究是一項重要的哲學任務，該研究的開創性工作是由柏拉圖在《泰阿泰德篇》和《詭辯家篇》中完成的。事實上，「邏各斯」正是希臘哲學的主導概念之一，我們首次遇到這個術語是在談論畢達哥拉斯與赫拉克利特的時候。它的含義包括言辭、量度、準則、論證、原因等，如果我們想瞭解希臘哲學的精神，就必須記住這一系列含義的重

---

2. 歐幾里得（前325—前265），古希臘數學家，被稱為「幾何之父」，活躍於托勒密一世（前323—前283）時期，其最有名的著作《幾何原本》是歐洲數學的基礎，提出五大公設，也是歷史上最成功的教科書。歐幾里得也寫了一些關於透視、圓錐曲線、球面幾何學、數論的作品，是幾何學的奠基人。——譯者注

要性。顯然，「邏輯」這個術語就是由它派生出來的，邏輯學也就是關於「邏各斯」的科學。但邏輯學有獨特的地位，它與所謂的正式科學是有區別的。亞里斯多德把科學分為三類，其依據就是每一門科學要達到的主要目的。

理論科學提供的是知識（在這個意義上，知識是與意見相對立的）。數學是最明顯的例子，儘管亞里斯多德把物理學和形而上學也包括在內。他所說的物理學的含義和我們今天所理解的不完全一樣，它是對空間、時間和因果關係的普遍性研究，我們可能會把其中某些部分當成形而上學，甚至是邏輯學（如果其含義足夠寬泛）。實用科學（如倫理學）的作用在於控制人們在社會中的行為。最後是生產科學，它的功能就是指導我們創造使用或藝術欣賞的對象。

邏輯學似乎不屬於其中任何一類，所以它不是通常意義上的一門科學，而是處理問題的一種普遍方法，對科學來說是不可缺少的。它為識別和證明提供標準，應該被視為影響科學研究的工具或手段。亞里斯多德在談到邏輯時所使用的希臘語「工具論」正說明這一點。邏輯這個術語本身則是後來斯多葛學派的發明。至於論證形式的研究，亞里斯多德稱它為「邏輯分析學」，字面含義是「釋放」。論證的結構就是這樣被「釋放」（分析）出來以供驗證的。儘管邏輯學與詞彙有關，但亞里斯多德認為它涉及的不僅僅是詞彙，因為大多數詞語在一定程度上只是代表非詞語事物的偶然標記。因此邏輯有別於語法，儘管它可以對後者產生影響。邏輯學也不是形而上學，因為和存在事物相比，它更多地涉及我們對這些事物的認識方式。在這裡，亞里斯多德拒絕理念論，這是非常重要的。因為堅持這個理論的人都會認為，我們現在所說的邏輯學，從狹義上說可能跟形而

上學沒什麼區別，但亞里斯多德正好相反，他認為兩者截然不同。他試圖借助我們所說的「概念」來解決共相問題，概念無論如何也不會存在於我們的世界之外的某個世界裡。最後，邏輯學也不同於心理學，這一點在數學中尤為明顯。歐幾里得《幾何原本》的演繹順序是一回事，數學探索過程的精神折磨完全是另一回事，也就是說，科學的邏輯結構與科學探索的心理過程是完全不同的兩回事，因而在美學中，一件藝術品的價值與生產的心理學是完全不相干的。

我們對邏輯學的考察，必須先以介紹的方式在某個方面對語言結構和其中可能說出的東西進行確定。《範疇篇》根據亞里斯多德的「工具論」討論這個問題，就像我們在討論《詭辯家篇》時所看到的那樣，這項工作也是始於柏拉圖。但亞里斯多德的討論更貼近現實，與語言事實的關係也更為緊密，它區分了十種可以透過論述加以識別的一般性範疇，也就是實體、性質、數量、關係、地點、時間、姿態、狀態、動作、屬性。第一個範疇就是任何陳述都會涉及的「實體」，其他的範疇涵蓋各種由某個實體構成的陳述。因此，如果說到蘇格拉底，我們就可以說他具有某種性質（一位哲學家）；他還具有一定的身高，不管尺寸會多少，這就解答了數量的範疇；他與別的事物保持某種關係，並處在一定的空間和時間裡；他還透過行動與周圍的環境相互發生作用。正如我們後面將看到的那樣，《範疇論》有許多傑出的繼承者，雖然在絕大多數情況下，這些人更像是在從事形而上學研究，而不是亞里斯多德的語言研究，最突出的例子就是康德和黑格爾。

範疇的確是抽象的概念，它回答那些可能針對任何事物提出的最普遍的問題。亞里斯多德認為範疇就是詞的本義，詞的本義當作為知識對象和

作為判斷對象時，其含義是不同的。對於第一種情況，亞里斯多德會認為人們有一種直接的理解，在現代語言學中，有時候用它表達「具有概念」的意思，不管它可能的概念是什麼。人們在某個真判斷中獲得的那種知識則完全不同，在這裡，概念被結合起來以表示某一事物的狀態。

亞里斯多德的邏輯學最早試圖以系統的方式提出語言和論證的普遍形式，雖然其中有相當部分是在柏拉圖理論的啟示下產生的，但是這沒有影響它的價值。柏拉圖的邏輯觀點零碎地散布在所有的對話錄中，某個特殊問題可能受當時心情的影響被提出來又被放棄掉。亞里斯多德對待邏輯的方式也就是不久以後歐幾里得對待幾何學的方式。亞里斯多德的邏輯學直到19世紀之前都佔據著至高無上的地位，他的邏輯論就像他的許多其他觀點一樣，逐漸被那些懾於其威望而不敢質疑的人，以一種僵化的方式傳授下來。文藝復興時期大多數近代哲學家都具有這樣的特點，他們對學派中的亞里斯多德派別非常不滿。這種不滿產生一種反作用，使他們排斥一切與亞里斯多德這個名字相關的事物。這的確令人遺憾，因為亞里斯多德那裡仍然有許多有價值的東西值得我們學習。

但是，亞里斯多德的邏輯學在下面這個重要的方面存在嚴重的缺陷：它沒有把自身和數學中十分重要的關係論證聯繫起來，例如：A大於B，B大於C，所以A大於C。問題的關鍵就在「大於」這個關係的過渡特徵。雖然透過某種機巧的方式，可以勉強在這個論證上套用三段論法的模式，但是在一些更為複雜的例子中，這樣做的可能性似乎就很小了。儘管如此，論證的關係特徵還是被他忽略了。

現在，我們應該轉而討論大量普遍性的問題，它們可以歸於自然哲學的範疇。主要探討這類問題的書就叫做《自然哲學》。我們應該回顧一

下，在希臘語中，「物理學」的含義就是「自然」。

　　當亞里斯多德開始動筆時，他可能注意到很多前輩都曾以「論自然」為題發表過論文。從泰利斯的時代起，凡是自認為最終發現世界的真正運行方式的人在寫作過程中都有過這種意向。今天的物理學意味著更加專門化的知識，儘管其中也包含比較普遍的問題。物理學在不久前還經常被稱作自然哲學，蘇格蘭的大學仍然保留這個術語。但不能把它等同於德國唯心論者的自然哲學，後者是物理學的一種形而上學的形態，關於這一點，我們將在後面更多地去瞭解。

　　這裡要探討的最重要的問題之一，就是亞里斯多德的因果論。因果論與物質及形式論有關。一種因果狀況既包括物質的一面，又包括形式的一面。後者又被分為三個部分：第一部分是狹義的形式，可以稱它為構型；第二部分是動因，它實際上導致變化，就像扣動扳機導致射擊一樣；第三部分是變化力求達到的目的。這四個方面分別被稱為物質因、形式因、動力因和目的因。可以用一個簡單的例子來說明這一點：一塊石頭在台階的邊沿晃動，如果把它推過邊沿，它就會掉下去。在這個情況中，物質因就是石頭自身這種物質；形式因是整體地勢狀況，也就是台階和石頭的相互位置；動力因是任何推動石頭的東西；目的因就是石頭盡可能尋求最低落點的「願望」，也就是地心吸引力。

　　關於物質因和形式因，這裡沒什麼可補充的。我們不再把它們當作原因，它們只是因果情況中的必要條件，因為任何事情要發生，都必須在某個地方存在某種條件。至於動力因和目的因，這兩項都值得我們花點時間來探討。現代術語簡單地把動力因稱為原因，因此一塊石頭從台階上掉下來，是因為某人或某物推了它一下。在物理學中，這是被人們認識到的

唯一因果關係，科學的整體趨勢就是試圖用動力因來進行各種解釋。今天的物理學沒有吸納目的因概念，儘管它的詞彙裡還保留目的論的痕跡。吸引、排斥、向心之類的詞都是目的論概念的殘餘，它提醒我們，直到大約350年前，才有人對亞里斯多德的因果論提出質疑。目的因果論帶來的不利影響與潛在性概念（前文討論過）帶來的麻煩極為相似，說石頭掉下來是因為它有掉落的趨勢，這實際上等於沒作任何解釋。但是在某些時候，目的術語又的確能產生某種合理的作用，比如，在倫理學領域裡，把某個目標作為一定行為或行動的原因並非沒有意義。整體來說，人類的活動也是如此，對未來事件的當前期望就是我們採取行動的動機。動物也是這樣，有時候人們甚至還有可能認為這種說法同樣也適用於植物，因此很顯然，當我們考慮生物和社會問題時，目的性不總是微不足道的。亞里斯多德正是出於他的生物學興趣，才提出目的因概念。由此看來，潛在性與目的性顯然結合到一起，生物學家面臨的是一粒種子怎樣長成大樹，一個卵子怎樣發育成動物的問題。亞里斯多德會認為，橡果潛在地包含著橡樹，至於長成大樹，則是因為有實現自我的傾向，這種說法是運用這些概念的一個淺顯的例子。更通俗地說，隨著科學的發展，目的因解釋將被動力因解釋所取代，甚至心理學也在順應這個趨向，精神分析學（不管它有什麼樣的優點和缺點）就是在試圖根據以前發生的情況，而不是即將發生的情況來解釋人的行為。

目的論觀點最終從下述事實中獲得自身的力量：我們周圍的自然環境似乎展示出某種秩序，與動力因有關的因果必然性似乎是一種盲目的力量，因為其運作無法解釋這種秩序。另一方面，目的論卻彷彿很有預見性，生物學的秩序在此很可能又讓人們認同目的論觀點。但是不管怎樣，

亞里斯多德認識到必然性和目的性的效力。在這樣的基礎上，自然科學顯然是不會繁榮起來的，尤其是物理學遭到嚴重阻礙，直到伽利略①時代，人們在方法上回歸到柏拉圖那裡之前，這種狀況都未見好轉。由於數學家不容易像生物學家那樣想到目的性概念，因此柏拉圖沒有像亞里斯多德那樣考慮到這一點也就不奇怪了。目的論最終因其擬人特徵或神學特徵而出了差錯，因為只有人才會具有意圖，才會追求目的，所以目的性只在這個領域才具有價值。棍子和石頭不懷有目的，即使假設它們似乎有目的，也沒有什麼好處。但是，我們完全可以適當謹慎地使用趨向概念，就像我們有可能用到潛在性概念一樣。

說一塊石頭具有墜落的趨勢，也就是說如果給定某種條件，它就會掉下去。然而，亞里斯多德卻不這樣想。他認為目的性與意圖有關，他是從秩序的存在中推斷出這一點的，秩序在他看來就象徵著規劃。遵循這樣的原則，物理學研究顯然不可能繁榮起來。因為，如果探索者的求知欲為虛假的解釋所滿足，自然現象的真實解釋就無從獲取。亞里斯多德對科學，尤其是天文學的發展，造成嚴重的阻礙。目的性理論為萬事萬物都分配適當的位置，這使得他把塵世和塵世以外的領域區分開來，並且認為這兩個部分受到不同原則的支配，如果和阿卡德米先進的天文學相比，這種純粹的妄想簡直就等於精神錯亂。然而，真正的危害還來自於那些不敢對亞里

---

1. 伽利略・伽利萊（1564—1642），義大利著名物理學家、天文學家、哲學家，近代實驗科學的先驅者，被譽為「近代科學之父」。同時，他也是一位發明家，發明溫度計，並且改進天文望遠鏡。他以其天文觀測支持哥白尼的日心說，以至於當時人們爭相傳頌：「哥倫布發現新大陸，伽利略發現新宇宙。」史蒂芬・霍金說：「自然科學的誕生要歸功於伽利略，他在這個方面的功勞，大概無人能及。」——譯者注

斯多德持批判態度的人，他們全盤接受，連糟粕也不肯放棄，進而使得亞里斯多德在各個領域都留下壞名聲。

空間、時間和運動是自然哲學討論的另一個普遍性話題。關於運動，我們在談到變化時曾經提到。亞里斯多德在這個方面的做法是值得關注的。伊利亞學派在試圖解釋運動時遇到無法克服的困難，亞里斯多德卻從另一個角度接近這個問題。「運動確實會發生」的觀點必須成為我們的起點。如果認為這個觀點是理所當然的，問題就在於如何對它做出解釋。與伊利亞學派的唯理論者相反，亞里斯多德表現得更像一位經驗論者，他採用具有現代色彩的劃分法。這一點並非沒有意義，尤其是在經常有人錯誤地認為經驗的方法總是不可靠的情況下。拿運動來說，亞里斯多德堅持存在連續性的觀點，人們完全可以感覺到這一點，並且有可能隨後發現其中一定包含著什麼，但是不可能從非連續中虛構出連續性來。數學家們總是忽視這一點，從畢達哥拉斯時代起，他們就指望無中生有地建立數學的世界。連續性的分析理論卻可以用純邏輯的方式建立起來，它在幾何學中的應用取決於連續性假定。

上文提到的運動是指性質的變化。此外還有兩種運動：數量變化和地點變化。運動只能歸屬於這三個範疇。根據亞里斯多德的理論，我們無法像原子論者那樣，把所有的變化都歸結為粒子的運動，因為把一個範疇與另一個範疇合併起來是不可能的。亞里斯多德的觀點在這裡又一次偏向了經驗主義一邊，正如我們所知，原子論者繼承的是伊利亞傳統，他們按照理性主義的簡約原則進行思考。

關於空間和時間，亞里斯多德的理論與現代觀點有許多共同之處。亞里斯多德從不同物體可以在不同時間佔有相同空間這個事實中推導出「位

置」的概念。因此我們必須把空間和存在於空間裡的東西區分開來。為了確定某個物體的位置，我們可以先確定它所屬的範圍，然後將範圍逐步縮小，直到我們到達該物體的準確位置。亞里斯多德按照這種方式，把物體的地點定義為它的界限。從表面上看，這是對一個艱難的問題給出的一個十分蒼白的結論。然而，當我們分析此類問題時，結果卻往往出人意料的簡單和現實。而且這種解決方式總是可以帶來一些有趣的結果，在眼前這個例子中，我們可以得出如下結論：我們問任何一個物體在什麼地方，是有意義的；但如果問世界在什麼地方，就是廢話，這就是說，萬物皆存在於空間，只有宇宙除外，因為它不包含在任何東西裡，事實上，宇宙不是桌椅之類的東西。因此我們可以很有把握地告訴任何一位希望周遊世界的人，他的嘗試是徒勞的。或許應該提到，在地點或位置分析方面，亞里斯多德沒有提出數學家或物理學家可能提出的空間理論，他所做的更像是在進行語言分析，但語言分析與空間理論之間並非沒有聯繫。如果我們可以分析「位置」這個詞的含義，顯然將有助於我們加深對空間的各種陳述的理解。

亞里斯多德和原子論者正好相反，他認為不存在虛空。他為這個觀點提供許多實際上不正確的論證，其中最有趣的就是歸謬法。首先，他從如下事實著手：物體在某種介質中的速度會隨介質密度和物體自身重量的變化而變化，由此得出的第一個結論是，物體在虛空裡的運動速度應該是無限的，但是這同時又很荒謬，因為任何運動都需要一定的時間。其次，重的物體的運動速度應該比輕的快，但是在虛空中卻不可能這樣。根據這兩點，亞里斯多德宣稱虛空是不存在的。但是他的這些結論不是從前提得出的，「物體在較稀薄的介質裡會移動得快一些」這個事實不能推導出「物

體在虛空中會無限快」這個結論。另外一點，實驗顯示，在真空中，較輕的物體和較重的物體的確以同樣的速度落了下來。亞里斯多德有關虛空的錯誤概念大約直到兩千年後才得到澄清。儘管如此，但是我們仍然只有這樣說才公正：即使到了今天，科學家們還是對虛空問題感到棘手。他們曾經用「乙太」之類的特殊物質來填充虛空，最近又用到「能量分布」。

亞里斯多德對時間的討論與他的地點分析十分相似。事件都按一定的時間序列發生，就像物體都有一定的地點序列一樣，一個事件有一個恰當的時間，猶如一個物體有一個確切的位置。亞里斯多德根據連續性，把事物分成三種排列方式。首先，事物可以是連貫的，一個接一個，序列中的任何插入項都不予考慮。其次，事物可以是接觸的，就像連續的各項相鄰一樣。最後，事物的順序可以是連續不斷的，即相連各項實際上有共同的界限。如果兩個事物是連續的，它們也就可以發生聯繫，否則就不能。同樣，兩個接觸的事物也是連貫的，但不能反過來說。

確定這些初步概念之後，我們就會發現不可分割的元素是不能構成一個連續量的。顯然，不可分割的元素是不可能有界限的，否則它就可以進一步細分，另一方面，如果不可分割的元素沒有大小，它們就是連貫的，相鄰或連續的說法就等於是一句廢話。例如，在一條線的任何兩點之間，還有別的一些點；同樣，在一段時間的任何兩刻之間，也有其他一些時刻。因此，空間和時間是連續的和無限可分的。在這種情況下，亞里斯多德開始解釋芝諾的悖論。雖然他的答案在事實上是正確的，但是他沒有掌握住芝諾論證的本意。之前說過，芝諾沒有提出肯定性理論，他只是試圖證明，畢達哥拉斯的單元論根本不能成立。如果他拋開自己的伊利亞偏見，肯定會贊同亞里斯多德的觀點。

我們不必在此談論亞里斯多德科學理論的細節。儘管他做了一些有益的工作（尤其是在生物學方面），但是他的成就卻因過分誇張而受到損害，沒有哪位前蘇格拉底哲學家會鼓勵這種做法。

之前說過，我們似乎可以從倫理學中發現目的因的某些合理性，目的論正是在這個領域被推導出來的。對亞里斯多德來說，「善」就是萬物為之奮鬥的目的。由於他不肯使用理念論（形式論），我們自然也就找不到一種善的形式。他還注意到「善」一詞具有不同的用法，這些用法不能全都歸到同一個標題下。然而，「善」不管以任何形式表現出來，它最終都源於上帝的善，因此從表面上看，這並非與理念論完全不同，也不是脫離得太遠。這種動搖不定的觀點在亞里斯多德的哲學裡比比皆是。一方面，他與阿卡德米決裂；另一方面他似乎又回到阿卡德米。某些時候，就像現在一樣，我們能把這兩方面分開，只從其價值來考慮他與阿卡德米的決裂。他對「善」的用法的分析，告訴我們一些有價值的區別，這些區別有時可能會被人們所忽視。這很有趣，但不會使我們走向極端，儘管某些現代語言分析家會說，除此之外，他就無事可做了。他們在這個方面的態度也許有些輕率，因為他們不能客觀地對待某些「廢話」的流行。畢竟，真理不是少數服從多數的問題。至於上帝在形而上學中的地位，亞里斯多德認為這完全不是個人的問題。上帝就是為世界提供第一推動力的強大的首要因素，在任務完成後，他對塵世不再懷有積極的興致，自然也就不會密切關注人類的所作所為了。他是一位虛弱蒼白的哲學家的神，僅僅是因果理論的一個附屬品。

想要瞭解亞里斯多德倫理學的要旨，我們必須先稍稍講一下他的靈魂理論。他從柏拉圖那裡借用了三分理論，認為靈魂可以分為有滋養的、感

性的、理性的三類。有滋養的靈魂屬於一切生命體，它們都有所謂的新陳代謝功能；感性的靈魂屬於動物和人類，但不屬於植物；而理性的靈魂是人類獨有的。只有達到理性的層次，倫理學才會介入生活。植物只有植物式的生長，動物只有動物式的生活，靈魂與肉體融為一體，猶如形式與物質的結合。對個人來說，人死後靈魂也就不復存在，儘管人的理性是不朽的。

當我們提出人生的目的是什麼的問題時，倫理學問題就產生了。亞里斯多德的答案在理性靈魂的幸福中，對他來說，就意味著這種生活是一種積極理性的活動，充滿德行，並且為人們努力追求。因此，根據亞里斯多德的理論，德行就是一種達到目的的手段。當然，不是每個人都可以達到相同程度的目的，但它是一個人可以企及的最高目標。蘇格拉底認為，理論的生活是最美好的生活。

對亞里斯多德時代的一位希臘人來說，這不意味著不食人間煙火和脫離具體事務。知道這一點是十分重要的。首先，儘管應該採取一種超然的姿態，但理論的生活還是要涉及活動。因此，理論的生活不是致使實驗方法失靈的原因，儘管亞里斯多德特別強調對已知真理（而不是新發現）的思索性評價。這樣一來，一個他所忽視的難題就產生了。因為，為了對某個東西做出評價，人們必須進行某種初步的智力嘗試，但誰又可以說清這種嘗試到什麼時候才算夠了？問題的真相是，不能用這種方式來限制探索工作。其次，無論是在和平年代還是在戰爭期間，好公民都應該履行自己的義務，並且做出各種各樣的貢獻。「象牙塔」式的哲學概念是斯多葛派的發明，正是由於他們脫離感知世界，科學運動才逐漸衰落了下去。

關於道德或品德，亞里斯多德提出德行理論，並且將它作為一種中庸

之道。在任何情況下，人的行為都有可能不足或過分，這兩者都無法構成適當的行為，德行則介乎這兩個極端之間。因此，堅定的勇氣既不是率性的放肆，也不是怯懦的退縮。中庸理論受到畢達哥拉斯和赫拉克利特的和諧學說的啟發。亞里斯多德描繪這樣的畫像：具備全部德行的人就是具有偉大靈魂的人。這確實公正地反映出當時公民們的舉止中有某種受到普遍推崇的品格。總之，這個結論有點誇張，儘管沒有虛偽的謙虛也非常招人喜歡。一個人不應該過高地估計自身的價值，但同樣，他也不應該妄自菲薄。然而高尚的人畢竟還是極少數，因為絕大多數人從來沒有機會去實踐所有的德行。和蘇格拉底、柏拉圖一樣，亞里斯多德特別傾向於倫理方面的精英。中庸論不是完全成功的。比如，我們怎樣去定義「誠實」？誠實被認為是一種德行，我們卻很難說它就是「嚴重撒謊」與「輕微撒謊」之間的折衷。儘管有人懷疑，但是這種觀點在某些地方還是頗為流行。無論如何，這樣的定義是不適合理智方面的德行的。

關於人的善惡問題，亞里斯多德認為，除了受到強迫和出於無知，人的行動都是自發的。和蘇格拉底不同的是，他承認一個人可能會故意作惡。同時，他還對「選擇」的含義做了進一步分析，在那種認為「人從來不會存心犯罪」的理論中，這個問題當然是不會出現的。

亞里斯多德的正義理論採納分配原則，在《理想國》對蘇格拉底的定義裡早已應用過這個原則。如果每個人都可以得到公平的份額，正義也就可以實現了。但是這種觀點本身就包含一個難題，那就是它沒有提供一個斷定什麼是公平的基本依據。公平的標準是什麼？蘇格拉底至少還堅持一個似乎客觀合理的標準，也就是以教育為尺度。這個觀點與現代觀點相比，有很大一部分是相同的，儘管中世紀不是這樣。如果要人們應用正義

理論，顯然必須先解決什麼是公平的問題。

最後，我們必須講述亞里斯多德的友誼觀。他認為，我們想要過一種美滿的生活，就必須有朋友，在為環境所迫時，可以相互商量和依靠。對亞里斯多德來說，友誼就是把自尊延伸到他人。正是為了自身的利益，你才會愛你的兄弟如同愛你自己一樣。和通常情況一樣，揚揚自得和以自我為中心的態度，多少損害亞里斯多德的倫理學形象。

在談及亞里斯多德的政治理論時，有兩點立即引起我們的注意。首先，我們發現關於政治的論證必然會帶有目的性，亞里斯多德對這一點是十分清楚的。其次，他的政治理論幾乎完全是圍繞著城邦進行的。亞里斯多德完全不瞭解在其有生之年，希臘的城邦制時代正在迅速消逝。馬其頓掌握希臘的統治權，並且在亞歷山大的領導下繼續擴張，準備建立帝國。但亞里斯多德對帝國之類組織的政治問題毫無興趣。當然，他也曾漫不經心地提到亞歷山大大帝、埃及和巴比倫，但關於這些野蠻民族的少許離題的話卻使對比更加鮮明。在亞里斯多德眼裡，希臘城邦展示政治生活的最高形式，外國的政體只是形形色色的野蠻主義。

我們在別處見過的這種目的論方法，一開始就得到採用。出於達到某種目的的需要，各種聯盟就應運而生了。國家是其中最大、最廣泛的一種，因此它必須要達到最偉大的目的。當然，這是倫理學的一種善的生活，並且能在一定規模的公共社團中實現，這裡說的公共社團是指由較小的團體聯合而成的城邦，這些較小的團體又以戶為基礎。人作為一種政治動物活著是很自然的事情，因為他必須為善的生活而奮鬥。任何凡人都不能做到獨立存活的自足。亞里斯多德進一步談論奴隸制的問題，他說，高貴與卑賤的二元論遍布整個自然界，因此肉體與靈魂、人與動物這些事例

就在我們的大腦裡湧現出來。在這種情況下，統治者與被統治者的存在應該對雙方都是最有利的，希臘人天生就比野蠻人高貴，因此由外國人（而非希臘人）來做奴隸是合理的。從某種意義上說，這等於承認奴隸制最終是不合理的。因為每個野蠻部落也都會認為自己是優越的，並且都會按照自己的觀點來處理問題。事實上，那些半野蠻的馬其頓人當時就是這樣做的。

關於財富與獲取財富的手段，亞里斯多德提出一種區別，後來這種區別逐漸在中世紀產生巨大的影響。他認為事物具有兩種價值，一是它本身的價值或使用價值，例如一個人穿一雙鞋。二是它的交換價值，這就產生一種人為的價值，比如一雙鞋不是用來交換具有直接用途的另一種商品，而是拿去換貨幣。貨幣是一種更便攜、更緊湊的價值形式，這是它的一個優點，它的缺點在於具有自身的獨立價值。這個方面最糟糕的例子就是有利息的借貸。亞里斯多德的許多異議可能出於他在經濟或社會方面的偏見。一個有教養的人不去修持善的生活，而是沉溺於賺錢，是不應該的。不過他忽視一點：如果缺乏一定的財富，這些目標同樣是不可能實現的。至於放債問題，他的異議是基於一種十分狹隘的資本功能觀點。毫無疑問，一個窮困的自由民在手頭拮据的時候，如果向放債人求助，就有可能淪為奴隸，人們對此表示反對是完全合理的；但是在為商業企業籌資方面，資本也是有建設性用途的。亞里斯多德不可能接受這種放債的觀念，因為他把大規模的貿易，尤其是與外國人進行的貿易，看作是不幸又不得已的做法。

現在，當我們轉而討論亞里斯多德的理想國時，可以發現其條款要比柏拉圖的《理想國》藍圖更為成熟。亞里斯多德特別強調家庭單元的重要

性。為了培養真正的感情，就必須對感情所涉及的範圍加以某種限制。為了得到真正的關心，孩子必須由父母親自照顧，純粹的集體責任感在這個方面可能會導致怠忽職守。整體來看，《理想國》裡的理想國家太強調整體性了，它忽視下述事實：在某種限度上，國家是一個有許多不同利益共存的社會。同時，我們還可以注意到，假如我們承認有很多利益，就沒有必要為了統一目的去撒「忠誠的謊」。關於土地，亞里斯多德主張其所有權私有化，產品應該為社會所共用。這就相當於一種開明的私有制形式，所有者用他的財富為社會謀福利。想要培養出這種責任感，就必須依靠教育。

亞里斯多德在他的公民概念中，採納一種十分狹隘的觀點，即只有那些既有選舉權，又肯積極地直接參與國家管理的人才可以被稱為公民。這就把廣大的農民和工人排除在外了，亞里斯多德認為他們不適合發揮政治作用。當時還沒有任何人想到用代表制度來管理國家的可能性。至於各種不同類型的政體，亞里斯多德在《政治篇》中大量採用柏拉圖的方案。但和柏拉圖不同的是，他確實揭示財富的重要性（而不是統治者的數量）。統治者的數量是多是少都無關緊要，重要的是他們是否掌握經濟大權。談到對權力的正當要求，亞里斯多德承認任何人都可以在任何時候執行同樣的正義原則，為自己要求權力。即同等的人應該獲得同等的權力份額，不同等的人則沒有這樣的權力。然而困難就在於如何確定同等與不同等。那些在某個領域出色的人往往覺得自己在所有方面都高人一等。可以最終走出這個困境的唯一出路就是承認倫理原則。同等與否必須根據善的標準來判斷，只有善的人才可以擁有權力。在對各種政體進行長期考察之後，亞里斯多德得出這樣的結論：總而言之，最好的政體就是財富既不太多也不

太少的政體。因此，以中產階級為主的國家才是最合理、最穩定的國家。

接下來，他還討論發生革命的原因及其防止措施。革命的根本原因就在於正義原則被濫用：人在某些方面平等或不平等，不等於人在一切方面都是如此。最後，他對理想國進行解釋：理想國的人口不僅在數量上必須適度，而且要掌握適當的技能；理想國應該站在山頂上就可以一覽無餘；它的公民應該是希臘人，他們是唯一集北方人的活力和東方人的智慧於一身的民族。

最後，我們必須提及一部作品。儘管它篇幅不長，卻對藝術批評史，尤其是戲劇文學產生巨大的影響，這就是亞里斯多德的《詩學》。一本主要討論悲劇與史詩的著作。我們必須注意到，「詩學」一詞本身的字面意思是「造物過程」，因此它通常可以用於任何生產性活動，但是在當前含義中，它僅用於藝術創作。從如今的意義上說，詩人就是寫詩的人。

按照亞里斯多德的觀點，一切藝術都是模擬。他的分類法首先把繪畫與雕塑從別的藝術中分離出來，並且把現代意義上的音樂、舞蹈和詩歌歸為一組。根據「類比」介入方式的不同，詩歌被分為不同的類型。但是，他卻從未對「模擬」的含義做過真正的解釋。當然，從理念論的角度看，我們對這個概念是熟悉的，因為在理念論中，個體可以說成是對共相的模擬。在亞里斯多德眼裡，類比似乎意味著用人為的方式喚起真實的情感。他的全部討論好像都是圍繞著戲劇藝術來進行的，因為正是在這個領域，模擬原則得到最自然的運用。

當亞里斯多德進一步談到人類行動的模擬時，這一點尤為明顯。人的行為可以用三種方式來描述。一是我們可以適當精確地展示他們；二是我們可以模擬高於其行為正常標準的某種事物；三是可以模擬低於該標準

的事物。用這種方式，就可以將悲劇和喜劇區分開來。悲劇中人物的表現要高於生活中的尺度，儘管離我們不是太遠，還不至於阻止我們對其遭遇表示同情。喜劇卻把人表現得比實際的差一些，因為喜劇強調生活滑稽的一面，人物性格中的逗樂因素被認為是一種缺點，儘管不是特別有害的缺點。在這裡，我們可以注意到藝術價值與倫理價值的某種結合。這是一種源於《理想國》的偏見，該篇將藝術評論和社會、倫理標準緊緊地聯繫在一起。徹頭徹尾的邪惡與墮落絕對不可能具有美學價值，這是現代文學標準不予承認的一種局限性。

接著，亞里斯多德把講故事的詩和表現情節的詩區分開來，這就把史詩從戲劇中提取出來了。從那些與宗教儀式相關的吟誦中，我們可以找到戲劇藝術的起源。很明顯，希臘悲劇起源於奧菲斯宗教儀式中的某些咒語。對「悲劇」的一種可能的解釋就是，它是指一首山羊的歌曲，山羊正是奧菲斯教的象徵之一。在希臘語中，「Traros」是「山羊」，「Ode」是「歌曲」。在最初的悲劇儀式中，由一位領唱人吟詩，一群人應和，很像今天的宗教儀式。正如亞里斯多德所說的，最初的演員和最初的合唱團就是由此發展起來的。另一方面，喜劇起源於戴歐尼修斯[1]的歡宴，喜劇的本義就是「狂歡曲」。

史詩從頭至尾採用同一格律，悲劇卻隨著劇情的不同起伏變化，更重

---

1. 戴歐尼修斯是古希臘色雷斯人信奉的葡萄酒之神，他不僅擁有葡萄酒醉人的力量，而且以布施歡樂與慈愛在當時成為極有感召力的神。相傳，他推動古代社會的文明並且確立法則，維護世界的和平。此外，他也護佑希臘的農業與戲劇文化。古希臘人對酒神的祭祀是秘密宗教儀式之一。在色雷斯人的儀式中，他身著狐狸皮，據說是象徵新生。——譯者注

要的是，悲劇更多地受場景的限制。亞里斯多德沒有明確地提出地點、時間和情節統一的理論，更確切地說，這是兩類作品的內在局限性問題。一場戲必須在一個有限的空間內一次性演完；而一部史詩卻可以想寫多長就寫多長，因為它的舞台是想像。亞里斯多德的悲劇定義是：對人類行為的模擬。悲劇應該是善的、完整的，應該具有合理的時空範圍，還應該在觀眾中產生共同的恐懼和憐憫心理，並且以此將其從靈魂中清除掉。

關於作品的完整性，亞里斯多德堅持認為一部悲劇應該有序幕、中場和結尾。表面上看，這似乎算不得一個很有知識的見解，然而它的含義卻是十分合理的：一場悲劇首先應該有一個說得過去的起點，並且以合乎情理的方式展開劇情，最後得出一個有結論的問題。悲劇必須是獨立、完整的。因此劇情長短十分重要，如果太長，觀眾的精神就會動搖；太短無法讓觀眾留下什麼印象。

悲劇的最終目的就是透過情感的淨化來清理靈魂，希臘語「catharsis（感情受藝術的作用而發生的淨化）」就是這個意思。正是體驗到引起共鳴的恐懼和憐憫情緒後，靈魂才得以從這種負擔中解脫，因此悲劇具有一種治療性的目的。這個術語是從醫學上借用的，亞里斯多德觀點新穎的地方，就是他提出用疾病本身的一種適當的形式來治療疾病，就像精神病學的預防接種一樣。假如我們想這樣來解釋悲劇的目的，當然必須先自信地認為這一點是真實的，即所有的人都會受到恐懼、憐憫的糾纏和煩擾。

亞里斯多德繼續審查了悲劇作品的各個方面。其中首要的是情節，沒有情節就不會有戲劇。直到今天，角色也還是透過情節來實現自我的，角色的地位次於情節，潛在的角色要在情節中才會變得現實。有兩類事件尤為重要，一是命運的突然逆轉，二是某種意外的、影響情節的新情況。這

些事件將壓倒一個在任何品德上都不是太出色的人，他的失敗不是由於其罪惡，而是由於缺乏判斷力。他被拉下高位，並且因此最終成為眾人遺棄的對象。在希臘戲劇中，這樣的例子比比皆是。

談到角色的處理，亞里斯多德首先要求它具有真實的典型性。和情節一樣，角色也必須給人以鮮活的印象。在這個意義上，我們必須從另外的角度來理解亞里斯多德的論述，即詩歌涉及的是普遍情況，歷史則描寫特殊事件。在悲劇中，我們看到人類生活的普遍特徵，這也正是作品的主題。注意到以下這一點十分重要：儘管亞里斯多德提到被我們稱為「舞台表演」的方面，但是他卻認為那無關緊要。他幾乎把著重點全放在作品的文學品質上，也許他認為悲劇要像適合於舞台表演一樣適合於閱讀。

雖然《詩學》沒有提出一套成熟的藝術和美學理論，但是它明確地提出至今還極大地影響著文學評論的諸多標準。首先，他沒有談論劇作家們的情感和動機，而是集中談論作品本身，這種做法是十分可喜的。

我們已經知道，希臘哲學和理性科學產生於同一個時代。問題的實質是，哲學問題來自科學探索的邊緣，這一點對數學來說尤其真實。從畢達哥拉斯時代起，算術和幾何就一直在希臘哲學中發揮著重要的作用。有好幾個原因可以說明數學為什麼在哲學領域特別重要。第一，數學問題明白、簡單，這不是說它總是很容易解決，而是指我們不必從這個意義上理解它的簡單。但是，當我們把數學中的普通問題和其他問題（如生理學）相比較時，前者還是要簡單一些。第二，數學已經有了一套既定的論證模式。當然，我們必須記住，肯定有人首先把這種模式找了出來。證明與論證的普遍性正好就是希臘人發現的。證明在數學中產生的作用，比在其他絕大多數科學中更明顯，儘管一項數學論證到底做了什麼總是引起爭議，

並且經常被人誤解。第三，一項數學論證的結論一旦被正確理解，就不容置疑。對於前提已經被接受的任何有效論證的結論來說，這當然是正確的。接受前提是論證程序的一部分，這是數學的一個特徵。在其他領域，由於擔心某個前提是錯的，人們總是將結論與事實進行比較。在數學中，除了其自身，是沒有什麼事實需要比較的。由於有了這種確定性，任何時代的哲學家一般都會承認，數學能提供一種優越的知識，這種知識比從其他任何領域獲得的知識更為可信。很多人都說過，數學就是知識，他們否認任何其他資訊可以被稱作知識。如果使用《理想國》中的語言，我們就可以說，數學屬於形式的範疇，所以它產生知識；而其他領域只是針對特殊問題，所以最多只能產生意見。理念論源自畢達哥拉斯學派的數學，蘇格拉底把它擴展到了共相的普遍性理論中，柏拉圖則再次將它限定在數學的範圍之內。

西元前4世紀末，數學活動的中心轉移到亞歷山卓。該城是亞歷山大大帝於西元前332年建成的，並且迅速成為地中海最重要的貿易中心之一。它位於通往東方大陸的門戶上，為西方文化和巴比倫、波斯文化提供一個交流的地點。一個龐大的猶太人社團在短時期內出現，並且很快被希臘化了。來自希臘的學者在這裡建立一所學校和一座圖書館。這座圖書館在整個古代都非常有名，沒有任何其他藏書可與亞歷山卓的豐富藏書相比。遺憾的是，西元前47年，尤利烏斯·凱撒的軍團佔領該城時，竟將這個古代科學與哲學的獨特寶藏付之一炬，同時，一些古典時期的偉大作家的許多資料也不可挽回地消失了，很多價值稍次的東西也被燒毀了。今天，當某些圖書館被損壞時，歷史上這個相似的事件也算為人們提供一些安慰。

歐幾里得是亞歷山卓城最著名的數學家，西元前300年，他到處講

學，他的《幾何原本》至今仍然是希臘科學最偉大的豐碑之一。在書中，他透過演繹的方式整理了當時的幾何學知識。雖然其中的很多內容不是他的發明，但是他的功績在於對問題做了系統的論述。《幾何原本》是許多世紀以來，很多人努力追求達到的一個榜樣。史賓諾沙[1]提出「更加幾何化的」倫理學時，正是以歐幾里得為榜樣的，牛頓的《自然哲學的數學原理》也是如此。

我們知道，後期畢達哥拉斯學派所涉及的問題之一，就是建立作為連分數序列極限值的無理數。然而，這個問題的一套完整的算術理論從未得到詳盡的闡釋，這樣一來，用算術術語來解釋比例就無法進行下去，因為無法給一個無理數或不可度量的數取一個數的名稱。對長度來說，問題就不一樣了。的確，這個困難最初是我們試圖用一個數來表示一個等腰直角三角形（其邊長為一個單位）的斜邊時才發現的。因此正是在幾何學中，才形成一套完整、成熟的比例理論。它的發明者似乎是和柏拉圖同時代的歐多克索斯。但該理論傳到今天的書面形式是在歐幾里得的《幾何原本》中發現的，該書對問題進行令人讚歎的、清晰又嚴謹的論述。對算術的最後回歸出現在約兩千年之後解析幾何被發明的時候。當笛卡兒設想可以用代數來處理幾何學的時候，他實際上是繼續了蘇格拉底辯證法的科學理想。為了否定幾何學中的特殊假說，他發現可以作為基礎的更普遍的原理。這也正是阿卡德米數學家們所追求的目標，但是我們將永遠無法知道

---

1. 史賓諾沙（1632—1677），荷蘭哲學家，與法國的笛卡兒和德國的萊布尼茲齊名。他從幾何學角度研究哲學，將其嚴密性、精確性、必然性帶進美學，賦予美學靜穆、宏大、冷峻的理性之美。他以磨鏡片為生，同時進行哲學思考。磨鏡片的時候，會吸入大量粉塵，嚴重損害他的健康，使他最後死於肺癆，後文有詳述。——譯者注

他們究竟會取得多大的成功。

　　以現代的眼光來看，歐幾里得的《幾何原本》是純粹的數學。在這個方面，亞歷山卓的數學家們遵循阿卡德米傳統，從事數學研究僅僅是出於興趣。這一點在歐幾里得的書中表現得最為突出。在這本書中找不到任何一個提及幾何學可能有用的暗示，何況要掌握這樣一門科學需要長期的努力。當埃及國王要求歐幾里得只用幾節課就教會他幾何學時，歐幾里得做了以下著名的回答：通向數學殿堂的御道是不存在的。不過「數學無用」的想法是錯誤的。認為數學問題並非總是從實踐中來，同樣也是錯誤的。但是，研究某項特殊理論的起源是一回事，根據其自身價值來對待這個理論又是完全不同的另一回事，這兩件事經常沒有被充分地區別開來。假如因為歐幾里得不重視數學導致的社會學，就對他加以指責，這是沒有什麼意義的，他不過是對此沒興趣。只要他獲得一大堆數學知識（不管怎麼獲得的），他都會著手整理，並且將它們置於嚴謹的演繹程序之中。這是一種科學實踐，其正確性不取決於國家的狀況，事實上也不取決於別的任何東西。這些觀點確實同樣適用於哲學本身。毫無疑問，由於當時的條件，人們總是關注眼前的問題，忽視過去和未來的問題。

　　歐多克索斯的另一個貢獻，是發明所謂的「窮盡法」。計算由曲線圈定的面積時用得著這個程式，它的目標是用一些更簡單的圖形（其面積更容易求出）來盡可能地填滿原空間面積。從原理上說，這正是積分學中出現的情況。因此，「窮盡法」其實就是積分學的先驅。

　　阿基米德是運用這種計算方法的最著名的數學家，他不僅在數學領域有非凡的成就，而且還是一位傑出的物理學家和工程師。他住在敘拉古，普魯塔克[②]說他曾經不止一次憑藉其技巧，幫助該城阻止敵軍的進攻。但

是羅馬人最終征服整個西西里和敘拉古。敘拉古於西元前212年陷落，阿基米德在洗劫中慘遭殺害。傳說他正忙著在自家花園的一塊沙地上計算某個幾何題時，一個羅馬士兵刺死了他。

阿基米德求拋物線和圓的面積時運用「窮盡法」。對於拋物線，他用一系列（無限多）逐漸縮小的三角形來和它內接，最終推導出一個精確的數值公式。對於圓，答案就取決於數值，也就是圓周與直徑之比。由於它不是一個有理數，所以用「窮盡法」就可以算出其近似值。透過內接和外切正多邊形（其邊數不斷增多），我們可以越來越接近圓周。內接多邊形的周長總會小於圓的周長，外切多邊形的周長則總是大於圓的周長。不過隨著多邊形邊數的增加，兩者的差值就會越來越小。

亞歷山卓的阿波羅尼奧斯[3]是西元前3世紀另一位偉大的數學家，他創造圓錐曲線理論。在這裡，我們又看到一個推翻特殊假說的明顯例子。因為現在看起來，一對直線、一條拋物線、橢圓形、雙曲線和圓都是作為同一個東西（即圓錐截面）的特殊形態出現的。

在其他科學領域，希臘最驚人的成就可能在天文學方面。其中某些成就，我們在談論幾位哲學家時已經提到。這個時期，最令人吃驚的成就是

---

2. 普魯塔克（約46—125），羅馬帝國時期傳記作家、倫理學家，生於希臘中部的貴族家庭，曾經在雅典學習哲學，後來去亞歷山卓城進修，學習修辭學、物理學、數學。他曾經多次訪問羅馬，受到羅馬皇帝的賞識，傳世之作有《希臘羅馬名人傳》和《道德小品》，其傳記作品文筆樸素生動，被視為傳記文學的典範。——譯者注

3. 阿波羅尼奧斯（前262—前190），古希臘數學家，與歐幾里得、阿基米德齊名，生於小亞細亞南岸的佩爾格，其著作《圓錐曲線論》是古代世界光輝的科學成果，將圓錐曲線的性質網羅殆盡，代表希臘幾何的最高水準，幾乎使後人沒有插足的餘地，直到17世紀的帕斯卡和笛卡兒才有新的突破。——譯者注

日心說理論的發現。薩摩斯的阿里斯塔克斯（和歐幾里得、阿波羅尼奧斯同時代）似乎是第一個對此觀點進行完整、詳盡解釋的人，儘管在西元前4世紀末，阿卡德米也有可能提出這個觀點。但是無論如何，阿基米德向我們提供可靠的證明，阿里斯塔克斯確實持有這樣的理論。我們還發現普魯塔克也提到它。日心說的主要意思是：地球、行星和其他星星一起圍繞太陽運轉，太陽本身保持固定不動；地球在其軌道上運行的同時還繞著自己的軸心自轉。阿卡德米的赫拉克利特早在西元前4世紀就已經知道，地球每天繞著自己的軸心旋轉一圈；而黃赤交角則是西元前5世紀發現的，所以阿里斯塔克斯的理論絕對不是什麼全新的發明。但是在當時，這種敢於背離常識的做法會招來某些反對，甚至是敵視。應該承認，甚至有一些哲學家也表示反對，不過他們可能主要是從倫理方面考慮的。因為，如果說地球不再是萬物的中心，原有的道德標準必然會遭到瓦解。斯多葛派的哲學家克里安西斯[4]甚至要求希臘人指控阿里斯塔克斯犯有瀆神罪。有時候，關於日月星辰的偏激觀點會像政治中的非正統觀念一樣帶來危險。在遭到激烈反對之後，阿里斯塔克斯再提到自己的見解時，似乎就有些猶豫和膽怯了。在另一個著名的場合，當伽利略贊同哥白尼的理論時，地球運動的觀點再次擾亂宗教感情。我們應該注意到，哥白尼實際上只是復興或再現薩摩斯天文學家的理論而已。阿里斯塔克斯的名字被哥白尼寫在某篇手稿的旁注裡，這就證明此事是確定無疑的，至於太陽系中天體的相對大小和

---

4. 克里安西斯（前331—前232），斯多葛學派創始人芝諾最虔誠的學生，後來領導斯多葛學派。他本來是一位拳擊手，為了跟芝諾學習哲學，經常在夜裡替園丁打水澆花，賺錢交學費。他稟性遲鈍，學習刻苦，芝諾把他比作一塊硬板，很難寫上字，可是如果寫上了，就會永遠抹不掉。——譯者注

距離，其研究結果不是同樣的成功。對太陽和地球之間距離的估計大約是實際距離的一半；而月亮和地球之間的距離卻計算得相當準確；估算出的地球直徑則比實際數字小了50英里，這個功績應歸功於埃拉托斯特尼，他是亞歷山卓的一位圖書館專家，也是一位敏銳的科學觀察家。為了確定地球的周長，他選擇幾乎位於同一子午線上的兩個觀測點，其中一個是北回歸線上的希恩，這裡的中午，太陽就位於天空的正上方，太陽的位置是透過它在一口深井中的映象觀測到的；另一個點在亞歷山卓北邊400英里處，它只需確定太陽的角度，透過測量一個方尖塔的最短的影子就可以輕易做到。人們從這個結論中要推算出地球的周長和直徑不難。

這種知識的大部分很快就被人遺忘了，其主要原因是它不符合當時的宗教偏見。這就不難理解為什麼連一些哲學家也在這個方面犯錯誤了，因為這種新天文學使斯多葛運動的倫理學說面臨被顛覆的危險。保持中立的觀察家傾向於認為，由於新天文學理論證明斯多葛主義不是好的學說，所以應該推翻它。但這種理想是無法實現的，那些觀點受到批駁的人是不會輕易放棄其立場的。既堅信某種觀點，同時又保持超然的態度，這種能力是最為罕見的一種天賦。哲學家和科學家比其他人更為努力地培養自己的這種能力，儘管最終他們不一定做得比別人更好。這種態度非常適合數學研究，許多大哲學家同時也是數學家，這絕非偶然。關於數學，最後也許還有一點值得強調，除了問題的簡單性與結構的明確性，數學還為美的創造提供一定的範圍。

希臘人的確具有非常敏銳的美學意識。今天所使用的「美學」這個術語是由18世紀的德國哲學家鮑姆加登①最先提出來的。不管怎樣，當濟慈②說「真即是美」的時候，他表達的是一種純粹的希臘概念。當一位柏拉圖

派學者考慮某個希臘茶壺的幾何比例時，他也許正好會有這樣的感受。數學證明本身的結構也是這樣。在這個領域中，「典雅」與「節約」等概念都是符合美學原則的。

1. 亞歷山大・戈特利布・鮑姆加登（1714─1762），德國哲學家、美學家，認為「美學對象就是感性認識的完善」，被稱為「美學之父」，哲學立場上支持哥特佛萊德・威廉・萊布尼茲和克里斯蒂安・沃爾夫的啟蒙主義學派，主要作品有《關於詩的哲學沉思錄》、《形而上學》、《真理之友的哲學書信》。──譯者注

2. 約翰・濟慈（1795─1821），生於倫敦，英國最傑出的詩人之一。他詩才橫溢，與雪萊、拜倫齊名，其詩篇被認為完美地表現西方浪漫主義詩歌的特色，並且被推崇為歐洲浪漫主義運動的傑出代表，最膾炙人口的詩作有《夜鶯頌》、《希臘古甕頌》、《秋頌》。──譯者注

第四章

希臘化時代

西元前5世紀初，希臘人還在抵禦波斯人的入侵，然而到了西元前4世紀，波斯帝國就只是一個泥足巨人了。因為色諾芬尼已經證實，一小支訓練有素、指揮得法的希臘部隊，即使是在波斯本土也可以守住陣地，反抗波斯帝國的強權。

　　在亞歷山大大帝的率領下，希臘世界開始轉守為攻。短短10年間（前334—前324），波斯帝國就為這位年輕的馬其頓國王所征服。從希臘到大夏，從尼羅河到印度河，世界突然處於亞歷山大的個人統治之下。儘管在希臘人看來，他是一位馬其頓的最高統治者，但是他卻把自己視為希臘文明的傳播者，事實證明他也的確如此。他不僅是一位征服者，也是一位殖民者。他的大軍每到一個地方，都要按照希臘模式建立一些城市。在這些主要實行希臘生活方式的城市裡，土著希臘人或馬其頓定居者都將與當地人融為一體。亞歷山大鼓勵馬其頓臣民與亞洲婦女通婚，而且他自己也是這樣做的，他娶了兩位波斯公主為王妃。

　　亞歷山大的帝國作為一個國家，壽命不長。他死後，他的將軍們最終把領土分為三個部分。歐洲部分或安提柯王朝在100多年後落到羅馬人手中。亞洲部分或塞琉古王朝被分為兩份，西部為羅馬人所接管，東部為帕提亞及其他民族所佔據；托勒密統治下的埃及為奧古斯都所掌握，成為羅馬帝國的一部分。儘管如此，但馬其頓作為希臘文化的傳播者，其征討還是十分成功的。希臘文明幾乎是源源不斷地湧入了東方。希臘語成為世界

各地文明人士的語言，並且很快發展為貿易和商業上的通用語，就像近幾十年來英語的擴張一樣。西元前200年左右，操希臘語的人們可以從海克力斯（大力神）石柱一直排到恆河。

從此，希臘的科學、哲學，最早則是它的藝術，漸漸影響古老的東方文明。鑄幣、花瓶、建築和雕刻的遺跡以及影響不那麼明顯的文學，都是這場文化入侵的證據。相應地，東方也對西方產生新的影響。不過這種影響多少有些落後，因為在那個時期，最讓希臘人著迷的似乎只是巴比倫的占星術[1]。因此，儘管科學技術有了進一步發展，但希臘化時代比古典時代更為迷信。即使是在我們這個時代，同樣的事情也會再度發生。在我年輕的時候，占星術只是極少數不正常的狂熱份子熱衷的東西，而今天，這種迷信的影響力卻大得驚人，以至於蠱惑了那些掌握著大眾報紙的人去開闢專欄討論星相問題。也許這不值得大驚小怪，因為在羅馬人到來之前，整個希臘化時代都是失控、動盪和危險的。衝突各方的雇傭軍都會不時地騷擾鄉村。亞歷山大所建立的新城市缺乏舊殖民地的政治穩定性，後者與它們的宗主城邦有傳統的聯繫。從整體上說，希臘化時代是缺乏安全感的。強大的帝國已經崩潰，後繼者們又在不停地爭奪最高的霸權，這樣一來，人們就必然會深感世事變化無常。

在文化領域，我們看到一種日益明顯的專業化趨勢。古典時代的偉大

---

1. 解讀星辰的活動，可以說是現代天文學的原型。巴比倫人認為，地球上的所有事物都是天穹的反映，日月星辰的運行預示國家和個人的命運，天氣的陰晴冷暖與人間的一切息息相關。例如：按照巴比倫人的星相說，如果7月1日是陰天，必定有戰爭發生；如果13日和19日是陰天，國王必定死亡；如果30日是陰天，國王必定長壽。占星術被用來預測戰爭、乾旱、瘟疫、收成、人們的禍福凶吉，曾經頗為盛行。——譯者注

人物作為城邦的一位公民，如果需要，他們都可以處理很多領域的事務。希臘化世界的探索者卻把自己限定在某個專門領域。科研中心從雅典轉移到亞歷山卓，該城是亞歷山大大帝建立的最為成功的新城市，也是世界各地的學者、作家彙聚之地。地理學家埃拉托斯特尼曾經出任大圖書館的館長，歐幾里得和阿波羅尼奧斯講授數學，阿基米德則曾經在此求學。在社會方面，奴隸人口的不斷膨脹逐漸損害穩定的生存基礎，在用奴隸做勞動力的地方，一個自由民是很難與之競爭的，他們唯一的出路就是從軍，指望在一些有利可圖的掠奪中發一筆橫財。雖然希臘影響力的進一步擴大使人們具有比城邦時代更為宏偉的理想，但是沒有任何人，也沒有任何一項事業大到足以重振破碎的亞歷山大世界。

長期的不安全感使人們對公共事務失去興趣，理智與道德的力量也普遍衰落了。昔日的希臘人無法應對當時的政治問題，希臘化時代的人們同樣如此。最終還是由具有組織天才的羅馬人從混亂中建立新的秩序，並且將希臘文明流傳於後世。

隨著城邦黃金時代的消失，一種普遍的、越來越沒有生機和活力的氣氛籠罩著希臘世界。如果說所有偉大的雅典哲學家都有一個明顯的共同特徵，那就是一種勇敢而灑脫地面對人生的態度。他們認為世界不是一個糟糕的居所，國家可以被看個清楚明白。正如我們所知，亞里斯多德曾經認為這是理想國家的一個特徵。馬其頓擴張的後果是這種自得其樂的態度被徹底摧毀。那個時期的哲學傾向反映出一種全面的悲觀和不安，我們再也見不到柏拉圖的貴族公民的自信。

從某種意義上說，正是蘇格拉底的死象徵著希臘文化的分野。儘管柏拉圖的工作仍然在繼續，但希臘文化實際上已經從巔峰降到平原，在哲學

方面，許多新的運動正紛紛湧現出來，其中第一個運動就和安提西尼直接相關。他是蘇格拉底的信徒之一，其名字和伊利亞傳統的一個悖論聯繫在一起。按照這個悖論，人們不可能做出任何有意義的陳述，例如：「A是A」雖然是真的，但毫無意義；或者「A是B」，但B不是A，所以這個陳述肯定是錯誤的。這就難怪安提西尼會逐漸對哲學失去信心。他在晚年脫離上層階級的生活，率先過著普通人的簡樸生活。他十分反感當時的習俗，渴望回到一種原始的生活中，以求擺脫組織化國家陳規陋習的束縛。

安提西尼有一個叫第歐根尼①的弟子，新的運動就是因為他而得名。第歐根尼是錫諾普人，錫諾普是希臘在黑海的一個殖民地。第歐根尼過著狗一樣的原始生活，這為他贏得「犬儒」的綽號，意思就是「像狗一樣」。傳說他住在一個木桶裡，有一次，亞歷山大大帝來拜訪這位名人，年輕的亞歷山大請第歐根尼說出一個願望，並表示將滿足他的願望。第歐根尼卻回答說：「不要擋住我的陽光。」亞歷山大感慨地說：「如果我不是亞歷山大，我就會做第歐根尼。」

犬儒主義提倡的是把脫離世俗財富而竭力追求德行作為唯一有價值的善。這顯然具有蘇格拉底學說的傾向，但是它對世俗事務的反應多少有些消極。的確，一個人牽掛的東西越少，他受到傷害或失望的可能性也就越小。但是從這種源頭出發，我們不可能獲得更多的激勵。犬儒學說在適當的時候發展成一種廣泛的、有影響的傳統，西元前3世紀，它在整個希臘化

---

1. 第歐根尼（前413—前323），古希臘哲學家，犬儒學派的代表人物，活躍於西元前4世紀，生於錫諾普（現屬土耳其），卒於科林斯。他的真實生平難以考據，但是古代留下大量關於他的傳聞軼事。——譯者注

世界贏得公眾巨大的支持。當然，這只能說明一種低劣的犬儒主義形式恰巧如實地反映當時的道德狀況。它是一種機會主義的生活態度，如果可以獲得什麼，就用雙手去接，貧困時也不怨天尤人；如果有機會享受生活，就去享受；如果遭遇苦難，就聳聳肩坦然承受。正是從這樣的發展中，「犬儒」一詞才開始具有貶義。不過犬儒主義作為一種運動，並非完全蓄意要這樣進行下去。它的倫理原則逐漸為斯多葛學派所吸收，稍後我們將論述到這一點。

哲學衰敗時期的另一個產物是截然不同的懷疑主義運動。懷疑論者的字面意思就是一個持懷疑態度的人，但懷疑主義作為一種哲學，卻把懷疑提升到教條的地位，它不承認有人可以確定地知道任何事物。當然，問題是人們想知道哲學的懷疑論者是從哪裡獲得這個資訊的。如果他們的立場明確地否定知識存在的可能性，他們又是怎樣得知這個結論？對意見的懷疑一旦變成某種原則，這種批評就是恰當的。因為它作為一項有益的提醒，告誡人們還是謹慎為好，這當然沒有什麼不妥。

第一位持懷疑論的哲學家是皮浪②，他是厄利斯的一位公民，曾經跟隨亞歷山大的軍隊闖蕩世界。懷疑學說不是什麼新事物，因為我們已經從前文瞭解到，畢達哥拉斯和伊利亞學派就懷疑過感知的可靠性；而詭辯家也提出相似的概念，作為他們的社會和倫理相對主義的一個基礎。但是其中沒有一位思想家把懷疑本身當作一個中心問題。當17世紀和18世紀的作

---

2. 皮浪（前365或前360—前275或前270），古希臘懷疑派哲學家，懷疑主義創始人。他不否認感覺現象的存在，但是否認現象的真實性和關於現象的判斷。例如：蜜對我們而言顯得是甜的，「但是它本質上是否也是甜的，我們認為是一件可疑的事情，因為這不是一個現象，而是一個關於現象的判斷」。——譯者注

家們提起皮浪派哲學家時，指的就是這一類懷疑論者。我們對皮浪的情況所知甚少，但是他的信徒狄蒙似乎否認過獲得演繹法根本原理的可能性。由於亞里斯多德對科學論證的解釋依賴於基本原理，因此這對亞里斯多德的追隨者們來說是一個沉重的打擊，這也是為什麼中世紀經院派學者對皮浪哲學如此敵視的原因。蘇格拉底對假說及演繹法的論述卻沒有受到懷疑論者大肆攻擊的影響。17世紀新學術的復興在哲學方面脫離亞里斯多德，回歸到了柏拉圖那裡。

狄蒙於西元前235年去世以後，懷疑主義作為一個獨立的學派也隨之消失了。在阿卡德米則相反，它被吸收成為一種懷疑論偏見，並且持續將近200年之久。這當然是對柏拉圖傳統的一種扭曲。的確，柏拉圖的作品中有部分段落，如果斷章取義，它們似乎主張放棄建設性思維的所有努力。現在，《巴曼尼得斯篇》中的辯證法之謎也出現在我們的腦海裡，但辯證法在柏拉圖看來，其本身從來不是目的，辯證法只有在遭到這種方式誤解後，才會具有懷疑主義色彩。此外，在一個越來越迷信的時代，懷疑論者的確產生積極的揭露作用。不過出於同樣的原因，他們也可能決定去參與某些迷信儀式，但內心卻無動於衷。正因為有了這種完全消極的觀點，懷疑主義作為一種體系，才容易在其信徒中產生一代不成熟的嘲弄者，與其說他們正確，不如說他們頭腦轉得快。

到了西元前1世紀，懷疑主義再次成為一種獨立的傳統。2世紀的諷刺作家魯西安和塞克斯圖斯·恩丕里柯屬於後期懷疑主義學派，他們的作品至今仍然保存著，但時代的趨勢最終要求一種更加明確和激勵人心的信仰體系，教條主義觀點的發展，逐漸使懷疑論哲學黯然失色。如果把希臘化時代的哲學思辨與偉大的雅典傳統及其先驅們相比較，我們就可以更強烈

地感受到頹廢時代的萎靡不振。古代思想家們把哲學研究視為一種冒險，它需要開拓者的敏銳和勇氣。儘管後來的哲學憑藉的也可以說是勇氣，但它是放棄與忍耐的勇氣，完全不是探險家一往無前的英勇。在舊的社會框架已經遭到瓦解的時代，人們追求的是和平，如果他們連這個基本需要都得不到保障，他們就只能養成這樣的德行，就是對無法避開的各種苦難逆來順受。這一點在伊壁鳩魯哲學學派中表現得最為突出。

伊壁鳩魯生於西元前342年，父母是雅典人。他18歲時，從薩摩斯來到雅典，不久又去了小亞細亞，並且在那裡迷上了德謨克利特的學說。他剛三十出頭，就創辦一所學校。從西元前307年直到他去世（西元前270年），這所學校都在雅典正常運轉著。學校就像他的居所與庭院裡的一個小社會，他想盡辦法使學校與外面世界的紛爭隔離開來。伊壁鳩魯一生小病不斷，他雖然飽受折磨，但卻毫不退縮地忍耐下來。他的學說的主要目標就是獲得某種不受干擾的安寧狀態。

伊壁鳩魯認為快樂是最大的善。沒有快樂，就不會有善的生活，這裡所說的快樂既包括肉體的快樂，也包括精神的快樂。後者存在於對肉體快樂的思索中，它不會在任何重要意義上顯得更為優越。此外，因為我們可以較好地控制自己精神活動的方向，所以在某種程度上，我們就可以選擇思索對象，肉體快樂大部分是強加給我們的。這也就是精神快樂唯一的優勢。根據這個觀點，有德之人在尋求自己的快樂時是很謹慎的。

這個普遍性理論產生新的「善的生活」概念，這種概念與蘇格拉底和柏拉圖的觀念是截然不同的，它整體趨勢是擺脫活動與責任。當然，蘇格拉底確實說過理論的生活是最好的生活，但是這不意味著完全的脫離。相反，積極地參與公共事務正好是精英人物的職責之一。同樣，柏拉圖也富

有這種責任感，從洞穴中走出來的哲學家必須返回去幫助那些在洞察力上不如他的人們獲得自由，正是這種信念使他參與了西西里的冒險事業。伊壁鳩魯卻認為不存在任何生命活力，儘管他的確對積極快樂與消極快樂做了區分，但卻把後者放在最重要的位置。為了得到想要的東西，人們在欲望的驅使下，竭力追求某種快樂的結局，進而體驗到一種積極的快樂。但目標實現之後，如果缺乏任何進一步的欲望，消極的快樂就會出現，它是酒足飯飽之後的一種神氣活現的麻木狀態。

可想而知，一個厭倦了動盪的時代是樂於接受這種謹慎的倫理觀的；但是作為對「善」的一種解釋，它又是十分片面的。它忽視一個事實：積極探索的一個特徵就是無欲和無情。蘇格拉底堅持「知識就是善」，從根本上說是正確的。正是在不偏不倚的理解中，我們才達到伊壁鳩魯所追求的不自覺的敏銳。但是，和他多少有些嚴肅的觀點相比，其個人氣質就不怎麼一致了。因為他重視友誼超過其他的一切，儘管這還不是很明顯的消極的快樂。「伊壁鳩魯式的」一詞逐漸成為奢華生活的代稱，就是由於伊壁鳩魯受到與他同時代的斯多葛學派及其後繼者們的大肆誹謗。在他們看來，伊壁鳩魯的學說似乎帶有某種明顯的唯物主義觀點，因而為他們所鄙視。其實這更是對實際情況的一種誤解，因為伊壁鳩魯交往圈子裡的人實際上過的是儉樸的生活。

伊壁鳩魯接受德謨克利特的原子論，從這個角度看，他的確是一位唯物論者。但是他沒有採納原子運動嚴格受法則支配的觀點。之前說過，法則概念最初是從社會領域派生出來的，只是到了後來才應用於物理領域的各類事件。同樣，宗教是一種社會現象，這兩種思路似乎在必然性概念中有所聯繫。神才是最終的法則制定者。既然伊壁鳩魯拋棄宗教，他自然也

就不會再去考慮嚴格的必然性法則。因此，伊壁鳩魯允許原子有在一定程度上變化的獨立性，儘管德謨克利特說過，一旦某一過程處在進行之中，它的下一過程就會遵循法則。

靈魂只是一種特殊的物質，其粒子與構成肉體的原子融為一體。他把感知解釋為物體發出的放射物與靈魂原子相撞的結果，當死亡意外發生時，靈魂原子就會與肉體分離，並且消散；雖然這些原子依然存在，但已無法產生感知，伊壁鳩魯用這種方式論證了對死亡的恐懼是荒謬的，因為死亡本身不是我們可以體驗的東西。儘管伊壁鳩魯堅決反對宗教，但是他承認諸神的存在，卻又認為我們不會由於諸神的存在而變得更好，或者變得更壞。神本身只是伊壁鳩魯主義的超級執行者，他們對人類事務並無興趣。

神既不會獎賞誰，也不會懲罰誰。總之，我們應該沿著一條謹慎、中庸的道路前進，我們的目標就是要達到一種沒有混亂的安寧狀態，這就是最大的快樂，因而也是最高形式的善。伊壁鳩魯主義和其他學派的不同在於，它沒有發展出一種科學的傳統。他的自由思考以及反對迷信傳統的態度，繼續受到早期羅馬帝國上層社會中少數傑出人物的推崇，儘管在倫理方面，它已經逐漸為斯多葛主義所取代。

伊壁鳩魯傳統中的另一位著名人物是羅馬詩人盧克萊修[1]。他在一首叫做《關於宇宙》的著名詩篇裡，講述伊壁鳩魯的學說。

---

1. 盧克萊修（前99—前55），古羅馬哲學家、詩人。他繼承古代原子學說，闡述並且發展伊壁鳩魯的哲學觀點，認為物質的存在是永恆的，提出「無物可以由無中生，無物可以歸於無」的唯物主義觀點，反對神創論，認為宇宙是無限的，有其自然發展的過程，並且認為世界是可知性的，著有哲學長詩《物性論》。——譯者注

盛極一時的斯多葛主義是希臘化時代最有影響的哲學運動。與一些偉大的雅典學派相比，它的成員不嚴格地局限於宗主國希臘的國土，其中一些著名的代表人物來自東方，後來還有一些來自羅馬的西部。該運動的創始人是一個腓尼基的賽普勒斯人，名叫芝諾。我們不知道他的具體出生年代，但應該是在西元前4世紀的後半葉。由於家族的商業活動，這位年輕人首次來到雅典，並且在那裡對哲學產生興趣。他放棄經商，最終建立一所自己的學校。他經常在意為「彩繪有頂柱廊」的斯多葛·波依基爾裡講學，因此該學說就隨該建築被人稱為斯多葛主義。

　　斯多葛哲學延續將近5個世紀之久。在這段期間，它的學說經歷很大的變化，但是這個運動卻因它始終如一的倫理學說而得以維繫下來。斯多葛主義的倫理學說起源於蘇格拉底的生活方式。淡泊名利，勇於面對危險和困難，這些都是斯多葛學派十分重視的德行。正因為該派如此重視忍耐與超脫，「斯多葛」一詞才具有現代含義。

　　斯多葛主義作為一種倫理理論，與古典時代的理論相比，多少顯得有些平淡和嚴肅。但是作為一種學說，它卻比亞里斯多德和柏拉圖的學說更為成功地贏得人們廣泛的信奉。這也許是因為柏拉圖所強調的「知識是最高的善」，不容易為從事實際活動的人們所接受。但是不管怎樣，似乎正是斯多葛主義俘獲了希臘化時代的君主和統治者的頭腦。蘇格拉底曾經有過一個理想，就是哲學家應該成為君主，君主也必須成為哲學家。值得懷疑的是，斯多葛主義能否實現這個理想。

　　早期斯多葛學派的作品除了一些殘缺不全的篇章之外，幾乎沒有任何資料留存下來，儘管根據現存的資料仍然有可能拼湊出該學說的概貌。芝諾似乎把主要精力放在倫理學上。斯多葛哲學始終最有興趣的主題之一就

是宿命論和自由意志，這個哲學問題至今仍吸引著哲學家們的注意。

芝諾認為自然界嚴格受到法則的支配。他的宇宙論似乎主要是受到前蘇格拉底觀點的影響。他和赫拉克利特一樣，也把火視為初始物質，經過一定的時間之後，再從火中分離出別的元素，這似乎在一定程度上效仿阿那克薩哥拉的理論。最後燃起了熊熊烈火，萬物又回歸到原始的火，一切重新開始，就像恩培多克勒的循環論所說的那樣。世界運行所遵循的法則來自某個至高無上的權威，他控制著所有的歷史細節。萬物都在按預先規定的方式發生，以便達到某種目的。芝諾認為最高的或者說神的動力並非存在於世界之外，而是像潮氣滲透沙子一樣，充斥著整個世界。因此，神是一種存在於宇宙萬物之內的力量，其中一部分就在每個人的體內。這種觀點在現代變得如此著名，是由於史賓諾沙的哲學著作，史賓諾沙正是受到斯多葛傳統的影響。

德行是最大的善，它表現在生活與世界的一致性中。但是我們不能以「一切存在的事物都是這樣與世界相一致的」作為理由，把它理解為僅僅是一種同義的重複。因為它透過與自然的交融而不是對立的方式，來指引一個人的意志。應該輕視世俗的財富。暴君可以剝奪一個人的外部財富，甚至是生命，但卻無法剝奪他的德行。德行是一種內在的、不可分割的佔有。因此我們得出以下結論：如果放棄對外部財富的錯誤需求，一個人就會擁有純粹的自由，由於外部力量無法觸及他的德行，因而德行是唯一重要的東西。

其中某些見解作為高貴生活的格言，也許值得人們讚賞，但是作為一種倫理理論，芝諾的學說則存在嚴重缺陷。因為，假如世界受法則的控制，宣揚德行的至高無上就沒有什麼意義。那些有德行的人之所以有德，

是因為受法則支配，不得已而為之，邪惡的人同樣如此。此外，我們該怎樣來理解預先規定善惡的神？柏拉圖在《理想國》中給了我們一點暗示，即神只是世間善的創造者，在這裡幾乎是沒有什麼用。

史賓諾沙和萊布尼茲都要面對類似的反對意見，因為他們試圖透過主張「人的心靈無法從整體上把握事物的必然性」來迴避困難。但是同時他們又提出，在現實中，萬物都會處在可能世界的最佳狀態中，得到十分恰當的安排。然而除了一些邏輯問題之外，這個理論似乎還明顯存在實際錯誤。更糟糕的是，從整體上看，磨難無助於增加德行或使靈魂變得更崇高。此外，我們這個進步時代的一個令人傷心的發現就是，只要有足夠的技能，就可能擊敗任何一個人，無論他的力量有多麼強大。

斯多葛主義真正切中要害的是，它承認在某種意義上，德行內在的善比別的東西更重要，物質的喪失總是可以在一定程度上得到補償，但是一個人如果失去自尊，他就不再是一個真正的人。

據說，斯多葛主義的第一次系統闡述要追溯到克呂西普（前280—前207），雖然他沒有作品留存下來。斯多葛學派正是在這個時期，對邏輯和語言產生更強烈的興趣。他們詳盡地闡述假言三段論和選言三段論的原理，並發現一種重要的邏輯關係，即現代術語所稱的「實質性內涵」。這是一真一假兩個命題之間的關係。以這個陳述為例：「如果氣壓降低，就會下雨。」「氣壓降低」與「下雨」之間的關係就是一種實質性內涵關係。同樣，斯多葛學派還發明語法術語，語法在他們那裡變成一個系統的探索領域。語法中格的名稱也是斯多葛學派的一項發明。其拉丁文譯名至今還在使用，其中包含由羅馬語法學家傳下來的一個希臘術語的誤譯「ac—cusative（賓格/對格）」。

西塞羅①的文學活動使斯多葛學說在羅馬找到立足之地，西塞羅曾師從斯多葛哲學家伯希東尼。這位來自敘利亞的希臘人遊歷豐富，在許多領域都有所建樹。在之前，我們曾經提到他的天文學研究。作為一位歷史學家，他延續波利比烏斯②的工作。他的哲學立場中含有許多古老的阿卡德米傳統，如前所述，當時的阿卡德米本身已經受到懷疑論的影響。

　　雖然從哲學角度看，斯多葛主義後期的代表人物不如早期的那麼重要，但是其中三位的作品卻非常完整地保存下來，後人對他們的生平也十分清楚。他們的社會地位相差懸殊，但是他們的哲學觀點卻幾乎一樣。其中，塞內卡是羅馬元老院議員，祖籍西班牙；愛比克泰德原本是希臘奴隸，後來在尼祿王手下獲得自由；馬可‧奧里略③是西元2世紀時的皇帝。三個人都十分相似地寫出斯多葛風格的倫理學文章。

　　塞內卡大約出生於西元前3年，來自一個遷居羅馬的富有的西班牙家庭。他進入政界，並且在某個時期擔任行政職位。他的命運後來出現暫時

---

1. 西塞羅（前106—前43），古羅馬才華橫溢的政治家、演說家、哲學家、散文家，曾經擔任執政官、元老院元老、總督，被列為「永垂不朽的羅馬人」之一，早年在希臘和羅馬接受良好教育，青年時期精研修辭學、法律、哲學。他對古希臘哲學進行通俗解釋，促進其傳布，其散文被視為古羅馬散文的頂峰。——譯者注

2. 波利比烏斯，古希臘傑出史學家，被稱為「史學家中的史學家」。他曾經說：「『真實』之於歷史，正如雙目之於人身。如果從歷史中挖去『真實』，剩下的豈非都是無稽之談？」他推崇羅馬共和制為混合政體的典範，指出在羅馬共和制中，執政官代表王制因素，元老院代表貴族制因素，人民（大會）代表民主制因素，三者分工合作、互相制約，使國家政權處於均衡狀態，保證國家長期穩定發展。——譯者注

3. 馬可‧奧里略（121—180），羅馬帝國最偉大的皇帝之一。他是一位很有智慧的賢明君主，也是一位很有成就的思想家，有名作《沉思錄》傳世。雖然他嚮往和平，卻具有非凡的軍事領導才華。——譯者注

的坎坷，皇帝克勞狄烏斯同意皇后麥瑟琳娜的請求，於西元41年放逐他。這位元老院議員在批評皇后生活方式不檢點時，似乎有點過於放肆。幾年之後，皇后意外地暴死。克勞狄烏斯的繼任皇后阿格里皮娜生下尼祿[1]。西元48年，塞內卡從落難地科西嘉被召回宮廷，擔任太子尼祿的老師，不過這位羅馬王子卻不是斯多葛派哲學家理想的學生，塞內卡的生活方式也和那些斯多葛倫理學宣講者所期望的截然不同。尼祿積斂了大量財富，其中大部分是透過向不列顛居民放高利貸獲得的。這可能就是導致不列顛省叛亂的原因之一。所幸的是，現在僅靠高利率已經無法激起不列顛人民革命的思想火焰了。由於尼祿變得日益獨斷和瘋狂，塞內卡又一次失寵，最終被恩賜自盡，否則就要被處死。於是他以時興的方式割斷靜脈。儘管整體來說，他的生活與斯多葛主義不相符，但是他對死亡的態度卻真實地表現他的哲學。

愛比克泰德是一位希臘人，大約出生於西元60年。正是他的名字提醒了我們，他曾經是一個奴隸，因為「愛比克泰德」含有「被俘獲者」的意思。由於他在早年奴役生活中所遭受的虐待，他的一條腿瘸了，而且健康狀況很差。獲得自由之後，他就在羅馬講學，直到西元90年，圖密善[2]把他和其他斯多葛派學者驅逐出境，因為他們批判皇帝的殘暴統治，並且

---

1. 尼祿・克勞狄烏斯・凱撒（37—68），羅馬帝國克勞狄烏斯王朝最後一個皇帝，歷史上有名的暴君。相傳，西元64年的羅馬大火是他安排的，大火連燒數日，數千人喪生。他愛好藝術文化表演，企圖以藝術文化表演取代傳統競技場的大眾娛樂，並且因為禁止競技場決鬥而引起不滿，被民眾拋棄以後，最終自殺身亡。——譯者注

2. 圖密善，繼承父親維斯帕先與兄長提圖斯的帝位，為弗拉維王朝的最後一位羅馬皇帝，西元81—96年在位。——譯者注

形成一股反對王權的道德力量。他的晚年是在希臘西北部的尼古波里度過的，大約於西元100年去世。他的一些論述被他的學生阿里安保存下來，我們在其中發現前文解釋過的斯多葛倫理觀點。

愛比克泰德生來就是奴隸，斯多葛派最後一位偉大作家馬可·奧里略（121—180）卻生來就是皇帝。他由叔父安東尼努斯·庇烏斯撫養長大。正如其稱號所暗示的那樣，庇烏斯是羅馬皇帝中比較開明的一位。馬可·奧里略於西元161年繼承皇位，並且窮其一生為帝國效勞。由於那時天災和戰亂層出不窮，作為皇帝的他一直忙於對付那些野蠻部落，他們侵擾帝國的邊境，並且開始威脅到羅馬的霸權。雖然肩負政務的重擔，但是他認為這是他的職責。國家面臨內憂外患，他採取一些似乎有助於維護秩序的措施。他迫害基督徒不是出於惡意，而是由於他們對國教的反對成為異議和麻煩的根源。在這一點上，他也許是對的，儘管迫害同時也說明迫害者內心的虛弱，因為一個根基牢固而又充滿自信的社會是不用去迫害異端的。像愛比克泰德的論述一樣，馬可·奧里略用希臘文寫的《沉思錄》也完整地傳到我們手上，這些都是在軍務、政務的繁忙中抽空記錄下來的哲學反省日記，值得注意的是，儘管馬可·奧里略贊同一般斯多葛主義「善」的理論，但是他卻堅持恪盡公職的態度，這一點與柏拉圖更為一致。人是一種社會動物，我們必須在政治事務中發揮自己的作用，這就使得有關自由意志和宿命論（前文已提及）的倫理方面的難題更加突出。因為我們已經知道，按照一般斯多葛派的觀點，一個人的德行或邪惡只是個人的問題，是不會影響到他人的。但是按照人的社會觀，每個人的倫理品格都會對任何其他的人產生極其明顯的影響。如果皇帝馬可·奧里略對自己的職責採取寬鬆的態度，發生爭端的可能性就會比已經有的多得多。斯多葛主義從

來沒有對這個難題做出令人滿意的解答。

　　從柏拉圖和亞里斯多德時代遺留下來的一個問題是基本原理的問題。斯多葛學派提出天生理念論：演繹過程從清晰的、無需證明的起點開始，這個觀點左右了中世紀的哲學界，也為一些現代理性論者所採納。它是笛卡兒方法的形而上學基礎。在人的概念方面，斯多葛學說要比古典時代的理論寬大得多。我們回顧一下就會發現，亞里斯多德在這一點上曾經走得有多遠，他竟然認為希臘人不應該做同胞的奴隸。斯多葛主義卻跟從亞歷山大的實踐，他們主張在某種意義上，所有的人都是平等的，即使在奴隸制規模更大的帝國時代也應該如此。順著這個思路，斯多葛派提出自然法則與國家法律的區別。這裡面提到的天賦權利意味著一個人因為其人性而有權獲得的某種東西。天賦權利的學說對羅馬立法產生一些好的影響。對於那些被剝奪一切社會權利的人來說，它能產生安撫的作用。在文藝復興後期反對君權神授的鬥爭中，它又以相似的原因得以復興。

　　儘管希臘本身曾經是世界的「智慧作坊」，但是它卻無法作為一個獨立自由的國家生存下來。另一方面，希臘的文化傳統又得到廣泛的傳播，無論如何也為西方文明留下一個永久性的象徵。中東地區由於亞歷山大的努力而被希臘化；在西方，羅馬成為希臘遺產的傳播者。

　　起初，希臘和羅馬之間的聯繫是透過義大利南部的希臘殖民地開始的。在政治上，亞歷山大的擴張運動沒有波及希臘西部的國家。在希臘化時代初期，該地區存在兩支重要的力量，即敘拉古和迦太基，但是它們都在西元前3世紀的前兩次布匿戰爭之後被羅馬征服，西班牙也在戰爭中被吞併。西元前2世紀，希臘和馬其頓也被征服。第三次布匿戰爭以西元146年迦太基城被徹底摧毀而告終。同年，科林斯在羅馬軍團的踐踏下也得到相

似的結局。這種肆意、殘忍的破壞行動是十分罕見的,不僅在當時受到譴責,後世也對此大加批判。在這一點上,我們現在這個時代是迅速回到野蠻狀態。

西元前1世紀,羅馬又先後吞併小亞細亞、敘利亞、埃及和高盧①,不列顛則陷落於西元1世紀。這些連續不斷的征討不是單純地渴望冒險,而是為了尋求一條自然的邊界,以便不費力地堅守並抵禦外來敵對部族的侵犯。在帝國早期,這個目標就已經實現了:羅馬的疆域北以萊茵河和多瑙河這兩條大河為界;東以幼發拉底河和阿拉伯大沙漠為界;南以撒哈拉,西以大西洋為界。在這樣的地理環境中,西元1世紀和2世紀的羅馬帝國處於相對和平和穩定的狀態。

從政治角度看,羅馬最初作為一個城邦在很多方面與希臘相似。伊特拉斯坎王朝傳說的統治時期之後,是由控制著元老院的一個貴族統治階級主宰的共和國。隨著國家規模和重要性的增大,趨向於更民主的政體變革便不可避免地出現了。儘管元老院仍然保留大量的權力,但代表著平民大會的保民官逐漸對國事有了發言權。非貴族出身的人也有了擔任執政官的可能性。但是擴張的結果卻使統治階層家族獲得巨額的財富,地主們佔有大片的土地,他們使用奴隸來耕種,並且趕走小農經濟階層。元老院因此掌握最高權力。西元前2世紀末,由格拉古領導的一場平民民主運動失敗

---

1. 古代西歐地區名,因其原始居民為高盧人而得名,分為三個地區:一是山南高盧,或稱內高盧,即阿爾卑斯山以南到盧比孔河流域之間的義大利北部地方;二是山北高盧,或稱外高盧,即阿爾卑斯山經過地中海北岸,連接庇里牛斯山以北廣大地區,相當於法國、比利時以及荷蘭、盧森堡、瑞士、德國(萊茵河左岸)的一部分;三是納爾波高盧。西元前6世紀時期,高盧的主要居民為凱爾特人,羅馬人稱之為高盧人。——譯者注

後，接連不斷的內戰卻逐漸導致帝王統治的建立。尤利烏斯·凱撒的養子屋大維最終恢復秩序，並且獲得「奧古斯都」的頭銜，作為皇帝來統治國家，但是民主制度還在名義上保留著。

西元41年，奧古斯都去世。在接下來的大約200年間，羅馬帝國整體來說還算太平。當然，內部紛爭和困擾還存在，但都未成大器，不足以毀掉帝國統治的基石。雖然邊境仍然有戰事，但羅馬人還是過著寧靜有序的生活。

後來，軍隊自身也開始經常利用其權力收取金錢，作為回報，它向皇帝提供支援。皇帝們就是依靠這樣的軍事後盾登上寶座的，同樣，一旦這種支持被撤回，他們就要下台。戴克里先[1]和君士坦丁[2]透過努力曾經避免災難的發生，但是他們採取的某些應急措施卻不能從根本上解決問題，反而加速帝國的衰落。大量的日耳曼[3]雇傭軍在為帝國作戰，結果證明這正是帝國覆滅的原因之一。野蠻部落的首領們透過在羅馬軍團效力，接受戰術訓練。後來，他們逐漸意識到自己所學的新技能如果不是為羅馬主子效

---

1. 戴克里先（244—312），原名狄奧克萊斯，羅馬帝國皇帝，西元284—305年在位，結束羅馬帝國的三世紀危機（235—284），建立四帝共治制，使其成為羅馬帝國後期的主要政體，其改革使羅馬帝國對各境內地區的統治得以存續，最起碼在東部地區持續數個世紀。——譯者注

2. 君士坦丁（272—337），羅馬帝國皇帝，西元306—337年在位。他是世界歷史上第一位信仰基督教的皇帝，於西元313年頒布詔書，承認基督教合法。西元330年，他將羅馬帝國首都遷至拜占庭，並且將其改名為君士坦丁堡。他進行許多改革，促進歐洲從奴隸社會向封建社會的過渡，被譽為「千古一帝」。——譯者注

3. 日耳曼人是古代佔據中歐和東歐廣大地區的部族，自稱德意志人，古羅馬人稱之為日耳曼人，分布在萊茵河以東、維斯瓦河以西、多瑙河以北地區，從事游獵、畜牧為主，長期處於原始氏族社會階段，其語系屬於印歐語系日耳曼語族。——譯者注

勞，而是為自身利益服務，也許可以獲得更多的好處。僅僅100年之後，羅馬城就落入哥德人④之手。不過昔日的一些文化遺產卻透過基督教的影響保存下來，基督教在君士坦丁統治時期被升為國教。一旦入侵者改信基督教，教會就可以在某種程度上保留希臘文明的知識。東羅馬帝國卻遭到完全不同的厄運。在那裡，穆斯林入侵者把自己的宗教強加給帝國，並且以他們自己的文化把希臘傳統傳到西方。

在文化上，羅馬幾乎完全是派生出來的。無論是藝術、建築，還是文學、哲學，羅馬世界都多少模仿來自希臘的傑出範例。但是，有一個方面羅馬人是成功的，希臘人甚至亞歷山大都是失敗的，這就是大規模的政府、法律和行政制度，因此羅馬還是在某些地方影響希臘的思想。我們在談到政治問題時已經看到，古典時代的希臘無法超越城邦理想，羅馬的視野卻要開闊得多，歷史學家波利比烏斯對此印象很深。他大約出生於西元前200年的希臘，後來成為羅馬入侵者的俘虜。他和斯多葛學派的潘尼提烏一樣，屬於一個以小西庇阿為核心的文人圈子。除了一點政治影響以外，羅馬未能產生任何可以啟發希臘思想家的新觀念。希臘作為一個國家，雖然被摧毀了，但卻在文化領域擊敗羅馬征服者。因為有教養的羅馬人都講希臘語，就像直到最近，有教養的歐洲人還講法語一樣。雅典的阿卡德米對羅馬的貴族子弟很有吸引力，西塞羅就曾經是該校的學生。每個領域都採用希臘標準。羅馬在許多方面都只是在蒼白地複製希臘原作，尤其是羅馬哲學更是缺乏有獨創性的思想。

---

4. 也譯為哥特人，是東日耳曼人部落的一支分支部族，從西元2世紀開始在斯基提亞、達契亞、潘諾尼亞定居。西元5到6世紀，分裂為東哥德人和西哥德人。——譯者注

希臘傳統不虔誠和喜歡探詢的特點，隨著希臘化時代的衰落，多少削弱古羅馬的長處，尤其是海外擴張使得大量財富流入這個國家的時候。真正的希臘影響卻在力量上減弱了，它逐漸集中在極少數人，尤其是羅馬城的貴族身上。另一方面，希臘化文化中的非希臘因素卻隨著時間的流逝變得強大起來。之前說過，東方提供一種神秘主義因素，但整體來說，它沒有在希臘文明中佔據主導地位。來自美索不達米亞和更遠地方的宗教影響，透過這種方式滲入了西方，並產生廣泛的信仰調和因素，基督教正是由於這個原因，最終得以提升到國教的地位。同時，神秘主義傾向鼓勵了各種迷信和慣例的擴散。當人們對現世的命運不滿意，對自身的能力缺乏自信的時候，荒唐、非理性的勢力便乘虛而入了。的確，羅馬帝國享受兩個世紀的太平，但「羅馬帝國統治下的和平」時代不適合作建設性的智力嘗試。如果說它還有哲學，只是斯多葛派風格的延續。只有在政治上，羅馬才比古典思想家們狹隘的地方觀念領先一步，因為斯多葛主義提倡的是人與人之間的兄弟關係。在羅馬統治已知世界的數百年裡，這個斯多葛派的概念確實具有實質上的意義。

　　羅馬帝國和希臘城邦一樣，透過自己的方式保持對境外世界的優越感和恩賜姿態。儘管它與遠東有一些聯繫，但卻不足以使羅馬公民注意到以下事實：世界上還存在其他偉大文明，這些文明不能被簡單地看作野蠻而不予考慮。儘管羅馬具有更寬廣的視野，但它還是被傲慢支配著，猶如它的文化祖先希臘。這種傲慢甚至也為教會所繼承，它們自稱「天主教的」或「廣泛的」（英文catholic同時具有這兩種含義），儘管在東方還有一些其他偉大宗教，其倫理觀至少與基督教一樣先進，人們仍然做著世界政府和文明之夢。

羅馬最重要的作用，就是繼承一種比自身文化更悠久、更優越的文化。可以做到這一點，是因為羅馬管理者的組織天才和帝國的社會凝聚力。遍布羅馬全境的巨大道路網絡遺跡使我們想起它偉大的組織工作，儘管存在民族差異並且在後期出現封建統治，但羅馬的擴張還是保證歐洲的大部分可以作為一個文化單位繼續發揮較大的作用。即使是野蠻部落的入侵，也無法把這個文化基礎摧毀到不可修復的地步。在東方，羅馬的影響就不那麼持久了。其原因就在於阿拉伯穆斯林征服者強大的生命力。在西方，入侵者會慢慢被一種歸功於羅馬的傳統所同化；而中東則幾乎全部改信征服者的宗教。西方把自身獲得的大量希臘知識歸功於阿拉伯人，這些知識被穆斯林思想家透過西班牙傳到歐洲。

　　在被羅馬統治長達3個世紀的不列顛，盎格魯-撒克遜[1]的入侵似乎導致與羅馬傳統的徹底決裂。偉大的羅馬法律傳統雖然在其統治下的西歐各地都得以保存下來，但是在不列顛卻站不住腳。英國的習慣法至今仍然是盎格魯-撒克遜的。在哲學方面，有一個值得注意的有趣結果：中世紀的經院哲學與法律密切相關，哲學上的詭辯術卻與古羅馬嚴格而形式化的運用相似。在英國，盎格魯-撒克遜的法律傳統是有效的，即使是在經院哲學的全盛時期，哲學的絕大多數方面也還是更具經驗主義的特徵。

　　羅馬帝國統治下的宗教領域出現妥協趨勢，哲學中也出現相似的發展。從廣義上說，斯多葛主義是帝國初期的哲學主流，更令人振奮的柏拉

---

1. 盎格魯-撒克遜人的祖先來自歐洲大陸，是日耳曼人之中的盎格魯人、撒克遜人。從西元5世紀開始，盎格魯人、撒克遜人進入不列顛，現在的英國人稱他們是盎格魯-撒克遜人的後代。——譯者注

圖與亞里斯多德學說卻有些受排擠。但是到了西元3世紀，出現一種根據斯多葛學說對舊倫理學所做的新解釋，這與當時的普遍狀況是完全協調的。這種不同理論的混合物漸漸被稱為新柏拉圖主義，它將會對基督教神學產生巨大影響。從某種意義上說，新柏拉圖主義是聯結古代與中世紀的橋樑。古代哲學就是在這裡畫上句號，中世紀思想則從這裡開始了。

新柏拉圖主義最早興起於亞歷山卓，該城是東西方的交匯點。在這裡可以看到來自波斯和巴比倫的宗教影響、埃及儀式的殘餘、一個信仰自己宗教的強大的猶太社會，還有基督教各派別，這一切構成一個希臘化文化的整體背景。

據說，新柏拉圖學派是阿摩尼阿斯‧薩卡斯創立的，我們對他的生平瞭解不多。他的學生普羅提諾（204—270）是最傑出的新柏拉圖主義哲學家。普羅提諾出生於埃及，後來在亞歷山卓求學和居住，一直到西元243年才離開。

由於對東方宗教和神秘主義感興趣，普羅提諾跟隨戈爾迪安三世出征波斯。但是他的這個事業並未成功。由於年輕的皇帝缺乏經驗，不知道為什麼引起將領們的不滿。在當時，這種衝突是以速決方式了結的，年輕的皇帝最終死在自己本來應該可以控制的部下手裡。普羅提諾於西元244年從謀殺之地美索不達米亞逃到羅馬住了下來，並且在那裡任教直至去世，他的著作是由學生波菲利根據他晚年的授課筆記編纂而成的。波菲利多少受到畢達哥拉斯學派的影響，因此流傳至今的普羅提諾作品帶有一定的神秘主義色彩，這也許得算編纂者波菲利的過失。普羅提諾留存至今的著作一共有九冊，因此被稱為《九章集》，其整體趨向和觀點是柏拉圖式的，儘管缺乏柏拉圖作品的廣度和文采，內容幾乎全部是理念論和畢達哥拉斯

的某些神話。普羅提諾的作品與現實世界有一定的疏離，但如果我們想一想帝國的狀況，就知道這不奇怪了。面對當時的混亂局面，即使是一個盲人，也需要有極度的堅毅，才可以保持坦率、愉悅的心境。理念論把感知世界及其苦難看作不真實的東西，這正好可以使人安於現狀，聽由命運的擺布。

在形而上學方面，普羅提諾的中心學說是「三位一體」理論，「三位」按其優先程度和依存關係，分別是「太一」、「奴斯」和「靈魂」，在我們深入探討這個理論之前，首先要注意的是，儘管它對神學產生影響，但是它本身卻不屬於基督教，而是屬於新柏拉圖主義。普羅提諾的同學奧雷根是一個基督教徒，他也提出一種「三位一體」理論，即把三個部分放在不同的層次上。這個理論後來被視為異端，遭到責難。普羅提諾不是基督徒，所以沒有遭到譴責。也許正是由於這個原因，他的影響一直到君士坦丁統治時期都比奧雷根大一些。

普羅提諾「三位一體」理論中的「太一」與巴門尼德的球體很相似，對此，我們最多只能說「它存在」。用別的任何方式來描述它，都將意味著可能還有其他更大的東西。普羅提諾有時把它稱為「神」，有時又稱它為「善」，就像《理想國》中的處理方式一樣。但是它比「存在」要大，它無所不在而又不被任何事物所包含，不可言喻而又滲透一切。關於「太一」，我們與其解釋，不如保持沉默；在這裡，我們清楚地看到神秘主義的影響。因為神秘主義者也是躲在沉默與不可言傳的壁壘後面逃避困難的。說到底，希臘哲學的偉大之處就在於發現邏各斯的中心作用。儘管希臘思想也有一些神秘因素，但本質上還是與神秘主義相對立的。

普羅提諾稱「三位」中的第二個因素為「奴斯」。要對這個詞做出

適當的翻譯似乎不可能。它的意思有點像「精神」一類的東西，但又不是神秘的，而是具有理智方面的意義。「奴斯」與透過「太一」的關係，可以透過類比得到最好的解釋。「太一」就像是自身發光的太陽，「奴斯」則是「太一」由此見到自身的這種光。在某種意義上，「奴斯」可以比做自我意識。在遠離感官的方向上，我透過運用自己的心靈，就可以認識到「奴斯」，並且透過它認識到「太一」，因為「奴斯」就是「太一」的映射。由此，我們發現它近似於《理想國》中的辯證法概念，後者也宣稱有一個通往顯示「善的形式」的過程。

「三位」中的第三個，也是最後一個因素，被稱為靈魂。靈魂在本質上具有雙重性。在其內部，它可以上通「奴斯」；而在其外部，則下達感官世界。它是感官世界的造物主。斯多葛學派把神與世界等同起來，普羅提諾的不同在於：其理論否定泛神論，並且回到蘇格拉底的觀點上。儘管它把自然看作是靈魂的向下發散，但不像靈知學那樣將它視為邪惡。相反，普羅提諾的神秘主義很輕鬆地承認：自然是善和美的。但是這種寬容的觀點沒有為後來的神秘主義者、傳教士甚至哲學家們所接受。在他們「修來世」的觀念中，美與快樂被當作下流與邪惡，遭到詛咒。當然，如此可怕的學說，除了精神錯亂的狂熱份子，恐怕再也不會有人去真正地實踐它了。然而這種顛倒的、對醜陋的崇拜確實曾經主宰很多個世紀。基督教至今還正式保持「快樂是有罪的」這個古怪的思想。

關於靈魂不朽的問題，普羅提諾吸納《斐多篇》中提出的觀點，即認為人的靈魂是一種實體，由於實體是永恆的，所以靈魂也是永恆的。這與蘇格拉底的解釋有些類似，蘇格拉底認為靈魂與形式結合在一起。但是，普羅提諾的理論裡也有一定的亞里斯多德因素。雖然靈魂是永恆的，但是

它卻有與奴斯合為一體的傾向，因此它失去自己的個性，儘管它還保留著自身。

現在，我們對古代哲學的考察即將結束。在考察過程中，我們從泰利斯時代到普羅提諾時代，跨越大約9個世紀。雖然我們以此為界，但是這不表示後來的思想家就不應被考慮納入古代傳統。在某種意義上，對所有的哲學都是如此。但是，要在文化傳統的發展中找出某些主要的停頓階段還是可能的，普羅提諾就做到這一點。自他以後，不管怎麼說，哲學在西方都是處在教會的庇護之下，即使有波愛修斯①這樣的例外，情況也還是如此。同時，我們還應該記住，羅馬帝國覆滅的時候，在它的東部，無論是早先在拜占庭，還是後來在穆斯林的統治之下，哲學傳統都得到延續，沒有受到宗教的束縛。

當我們回顧古代世界的哲學奮鬥歷史時，可以強烈地感受到希臘心靈在洞察普遍性問題時的非凡力量。柏拉圖曾經說，哲學源於迷惑，早期的希臘人就擁有這種令人讚歎的能力，並且使之達到非凡的高度。探索的一般性概念是希臘的偉大發明之一，它塑造西方世界。誠然，比較不同的文化總是讓人反感的，但是如果我們要用一句話來描述西方文明的特徵，我們完全可以說，它建立在以希臘精神為主要事業的倫理之上。希臘哲學的另一個主要特徵，是它基本上以透明性為目的。它的各種真理，猶如真理

---

1. 波愛修斯（480—524）是一個奇特的人物，在中世紀廣為人們傳誦和讚賞，經常被推崇為虔誠的基督徒，然而其傑作《哲學的慰藉》卻是一部純粹柏拉圖主義的書。此書以詩和散文交替寫成：自述的時候，用散文；闡釋哲思，則以詩句，聲稱他遵從畢達哥拉斯的命令去「追隨上帝」（而非基督的命令），書中很多倫理觀念與斯多葛學派的學說相合。他認為，不完善是一種欠缺，它表示一種完善的原形的存在。——譯者注

本身一樣，不宣稱某種不可言傳的預感，而是從一開始就極為重視語言和交流。當然，它也有某些很早以前傳下來的神秘因素，畢達哥拉斯學派的神秘傾向就貫穿古代哲學始終。但是從某個角度看，這種神秘主義實際上沒有干擾探索本身，而是更趨向於影響探索者的倫理觀。只有衰敗開始出現時，神秘主義才充當更重要的角色。正如我們在討論普羅提諾時說過的那樣，神秘主義與希臘哲學的精神是對立的。

與現代人相比，古代的思想家面臨更為嚴峻的問題，其中最主要的一個問題就出現在下述事實中：我們今天可以從過去的傳統中尋求幫助，但對於早期的希臘哲學家來說，這種支持是不存在的。我們從古典的原始資料中吸收了大量的哲學、科學和技術的詞彙，而且經常是囫圇嚥下。對於希臘探索者來說，一切都要從頭開始。他們只能從日常語言提供的資料中創造新的說法、發明專用詞彙，因此有時候他們的表達方式在我們看來似乎有些笨拙，但是我們必須知道，他們往往是在黑暗中摸索新的表達方式，因為當時必要的工具仍然在形成之中。這就需要我們設身處地地去想一想那種情況，就像我們離開希臘語和拉丁文，要用盎格魯-撒克遜語來從事哲學和科學工作一樣。

以回歸早期文化根源為基礎的文藝復興和現代科學出現之前，有將近12個世紀的抑制期。這種抑制期為什麼會出現？也許這是一個沒有答案的問題，任何解答的嘗試都將過於簡單。但有一點卻毋庸置疑，那就是希臘和羅馬的思想家都未能成功地拿出一套完善的政治理論。

如果希臘人的失敗是因為高智力帶來的某種傲慢，羅馬的失敗則完全是因為想像力的缺乏。這種心靈的遲鈍不僅僅表現在帝國時代的巨大建築上，而是在各個方面。希臘與羅馬之間精神上的差異，完全可以用希臘

神廟和晚期羅馬的長方形大會堂來象徵。希臘的智慧遺產到了羅馬人的手中，多少變得不那麼精緻典雅了。

　　希臘哲學傳統實際上是一種啟蒙運動和解放運動，因為它的目的在於使心靈擺脫愚昧的束縛。它認為世界是可以理喻的，進而消除人們對未知事物的恐懼。它以邏各斯為工具，為的是在「善」的形式下追求知識。不偏不倚和超然的探索本身被視為倫理上的善，人們透過它，而不是宗教的神秘，來達到善的生活。伴隨著這種探索傳統，我們還看到某種不帶虛偽情感的令人振奮的觀點。蘇格拉底認為，未經審驗的生活是沒有價值的，亞里斯多德則認為，重要的不是活得久，而是活得好。誠然，這種觀點的一部分在希臘化時代和羅馬時代消失了，那個時候，似乎更重視自省的斯多葛主義已經打下根基。但是，西方文明的思想框架中的一切精粹部分，還是要從希臘思想家的傳統中尋找。

第五章

早期基督教

和今天一樣，從希臘時代到羅馬時代的哲學，其主體還是獨立於宗教的。當然，哲學家也可以提出讓關注宗教事務的人同樣感興趣的問題，但那個時候的宗教團體無法影響也無權控制思想家。從羅馬覆滅到中世紀結束的這段時間裡，下述方面既不同於羅馬之前，也不同於中世紀之後：西方的哲學成為一種在教會的庇護和指導下繁榮的活動，形成這種局面的原因是很多的。

　　在西羅馬帝國覆亡時，羅馬的「神皇合一」機制已經分裂為兩股勢力。由於基督教被君士坦丁定為國教，因此教會接管了所有涉及神與宗教的事務，皇帝則負責處理世俗事務。直到宗教改革堅持信教屬於個人行為進而否定教會的主張之前，教會的權威在原則上都是不容置疑的，儘管它變得日益衰落。從此以後，教會就成為新興民族國家的統治工具。

　　世俗的、非宗教的學術傳統，在古老帝國的中部還苟延殘喘了一段時間，北方的原始部族沒有任何學術傳統可依賴。因此，讀書識字幾乎漸漸成為教會人士或教士們的專利。過去傳統的倖存部分都被教會保留下來，哲學變成一種為基督教及其衛道士們提供辯護的學問，只要它的教義大體上能被人接受，教會就可以獲得並保持其權勢。但是也有一些別的傳統在爭取最高統治權，其中包括古老的羅馬傳統，教會正是由於它的衰落才首次得勢。另外還有新日耳曼傳統，取代古老帝國政治組織的封建貴族就是從這個傳統中產生的。不過這些傳統都沒有一種適當的社會哲學作為其代

表，其中一個原因就是它們無法有效地挑戰教會勢力，但這不是唯一的原因。羅馬傳統從起於14世紀的義大利文藝復興中逐漸再次得到堅持，日耳曼傳統則以16世紀的宗教改革為契機取得突破。但是在中世紀，哲學還是與教會緊密結合在一起。

　　隨著「神皇合一」機制被兩大勢力取代（一個是代表上帝的教宗，一個是皇帝），其他幾種潛在的二元現象也出現了。首先是拉丁與條頓二元性的客觀存在。教會勢力仍舊是拉丁族的，帝國卻落到野蠻的條頓族入侵者的後裔手中。一直到被拿破崙征服之前，它都被稱為日耳曼的神聖羅馬帝國。其次，人也被劃分成教士和俗人兩類。教士是正統教義的護衛者，由於教會成功地經受住各種異端影響的考驗，教士的地位在西方大大提高了。早期的一些信基督教的皇帝曾經同情亞流教派[1]，但最終還是正統派佔了上風。此外，還出現天國與世俗諸國的比較。這種比較的根源可以在《福音書》[2]裡看到，但是它在羅馬帝國覆滅之後才獲得更為直接的重要意義。雖然野蠻部族可以摧毀城市，但神的城市卻是無法摧毀的。最後是精神與肉體的二元對立。這種對立更為古老，其根源可追溯到蘇格拉底的「肉體與靈魂」理論。這些概念以新柏拉圖主義的形式變成保羅派新教[3]的核心，而且啟發其中的早期基督教苦行（禁欲）主義。

---

1. 亞流教派，基督教的一種異端教派，其理論觀點最早於西元4世紀由亞歷山卓正教會長老亞流提出，認為基督是受造的、有限的，沒有真正的神性。——譯者注
2. 福音書，以記述耶穌生平與復活事蹟為主的文件、書信、書籍，通常指《新約聖經》中的內容，更狹義的說法專指四福音書：《馬太福音》、《馬可福音》、《路加福音》、《約翰福音》。但是在歷史上，不同的基督教教派對福音書的內容有不同的看法：某些福音書已經失傳，例如：《希伯來福音書》；某些福音書被主流教會視為偽經，例如：《巴拿巴福音》、《多馬福音》、《猶大福音》、《雅各福音》。——譯者注

天主教哲學在世界範圍的發展情形是這樣的：它的第一次成熟是靠聖・奧古斯丁④的努力，此人主要受到柏拉圖的影響；聖・湯瑪斯・阿奎那則使它達到巔峰，湯瑪斯將教會建立在亞里斯多德理論的基礎上，教會的主要辯護者們至今還在為這個基礎辯護。由於這種哲學與教會的聯繫是如此緊密，所以想要說明它的發展及對後世的影響，就需要進行大量的歷史考察。但是，如果我們想瞭解那個時代的精神及其哲學，還是有必要對這些事件做一些說明。

　　逐漸主宰西方的基督教，本來是猶太教的一個分支，那時的猶太教又是希臘與東方思想的混合物。基督教和猶太教都認為上帝有自己的寵兒，儘管兩者的選擇對象不同。它們堅持同樣的歷史觀，認為歷史開始於神的創造，並且將走向神的某種結局。但是兩者的確存在一些分歧，如彌賽亞（救世主）是誰？他想實現什麼？在猶太教看來，救世主仍將到來，並賜予他們塵世的勝利；基督教徒卻認為救世主就是拿撒勒的耶穌，他的天國

---

3. 保羅派新教，拜占庭帝國的基督教異端教派之一，大約西元5世紀產生於亞美尼亞和小亞細亞，7世紀下半葉傳播於拜占庭，8—9世紀廣泛發展，受到摩尼教影響，相信善惡二元論：善指精神世界或是靈魂世界，為天父創造的「天國」；惡指物質世界，為惡魔創造的「現世」，要求恢復原始基督教會的樸素和平等精神，簡化宗教儀式，反對崇拜聖母、聖徒、十字架，以及各種聖像、聖物，主張取消修道院制度，洗禮宜於耶穌受洗年齡30歲的時候在河水中舉行，信徒多為農民和平民，曾經參加湯瑪斯起義，失敗以後被屠殺。——譯者注

4. 聖・奧古斯丁（354—430），古羅馬帝國時期基督教思想家，歐洲中世紀基督教神學、教父哲學的重要代表人物。在羅馬天主教系統內，他被封為聖人和聖師，也是奧古斯丁會的發起人。對於新教教會，特別是喀爾文主義，其理論是宗教改革的救贖和恩典思想的源頭。他是聖・莫尼卡的幼子，出生於北非，受教於羅馬，洗禮於米蘭，其傑作《懺悔錄》被稱為西方歷史上「第一部」自傳，至今仍然被傳誦。——譯者注

不在我們這個世界。基督教接受猶太教的正義概念，並且將其作為幫助同胞和篤信某種教條的指導思想。從本質上說，後來的猶太教與基督教都贊同新柏拉圖主義的「彼岸」（另一個世界）概念。但是，希臘理論是哲學理論，不容易為每個人所理解；而猶太教與基督教的觀點更注重對來世的解釋，正義者將升入天堂，邪惡者將下地獄受煎熬。其「來世報應」的說法，使這個理論廣為人知。

想要瞭解這些信仰是如何發展的，我們就必須記住：耶和華[1]最初是閃族人[2]的主神，他保護自己的人民。除了耶和華，還有別的神主宰著其他部族。在那個時候，還沒有出現過任何關於「彼岸」的暗示。以色列的主神掌握著其部族的世俗命運。他是一位愛妒忌的神，不能容忍他的子民同時信奉別的神靈。古代的先知都是一些政治領袖，他們要花費大量的時間來制止人們崇拜其他諸神，因為他們怕招致耶和華的不快，擔心威脅到猶太人的社會凝聚力。猶太教的這種部族特徵，透過一系列的民族災難得到加強。

西元前722年，亞述人[3]攻陷北方的以色列王國，並且將絕大多數居民驅逐出境。西元前606年，巴比倫人攻佔尼尼微，並且摧毀亞述帝國。巴比倫國王尼布甲尼撒征服南方的猶太王國，並且於西元前586年佔領耶路撒

---

1. 猶太教的上帝。——譯者注
2. 閃族人，又稱閃米特人，亦稱閃姆人，是起源於阿拉伯半島的游牧民族，其名出自《舊約聖經·創世紀》所載傳說，稱其為諾亞長子閃（也譯為「閃姆」）的後裔。現今生活在中東、北非的大多數居民（包括阿拉伯人和猶太人），都是古代閃族人的後裔。——譯者注
3. 亞述人是居住在兩河流域北部（今伊拉克的摩蘇爾地區）的一支閃族人，更確切地說，是與非閃族人融合的閃族人。——譯者注

冷，燒毀神殿，將大量的猶太人流放到巴比倫。一直到西元前538年，波斯國王居魯士攻陷巴比倫之後，猶太人才獲准回到巴勒斯坦。正是在被流放巴比倫期間，猶太教的教義和民族特性得到加強。由於神殿被毀，猶太人只好免掉了祭奠儀式。大量流傳至今的猶太教口頭傳說，都要追溯到這個時期。

　　猶太人散居各地也就是從這個時期開始的，因為不是所有的人都回到故土。那些回去的人確實活了下來，但只是建立一個不怎麼重要的神權國家。在亞歷山大死後，亞細亞的塞琉古王朝與埃及的托勒密王朝之間發生曠日持久的爭執，猶太人必須想盡辦法守住自己的地盤。一支重要的猶太人群體在亞歷山卓城增長起來，除了宗教之外，一切都很快被希臘化了。希伯來文的《聖經》也不得不譯成希臘文，進而產生《聖經》的《七十士譯本》④。之所以有這個名稱，是因為傳說有70位翻譯者獨立翻譯，卻譯出完全一致的譯本。但是當塞琉古國王安條克四世在西元前2世紀上半葉，試圖強迫猶太人按照希臘方式生活時，猶太人在馬加比兄弟的領導下紛紛揭竿而起⑤。猶太人以巨大的勇氣和毅力，為爭取以自己的方式敬神的

4.　《七十士譯本》由希臘文寫成，是希伯來文《聖經》早期譯本中最重要的一部。據傳，其翻譯工作開始於西元前280年，由七十二位來自埃及亞歷山卓的猶太學者擔任，後來因為某種緣由只提及七十位譯者。它滿足分散於世界各地的許多不瞭解《聖經》希伯來語但是瞭解希臘語的猶太人的需要。在耶穌降生時代，猶太人會堂所用的《聖經》多為《七十士譯本》。事實上，它成為《聖經》，被使徒稱為「神的話語」。——譯者注

5.　因為安條克和猶太人的叛徒傑森等人的壓迫，馬加比家族的瑪他提亞祭司帶領猶太人燃起鬥爭的烈火。西元前167年，猶大（馬加比）繼續領導猶太人與塞琉古王國的統治者鬥爭，經過三年奮戰，解放耶路撒冷，重建聖殿。馬加比起義是猶太人反抗希臘化鬥爭的典範，馬加比成為猶太人引以為榮的英雄。——譯者注

權利而戰鬥。結果他們贏了，於是馬加比家族以大祭司的身分統治國家。其家族的世襲統治被稱為哈斯蒙尼王朝，該王朝一直延續到希律王時期。當散居各地的猶太人越來越希臘化的時候，主要靠了馬加比家族的成功抵抗，猶太教才得以倖存下來，也為基督教及後來的伊斯蘭教得以興起提供必要條件。正是在這個時期，猶太教產生「彼岸」的概念，因為起義已經證明人世間的災難總是首先光顧那些最有德行的人。西元前1世紀，除了正統派勢力，還發展出一種更成熟的、受希臘文化影響的運動，它的教義預示著應該對《福音書》中的耶穌進行倫理上的重新評價。早期的基督教實際上就是一種經過改革的猶太教，正如新教起源於教會內部的某種改革運動一樣。

馬克・安東尼①結束大祭司們的統治，並且任命希律為國王，希律是一位徹底希臘化了的猶太人。西元前4年，希律死後，猶太國由羅馬的一名地方財政長官直接統轄。但猶太人不喜歡羅馬的「神皇合一」機制，基督教徒也是如此。但是，猶太教徒與基督教徒有一個不同之處：後者至少在原則上贊同謙卑的傳統；而前者卻在整體上顯得很自大，這一點頗像古典時代的希臘人。除了自己的神以外，他們頑固地拒絕承認任何其他的神。事實上，他們也拒絕承認羅馬的「神皇合一」。西元66年，猶太人舉行反抗羅馬的起義，經過一場殘酷的戰爭之後，耶路撒冷於西元70年被攻陷，神殿再次被摧毀。希臘化猶太歷史學家約瑟夫斯②在他的希臘文著作中記

---

1. 馬克・安東尼（約前83—前30），古羅馬政治家和軍事家。他是凱撒最重要的軍隊指揮官和管理人員之一。西元前33年，後三頭同盟分裂；西元前30年，馬克・安東尼與埃及女王克麗奧佩脫拉七世一同自殺身亡。——譯者注

載這場戰役。

　　這個事件致使猶太人第二次，也是最後一次散落到各地。正如被放逐到巴比倫時一樣，正統派③變得更加嚴苛。西元1世紀之後，基督教和猶太教都把對方看作完全不同的、勢不兩立的宗教。在西方，基督教煽起一種可怕的反閃族情緒，使得猶太人從此生活在社會的邊緣，並飽受迫害和剝削，這種情況直到他們於19世紀獲得政治權利才結束。只有在穆罕默德④的穆斯林國家，尤其是在西班牙，猶太人才得以興旺起來。當摩爾人⑤最終被驅逐時，古典傳統和阿拉伯知識才可以大量地透過通曉多種語言的猶太思想家傳授給教士們。1948年，猶太人再次擁有迦南。至於他們是否會發展出自己新的文化勢力，要回答這個問題恐怕為時尚早。

　　猶太教中持不同意見的派別形成早期的基督教，他們最初沒有想用這種新教義去控制不信猶太教的人。這些早期基督徒仍然保持舊的排外傳統，猶太教從來沒有打算爭取外族的皈依，即使在今天得到改良的情況

2．約瑟夫斯（37—100），與耶穌同時代的猶太歷史學家。在他的作品《猶太古史》中，記敘耶穌是雅各的哥哥，被稱為基督，行了許多神蹟，後來被彼拉多釘死。——譯者注

3．正統派是猶太教中最大的群體，分為極端正統派、現代正統派、哈西迪教派三個支派。正統派認為，唯有自身一派才是猶太教，堅稱律法是上帝在西奈山的啟示，是神聖而絕對權威的，因此恪守猶太教傳統信仰和禮俗，拒絕任何變革，其所指律法，除了《十誡》以外，還包括《摩西五經》、《塔納赫》、口傳律法，以及所有宗教的理論、研究、實踐。依照這些規範，正統派猶太人必須守安息日、奉行飲食規條、每天禱告三次。——譯者注

4．穆罕默德（571—632），伊斯蘭教的創始人，也是伊斯蘭教徒（穆斯林）公認的伊斯蘭教先知、正道的復興者。穆斯林認為，穆罕默德是亞伯拉罕諸教的最後一位先知。此外，他統一阿拉伯的各個部落，並且以此奠定後來阿拉伯帝國的基礎。——譯者注

5．摩爾人，中世紀時期西歐西班牙人和葡萄牙人對北非穆斯林的貶稱。——譯者注

下，只要割禮和齋戒還在進行，它就不可能吸收外族入教。如果沒有一個信徒去設法放寬入教的基本條件，基督教可能至今仍然是非正統猶太人的一個教派。特蘇斯的保羅①掃除這些外部障礙，進而使基督教受到普遍的歡迎。

羅馬帝國的希臘化公民還是不承認基督應該是猶太人之神的兒子。靈知主義彌補了這個缺陷，它是與基督教同時出現的一種宗教調和運動。按照靈知主義的觀點，可感知的物質世界是耶和華創造的，但耶和華實際上只是一位小神，祂與最高的神鬧翻之後，便出來作惡。終於，為了推翻《舊約》中的錯誤教義，最高的神的兒子化做凡人降臨人間。這些觀點再加上一些柏拉圖的思想，就構成靈知主義。它把希臘傳說的成分、奧菲斯神秘主義的因素、基督教義以及其他東方思想結合起來，然後採取一種妥協的哲學混合方式使它變得圓滿。

摩尼教（後期靈知主義所派生）直接把精神與物質的差異混同於善與惡的差異。在藐視物質事物方面，他們比敢於冒險的斯多葛學派走得更遠。他們禁止食肉，並且宣稱任何形式的性行為都是罪惡的。從它們只流傳數世紀的情況來看，我們似乎可以準確地推斷，這些苛刻的教條沒有得到完全有效的執行。在君士坦丁之後，靈知教派不再那麼重要了，但是仍然有一定的影響。幻影教派②宣稱，釘在十字架上的不是耶穌，而是他的某種幻影或替身，這不禁讓人想起希臘傳說中伊菲革涅亞的獻祭③。穆罕默德承認耶穌是一位先知，儘管無法和他自己相提並論，後來他也採納幻

---

1. 一個希臘化的猶太人和基督徒。——譯者注
2. 基督教最早的旁支教派之一。——譯者注

影教派的觀點。

　　隨著基督教根基的日益牢固，它與《舊約》宗教的紛爭也愈演愈烈。它認為猶太人沒有承認古代先知所預言的彌賽亞④，所以是罪惡的。從君士坦丁往後，反閃族主義變成基督教狂熱的一種體面的形式，儘管宗教不是狂熱份子唯一的動機。奇怪的是，曾遭受過可怕迫害的基督教一旦翻了身，竟然會同樣殘暴地對付一個堅持自己信仰的少數派。

　　在某些方面，基督教有了新的、明顯的變化。整體上看，猶太教是一種十分簡單的非神學事物，這個率真特性甚至還在《對觀福音書》⑤中有所表現。但是在《約翰福音書》裡，我們卻發現神學思辨的開端，當基督教思想家試圖在自己的新教義中吸收希臘人的形而上學時，這種神學思辨的重要性就得到加強。隨著《聖經》的逐漸形成，我們不再只關注「神＋人」的基督形象，而是關注他的神學方面。《聖經》的形成可以追溯到斯多葛學派、柏拉圖，甚至赫拉克利特。這種神學傳統在俄利根（185—253）的著作中首次得到系統的闡釋。

---

3. 根據古希臘神話，阿加曼農率領希臘艦隊征討特洛伊途中，無意中冒犯女神阿提米絲。憤怒的女神使希臘艦隊所在的奧利斯港沒有風，將其困住。預言家指出，阿加曼農需要獻祭自己的愛女以平息女神的憤怒。阿加曼農不得已，只好犧牲愛女伊菲革涅亞。女神息怒，希臘艦隊在順風中駛向特洛伊。——譯者注

4. 彌賽亞是一個《聖經》詞語，在希伯來語中，最初的意思是受膏者，是指上帝選中的人，具有特殊的權力，是一個頭銜或是稱號，不是一個名字。由於耶穌的出現，應驗許多《舊約聖經》中的預言，因此基督教主張耶穌就是彌賽亞，但是猶太教信徒予以否認，並且期待他們心中的彌賽亞來臨。——譯者注

5. 指《新約》前三卷福音，即《馬太福音》、《馬可福音》、《路加福音》。《聖經》的這三卷福音中的很多章節在內容和風格上相似，講述耶穌的生平。——譯者注

俄利根生活在亞歷山卓城，他曾經在普羅提諾的老師阿摩尼阿斯・薩卡斯門下求學，因而與普羅提諾有許多共同點。根據俄利根的觀點，上帝本身在其所有三個方面（聖父、聖子、聖靈①）都是無形的。他堅持古老的蘇格拉底理論，即靈魂以某種獨立狀態先於肉體存在，當人出生時，它才進入肉體。這個觀點正如「一切靈魂終將獲救」的觀點一樣，後來使他被視為異端。但是他一生都在衝撞教會。他年輕時曾經不明智地走向極端，用自我閹割的方式來預防肉體的虛弱，這種方式並未得到教會的認可，他因此而走了霉運，並且失去擔任教士的資格，儘管在這個問題上似乎還有過一些不同意見。

俄利根在《反克里索論》一書中，詳盡地批駁克里索，克里索的反基督著作卻沒有留存下來。在這裡，我們首次看到為《聖經》具有神授性觀點辯護的傾向。除了其他方面，信仰可以使信仰者產生一種有價值的社會影響這個事實也被用以證明信仰的合法性和正確性。說到底這是一種實用主義觀點，最近的一位思想家威廉・詹姆斯②再次把它提出來。但不難看

---

1. 聖父：即天地萬物的創造者和主宰——神。天主教譯作「天主」，基督教（新教）譯為「上帝」，也稱「天父」。《尼西亞信經》稱「上帝聖父」，天主教稱「天主聖父」，基督教稱「耶和華上帝」。
聖子：即耶穌基督，《尼西亞信經》稱「上帝聖子」，天主教稱「天主聖子」。
聖靈：《尼西亞信經》稱「上帝聖靈」；天主教譯作「天主聖神」，簡稱「聖神」，與聖父、聖子同體，又由聖父、聖子差遣，進入人心，感動人們的心靈。——譯者注
2. 威廉・詹姆斯（1842—1910），美國本土第一位哲學家、心理學家，也是教育學家、實用主義的宣導者、美國機能主義心理學派創始人之一、美國最早的實驗心理學家之一。1875年，他建立美國第一個心理學實驗室，曾經當選為美國心理學會主席、國家科學院院士、《大西洋月刊》影響美國的100位人物之一。——譯者注

出，這種論證是一把雙刃劍，因為它完全取決於你認為有價值的東西是什麼。馬克思主義者不贊同已經制度化的基督教，他們稱宗教為「人民的鴉片」；如果按照實用主義觀點，他們完全有權竭力反對基督教。

教會的集權化是一個漸進的過程。起初，主教是由各地的教會成員選舉產生的。羅馬主教權力越來越大，那只是在君士坦丁統治之後的事情。透過救濟窮人，教會有了一群依附者，這一點很像昔日羅馬元老院家族的作風。君士坦丁統治時期充斥著教義爭鬥，因此也為帝國帶來許多騷亂。為了解決其中的一些問題，皇帝於西元325年召開了尼西亞會議。會議確定和亞流教派對立的正統派的若干準則，從此教會就採用這些準則去解決教義發展中的分歧。亞流是亞歷山卓的祭司，他的教義認為聖父的地位高於聖子，兩者是截然不同的。撒伯流則為相反的觀點進行辯護，他說聖父與聖子只是同一個人的兩個方面。正統觀點最終獲得勝利，它將兩者放在同一個層次上，認為兩者是同體異位。但是，亞流教派還是繼續興盛起來，其他各種異端同樣如此。正統教義的主要提倡者是亞他那修，他於西元328—373年任亞歷山卓城的主教。亞流教卻得到君士坦丁的繼承者們的支持，只有朱利安是例外，因為他是一個異教徒。但是，狄奧多西於西元379年登基後，正統派又得到帝國的支持。

在西羅馬帝國晚期和基督教時期，有三位重要的教士各自以不同的方式加強了教會勢力，他們死後都被頌為聖徒。安波羅修、耶柔米和奧古斯丁都出生於4世紀中期，彼此相差不過幾歲。再加上6世紀的教宗額我略一世，後來一併被稱為「教會博士」。

在這三個人中，奧古斯丁是唯一的哲學家。安波羅修是一位無所畏懼的教會勢力的辯護者，他為國家與教會的關係打下基礎，這種關係盛行於

整個中世紀。耶柔米是《聖經》最早的拉丁文譯者。奧古斯丁進行的是神學和形而上學的思辨。宗教改革前的天主教神學架構和改良宗教的主導原則主要歸功於他。宗教改革領袖馬丁‧路德①就是奧古斯丁教義的僧侶。

西元340年，安波羅修出生於特里爾。他在羅馬受教育，後來又從事與法律相關的職業。他30歲時被任命為義大利北部利古里亞和艾米利亞的地方長官，任職達四年。在此期間，不知道出於什麼原因，他放棄世俗生活（雖然沒有停止政治活動），並當選為米蘭主教，當時米蘭是西羅馬帝國的首都。擔任主教一職之後，安波羅修勇敢且經常毫不妥協地堅持教會有至高無上的宗教地位，並且由此而產生深遠的政治影響。

起初，宗教的地位很明確，似乎也沒有對正統派構成什麼威脅，皇帝格拉提安自己就是一個天主教徒。因為疏於政事，他後來被謀殺了，於是有關繼位問題的麻煩接連不斷，馬格西穆斯篡取除了義大利以外的整個西羅馬的權力，義大利的統治權被格拉提安的弟弟瓦倫提尼安二世合法繼承。由於小皇帝年紀尚小，實權則為太后賈斯蒂娜掌握。賈斯蒂娜是一個亞流教徒，因此一場衝突便不可避免地發生了。異教與基督教最引人注目的衝突地點當然是羅馬城。在君士坦丁的兒子君士坦提烏斯統治時，勝利雕像本來已經搬出了元老院，背教者朱利安又把它搬回來，格拉提安再一次把它搬出去，於是元老院的一些議員就提出要再次搬回來，但另一些基

---

1. 馬丁‧路德（1483—1546），虔誠的天主教信徒，文藝復興晚期德國著名的宗教改革家，1505年進入修道院為隱修士，其後領受神父職位，逐漸形成「因信稱義」的神學觀念，即人類可以擺脫罪的束縛而在上帝面前成為義人，不是在於善行功德如何，而是在於對上帝的虔誠信仰。他把《聖經》譯成德文，其教派有三大觀點：因信稱義，信徒皆祭司，唯《聖經》至上。——譯者注

督教議員卻在安波羅修及教宗達瑪穌的幫助下佔了上風。格拉提安死後，異教派別於西元384年重新興起，他們向瓦倫提尼安二世請願，為了不讓異教徒的這個新舉動獲得皇帝的支持，安波羅修就在奏本中提醒說，皇帝有責任為上帝服務，正如公民作為士兵有責任為皇帝服務一樣，其中的暗示比「耶穌要求賦予上帝和凱撒各自有權接受的東西」還要過分。這樣一來，我們就只好宣稱教會作為上帝支配人間的工具要高於國家了。從某種意義上說，這也真實地反映當時的國家權力正日漸衰減。教會作為普遍性的國際組織，即使帝國崩潰了，它也照樣能存在下去。一個主教做了這樣露骨的暗示之後，卻沒有受到任何懲罰，這也正象徵著羅馬帝國的衰落。但是，勝利雕像的事依然沒有了結。後來，篡位者尤金尼烏斯又把它豎了起來，直到西元394年敗給狄奧多西之後，基督教派才取得徹底的勝利。

由於賈斯蒂娜信奉亞流教，安波羅修與她發生爭執。賈斯蒂娜曾經要求在米蘭為亞流教的哥德軍團保留一座教堂，主教安波羅修不同意，民眾也站在主教一邊。被派去攻打教堂的哥德軍人卻與人民達成一致，不肯訴諸武力。這是安波羅修的一個顯著的英勇行為，他在全副武裝的蠻族雇傭軍面前毫不屈服。最後皇帝只好做出讓步，在為基督教會爭取獨立的鬥爭中，安波羅修在道義上取得一次偉大的勝利。

但是，主教的行為並非總是同樣值得讚頌的。在狄奧多西統治時期，皇帝曾經命令一位地方主教賠償一座被燒毀的猶太教堂的修繕費用，因為火災正是在他的蓄意挑唆下發生的，但主教安波羅修卻對此極力反對。雖然皇帝的本意不支持這種恐嚇行徑，但安波羅修辯解說，基督教徒無論如何也不應該賠償這類損失。這種危險的說法致使中世紀出現許多迫害行為。

安波羅修的主要功績是管理與治國，耶柔米卻是當時的優秀學者之一。西元345年，耶柔米生於達爾馬希亞邊境附近的斯垂登。他18歲時赴羅馬求學，在高盧遊歷了數年之後，他在距故鄉不遠的阿奎雷亞定居下來。由於一場爭執，耶柔米離家去了東方，他在敘利亞的沙漠裡隱居5年。後來，他到了君士坦丁堡，不久又回到羅馬。西元382年至西元385年，他一直留在羅馬。教宗達瑪穌於前一年去世，繼任的教宗似乎不喜歡這位愛爭辯的教士，於是耶柔米再次去了東方，和他一同前往的還有一些有德行的羅馬婦女，她們贊同他的獨身禁欲戒律。西元386年，一行人最終在伯利恆定居下來，並且過著修道院的生活。

耶柔米於西元420年去世。他的名著是拉丁文《聖經》譯本，該譯作成為天主教承認的唯一正統譯本。在最後一次在羅馬停留期間，耶柔米從希臘原文翻譯《福音書》。至於《舊約》，他還追溯到了希伯來的根源。

透過自己的身體力行，耶柔米極大地影響當時日益盛行的修道院運動，使它得到進一步發展。他的一些羅馬弟子隨同他去了伯利恆，並且在那裡建了四座修道院。和安波羅修一樣，耶柔米也是一位偉大的書信作家，其中許多信是寫給年輕女子的，信中規勸她們保持德行與貞潔。當西元410年哥德入侵者劫掠羅馬時，他似乎有些聽天由命。他沒有去考慮拯救帝國的措施，而是更加熱衷於對貞操價值的讚頌。

西元354年，奧古斯丁出生在努米底亞省。他所受的教育完全是羅馬式的。20歲時，他帶著妻兒來到羅馬。不久，他又去了米蘭，在那裡以教書為業。在此期間，他本來是一個摩尼教徒，但最後卻在不斷的悔恨的驅使下，被一位有心計的老婦人領進了正統派。西元387年，安波羅修為他施了洗禮。西元396年，他回到非洲，擔任希波地方的主教，直到西元430年

去世。

在奧古斯丁的《懺悔錄》中，我們看到他與罪孽對抗的引人注目的描寫。他終身都為小時候的一個事件所困擾。這實際上只是一件小事，他還是一個孩子的時候，有一次把鄰居花園裡一棵梨樹上的梨摘光了。雖然這只是一時興起的頑皮行為，但是他對罪過的病態反省卻誇大了這個過錯，認為永遠都不能寬恕自己。在他看來，這無論如何也是一種危險行為。

在《舊約》的早期，個人罪孽被看作整個民族的缺點，後來才逐漸被看作個人的汙點。對基督教神學來說，這個轉變是至關重要的，因為教會作為一種機構是不可能犯過失的，只有個別基督徒才可能犯下罪過。透過對個人因素的強調，奧古斯丁成為新教神學的一位先驅。天主教越來越認同教會的重要性，奧古斯丁認為兩方面都重要。人在本質上是有罪的，應該打入地獄，要透過教會的調解才可以得救。但按照宗教慣例，即使過一種有德的生活也不能保證一定得救。上帝是善的，人是惡的，上帝允許拯救算是一種恩賜，拒絕拯救也不應受到指責。這種宿命論後來為改良神學中更為頑固的流派所採納。另一方面，摩尼教曾認為惡是一種物質的原則，奧古斯丁卻認為惡是不良意志的一個結果，這個有價值的觀點也為改良神學所繼承，並且構成新教責任概念的基礎。

奧古斯丁的神學著作主要是以批駁伯拉糾的溫和觀點為目的。和當時的絕大多數教會人士相比，伯拉糾這位威爾斯教士的心懷更為仁慈。他否定原罪論，並且教導說，人可以依靠自身的努力來獲得拯救。由於其寬容性和開明性，這個理論必然會贏得眾多的支持者，尤其是那些保持希臘哲學家的某些精神的人。奧古斯丁為了替自己辯護，就強烈地反對伯拉糾的學說。對於伯拉糾被最終宣布為異端邪說，奧古斯丁是負有一定責任的。

他以保羅的《使徒書》為起點解釋宿命論，假如保羅看到從自己的教誨中推出如此可怕的命題，一定會大吃一驚的。後來，這個理論為喀爾文[1]吸收，但是教會卻明智地拋棄它。

奧古斯丁把主要精力放在神學上，即使涉及哲學問題，他的主要目的也是為了調和聖經的教諭和柏拉圖學派的哲學遺產。在這個意義上，他是基督教辯護傳統的先驅。儘管如此，他的哲學思辨本身仍然很有意思，並且證明他是一位敏銳的思想家。這類資料可從《懺悔錄》第十一卷中找到，由於它不是閒談的好題材，所以流行版本總是將它省略。

奧古斯丁向自己提出的問題，就是去揭示萬能的上帝怎樣才可以將《創世紀》中的創造事實（假定真有其事）協調起來。首先，有必要把猶太教、基督教，還有希臘哲學中的創世概念區分開來。對希臘人來說，假如可以像變戲法那樣把世界從子虛烏有中產生出來，也許他們在任何時候都會覺得十分荒謬。如果上帝創造世界，他應該被看作使用現成原材料的建築大師。無中生有的東西是與希臘精神中的科學特徵相抵觸的。《聖經》裡的上帝則不是這樣，他被認為既創造原材料，又創造建築物。希臘的觀點自然能推導出泛神論，因為它認為上帝就是世界，這個思路始終吸引著那些有強烈神秘主義傾向的人。持有這個觀點的最著名的哲學例子就是史賓諾沙。奧古斯丁接受《舊約》中的造物主，一個世界之外的上帝。上帝是一個永恆的神靈，不受因果關係或歷史發展的支配，他在創造世界的同時，也創造時間。我們無法追問創世之前的狀態，因為那時還不存在

---

1. 約翰·喀爾文（1509—1564），法國著名的宗教改革家、神學家、基督教新教的重要派別喀爾文教派（在法國稱為胡格諾派）創始人，人稱「日內瓦的教宗」。——譯者注

可以用來提問的時間。

對奧古斯丁來說，時間是一種三重性的現在。之所以被恰如其分地稱為現在，是因為它是唯一真實存在的東西；過去是現在的回憶，未來是現在的展望。這個理論並非沒有缺陷，但它主要是為了強調時間作為人（被創造的存在物）的一部分心靈體驗的主觀性。按照這個觀點，追問創世之前有什麼就會變得毫無意義。康德也對時間做過主觀的解釋，他說時間是一種知性形式。這種主觀態度使奧古斯丁預示笛卡兒的如下學說：人唯一不能懷疑的就是自己在思考。儘管主觀主義最終未能在邏輯上站得住腳，但奧古斯丁仍然算是它的一位能幹的闡釋者。

奧古斯丁時期的象徵性事件就是西羅馬帝國的覆滅。西元410年，亞拉里克的哥德人攻佔羅馬。也許基督教徒們從這個事件中看到他們罪孽的應有懲罰。對異教徒來說，他們的想法卻相反：以前的諸神已經被拋棄，朱庇特自然就撤回了他的庇護。為了應對這個論證，奧古斯丁從一個基督徒的角度出發，寫下《上帝之城》，並且在寫作過程中形成一套完整的基督教歷史論，其中很大一部分在今天只剩一點懷古的情趣，但「教會獨立於國家」這個中心論點卻在中世紀具有重大意義，甚至在今天的某些地方，它還保留下來。為了參與對靈魂的拯救，國家必須服從教會，實際上，這種觀點是建立在《舊約》中猶太國家樣板的基礎上的。

在狄奧多里克統治時期，羅馬住著一位傑出的思想家，他的生活和作品與當時文明的普遍衰落形成鮮明的反差，這就是波愛修斯。大約西元480年，波愛修斯出生於羅馬，他是一位貴族子弟，與元老院議員階層關係密切。波愛修斯還是狄奧多里克的朋友，西元500年，這位哥德國王成為羅馬的統治者。10年後，波愛修斯終於被任命為執政官。但是後來，他的命運

卻出現逆轉。西元524年，他被關進了監獄，並且以叛國罪被處死。在獄中等候行刑期間，他寫下《哲學的慰藉》，這本書使他聲名遠揚。

在生前，波愛修斯就以睿智和博學著稱。他是第一個把亞里斯多德的邏輯學著作翻譯成拉丁文的人。此外，他還寫了自己的著作和關於亞里斯多德邏輯學的評注。他在音樂、算術和幾何學方面的論文，長期被中世紀的文科學院奉為範文。他想完整地翻譯柏拉圖與亞里斯多德著作，但是這個計畫從未得以完成，的確令人遺憾。奇怪的是，中世紀不僅把他當作一位偉大的古典哲學學者，而且把他當作一名基督教徒來加以推崇。

正如《哲學的慰藉》裡提到的那樣，他堅持柏拉圖式的立場。但相比之下，他更有可能是一名基督徒，就像當時的大多數人一樣。但如果真是這樣，他只能算名義上的基督徒，因為和教士們的神學思辨相比，柏拉圖哲學對他的影響要大得多。但是，如果他真的被當作可靠的正統派，也許更好一些，因為只有在這種情況下，他的大部分柏拉圖觀點才可以順利地被後來幾個世紀的教士們所吸收。在當時，異端的罪名是很容易使他的作品遭到埋沒的。

無論如何，《哲學的慰藉》一書脫離基督教神學。該書包括交替出現的散文與詩歌部分，波愛修斯自己發言時用散文，哲學則借一位婦女的形象，用詩歌應答。該書的教義與觀點沒有引起當時教會人士的興趣。他直截了當地再次肯定三位偉大的雅典哲學家的崇高地位，在追求善的生活方式上，波愛修斯遵循畢達哥拉斯學派傳統，他的倫理學說大部分源於斯多葛學派，他的形而上學則可以直接追溯到柏拉圖。書中一些章節帶有泛神論的色彩，他據此提出惡不真實的理論。上帝是善的，不可能作惡；既然上帝是萬能的，惡必定是虛幻的。這個觀點有許多地方都是與基督教神學

和倫理學格格不入的，但不知道為什麼，它似乎沒有激怒正統派陣營中的任何人。全書主要是在回顧柏拉圖，它避開普羅提諾之類的新柏拉圖主義作家的神秘主義，與當時盛行的各種迷信也毫無瓜葛，書中也找不到當時基督教思想家的那種狂熱的罪孽感。該書最突出的特點，或許就是它的作者是一名死囚。

如果我們把波愛修斯看作一位象牙塔裡的思想家（脫離當時的實踐事務），那就錯了。正好相反，他像古代的哲學家一樣，經歷各種實踐事務，是一位有才能、頭腦冷靜的執政官，並忠於自己的哥德主子。後來，他被當作受到亞流教派迫害的殉道者，這個謬誤也許有助於提高他作為一位作家的知名度。但是作為一位不偏頗、不盲從的思想家，他卻從未被頌為聖徒，區利羅（下文將對此人做更多介紹）卻成為聖徒。

在當時的歷史背景下，波愛修斯的作品提出一個持久的問題，即一個人究竟在多大程度上必然是其時代的產物？波愛修斯所生活的世界，是對超然而理性的探索抱有敵意的世界，他生活的時代是一個迷信和狂熱氾濫的時代，然而在他的著作裡，這些外部壓力似乎一點也沒有顯示出來，他的問題也絕對不是那個時代所特有的問題。誠然，羅馬的貴族階級不容易屈從於流行時尚與狂熱情緒。某些舊道德，在帝國覆亡之後，仍然在這些貴族中留存了很長時間。在一定程度上，這也可以用來解釋波愛修斯倫理思想中的斯多葛傾向。但是下述事實本身卻必須得到解釋：儘管外有野蠻部族侵擾，內有狂熱情緒盛行，這樣一群人（堅持舊道德的人）還是繼續存在下來。我想，可以從兩個方面來回答這個問題。一方面，人肯定是傳統的產物。首先，他們在成長過程中會受到周圍環境的影響；後來，他們的生活方式又從他們所堅守的傳統中得到支持，不管這種忠誠是完全出於

自覺，還是多少出於盲從。另一方面，傳統不容易受時間的約束，它們呈現出自身的一種生活，並且可以長期存在下去。傳統就像鬱積在地表下的暗火，當重新得到支持時，就會再次被煽成明火。在蠻族入侵時那種動盪不安的環境裡，古典時代的傳統依然在某種程度上倖存了下來，在這種背景下，才有可能出現波愛修斯之類的人物。但是他一定早就意識到橫在他與同代人之間的鴻溝。如果相信某種傳統的力量，就需要有一定的毅力來支持它，波愛修斯肯定也需要鼓起他的全部勇氣。

現在，我們可以回答另一個相關的問題了。為了理解某些哲學問題，是否有必要去研究哲學史？為了理解某個時期的哲學，是否有必要去瞭解這個時期的歷史？按照上文所述的觀點，社會傳統與哲學傳統之間顯然存在某些相互作用。迷信的傳統不會產生不迷信的思想家，把禁欲看得比事業還高的傳統不可能產生可以接受時代挑戰的建設性措施。此外，即使沒有完整的歷史知識做注解，我們也有可能充分理解某個哲學問題。讀讀哲學史，其意義正在於認識到絕大多數問題過去曾經提出，一些明智的答案過去也曾經有過。

對羅馬的洗劫開創一個戰事不斷的時代，並且導致西羅馬帝國的滅亡和日耳曼部族在帝國全境的定居。北方的不列顛遭到盎格魯人、撒克遜人和朱特人①的侵犯；法蘭克部族擴張到高盧；汪達爾人向南侵入西班牙和北非。下述留存至今的國家和地區名稱，還可以讓我們想起相關的事件：

---

1. 朱特人是日耳曼人的其中一個分支，並且被比德指為是當時三個最強大的日耳曼民族之一。他們被認為是來自日德蘭半島，即現今丹麥南什勒斯維希和部分的東菲士蘭海岸。——譯者注

英格蘭因為盎格魯而得名，法蘭西得名於法蘭克，安達盧西亞得名於汪達爾。

西哥德人佔領法蘭西南部，東哥德人征服義大利，在此之前，他們曾經試圖瓦解東羅馬帝國，但未能成功。從3世紀末以來，哥德雇傭軍為羅馬作戰效勞，因此逐漸掌握羅馬的戰術。羅馬失陷以後，帝國還苟延殘喘了幾年，直到西元476年，終於被國王奧多亞塞率領的東哥德人摧毀。西元493年，狄奧多里克命人謀殺了奧多亞塞，結束其統治。於是，狄奧多里克成為東哥德的新國王，統治義大利，直到西元526年去世。在哥德人的背後，東方的匈奴蒙古人部落在國王阿提拉的率領下，正向西挺進。雖然他們有時也與哥德人結為聯盟，但是西元451年阿提拉入侵高盧時，雙方的關係就惡化了。一支哥德、羅馬聯軍在沙隆阻止阿提拉的進犯。隨後，由於教宗列奧施加了道德壓力，阿提拉攻佔羅馬的計畫也就取消了。這位蒙古國王不久以後去世，部族失去習慣的統帥，這支擄掠成性的亞洲軍隊漸漸失去往日的威風。

有人可能認為這些動盪會引起教會的明顯反應，但教會的注意力卻為「基督的多重位格」的極端教義的細枝末節所吸引。有些人認為基督是一個具有兩種面貌的人格，這個觀點最終取得勝利，它的主要辯護者就是區利羅。區利羅於西元412年至西元444年任亞歷山卓城主教，他是正統派頑固的支持者，並且以實際行動表現出他的狂熱——煽動迫害亞歷山卓城的猶太人，並且策劃對希帕提亞②的凶殘謀殺，區利羅因此被頌為聖徒。

另一方面，君士坦丁堡主教聶斯脫里的追隨者們卻贊同「基督有兩個位格」的觀點，也就是作為人的基督和作為上帝之子的基督；之前提到，這個觀點的創始者是靈知教派。聶斯脫里的學說主要是在小亞細亞和敘利

亞贏得支持者。

　　為了解決這個神學難題，雙方做了一次努力，於西元431年在以弗所召開了一次會議。沒想到區利羅教派設法搶先到了會場，趁對方沒來得及入場，就迅速做出有利於自己一方的表決，於是聶斯脫里教派被宣布為異端。「基督只有一個位格」的觀點終於佔了上風。區利羅死後，西元449年以弗所的一次宗教會議進一步宣稱，基督不僅只有一個位格，而且只有一個本性。該教義後來被稱為「一性論異端」，西元451年的卡羅西頓會議譴責該教義。如果區利羅此時還活著，很可能被定為一性論異端份子，而不再是聖徒。然而，雖然全體基督教會議可以制定標準，但異端也會咬牙堅持下去，尤其是在東方。正是由於正統教派與異端教派的互不妥協，伊斯蘭教勢力後來才得以大展宏圖。

　　在義大利，哥德人沒有盲目地摧毀原來的社會結構。狄奧多里克（西元526年去世）保留原有的行政制度。他在宗教問題上的態度也很溫和，他是一個亞流派教徒，似乎也允許一些非基督教因素繼續存在，尤其是在羅馬的貴族家庭中存在。波愛修斯這位新柏拉圖主義者就是狄奧多里克的大臣。然而，皇帝查士丁卻是一個堅持狹隘觀念的人，西元523年，他宣布亞流為非法教派，這個舉動把狄奧多里克弄得很尷尬，因為他的義大利領地內到處是天主教，他自己的力量無法與皇帝抗衡。由於擔心自己的支持者搞陰謀，他將波愛修斯關進監獄，並且於西元524年將他處死。西元526

2.　希帕提亞熱心依附於新柏拉圖哲學，並且以她的才智從事於數學研究，是為數學史做出貢獻的少數婦女之一。她被人們從二輪馬車上拖下來，剝光衣服，拉進教堂，遭到讀經者彼得和一群野蠻殘忍的狂熱份子的無情殺害。——譯者注

年，狄奧多里克去世，次年查士丁去世，查士丁尼繼位。正是由於查士丁下旨，偉大的羅馬法大綱、法典和法學匯纂才得以完成。查士丁尼是正統派的堅定擁護者，繼位初期，他下令關閉了雅典的阿卡德米學院。在這之前，阿卡德米一直作為古老傳統的最後一個堡壘，儘管這時它的學說已經被新柏拉圖主義的神秘因素淡化了。西元523年，君士坦丁堡開始興建聖索菲亞教堂，在1453年君士坦丁堡被土耳其人佔領之前，該教堂一直是拜占庭教會的中心。

查士丁尼的宗教興趣也影響皇后（著名的狄奧多拉），她的經歷很平常，此外，她還是一位一性論者。查士丁尼正是為了她，才開始「三個牧師會」的論戰。在卡勒西頓，三個具有聶斯脫里傾向的神父被宣布為正統派。這就觸犯了一性論的觀點。於是查士丁尼發布敕令，宣稱三人為異端，這個決定使教會內部出現長期爭論。結果，查士丁尼也成為異教徒，他接受阿法薩托都塞提克的觀點：基督的肉身是不朽的，這正是一性論的必然結果。

在查士丁尼統治時，國家做了最後一次努力，試圖從蠻族首領手中奪回西部各省。西元535年，他入侵義大利，在此後將近18年的時間裡，這個國家都飽受戰亂之苦，非洲被勉強地重新征服，但整體來說，拜占庭的統治是不是一件幸事卻也值得懷疑。拜占庭的力量並未大到足以收復整個帝國，儘管皇帝得到教會的支持。西元565年，查士丁尼去世。3年後，義大利又遭到一次蠻族的入侵。倫巴底入侵者長期佔據著北部地方，該地區後來就被稱為倫巴底。他們與拜占庭人爭鬥了200年之久，後者由於受到薩拉森人從南面發起的攻擊，最終敗退了。拜占庭在義大利的最後一個堡壘——拉溫納，也於西元751年被倫巴底人佔領。

在我們所談論的時代，像波愛修斯這樣的人物是十分罕見的。這個時代的特徵不是哲學上的。但是，我們必須提到後來對中世紀哲學產生重要影響的兩個發展：一是修道生活在西方的發展，二是教宗勢力與權威的發展，它們分別與本篤①和額我略的名字有關。

修道生活始於4世紀的東羅馬帝國，起初，它與教會沒有什麼關係，由於亞他那修首先採取措施，修道運動才最終被教會所控制。之前說過，耶柔米是修道生活方式的偉大推行者。6世紀期間，高盧和愛爾蘭開始建立修道院。但西方修道生活的決定性人物卻是本篤，後來的本篤修士會就是因為他而得名。本篤於西元480年出生於貴族家庭，並且在羅馬貴族安逸奢華的環境中長大。20歲時，他開始對早年的教養傳統產生強烈的反感，於是跑到一個洞穴裡隱居3年。西元520年，他在卡西諾山建了一座修道院，該院成為本篤修士會的活動中心。它的創立者本篤所制定的教規告誡會員，要發誓保持清貧、順從和貞潔。但本篤不喜歡東方僧侶們的那種過於刻苦的修行。由於他們（東方僧侶）機械地理解基督教關於肉體有罪的觀點，才會互相比試，看誰能達到最高的捨身境界。對於這些有害的怪觀念，本篤教規予以堅決制止。該組織的權力掌握在終身任職的修道院院長手中。後來，本篤修士會又提出自己的傳統，該傳統與其創立者本篤的意圖多少有些不符。本篤派學者們在卡西諾山搜集大量藏書，為維護經久不衰的古典學問傳統做了很多工作。

本篤定居於卡西諾山，直到西元543年去世。大約40年後，修道院遭

---

1. 努西亞的聖本篤（480—547），又譯為聖本尼狄克，義大利天主教教士、聖徒，本篤會的創建者。他被譽為西方修道院制度的創立者，於1220年被封為聖徒。——譯者注

到倫巴底人的洗劫，修士會逃亡到羅馬。卡西諾山在其悠久的歷史中，還遭受過兩次破壞，一次是9世紀被薩拉森人毀壞，另一次是在第二次世界大戰期間。所幸的是，它豐富的藏書卻留存下來，現在修道院也得到徹底重建。

額我略在他的《對話錄》第二冊裡，記載本篤生平一些細節。其中有相當篇幅講的是超凡的行為及事件，這些傳說揭示當時有教養人士的普遍思想狀態。必須記住的是，閱讀在當時已經成為極少數人擁有的技能，因此這些作品完全不像今天的超人和科幻小說之類的垃圾，它們不是為容易受騙的文盲大眾寫的。此外，這些《對話錄》還成為我們瞭解本篤的主要資料來源。

《對話錄》的作者額我略，被譽為西方教會的第四位博士。他生於540年，有羅馬貴族血統，並且在富足奢華的環境中長大。他受到教育，儘管沒有學過希臘文。這個缺憾永遠也未能彌補，即使後來他在宮廷裡住了6年之久。西元573年，他擔任城市的行政長官。但是不久，他似乎感覺到了神的召喚，於是辭去官職，捨棄財產，當了一名本篤派僧侶。他做出這個不同尋常的決定之後，嚴苛、節儉的生活就開始了，並且長期損害他的健康。但是，他所過的生活不是他以前嚮往的那種潛心思索的生活。他的政治才華也沒有被人忘記，教宗柏拉奇二世派他出任君士坦丁堡宮廷的大使（西方仍然對君士坦丁堡表示象徵性的忠誠）。西元579—585年，額我略雖然住在宮廷裡，卻未能完成他的主要使命，即慫恿皇帝和倫巴底人交戰。由於當時已經不是軍事干預的時代，查士丁尼最後幾次軍事干預雖然取得暫時的成功，但到頭來仍然是一場空。

回到羅馬以後，額我略在修道院裡住了5年。西元590年，教宗去世以

後，更願意當僧侶的額我略被選為繼承人。這就需要額我略施展其全部的政治才能，去應付西羅馬政權崩潰後留給國家的不穩定局面。義大利正遭受倫巴底人的踐踏，非洲變成爭鬥的戰場，孱弱的拜占庭政權為摩爾部族所困擾，西哥德人和法蘭克人正在高盧交戰，盎格魯-撒克遜入侵者已經把不列顛變成異教徒之地，異端繼續困擾著教會，道德的普遍淪喪開始損害那些應支配教士生活的基督教原則。聖職交易氾濫，並且在事實上失控了近500年之久。額我略接過了所有這些麻煩，並且竭盡全力加以遏制。但正是席捲西方的極度混亂狀態，才使他可以在前所未有的、更為牢固的基礎上，建立教宗的權威。在此之前，羅馬主教從來沒有像額我略那樣，如此廣泛而成功地行使過權力。額我略主要是透過向教士和世俗統治者大量寫信來做到這一點的，在他看來，這些人似乎是未能盡職或者犯了越權辦事的罪過。透過發表《教牧法規》一書，他為羅馬在管理一般教會事務中的至上權力打下基礎。這部綱領性讀物在整個中世紀受到高度的推崇，甚至還以希臘文譯本傳入了東正教。受額我略神學教誨的影響，《聖經》的研究轉變成象徵性的解釋，忽視純粹的歷史內容，直到文藝復興時期，人們才開始注意《聖經》的歷史內容。

　　儘管額我略為鞏固羅馬天主教的權威做出堅決的努力，但他仍然是一個墨守成規的人。在政治上，如果皇帝的過分行為也符合他自己的利益，或者當他感到站出來反對會帶來危險時，他就會採取寬容的態度。和安波羅修這樣的人相比，他是一個狡猾的機會主義者。他為擴大本篤修士會的影響做了大量工作，該修士會後來成為修道機構的典範。然而當時的教會對世俗學問不夠尊重，額我略也是如此。

第六章

經院哲學

隨著羅馬中央集權的衰落，西羅馬帝國陷入一個野蠻時期。在這個時期，歐洲出現普遍的文化沉淪。所謂的「黑暗時代」，大概是指西元600—1000年。當然，任何把歷史劃分成若干個整齊區段的做法都是很勉強的，我們不要指望從這種劃分中有多少收穫，它最多只能提示一下該時期的某些綜合特徵。所以，我們絕對不要以為，西元7世紀剛一來臨，歐洲就突然一片漆黑，直到4個世紀後，它才重新浮現出來。

首先，古典傳統依然在某種程度上存在，儘管它們的持續性影響不夠穩定，而且受到限制。在修道院，尤其是在愛爾蘭這樣的偏僻角落，一些學問得到鼓勵和扶植。但是，稱這些世紀為「黑暗時代」也沒有什麼不妥，尤其是與它們之前和之後的時代相比較的時候。同時，我們必須牢記，用同等的標準來看，東羅馬帝國沒有遭遇如此普遍的衰敗。拜占庭仍然保持帝國的控制力，並且由此使得學問更加世俗化。西方要達到這一步則需要花費許多個世紀的時間。同樣，當西方文化日漸衰弱時，年輕而充滿活力的伊斯蘭文明（包括印度、中東、北非和西班牙大多數地區）卻達到最偉大的巔峰。在更遠的中國，唐朝開創其文明史上最重要的文學紀元。

要理解為什麼哲學會與教會如此緊密地結合在一起，我們必須描繪出這個時期教宗統治與世俗勢力發展的主要脈絡。教宗們之所以能在西方鞏固其主導地位，主要是因為羅馬皇權消失後留下政治上的真空。東方（東

羅馬帝國）的大主教們除了更多地為皇權所限制以外，他們對羅馬主教們的傲慢也從未有過好感，最終他們的東正教教會與羅馬分道揚鑣。而且，在入侵部族的野蠻影響下，西方的識字水準大為降低，在羅馬時代，識字卻在整個帝國都得到普及。那些保留殘存學問的教士們，逐漸形成一個會讀寫的特權集團。當幾個世紀的衝突結束後，歐洲進入較為穩定的時期，正是這些教士創辦各種學校。在文藝復興之前，經院哲學一直都是至高無上的。

在7世紀、8世紀的西歐，教宗統治夾在拜占庭皇帝與蠻族君主兩個敵對勢力中間，在一條危險的航道上行進。從某個角度看，與希臘交往總比依附蠻族更可取，至少皇帝的權威建立在正當法律基礎之上，征服部族的統治者靠的是武力奪權。此外，東羅馬帝國保持羅馬鼎盛時代的文明尺度，因而也就保持某種活躍的世界觀，這種世界觀與蠻族的狹隘民族主義是截然不同的。況且，哥德人和倫巴底人在不久前都信奉亞流教，拜占庭至少還有點正統因素，儘管它不肯屈服於羅馬的教會勢力。

但是，東羅馬帝國的實力已經不足以在西方維持其權威了。西元739年，倫巴底人企圖攻佔羅馬，但未能得逞。為了與倫巴底人的威脅抗衡，教宗額我略三世試圖謀求法蘭克人的幫助。當時，克洛維一世的繼承人，墨洛溫王朝的君主們在法蘭克王國已經失去全部實權，真正的統治者是大總監。8世紀初擔任這個官職的是查理・馬特，他在西元732年的圖爾戰役中阻止伊斯蘭教的擴張。查理和額我略都死於西元741年，他們的繼承人丕平[①]和教宗斯德望三世達成一項協定：大總監要教宗正式承認其國王身分，以便取代墨洛溫王朝；作為回報，丕平將西元751年倫巴底人曾經佔領過的拉溫納鎮以及東羅馬帝國總督管轄的其他領地送給教宗，這就導致他

與拜占庭的決裂。

　　沒有了中央政權的約束，教宗在自己的領域裡就比東正教更有勢力。當然，拉溫納的贈予絕對不是一樁合法交易。為了使這個交易貌似合法，教士們偽造了一份文件，這就是有名的「君士坦丁饋贈」。該文件自稱是君士坦丁的一份政令，根據這個政令，原屬西羅馬帝國的全部領土都將移交給羅馬教宗。透過這種伎倆，教宗建立自己的世俗權力，並且在整個中世紀都得以維持。直到15世紀前，這樁文件偽造案都沒有被揭露。

　　倫巴底人試圖抵抗法蘭克的武力干涉，西元754年，丕平的兒子查理曼翻越阿爾卑斯山，給了倫巴底軍隊致命一擊。查理曼奪取倫巴底國王的頭銜向羅馬挺進。在羅馬，他兌現了其父於西元754年的許諾。教廷對他表示支持，他為基督教在撒克遜疆域內的傳播不遺餘力，儘管他改變異教徒的信仰不是靠說服，而是武力。在東部邊界，他也征服大部分日耳曼領土，在南部的西班牙，也試圖逼退阿拉伯人，但卻沒有成功。西元778年，他的後衛部隊戰敗了，著名的羅蘭傳奇就因此而產生。

　　查理曼的目標不僅僅是鞏固邊疆，他自視為西羅馬帝國的合法繼承人。西元800年的聖誕節，教宗在羅馬為他舉行皇帝加冕儀式，這象徵著日耳曼民族的神聖羅馬帝國開始了。與拜占庭的決裂起初是由丕平的饋贈引起的，但最終完成卻是因為西羅馬產生一位新皇帝。查理曼為自己的做法所找的理由是站不住腳的，因為當時伊琳娜女皇還佔據著拜占庭的寶座。查理曼辯解說，這是不符合皇室慣例的，因而王位仍然空著。他認為自己

1.　丕平（714—768），又稱丕平三世、矮子丕平，是西元751至768年在位的法蘭克國王，是查理曼大帝的父親，加洛林王朝的創建者。——譯者注

獲得教宗的加冕後，可以作為凱撒的合法繼承人行使權力。同時，教廷也透過這事件與帝國勢力聯合起來。儘管後來一些獨斷的皇帝為了達到自己的目的而廢黜或擁立教宗，但是他們仍然需要得到教宗的加冕來確認其皇帝身分。這樣一來，世俗勢力與宗教勢力誰也離不開誰。當然，分歧是不可避免的，教宗和皇帝為了各自的目的，一直在進行激烈的「拔河」賽。產生衝突的一個主要原因，就是主教的任命問題（下文將詳細介紹）。

到了13世紀，衝突雙方已經沒有妥協的餘地。在隨後的爭鬥中，教廷佔了上風。但是在文藝復興初期，教宗們日益淪喪的道德水準卻使得他們失去來之不易的優勢。與此同時，民族君主制在英格蘭、法蘭西和西班牙的興起，導致新的勢力產生，進而破壞在教會精神領導下的團結局面。帝國搖搖欲墜地維持著，直到拿破崙[1]征服歐洲：教廷則倖存至今，儘管它至高無上的地位在宗教改革中已經不復存在。

查理曼在世的時候，為教宗們提供深受歡迎的保護；作為回報，教宗們也謹慎地不去干涉他的意願。查理曼不怎麼有學問，對宗教也不虔誠，但是他不敵視別人的學問和虔誠。他鼓勵文學的復興，並且向學者們提供庇護和資助，儘管他自己的娛樂缺乏文化色彩。對於純粹的基督徒行為，他認為這對人民是有益的，但是絕對不應該過度約束宮廷生活。

在查理曼的繼任者統治期間，皇權衰落了，尤其是國土被虔誠的路易的三個兒子瓜分的時候。這些事件所產生的衝突，最終導致日耳曼人與

---

1. 拿破崙・波拿巴（1769—1821），原名拿破崙・布宛納巴，人稱「奇蹟創造者」。他是法國近代資產階級軍事家、政治家，法蘭西共和國第一執政（1799—1804），法蘭西第一帝國皇帝（1804—1814），義大利國王，萊茵邦聯保護人，瑞士聯邦仲裁者，曾經征服和佔領西歐和中歐的廣大領土。——譯者注

法蘭西人的對立。當帝國在世俗衝突中喪失力量時，教廷的實力卻大大增強，但是另一方面，羅馬教廷又必須對主教們實施權威。如前所述，主教們已經在各自的地盤上獲得不同程度的獨立，尤其是當他們遠離權力中央所在地時。在教宗的任命問題上，教宗尼閣一世（858—867）基本上成功地保住了羅馬的權威。但是所有的問題不僅在世俗力量中，在教會的內部也仍然是有爭議的。一位聰明、剛毅的主教很可能對教宗毫不退讓，如果後者不怎麼剛毅。尼閣死後，教廷的權力終於衰落了。

西元10世紀，教廷為羅馬當地的貴族所掌握。由於拜占庭、倫巴底和法蘭克軍隊之間的戰爭所造成的多次破壞，羅馬陷入野蠻、混亂的狀態。在整個西方，由於封建主無力控制各自為政的諸侯，這片土地變得動盪不安。無論是羅馬皇帝還是法蘭西國王，都無法有效地約束那些不守法紀的貴族。匈牙利人突襲了義大利北部，北歐海盜們的恐怖行為卻在整個歐洲的海岸和河岸蔓延。諾曼第人最終在法蘭西得到一塊狹長的土地，作為回報，他們改信基督教。來自南部的撒克遜人的威脅從9世紀起就日益加強，直到西元915年東羅馬在那不勒斯附近的加里利亞諾河擊敗入侵者，這個威脅才得以解除。然而，帝國的力量太弱，已經不可能再像查士丁尼時期那樣試圖去控制西方。在這種普遍的混亂中，教廷被迫服從於為所欲為的羅馬貴族，不僅失去原本在東正教事務中可能存在的殘餘影響，而且當西羅馬帝國的地方主教們再次宣布獨立時，教廷對這些教士的控制能力也在逐漸消失。但是，地方主教們在爭取獨立方面卻不成功，因為他們雖然與羅馬教廷的聯繫有所減弱，但是與當地世俗勢力之間的聯繫卻加強了。在此期間，聖彼得寶座下眾多教士的品格，也無法阻止道德和社會解體的洪流。

11世紀時，民族大變動已經接近尾聲。外來的伊斯蘭教威脅也已得到遏制。從此，西方開始轉守為攻。當希臘文化已經在西方的大多數地區被人們遺忘的時候，卻在愛爾蘭這樣偏僻的角落倖存了下來。整體來說，當西方經歷衰落的時候，愛爾蘭文化卻出現一派繁榮景象。後來，由於丹麥人的到來，這一小塊文明之地才遭到破壞。因此，當時最有學問的人是一位愛爾蘭人也就不奇怪了。他就是約翰・史考特・愛留根納。

　　這位9世紀的哲學家是一位新柏拉圖主義者，也是一位希臘語學者，他在觀點上屬於伯拉糾派，在神學上卻是泛神論者。儘管持有非正統的觀點，但不知道為什麼，他竟然沒有受到迫害。當時愛爾蘭文化的活力是由於環境的有趣組合造成的。當高盧開始連續遭到野蠻侵略的時候，大批知識份子紛紛跑到最西部，希望得到保護。然而，英格蘭卻沒有那些人的立足之地，因為到處都是盎格魯-撒克遜和朱特人這些異教徒。愛爾蘭卻提供安全保障，於是許多避難的學者就到了那裡。我們也必須對英格蘭的「黑暗時代」進行某種不同的評價。在盎格魯-撒克遜入侵時期，曾經出現過一個文化停頓期，但是阿爾弗雷德大帝統治時期又出現復甦。因此，「黑暗時代」的開始與結束都提前了200年。9世紀、10世紀丹麥人的入侵，致使英國的發展出現一次中斷，也使愛爾蘭的發展出現持續性倒退。這個時候，學者們又開始沿著來路往回撤。這個時期，羅馬由於相距太遠，也無法控制愛爾蘭的教會事務。主教的權威不是至高無上的，修道院的學者們隨時都在為教義爭論不休。約翰的自由觀點如果在別處還有可能產生，在這裡卻將迅速被糾正。至於約翰的生平，除了他在法蘭西禿頭查理的宮廷裡生活的這段時間有據可查之外，別的我們就不清楚了。他似乎生於西元800年，死於西元877年，但不能確定。西元843年，他應邀到法國宮廷

主管宮廷學校。在這裡，他陷入宿命論與自由意志問題的爭論。約翰支持自由意志說，認為一個人自身對德行的努力是有價值的。招人不快的不是他的伯拉糾主義本身（儘管這也很糟糕），而是他用一種純哲學的方式來處理這個問題。他說，理性和啟示是真理的兩個獨立的源泉，互不重疊和衝突；但是，假如在某個給定的情況下，看起來好像有衝突，首先應該相信理性，而不是啟示。事實上，真正的宗教正好也是真正的哲學，反之亦然。呆板的宮廷教士們不接受這個觀點，約翰關於這些問題的論文也受到批判。只是靠了他和國王的私交，才免受懲罰。國王查理和這位愛爾蘭學者都死於西元877年。

從經院哲學術語的角度看，約翰在哲學上是一位實在論者。搞清「實在論」這個術語的用法是十分重要的。它最早源於柏拉圖及蘇格拉底對理念論的闡釋。實在論認為共相即萬物，它們先於個體而存在。它的對立面則建立在亞里斯多德的概念論基礎之上。這個理論被稱作唯名論，它堅持認為共相僅僅是名稱，個體要先於共相而存在。在整個中世紀，實在論者和唯名論者在共相問題上吵得不可開交。直到今天，科學和數學之中還存在這個問題。由於經院派的實在論與理念論有關，所以現代人也稱它為唯心主義。我們應該把這一切與它們後來的非經院用法區分開來。在適當時候，我們將對此做出解釋。

約翰在他的主要哲學著作《論自然的劃分》中，清晰地展示他的實在論。他提出自然的四重劃分法，劃分依據是事物創造或不創造；被創造或未被創造。第一，可以創造而又不被創造的顯然是上帝。第二，可以創造而又被創造的是柏拉圖和蘇格拉底意義上的理念，它們創造個體也依附於個體，其本身又為上帝所創造。第三，不能創造，但可以被創造的一類，

就是時空中的諸事物。最後是既不創造也不被創造的東西，在這裡，我們轉了一圈又回到萬物為之奮鬥的終點——上帝。從這個意義上看，上帝與其目標同一，因此不創造。

到此為止，雖然涉及的都是存在事物，但是也包括了自然中不存在的事物。首先，在這些非存在事物中，按照新柏拉圖學派的觀點，普通的物理對象就被排斥在可理喻世界之外。同樣，罪惡被視為一種缺陷或淪喪，一種缺乏神性模式的墮落，因此它屬於不存在的範疇。所有這些最終都回到柏拉圖的理論上，之前說過，該理論認為善就是知識。

「上帝與其目標同一」的觀點直接導致非正統的泛神論神學的出現。上帝的本質，無論對於人，還是對於他自己，都是不可知的，因為他不是一個可知的對象。其邏輯上的理由（儘管約翰沒有明說）就是：上帝就是一切。所以，不可能出現既有知者又有所知對象的情形。約翰的「三位一體」理論與普羅提諾的沒有什麼不同。上帝的存在正是透過萬物的存在來顯示的，其智慧表現於萬物的秩序，其生命表現於萬物的運動。這與聖父、聖子和聖靈相一致。至於在理念的範疇，它們構成邏各斯，透過聖靈的作用導致或產生不存在獨立物質性的個體，上帝從虛無中創造萬物，其含義就是：這種虛無就是上帝本身，因為他超越一切知識，所以就是虛無。於是約翰藉此來反對亞里斯多德允許「個體具有物質性存在」的觀點。另一方面，根據創造和被創造標準做出的前三種劃分，則源自亞里斯多德類似的原動和被動劃分標準。第四種劃分則派生於狄奧尼修斯的新柏拉圖學說。狄奧尼修斯這位聖·保羅的雅典弟子，是一篇論文的假定作者，該論文融合了新柏拉圖主義與基督教義。約翰曾從希臘文中翻譯該著作，他很可能因此而受到保護，因為憑著與聖·保羅的關係，這位羅馬的

假狄奧尼修斯被誤以為是正統人士。

11世紀，歐洲終於進入新生時代。諾曼第人遏制了來自北方和南方的外來威脅。他們征服英格蘭後，結束斯堪的納維亞人的侵犯，他們在西西里的戰爭則使該島徹底擺脫撒克遜人的統治。修道院改革進展順利，教廷選舉和教會組織的原則也在重新審議。隨著教育狀況的改善，文化水準不僅在教士中間開始提高，而且在一定程度上對貴族也是如此。

聖職買賣和禁欲問題是當時困擾教會的兩大難題。從某種意義上說，兩者都和多年發展起來的教士地位有關。由於教士是宗教奇蹟與權力的執行人，他們就逐漸對世俗事務產生很大的影響。這種影響要發揮其作用，必須要人們在整體上不懷疑這些權力的真實性。在整個中世紀，人們的這種信念始終是真誠和廣泛的。然而權力總是刺激人的欲望。如果沒有強有力的道德傳統加以指導，那些地位優越的人很可能就會營私舞弊、中飽私囊。這樣一來，靠授予教職來換取金錢，就成為那些掌握這種權力的人斂財和加強勢力的一種手段。這些做法最終腐蝕了教會本身，於是人們又不時地向這種邪惡行為宣戰。在教士禁欲的問題上，效果卻不那麼明顯。這個問題在道德方面從來沒有得到最終解決。無論是東正教還是西方後來改良後的宗教，都從未認為禁欲在道德上有多少價值。此外，伊斯蘭教甚至對禁欲問題大加抨擊。但是同時，從政治角度出發，當時的各種變革不是都那麼合理。如果教士結了婚，特別是當其婚姻關係中還有保留財產的經濟動機時，他們就有可能發展為一個世襲的階層。此外，教士應該與其他人有所區別，禁欲就宣揚了這種區別。

修道院改革的中心是創建於西元910年的克呂尼修道院，一項新的組織原則就是在這裡首次得到實施。修道院只直接對教宗負責，院長又對克

呂尼所屬的機構行使權力。新體制致力於防止走向奢靡和禁欲兩個極端。緊隨其後的其他改革者建起新的修士會：卡瑪勒多茲修士會創建於1012年，卡爾圖斯修士會創建於1084年，奉行本篤教規的西多修士會建於1098年。

對於教廷本身，改革主要是皇帝與教宗爭奪最高權力的結果。為了改革教廷，額我略六世從前任本篤九世手中買下教宗職位。然而，皇帝亨利三世（1039—1056）雖然也是一位年輕而充滿幹勁的改革者，卻不贊成這個交易，不管額我略的動機有多麼值得稱道。1046年，22歲的亨利突然來到羅馬，廢黜額我略。從此，亨利在任命歷屆教宗時始終非常小心謹慎，如果他們有負期望，就會被免職。在亨利四世（1056—1106）年幼的時候，教廷再次恢復某種程度的獨立。教宗尼閣二世通過一項教令，讓紅衣主教掌握教廷的實際選舉權，而將皇帝排斥出局。同時，尼閣也加強了對大主教的控制。1059年，他派彼得・達米安[1]前往米蘭，以示教廷的權威，並且支持當地的改革運動。達米安提出一種有趣的學說，即上帝不受矛盾律的約束，並且可以做到「從頭再來」。這個觀點後來遭到阿奎那的抵制。達米安認為哲學是神學的婢女，他還反對辯證法，認為上帝應該可以推翻矛盾律，其中的暗示就帶來萬能概念上的麻煩。例如，如果說上帝是萬能的，他就不能造出一塊連自己也搬不動的石頭；但是他又應該可以，如果他真是萬能的。因此，他似乎既能，又不能。「萬能」最後成為

---

1. 一位嘉瑪道理會學者。教宗額我略七世的著名大主教彼得・達米安的論調——所有世俗科學都是謬論。他是著名的哲學家、基督教思想家，堅決主張古希臘哲學和古希伯來宗教二者不可調和。它們拒絕理性的絕對統治，認為理性無法解決人們深層的恐懼、絕望、恐懼、墮落。——譯者注

一個不可能的概念，除非人們放棄矛盾律。但放棄矛盾律又會使論證無法進行下去。正是由於這個原因，達米安的理論才必然遭到反對。

尼閣二世繼承人的選舉問題，加劇教宗與皇帝之間的衝突，形勢變得對紅衣主教有利。1073年，希爾德布蘭德被選為新教宗，稱額我略七世。他在任職期間，與皇帝在授職問題上發生嚴重的衝突，這個問題後來持續幾百年之久。把戒指和權杖（職位的象徵）授與一位新主教，歷來都是由世俗統治者來做的，為了鞏固教廷權威，額我略掌握這項權力。1075年，當皇帝任命一位新的米蘭大主教時，衝突到了白熱化的地步。教宗威脅說要將皇帝廢黜並且開除其教籍，皇帝則宣稱自己擁有最高權力，並決定廢黜教宗。作為報復，額我略宣布皇帝和主教已經被廢黜，並且開除他們的教籍。起初是教宗佔了上風，1077年，亨利四世來到卡諾薩以苦行贖罪，但是這只是他走的一步政治棋。雖然他的教宗已經選出一個取代他的對手，但是亨利及時地戰勝他的反對派，當1080年額我略最終宣布支持魯道夫稱帝時，則為時已晚了。1084年，亨利帶著自己挑選的一個偽教宗進入羅馬，並舉行加冕大典。額我略雖然在西西里諾曼第人的幫助下，迫使亨利及其偽教宗倉皇逃離，但是他自己也成為其保護者的階下囚，並且於次年死去。

儘管額我略自己未能成功，但是他的策略在後來還是有效的。不久，坎特伯雷大主教安瑟倫②等人和額我略一樣，也和世俗權威發生爭執。安瑟倫因為發明有關上帝存在的本體論而在哲學史上佔有重要地位。作為思維最大的可能對象，上帝不可能不存在，否則他就不會是最大的思維對象。實際上，這裡的錯誤在於「存在是一種性質（屬性）」的觀點。但許多哲學家卻從此抓住這個爭論不放。

當西方世界被皈依基督教的蠻族蹂躪的時候，東羅馬帝國逐漸遭到伊斯蘭教徒的踐踏。儘管伊斯蘭教徒沒有決意改變被征服民族的宗教信仰，但是他們卻允許對那些加入伊斯蘭教的人免徵貢稅。這個優惠政策也讓絕大多數人從中獲益。穆罕默德的紀元要從海格拉算起，西元622年，他從麥加逃到麥迪那。

西元632年他去世以後，阿拉伯人的擴張在短短一個世紀裡就改變世界。敘利亞、埃及、印度、迦太基、西班牙，分別於西元634—636年、西元642年、西元664年、西元697年、西元711—712年陷落。西元732年的圖爾戰役使局勢發生逆轉，阿拉伯人退到了西班牙。君士坦丁堡於西元669年和西元716—717年兩次被圍。拜占庭帝國在日益縮水的領土上維持著，直到1453年奧斯曼帝國的土耳其人攻佔該城。帝國在這個時期的普遍衰竭，助長了穆斯林活力的爆發。

此外，在許多地方，入侵者還從當地的衝突中找到可乘之機。尤其是敘利亞和埃及，由於不屬於正統而備受磨難。

從某個角度看，先知穆罕默德所宣稱的新宗教是對《舊約》中嚴格的一神論的回歸。他摒棄《新約》中添加的神秘內容，和猶太人一樣禁止供奉偶像，所不同的是，他還禁止飲酒。後面這條禁令究竟保持多大的有效性是值得懷疑的，前一條則與聶斯脫里教徒反對崇拜聖像的態度一致。侵

---

2. 聖·安瑟倫（1033—1109），歐洲中世紀經院哲學家、神學家，唯實論的主要代表之一，被稱為「最後一位教父和第一位經院哲學家」。他生於義大利一個貴族家庭，少年時期在法國勃艮第就學，1060年進入本篤會，1078年出任法國諾曼第的貝克隱修院院長，並且教授神學，1093年出任英國坎特伯雷大主教，因為擁護教宗權益與英國國王發生爭執，兩次被迫出走。1107年，教宗與英國國王達成協議，回英國繼任大主教。——譯者注

略擴張幾乎成為一種宗教職責，儘管《聖經》裡的人民不應該受到傷害。禁令也影響基督教徒、猶太教徒和拜火教徒，他們各自遵守著自己神聖經文裡的教義。

一開始，阿拉伯人沒有制定系統的征服計畫。他們生活在乾旱貧瘠的土地上，習慣越境擄掠。但是由於沒有遇到強有力的抵抗，襲擊者就變成征服者。在很多情況下，這些新主人沒有觸及和改變原有的管理模式。阿拉伯帝國的統治者是哈里發，他們是先知的繼任者，也是其權力的繼承人。雖然最初的哈里發由選舉產生，但沒多久就變成倭瑪亞統治下的王朝。這個統治家族遵循先知的教諭，反對狂熱，這麼做並非出於宗教原因，而是出於政治上的考慮。總之，阿拉伯人擴張的宗教因素不是很多，他們的動機（正如最初一樣）只是為了奪取物質。正是由於不狂熱，所以他們儘管人數不佔優勢，卻可以統治廣大的地區，那裡居住著信仰各異、更文明的人們。但是在波斯，先知的教諭卻根植於昔日的宗教和思辨傳統已經有充分發展的土地上。西元661年，穆罕默德的女婿阿里死後，伊斯蘭教分裂為遜尼派和什葉派。後者是少數派，忠於阿里，不允許來自倭瑪亞家族的人加入該派。波斯人就屬於這個少數派，也許正是透過他們的影響，倭瑪亞王朝才被阿拔斯人推翻並且取代，首都也從大馬士革遷到巴格達。新王朝的政策給了伊斯蘭狂熱教派更多的自由。不過他們失去西班牙，從家族覆沒中倖存下來的一個倭瑪亞人在哥多華建立一個獨立的哈里發政權。在阿拔斯王朝統治期間，哈倫‧阿爾‧拉希德使帝國出現輝煌的局面。拉希德是查理曼的同時代人，因其在《天方夜譚》中出現而聞名於世。由於大量使用土耳其雇傭軍，他於西元809年去世以後，帝國開始深受其害，就像當初羅馬人招募蠻族兵士一樣。阿拔斯王朝的哈里發政權衰落

了，並且於1256年隨著蒙古人對巴格達的洗劫而覆滅。

穆斯林文化的源頭在敘利亞，但是不久其中心就轉移到波斯和西班牙。在敘利亞，阿拉伯人繼承聶斯脫里教派所推崇的亞里斯多德傳統，當時的新柏拉圖主義者則堅持正統的天主教，但是亞里斯多德的理論與新柏拉圖學說的糅合造成許多混亂。在波斯，穆斯林逐漸掌握印度的數學，並且引進阿拉伯數字（實際上應該稱之為印度數字）。儘管有13世紀的蒙古人入侵，波斯文明還是孕育菲爾多西[1]這樣的詩人，並且保持其高藝術水準。阿拉伯人是透過聶斯脫里的傳統才開始接觸希臘知識的。這些傳統在更早的時期，即西元481年拜占庭皇帝芝諾關閉埃德薩學院[2]之後，就已經傳到波斯。穆斯林思想家們從這兩個來源中學習亞里斯多德的邏輯學、哲學及古代的科學遺產。

波斯最偉大的伊斯蘭哲學家是阿維森納（980—1037）。他出生在波卡拉省，後來在伊斯巴罕講授哲學和醫學，最後定居於德黑蘭。由於持非正統觀點，他遭到神學家們的敵視。他的著作被翻譯成拉丁文，在西方世界產生不小的影響。他主要關心的一個哲學問題就是長期爭論不休的共相問題，這個問題後來還成為經院哲學的中心問題。阿維森納的解決方法就是試圖把柏拉圖與亞里斯多德調和起來。他最早提出「形式」的普遍性產生於思維，魯世德及後來的艾爾伯圖斯・麥格努斯[3]也提出這個亞里斯多

---

1. 菲爾多西（940—1019），是《列王紀》的作者，讀過他的作品的人，都說他與荷馬相匹敵。——譯者注

2. 西元489年，美索不達米亞的埃德薩基督教學院關閉以後，此院的教授大多進入伊朗，繼續講學。——譯者注

3. 阿奎那的老師。——譯者注

德式的觀點。但阿維森納對其觀點做了進一步限定。共相同時存在於萬物之前、萬物之中和萬物之後。當上帝按某種模式創造萬物時，它已存在於上帝心中，即萬物之前；當萬物屬於外部世界時，它存在於萬物之中；當人們透過經驗來辨別模式時，它存在於人的思維之中，即萬物之後。

　　西班牙也孕育出一位傑出的伊斯蘭哲學家，他就是魯世德（1126—1198）。他出生於哥多華一個民事法官家庭。除了其他知識，他還學過法律，曾經擔任塞維利亞的民事法官，後來又在哥多華任職。1184年，他當了一名宮廷醫生，但最終由於堅持哲學觀點、不滿足於自己的信仰而被流放到摩洛哥。他的主要貢獻就是把亞里斯多德研究從新柏拉圖主義的扭曲中解放出來。就像後來的阿奎那一樣，他認為只能在理性的基礎上證明上帝的存在。關於靈魂，他堅持亞里斯多德的觀點，認為靈魂並非不朽，儘管「奴斯（即理性、智慧）」是不朽的。由於這種抽象的理性和智力是一元的，其存在不意味著個人的不朽，基督教哲學家們自然不肯接受這些觀點。透過拉丁文譯本，魯世德不僅影響經院哲學，而且也受到後來被稱為「魯世德派」的自由思想家的普遍推崇，這些人也反對靈魂不朽的說法。

　　在額我略七世去世的時候（1085年），他的政策似乎已經從教廷手中奪回了他在帝國事務中的權力和影響。但是結果說明，世俗勢力與宗教勢力之間的爭鬥沒有結束。事實上，教廷還沒有達到其政治生涯的巔峰。同時，由於有了倫巴底各個新興城市的支持，教宗在宗教事務方面的權威得到提高，十字軍④最先增強他的威信。

　　教宗烏爾班二世（1088—1099）重新挑起授職問題的爭端，因為他再次奪取這項權力。1093年，康拉德起來反對其父皇亨利四世，他尋求並且得到烏爾班的支持。北方各城傾向於支持教宗，於是整個倫巴底被輕易

地征服。法蘭西國王腓力一世也於1094年被招安了。這樣一來，烏爾班就可以作一次穿越倫巴底和法蘭西的勝利巡遊了。在第二年的克雷爾蒙會議上，他煽動第一次十字軍東征⑤。烏爾班的繼任者巴斯加二世成功地延續由教廷授職的政策，一直到亨利四世去世（1106年）。新皇帝亨利五世至少在日耳曼土地上佔有優勢。教宗建議皇帝不要干預授職，並且以教士們放棄世俗財產權作為交換條件。但是教士們對世俗世界的感情要比這個虛偽提議所設想的堅定得多。因此，建議的條款一公布，日耳曼的教士們便驚呼大禍臨頭了。當時，亨利五世正在羅馬，他威逼教宗屈服，並且為自己舉行皇帝加冕大典。但是他的勝利是暫時的，11年後，也就是1122年，教宗加理多二世根據沃姆斯宗教協定，重新取得授職權。

在皇帝弗里德里希·巴巴羅薩統治期間，爭鬥進入新的階段。1154年，英格蘭人哈德良四世當選為教宗。最初，教宗和皇帝聯合起來對付公然藐視他們的羅馬人。羅馬人在布累斯齊亞的阿諾德的領導下，進行獨立運動。阿諾德是一位勇敢的異端份子，他激烈地抨擊教士們世俗的榮華富貴。他堅持認為，教會人士如果擁有世俗財富，就不能進天堂。教會的「王侯們」自然不會接受這個觀點，阿諾德也因其「異端邪說」而受到激

---

4. 土耳其人在小亞細亞佔領有價值的土地，給予拜占庭極大的壓力。西元1095年，為了回應來自拜占庭皇帝請求協助的要求，教宗烏爾班二世號召由基督教士兵組成的十字軍，企圖從穆斯林手中重新奪回巴勒斯坦。——譯者注

5. 第一次十字軍東征（1096—1099），大約有10萬人參加。1097年，十字軍由君士坦丁堡附近渡海進入小亞細亞，攻佔塞爾柱人國都尼西亞；1098年，又攻佔埃德薩和安條克，建立埃德薩伯國、安條克公國等十字軍國家。1099年7月，十字軍攻佔耶路撒冷，建立耶路撒冷王國。十字軍在東方建立的其他國家，均附屬於耶路撒冷王國。為了控制十字軍征服的土地和人民，建立聖殿騎士團和醫院騎士團。——譯者注

烈的攻擊。其實早在前任教宗時期，這些麻煩就已經開始了，只是在哈德良當選教宗後才達到白熱化地步。哈德良以內亂為由懲罰羅馬人，他下令剝奪他們的教權。結果，羅馬人的獨立精神瓦解了，同意流放他們的異端領袖。阿諾德躲了起來，但後來落到巴巴羅薩軍隊手中，並被立即燒死。1155年，皇帝加冕登基，自然又對在現場示威的群眾進行一番血腥鎮壓。但是，2年之後，教宗與皇帝決裂了，接下來就是兩股勢力長達20年的戰爭。與其說倫巴底聯盟是為教宗而戰，不如說是為了反對皇帝。戰爭局面變化莫測，1162年，米蘭被徹底摧毀。同一年晚些時候，巴巴羅薩和他的偽教宗遇到一場災難，在他們向羅馬進軍的途中，軍隊由於瘟疫而嚴重減員。1176年，巴巴羅薩在萊尼亞諾戰役中被打敗，他瓦解教宗權力的最後一次企圖終於落空了。雙方達成一個不可靠的和約。皇帝參加第三次十字軍東征[6]，1190年死於安那托利亞。

　　教會與帝國之間的頻繁鬥爭，最終導致兩敗俱傷。北部義大利的一些城邦開始發展新的勢力。只要他們的獨立受到皇帝的威脅，他們就轉而支持教宗；當這種威脅消失的時候，他們就根據自身的利益發展出一種有別於教會的世俗文化。雖然在名義上還是信仰基督教，但是他們卻提出一種十分自由的觀點，這一點很像17世紀以後新教組織的傾向。在十字軍東

---

6. 第三次十字軍東征（1189—1192）在「神聖羅馬帝國」皇帝腓特烈一世、法國國王腓力二世、英國國王理查一世統率下進行。腓特烈率領軍隊，沿著第二次東征路線從陸路穿越拜占庭前進。法、英兩國十字軍由海路向巴勒斯坦挺進，途中佔領西西里島。各國十字軍之間矛盾重重，此次東征也沒有達到目的。腓特烈一世在橫渡格克蘇河的時候溺水死亡，其軍隊瓦解。腓力二世佔領阿卡港以後，於1191年率領部分十字軍返回法國。理查一世在敘利亞取得一定戰果，攻佔賽普勒斯，並且建立賽普勒斯王國。——譯者注

征期間，北部義大利的沿海城市作為艦船和給養的供給地，重要性日益明顯。宗教狂熱也許曾經是十字軍運動的原動力之一，但是在當時產生作用的還有強烈的經濟動機。東方提供掠奪財富的希望，而且這種希望還可以用道德與神聖的名義去實現。近在眼前的歐洲猶太人則成為他們發洩宗教義憤的最方便的對象。起初，基督教騎士們沒有明顯意識到，自己是在穆斯林世界裡，與一種比自身文化更優越的文化發生對抗。

作為一種運動，經院哲學以「結論先於事件」而區別於古典哲學。它必須在正統軌道內發揮作用。經院哲學最高的古代典範是亞里斯多德，他的影響逐漸取代柏拉圖。在方法上，經院哲學遵循亞里斯多德的分類法，運用辯證的論證，卻忽視事實。其中最重要的問題之一就是共相問題，這個問題將哲學世界分成兩個對立的陣營。實在論者從柏拉圖的觀點及其理念論出發，主張共相就是萬物；唯名論者正好相反，他們借助亞里斯多德的權威，堅持認為共相只是一些名稱。

通常，經院哲學從羅瑟林算起，他是一位法蘭西教士，還是阿伯拉爾的老師，其生平不詳。他的哲學思想主要記載於安瑟倫和阿伯拉爾的著作中。羅瑟林是一位唯名論者，按照安瑟倫的說法，羅瑟林認為共相僅僅是聲音的輕微流動。他不僅否定共相的實在性，而且還進一步否定「共相高於個別」的觀點，這個觀點必然導致一種呆板的邏輯性原子論。該理論與三位一體觀點一聯繫，很自然地產生異端的觀點，1092年，他被迫在萊姆斯宣布放棄這些觀點。

阿伯拉爾生於1079年，是一位更重要的思想家。他在巴黎求學和講學時，曾經研究神學，但是在1113年又重返教壇。在這個時期，他和厄羅伊斯談起了戀愛，沒想到卻激怒女友的叔父坎農・福勒伯特。坎農閹割了

這位莽撞的情人，並且把兩個人分別送進了教士收容所。阿伯拉爾活到了1142年。並繼續以教書而獲得巨大的聲譽。他是一位唯名論者，但比羅瑟林更為明確地指出，在人們判斷某個詞的屬性時，所根據的不是它的存在，而是它是否具有意義。共相的確產生事物間的類似性，類似性本身不像唯實論者錯誤設想的那樣，也是某一事物。

13世紀，經院哲學運動達到頂峰，教宗與皇帝之間的爭鬥也同樣達到頂峰。在很多方面，這個時期都可以算是歐洲中世紀的高潮。在後來的世紀裡，即從15世紀義大利的文藝復興到17世紀科學與哲學的再次興起，各種新勢力紛紛登台。

從政治上說，最偉大的教宗是依諾增爵三世（1198－1216），在他的治理下，教廷的權威達到前無古人、後無來者的高度。巴巴羅薩的兒子亨利六世已經征服西西里，並且娶了該島羅曼王室的後裔科斯坦察女王為妻。亨利死於1197年，其子腓特烈繼位時才兩歲。教宗依諾增爵三世就職後，小皇帝被母后置於教宗的監護之下，教宗表示尊重腓特烈的權力。作為回報，皇帝也承認教宗的地位至高無上。教宗獲得大多數歐洲統治者類似的承認。但是在第四次十字軍東征中，教宗的計畫卻毀在了威尼斯人手裡，威尼斯人為了實現自己的目的而強迫教宗攻取君士坦丁堡。但是，他對阿勒比占西斯派採取的冒險行動卻大獲全勝。在這次行動中，法蘭西南部的異教被徹底摧毀和清除。在德意志，皇帝鄂圖四世被廢黜①，腓特烈

---

1. 教宗依諾增爵三世和德意志皇帝鄂圖四世發生爭執，因而號召日耳曼人廢黜鄂圖四世。他們執行他的指示，而且按照他的提議，選立剛成年的腓特烈二世。為了支持腓特烈二世，他卻勒索腓特烈二世答應付出一筆驚人的代價——然而，腓特烈二世已經決定背棄這個諾言。——譯者注

二世此時已經完全長大成人，於是被選中繼位。這樣一來，依諾增爵三世就真正地控制皇帝和各地王侯。在教會內部，羅馬教廷獲得更大的權力。然而，從另一個角度看，教廷在世俗方面的成功正好預示它的沒落。因為教廷對現世的控制越牢固，它在來世問題上的權威就越小，正是這種情形導致後來的宗教改革。

腓特烈二世雖然在教廷的支持下被選中繼位，但是也付出承認教宗地位至高無上的代價。除非迫不得已，年輕的皇帝是不願意信守這些承諾的。這位年輕的西西里人有日耳曼及諾曼血統，在他成長的社會裡，正在形成一種新的文化。穆斯林、拜占庭、日耳曼和義大利的影響在此彙聚，並產生一種現代文明，這個文明為義大利文藝復興注入了原動力。由於深受這些傳統的影響，腓特烈才可以贏得東西方同樣的推崇。他的觀點遠遠超越了他所處的時代，他的政治改革也頗具現代色彩。同時，他還喜歡獨立思考，做事雷厲風行。其強有力的建設性政策使他獲得「人間奇才」的盛名。

依諾增爵三世和日耳曼前皇帝鄂圖四世（敗給了腓特烈）在兩年內先後去世。和諾理三世繼承教宗一職，年輕的皇帝很快就和他鬧僵了。熟悉阿拉伯文化的腓特烈不同意進行十字軍東征。此外，倫巴底也出現麻煩，因為日耳曼文化在那裡普遍不受歡迎，教宗卻得到倫巴底各個城市的支持，這就進一步加劇皇帝與教宗的衝突。1227年，和諾理三世去世，額我略九世繼任後立刻開除腓特烈的教籍，理由是後者沒有進行十字軍東征。然而皇帝沒有對此感到惶恐不安，因為他已經娶了耶路撒冷諾曼王的女兒為妻。1228年，他前往巴勒斯坦。他雖然被逐出教會，但卻在那裡透過協商，解決與穆斯林之間的問題。耶路撒冷的戰略價值雖然不大，但基督教

徒卻對它有很深的宗教依戀感。於是聖城便按條約的規定交了出來，腓特烈被加冕為耶路撒冷之王。

　　按照教宗的想法，這種解決糾紛的方式實在太理性了，但是在成功面前，他又不得不於1231年與皇帝講和。隨後就進入一改革時期，其間西西里王國有了一套現代管理模式和一部新法典。國內所有關稅壁壘的取消刺激了商貿的發展，那不勒斯大學的建立推動教育的進步。1237年，倫巴底再次出現敵對情緒，於是腓特烈又忙於和歷任教宗進行持久戰，直到1250年去世。爭鬥的殘酷性掩蓋了他早期開明時代的光輝。

　　對異教的清除進行得很投入，儘管不是完全成功。阿勒比占西斯派（法蘭西南部的一個摩尼教派）的確在1209年被十字軍全部清除，但其他的異教運動仍然存在。1233年創立的宗教裁判所從未徹底消滅過西班牙和葡萄牙的猶太教徒。12世紀後期，瓦勒度教派①掀起一場運動，這預示宗教的改革。該派在彼得‧瓦勒度的率領下，從里昂流亡到阿爾卑斯山的皮埃蒙特河谷，該河谷位於杜林的西面。他們在那裡作為新教徒和講法語的社團一直存在到了今天。從這類事件中，人們也許會認為後世的人已經懂得，採取政治迫害的手段是不可能輕易扼殺思想的，但是歷史卻似乎顯示，這類教訓沒有被人吸取。

---

1. 彼得‧瓦勒度創立的教派。瓦勒度是一個狂熱份子，在西元1170年發動一次遵守基督律令的十字軍運動。他把所有的財產都接濟窮人，並且創立一個名為「里昂的窮人」社團，安貧樂道。由於對僧侶的不道德斥責有些過分，後來遭到維羅納宗教會議的譴責。米爾頓時代中，他們在皮埃蒙特遭受迫害的時候，曾經激發詩人寫出「噢，上帝，為遭受屠戮的眾聖徒復仇吧」的詩句，至今在偏僻的阿爾卑斯山谷和美國還有這個教派的信徒。——譯者注

13世紀的宗教儘管處於極有影響的地位，但也不是高不可及的。即使在純教會領域，如果現有的教會未能與其創立者的宗旨保持基本一致，它的內部就會產生兩個修士會。剛開始，它們還產生一些平衡作用，早期的道明會和方濟各會都遵循創立者聖道明（1170—1221）和聖方濟各（阿西西人，1181—1226）的戒律。這些修士會最初都堅持托缽化緣，但是安於清貧的誓約卻沒有束縛他們多久。道明會和法蘭西斯這兩個修士會都以處理宗教裁判所的事務而著稱，所幸的是，宗教裁判所從來沒有傳到英格蘭和斯堪的納維亞。也許曾經有人一度認為，塵世間的暫時苦痛可以拯救靈魂，使其免受永恆的詛咒，因此宗教裁判所施加的酷刑正是為受刑者的未來著想。然而，實用方面的考慮往往也增強法官們的虛偽。於是英格蘭人眼睜睜地看著聖女貞德[1]被酷刑處死，卻不敢提出任何反對意見。道明會和方濟各會卻背離其創立者的初衷，逐漸致力於追求學問。艾爾伯圖斯‧麥格努斯及其學生阿奎那屬於道明會，羅傑‧培根、鄧斯‧司各脫和奧坎‧威廉是方濟各會的成員。他們對當時的文化所做的真正有價值的貢獻是在哲學方面。

　　如果說教士們主要是從新柏拉圖主義的源泉中找到自己的哲學靈感，13世紀他們則目睹了亞里斯多德思想的勝利。湯瑪斯‧阿奎那[2]試圖在亞里斯多德哲學的基礎上建立天主教教義。運用純粹的哲學方法，究竟可以使這個事業取得多大程度的成功，這確實是令人懷疑的。首先，亞里斯多

---

1. 聖女貞德（1412—1431），被稱為「奧爾良的少女」，是法國的民族英雄、軍事家，天主教會的聖女，法國人心中的自由女神。英法百年戰爭（1337—1453）時期，她帶領法國軍隊對抗英國軍隊的入侵，支持查理七世加冕，為法國勝利做出貢獻，最終被俘，被宗教裁判所以異端和女巫罪判處火刑。——譯者注

德的神學與基督教認可的上帝概念是完全不同的。但是，作為教會內部的一種哲學影響，湯瑪斯的亞里斯多德主義得到完整而持久的堅持。湯瑪斯主義成為羅馬教會的官方教義，並且按照原樣在教會所有的學校裡講授。除了辯證唯物主義（馬克思主義的官方學說），今天已經沒有任何其他哲學可以享有如此顯赫的地位和強大的後盾了。誠然，湯瑪斯的哲學也不是在他的時代一下子就達到這種特權地位的。但隨著他的權威日益牢固，哲學的主流再一次走向世俗道路，並且恢復獨立精神，這種精神滲透整個古代哲學。

湯瑪斯來自離卡西諾山不遠的阿奎那村的一個伯爵家庭，並且在那裡開始他的探索。他在那不勒斯大學待了6年之後，於1244年加入道明會，並且在科隆的艾爾伯圖斯·麥格努斯門下繼續研究。麥格努斯是當時道明會一流的教師和亞里斯多德派學者。在科隆和巴黎住了一段時間之後，湯瑪斯於1259年回到義大利，並且在其後的5年裡埋頭撰寫《異教徒駁議輯要》，這是他最重要的著作。

1266年，他開始寫他的另一部主要著作《神學綱要》。在這段期間，他還為亞里斯多德的許多作品撰寫評注，他的朋友威廉為他提供來自希臘原著的直接譯本。1269年，他再次動身去了巴黎，並且在那裡住了3年。當時的巴黎大學對道明會的亞里斯多德學說懷有敵意，因為後者含有與當地

---

2. 湯瑪斯·阿奎那（約1225—1274），中世紀經院哲學的哲學家和神學家，他把理性引進神學，用「自然法則」來論證「君權神聖」說，死後被封為天使博士（天使聖師）。他是自然神學最早的提倡者之一，也是湯瑪斯哲學學派的創立者，成為天主教長期以來研究哲學的重要根據。他撰寫的最知名著作是《神學大全》，天主教教會認為他是歷史上最偉大的神學家，將其評為36位教會聖師之一。——譯者注

魯世德派的某種聯繫。關於靈魂的不朽，之前說過，魯世德派的觀點更接近於亞里斯多德派，而不是基督教義。這對亞里斯多德派來說是十分危險的，於是湯瑪斯絞盡腦汁把魯世德的觀點逐出自己的領域。他在這個方向上的努力是十分成功的，這個勝利也為基督教神學拯救了亞里斯多德，儘管這意味著湯瑪斯要捨棄自己的部分原文。1272年，湯瑪斯回到義大利，2年後在前往里昂出席會議的途中去世。

湯瑪斯的哲學體系很快就獲得承認。1309年，它被宣布為道明會的官方教義，1323年又被確定為經典。也許湯瑪斯體系的哲學意義不像其歷史影響那麼重要，基督教義事先就毫不客氣地把結論強加給了這個體系，這個事實損害它的哲學意義。蘇格拉底和柏拉圖允許論證不受約束地進行，但是在這裡，我們卻看不到這種公正和超然了。但是在另一方面，偉大的《神學綱要》體系卻是腦力勞動的豐碑，對立的觀點被闡述得清晰而完整。在對亞里斯多德著作的評注中，湯瑪斯表現得彷彿是這位斯塔基拉人聰明的學生。這一點是他所有的前輩，包括他的老師，都不可能做到的。他那個時代的人們稱其為「天使博士」。對羅馬教會而言，他是一位真正的使者和導師。

早期新柏拉圖主義神學家把理性與啟示的二元論排斥在體系之外。湯瑪斯主義則提出與之對立的學說。在存在領域，新柏拉圖主義有一種二元論，如共相與個別。更確切地說，他們可能有一種表示存在級別的等級，這種等級開始於「太一」，並透過理念下達到個別，即最低的存在級別。邏各斯就是共相與個別之間鴻溝的橋樑。用更現實的話來說，邏各斯完全是一種可以感知的觀點，因為詞語雖然具有普遍含義，但是也可以用來特指個別事物。除了這種存在二元論，我們還有一種認識一元論，即智

力或理性具有一種本質上屬於辯證的認識方式。湯瑪斯的立場正好相反。在此，按照亞里斯多德的方式，存在只有在個體中才可以看到，並且由此推導出上帝的存在。在個體被看成原材料的限度上，這個觀點是經驗主義的，它與試圖演繹出個體的理性主義形成對比。另一方面，湯瑪斯主義者雖然堅持存在一元論，卻又發明一種認識領域的二元論。它假設了兩種知識來源。首先，正如之前所說，我們有理性，理性從感知經驗中為我們的思維提供食糧。經院哲學有一個著名的原則，就是如果理性在感知經驗裡不是第一位的，在這種理性裡就一無所有。此外，啟示也是知識的一個獨立來源。在理性產生理性知識的地方，啟示則賦予人信仰。有些東西看起來完全超出理性的範圍，如果它們還可以被掌握，就必須借助於啟示。宗教教義的一些具體觀點，如超出理解範圍的信仰條款，就屬於這一類。比如上帝「三位一體」的本質，復活以及基督教研究死亡、末日審判、天堂、地獄等的「末世學」。上帝的存在雖然可以透過啟示為人所接受，但是也可以建立在辯證的理性基礎之上。為了達到這個目的，人們做出各種努力，以求證明這個命題。因此，在宗教準則經得起理性論證的範圍內，我們就可以與非信仰者進行辯論。至於其他方面，啟示則是通向大徹大悟的唯一途徑。總之，實際上湯瑪斯主義沒有完全站在同一立足點上論述這兩種認識來源。似乎在可以探詢理性知識之前，人們就必須先有信仰，也就是說，人們必須先相信，再推理。因為雖然理性真理都是自主的，但要探求它們，則全靠啟示（啟示賦予人們信仰）。這種說法還是具有某種危險性的，因為透過啟示獲得的真理具有很大的隨意性。儘管湯瑪斯認為理性與啟示之間、哲學與神學之間都沒有任何對立，但是在事實上，其中一方總是在暗中損害和削弱另一方。在理性可以應付的地方，啟示就是多餘

的，反之亦然。

我們必須記住，神學實際上可以分為兩類。一是所謂的自然神學，它透過分析造物主、第一推動力之類的話題來論述上帝。這也就是亞里斯多德所說的神學，它可以歸於形而上學。但是作為基督徒，湯瑪斯還提出教條神學，它所涉及的問題只能透過啟示來掌握。在這個問題上，湯瑪斯求助於早期的基督教作家們，主要是奧古斯丁。整體來看，他似乎認同奧古斯丁的「感恩禱告」及「靈魂獲救」觀點，這些問題的確是不能以理性的方式來理解的。教條神學與古代哲學精神自然是完全不相容的，在亞里斯多德那裡，我們看不到一點這樣的因素。

湯瑪斯的形而上學正是因為其神學因素，才在某個重要方面超越了亞里斯多德。我們可以回顧一下，亞里斯多德的上帝是一位超然的建築師，他不認為必須把存在賦予個別事物，有些個別事物本來就存在，其構成原料也是如此，另一方面，對湯瑪斯來說，上帝是一切存在的根源，他認為一個有限事物只有存在的可能性，沒有邏輯上的必然性，其存在與否直接或間接取決於某個必然存在物，也就是上帝。在經院哲學的語言裡，這是用本質和存在的術語來表達的。某物的本質大體上是指它的一種性質，或者說該物是什麼；而存在術語則用來表示某物存在的事實，該物正是借助於它而存在的，從兩者都不是獨立的這個意義上看，本質和存在這兩個術語確實都是抽象的。一個具體事物總是同時兼有本質和存在的。但一些語言事實卻使人覺得這裡面還有某種差異。當弗雷格對含義和所指對象進行區分時，準確地暗示這一點。一個詞的含義是一回事，是否真的有與之適應的對象則是另一回事。因此有限物就具有可以區分的存在和本質，儘管不是什麼可以分割的特徵。只有在上帝的本質和存在之間才沒有客觀上

的區別，在這裡，關於有限存在的存在依賴性的形而上學理論，產生《神學綱要》中論證上帝存在的五項證明中的第三項。從日常經驗的事實中入手，萬物的自生自滅說明它們的存在不是必要的（單就這個意義而言），於是我們就可以進而論證說，這類事物實際上在某個時刻不存在。但是這樣一來，又會出現一個不存在任何事物的時間，現在就可能什麼也沒有，因為有限物是不可能把自己的存在授予自己的。所以必須有一些必然存在的東西，即上帝。

也許有必要對這個論證稍加評注。首先，它理所當然地認為，任何事物的存在都必須得到證明或解釋。這是湯瑪斯主義者形而上學的一個基點。如果不堅持這個觀點（亞里斯多德實際上就沒有這樣做），論證就無法進行下去。但如果為了討論而事先承認前提，論證就會由於這個內在缺陷而失去說服力。從有限物有時不存在的事實中，我們不能推導出有一個不存在任何事物的時間。

湯瑪斯借助亞里斯多德的潛在性及現實性理論，鞏固了本質和存在術語。本質完全是潛在的，存在則是現實的，因此有限物中總是包含本質和存在的一種混合物。要存在，就必須參與某種活動，對任何有限物來說，這種活動必須來自於別的什麼東西。

實際上，關於上帝存在的前兩項證明是與亞里斯多德派相符的。湯瑪斯的論點是，有一種本身不被推動的推動力和一個沒有起因的原因。在任何情況下他都認為，推動力和原因的無限循環是不可接受的。但是這簡直就等於推翻論證的前提。以第二項論證為例，假如每個原因本身還有一個更深的原因，我們就不能同時說，有一個沒有起因的原因。這完全是矛盾的。然而應該提到的是，湯瑪斯論述的不是時間上的因果鏈，而是一個

有關原因序列的問題。這裡所說的原因序列是指一個原因取決於另一個原因，這很像懸掛在天花板鉤子上的一根由鏈條組成的鏈環。天花板就是最初的原因，或者說是沒有起因的原因，因為它不是掛在任何別的東西上的一個鏈環扣。只要循環不導致衝突，我們就沒有充分的理由來否定循環。大於0而小於且等於1的有理數序列是無限的，它沒有初始數字。拿運動來說，循環問題甚至都不必產生。相互圍繞旋轉的兩團有重力的粒子，如太陽和行星，將繼續這樣無限地運動下去。

關於上帝存在的第四項證明，是從承認有限物的各種完善程度開始的，也就是說，事先設定存在某種十全十美的事物。第五項論證指出，自然界的非生命體似乎要顧及某個目的，即讓世界充滿某種秩序。這種觀點是說一個外在智力的目的要如此來獲得滿足，因為非生命體不可能具有自己的目的，該論證被稱為目的論證或設計論證。它假設必須對秩序加以解釋，這樣的假設當然是沒有邏輯根據的，因為我們同樣也可以說，無序也需要解釋，論證也就走上歧途。湯瑪斯否定聖·安瑟倫的本體論，但奇怪的是，他不是從邏輯上否定，而是從實用角度否定它。既然被創造的（因此也是有限的）心靈不能理解上帝的本質，上帝的存在（隱含於本質）實際上就永遠也不可能這樣推導出來。

新柏拉圖主義的上帝似乎與世界一樣廣闊而悠久，湯瑪斯的上帝則是一種處於被創造世界之上的無形的天父，並且具有無限多的、一切肯定性質。這一點是從上帝存在的空洞事實中推出來的，儘管我們否定這個問題的答案。湯瑪斯認為，有限的心靈不能做出肯定的定義。

正是由於湯瑪斯的描述和改編，亞里斯多德學說才可以主導文藝復興前的哲學界。但是在文藝復興時期遭到拒絕的也不全是亞里斯多德和湯瑪

斯的教導，更多的只是某些愚昧的形而上學思辨習慣。羅傑‧培根反對的就是這種形而上學思辨，他強調經驗研究的重要性。培根是一位方濟各會學者，由於他們的影響，中世紀的思維方式開始瓦解。培根與湯瑪斯是同時代人，但是他從未反對神學。在為後來的研究路線奠定基礎時，他也無意去破壞教會在宗教事務中的權威。事實上，13世紀後期和14世紀初期的方濟各會思想家也大多如此，但是他們對信仰與理性問題的態度和觀點，卻加快了中世紀的崩潰。

　　之前說過，湯瑪斯主義認為理性與啟示可以重疊。方濟各會學者們重新研究這個問題，並且尋求兩者之間更準確的定義。透過對智慧領域和信仰領域的明確劃分，他們試圖讓純粹的神學擺脫對古典哲學的依賴。但是同時，哲學也由此割斷它對神學目的的從屬關係。隨著對哲學思辨的自主追求，科學研究開始了。尤其是方濟各會再次強調鼓勵數學研究的新柏拉圖主義的作用。理性探索被嚴格排除在信仰領域之外，這就要求科學與哲學不要再對信仰條款吹毛求疵。同時，信仰也不得隨便宣布教義，必須讓理性的科學和哲學可以堅持己見。和以前相比，這種情形導致更尖銳的衝突。因為，如果信仰的執行者對某件事發號施令，卻又發現事實上這是錯的，接著他們就要收回成命，否則就要在自己沒有資格的領域進行論爭。啟示想要保持自己的獨立性，唯一的方法就是不加入辯證法的論爭。用這種方式，人們才可以在獻身於科學研究的同時，還可以堅持對上帝的信仰。湯瑪斯主義者試圖證明上帝的存在，但是這種論證不僅本身沒有取得成功，而且還削弱他們的神學地位。從宗教信仰的角度看，這意味著理性標準根本不適用，在某種意義上，靈魂可以自由、忠誠地對待它所喜愛的一切。

羅傑‧培根大約生於1214年，死於1294年，不過這兩個年份都不很確切。他在牛津和巴黎求學期間，全面地掌握所有學問分支的淵博知識，這有點像過去的阿拉伯哲學家。他在反對湯瑪斯主義時是直言不諱的。湯瑪斯在不能直接閱讀原著的情況下，竟然只根據譯本寫出關於亞里斯多德的權威評注，這一點似乎令他很吃驚。譯文是不可靠也不可信的，更何況，亞里斯多德雖然很重要，但還有其他同樣重要的東西，尤其是湯瑪斯主義者不懂數學。要獲得新知識，我們必須依靠實驗，而不是權威。培根沒有批判經院辯證法的演繹法本身，但是他堅持認為，僅僅推導結論是不夠的，要使人信服，則必須經得起實驗的驗證。

這種新穎的觀點自然會引起正統派的反感。1257年，培根被逐出牛津，並流亡到巴黎。1265年，吉‧富爾克斯（前教廷駐英格蘭使節）當上教宗，即克萊孟四世。教宗對這位英國學者很感興趣，就請他寫一篇自己的哲學綱要。1268年，培根不顧方濟各會的禁令，提交了這份綱要。他的學說得到教宗的支持，於是獲准返回了牛津。但教宗當年就去世了，這時的培根仍然沒有學會圓滑的處世之道。1277年，大規模的定罪討伐運動發生了，培根和別的許多人都被召去解釋自己的觀點。不知道是根據哪一條來認定他有罪的，總之他坐了15年的牢，1292年才獲釋，兩年後他就去世了。

鄧斯‧司各脫（約1270—1308）對哲學的興趣更大，我們從他的姓氏可以看出，他是蘇格蘭人，也是方濟各會成員。他是在牛津上的學，23歲時成為牛津的一名教師。後來他到巴黎和科隆執教，最後在科隆去世。鄧斯‧司各脫更為明確地指出信仰與理性之間的分離。一方面，理性的範圍在逐漸縮小，另一方面，上帝恢復完全的自由和獨立。涉及上帝的神學，

不再是一種理性學科，而是一種為啟示所激發的有用信仰。正是憑著這種精神，鄧斯拒絕接受湯瑪斯主義者關於上帝存在的各種論證，因為他們所依賴的是感知經驗。同樣，他也拒絕接受奧古斯丁的論證，因為它們在某種程度上要借助於神的啟發。既然論證與證明屬於哲學，神學又與哲學互相排斥，因而他就不能接受奧古斯丁的證明。另一方面，他不反對將一種概念性證明建立在第一個無起因存在的觀點之上，這多少有點傾向於阿維森納。這實際上是安瑟倫本體論①的一個變種。然而，關於上帝的知識是不可能透過被創造的事物來獲得的，因為它們的存在只是偶然的，而且取決於上帝的意志，實際上，萬物的存在與本質是一致的。不妨回顧一下，湯瑪斯認為這種同一性有助於對上帝進行定義。知識源於本質，所以它們與上帝心中的理念不同，因為我們不能認識上帝。既然本質與存在相一致，使個體得以存在的東西就不可能是物質，而必須是形式，這和湯瑪斯的觀點是相對立的。儘管鄧斯認為形式是實質性的，但是也不贊同徹底的柏拉圖實在論。在個體中就可能存在各種各樣的形式，由於它們只是在形式上有所不同，所以它們不可能獨立存在。

正如上帝的意志產生至高無上的力量一樣，鄧斯認為在人的靈魂中，正是人的意志左右著人的智力，是意志的力量給了人們自由，智力則受其所指對象的限制。我們從這一點就可以得出結論，意志只能掌握有限的事物，因為無限物的存在是必然的，因此就取消了自由。自由學說是符合奧

---

1. 安瑟倫被稱作「經院哲學之父」，首先提出本體論論證。以理性與信仰的關係而言，他認為理性的思考必須符合信仰的原則。「我絕對不是理解了才可以信仰，而是信仰了才可以理解。因為我相信，除非我信仰了，否則我絕對不會理解。」——譯者注

古斯丁傳統的，它透過方濟各會的學者之手，極大地影響懷疑主義。假如上帝不受世界永恆法則的約束，我們可以相信上帝什麼？這一點也就令人懷疑了。一種更為激進的經驗主義出現在奧坎‧威廉的著作中。奧坎是方濟各會學者中最偉大的一位，他大約在1290—1300年之間的某個時候。生於奧坎的威廉，他在牛津求過學，也授過課，後來又去了巴黎。由於他的學說不合乎正統，1324年，他奉命去亞維農晉見教宗。4年後，他再一次與教宗若望二十二世發生爭執。唯靈派①堅持清貧的苦行生活，曾經引起教宗的不快。教宗在形式上擁有修士會產權的協定已經實行一段時間，現在卻被取消了，於是許多修士會成員公然蔑視教廷的權威。由於奧坎、帕多瓦的馬西略、切塞納的麥克（修士會會長）站在反叛者一邊，因此在1328年被教宗開除教籍，所幸的是，他們逃離了亞維農，並且在慕尼黑路易皇帝的宮廷中受到保護。

在兩股力量的爭鬥中，教宗扶持另一位偽皇帝，並且開除路易的教籍。路易針鋒相對，也在一次大公會議上以異端的罪名指控教宗。為了報答皇帝的保護，奧坎自願充當皇帝發行的咄咄逼人的小冊子的撰稿人，對教宗口誅筆伐，猛烈抨擊其插手世俗事務的行為。1338年，路易去世，奧坎仍然留在慕尼黑，直到1349年去世。

帕多瓦的馬西略（1270—1342）是奧坎的朋友和難友。他也同樣反對教宗，並且對世俗與宗教勢力的組織、職能提出十分現代的觀點。在這兩方面，最終的統治權都應該屬於大多數人民，大公會議也應該透過全民選舉形成，只有這樣的會議才有權開除人的教籍。大公會議可以獨立制定正

---

1. 方濟各會的一個極端教派。——譯者注

統標準，但教會不得干預國事。雖然奧坎的政治思想不都是如此極端，但是也深受馬西略的影響。

在哲學方面，奧坎比其他任何一位方濟各會的學者都更接近於經驗主義。鄧斯·司各脫儘管把上帝請出理性思維的領域，但是仍保留一定程度的傳統形而上學，奧坎則全面地反對形而上學。按照奧坎的觀點，柏拉圖、亞里斯多德及其追隨者所堅持的一般本體論，是根本不能成立的。實在性隸屬於個別、單一的東西，只有它們才可能成為經驗的對象，並產生直接而明確的知識。這就是說，亞里斯多德苦心經營的形而上學體系是完全多餘的，它無法解釋存在。我們應該在這個意義上解釋奧坎的如下論斷：「能簡則簡，繁複無益。」這句話為另一句更有名的格言提供基礎，即「如非必要，勿增實體」。雖然這句格言不在奧坎的著作裡，卻作為「奧坎剃刀」而聞名遐邇。當然，這裡所說的實體是指傳統形而上學中的形式和實質之類的東西。然而那些主要對科學方法感興趣的後世思想家們，卻對這個準則做了完全不同的曲解。當他們解釋現象時，「奧坎剃刀」成為一種通用的節省原則。如果簡單的解釋說得過去，就不必尋求複雜的解釋。當奧坎這樣堅持存在屬於個體時，他也允許在詞語的邏輯領域出現字義的普遍知識。這並非一個直接理解的問題（針對個體），而是一個抽象的問題；此外，它也不保證這樣得出的東西就會作為某物存在。因此，奧坎是一位真正的唯名論者。在嚴格的亞里斯多德派意義上，邏輯必須被視為一種語言工具，它涉及的是術語的含義。在這一點上，奧坎發展11世紀早期唯名論者的觀點。事實上，波愛修斯很早就堅決主張亞里斯多德的範疇論是關於詞語的。

論述和交談中使用的概念或術語完全是思想的產物。在沒有用詞語

表達它們之前，它們被稱為自然的共相或符號，與此形成對照的是約定俗成的符號。為了避免出現可笑的錯誤，必須仔細地將事物的陳述和詞語的陳述區分開來。當我們談及事物時，所使用的術語就叫第一概念；如果我們談到的是詞語，所用的術語則被稱為第二概念，在論證過程中，保證所有使用的術語具有同一的概念是至關重要的。運用這些定義，就可以這樣來表達唯名論者的觀點：「共相」這個術語屬於第二概念。實在論者認為共相具有第一概念是錯誤的。湯瑪斯主義不僅贊同奧坎拒絕把共相概念看作事物的觀點，他們還進一步同意允許共相先於事物而存在，猶如上帝心中的理念。之前說過，這個準則的源頭要追溯到阿維森納。然而，湯瑪斯認為這是一個得到理性支持的形而上學真理，奧坎則把它看作一個神學命題，因此脫離理性的領域。在奧坎眼裡，神學是一個純粹的信仰問題，上帝的存在是不能用邏輯證明來確立的。他在這一點上，比鄧斯・司各脫走得更遠，他不僅拒絕湯瑪斯，而且拒絕安瑟倫。他認為，不能透過感知經驗來認識上帝，也不能透過理性手段來確立有關他的任何東西，是否相信上帝及上帝的各種屬性，完全取決於我們有沒有這種信仰。有關三位一體、靈魂不朽、創世紀之類的全部教義體系同樣如此。

於是，奧坎在這個意義上被說成一個懷疑論者，但如果我們認為他是一個異教徒，那就錯了。透過對理性範圍的限定，並且使邏輯學擺脫形而上學與神學的約束，奧坎為促進科學研究的復興做了大量工作；同時，信仰領域也向所有喜歡自由的人敞開大門。因此，奧坎學說導致一場在許多方面回歸新柏拉圖傳統的懷疑主義運動，也就不奇怪了。這個運動最有名的代表人物是埃克哈特大師（1260—1327），他是道明會①成員，其理論完全不考慮正統的要求。在現有的教會看來，一個神秘主義者的危險性，

即使不超過一個自由思想家，也會和後者一樣。1329年，埃克哈特的學說被教廷宣布為異端。

中世紀最傑出的思想家也許就是但丁（1265—1321），他是中世紀思想的集大成者。的確，他創作《神曲》的時候，中世紀已經開始解體。我們就有了一個經歷過全盛期的世界概觀。我們可以回顧一下湯瑪斯時代偉大的亞里斯多德派復興以及充斥義大利城邦的派系之爭（圭爾夫派與吉伯林派[2]）。但丁顯然曾經讀過「天使博士」湯瑪斯‧阿奎那的著作，同樣，他還熟悉當時普遍的文化活動，通曉當時所知的希臘、羅馬的古典文化。《神曲》記述一次經過地獄、煉獄而升入天堂的旅行，但是在旅途中，作者實際上透過隱喻向我們提供一個中世紀思想的概要。1302年，但丁在故鄉佛羅倫斯遭到放逐。當時的對立派系之間出現長期的內部紛爭，最後黑黨圭爾夫派終於上台。但丁家族卻是白黨圭爾夫派的支持者，他也堅持帝國職能觀點。大量的這類政治鬥爭和引發這些事件的近期歷史，都在《神曲》中有所表現。在本質上，但丁屬於吉伯林派，他尊崇皇帝腓特烈二世。皇帝具有廣博的見識和閱歷，這正是詩人心目中理想皇帝的典範。

但丁這個名字是西方文學史上少數幾個最偉大的名字之一，但這不是使他聲名卓著的唯一頭銜。首先，他把通俗的大眾語言錘煉成一種普遍的文字工具，進而第一次確立一種超越各地方言的標準。在此之前，只有拉丁文曾經發揮過這種作用，現在義大利文則成為文字表達的工具。作為一

---

1. 這個教派致力於改造亞里斯多德哲學，積極嘗試，使其為論證神學服務。——譯者注
2. 圭爾夫派擁護教宗，吉伯林派擁護皇帝。——譯者注

種語言，義大利文至今也沒有什麼變化。皮卻·德拉·維格納也許是最早用義大利文寫詩的人，他是腓特烈二世的大臣。但丁從許多方言中吸納自認為最好的部分，並且在自己母語（托斯卡語）的基礎上創立現代義大利的文學語言。大約在同一時期，通俗語言也在法蘭西、日耳曼和英格蘭發展起來。喬叟①生活的年代就在但丁之後不久。然而用拉丁文來進行學術研究的習慣仍然保持很長的時間。首次用母語寫作的哲學家是笛卡兒，不過他那時也只是偶爾為之。拉丁文逐漸走向衰落，直到19世紀初，它作為表達思想的工具，才徹底為那些學問家所拋棄。從17世紀到20世紀，法語充當這種普遍交流的工具，而今天，則是英語正在取代法語。

在政治觀念方面，當帝國原有的影響快要喪失殆盡之際，但丁仍然是帝國強權的鬥士。法蘭西和英格蘭的民族國家在一天天發展壯大，世界帝國的觀念卻不怎麼受人歡迎。與但丁的中世紀觀念相一致的是，這種政治重心的變化沒有引起他的特別關注。假如他可以看到這種變化，義大利就有可能提早發展為一個現代化的國家，但是這不是說，一個複雜的帝國的古老傳統沒有多少可以支持這種發展的內容，只是時機還沒有成熟。這個結果使得但丁的政治理論在實際政治領域中始終沒有發揮多大的作用。

對我們來說，《神曲》中那些關於古人地位的古怪問題似乎是無關緊要的。我們當然不能僅僅因為他們不信基督教，就認為昔日偉大的古典

---

1. 傑弗里·喬叟（1343—1400），英國詩人，十幾歲進入宮廷當差，與宮廷往來密切，曾經擔任廷臣、關稅督察、肯特郡的治安法官、下議院議員。他到過比利時、法國、義大利等國，有機會遇見薄伽丘與佩脫拉克。喬叟在庇護者失寵期間，被剝奪官位和年金，經濟拮据。他曾經寫過打油詩《致空囊》給剛登基的亨利四世，申訴自己的貧窮。西元1400年，喬叟逝世，被安葬在倫敦西敏寺的「詩人之角」。——譯者注

哲學家們應該受到永遠的詛咒，特別是「智慧大師」亞里斯多德肯定是值得我們頌揚的；更何況，由於沒有受洗，這些思想家當然就不能算基督教徒。於是但丁想出了一個折衷的方法。作為非基督徒，古代哲學家們應該下地獄，我們也的確在地獄的章節中發現他們，不過但丁在地獄中給他們留了一個特殊的角落——凶險環境中的一塊天堂聖地。當時教條的約束力是如此強大，以至於讓人覺得如何安置過去那些非基督教的偉大思想家都成為問題。

儘管中世紀的生活存在恐怖與迷信，但大體上還是有序的。一個人的身分地位取決於其出身，並且要效忠於他的封建領主。政治體制有恰當的劃分，等級十分森嚴。馬西略和奧坎批判政治理論領域的這個傳統。宗教勢力曾經是壓制人們恐怖行徑的主犯，但是當人們一旦覺得宗教教義可有可無時，它的影響力就開始減弱了。這不會是奧坎的意願，但肯定是奧坎學說逐漸對改革派產生作用的結果。馬丁‧路德認為，奧坎是經院派最重要的學者。不過但丁的著作沒有預示這些動盪和變革，他反對教宗不是出於任何背叛正統的目的，而是認為教會干預本來應該屬於皇帝許可權的事務。然而，在但丁的時代，一位日耳曼皇帝已經不可能在義大利維持其權威了，儘管那時的教廷勢力已大為減弱。1309年，教廷移到了亞維農，從此教宗實際上成為法蘭西國王的一件工具，教宗與皇帝之間的爭鬥也由此成為法蘭西與日耳曼的爭鬥，英格蘭站在帝國一邊。1308年，當盧森堡的亨利七世成為皇帝時，帝國看起來似乎有可能再次恢復元氣，但丁也欣喜地把他當成救世主。然而亨利的成功不徹底，而且十分短暫。儘管他突然襲擊義大利，並且於1312年在羅馬加冕稱王，但是在征討那不勒斯和佛羅倫斯時，卻未能堅持到底。亨利於次年去世，1321年，但丁在流亡拉文納

時去世。

　　隨著各種通俗語言的興起，教會在科學與哲學的智力活動中失去部分控制權。與此同時，世俗文學得到很大的發展（起於義大利，並逐漸向北蔓延）。探索範圍的擴大，加上某種程度的懷疑主義（源於信仰與理性之間的鴻溝），使得人們不再關注非現世的事物，而是學會盡力改善（或者多少改變一下）自己的命運。所有這些趨向都始於14世紀上半葉。但丁未能預見到這些情況，他基本上還在緬懷腓特烈二世的時代。從整體上看，中世紀世界是中央集權的，文藝復興的各種新生力量試圖摧毀中世紀社會牢固的結構。然而在我們這個時代，由於各種不同的原因，似乎還有可能再次出現統治世界的思想。

　　到了14世紀，教廷勢力在迅速衰落。儘管在與皇帝的爭鬥中，教廷證明自己的強大，然而想要動輒以威脅開除教籍來控制基督徒，已經不再那麼容易了。人們開始敢於獨立思考關於上帝的問題，教廷已經在道德和宗教方面失去對思想家及學者的約束力，國王和民眾也同樣對教宗的使者征斂巨額錢財十分不滿。所有這些因素正在開始形成，儘管在世紀之交尚未發展成公開的衝突。是的，教宗波尼法爵八世在「一致神聖」的訓令中強調教廷的至高無上，他的強硬甚至超過依諾增爵三世。他宣布1300年為大赦年，所有前往羅馬朝聖的教徒都將予以大赦。這不僅可以突出教宗的宗教權威，而且也是聚斂錢財的好機會，同時也可以使羅馬人富起來，因為他們的生計與為朝聖者提供臨時服務緊密相關。大赦年辦得如此成功，以至於後來改為50年一次，繼而又改為25年一次，以取代原定的100年一次。

　　無論表面上看來是多麼至高無上，波尼法爵八世的權力基礎還是脆弱的。作為人，他對金錢的熱愛超過做教會之王；即使是在信仰問題上，

他也不能算正統派的榜樣。他在任職期間，不是和法蘭西主教們，就是和法蘭西國王腓力四世發生衝突。在這場爭執中，法蘭西國王成為勝利者。1305年當選的下一任教宗是克萊孟五世，他是法蘭西人，於1309年在亞維農上任。在任期內，在他的縱容和默許下，腓力四世鎮壓聖殿騎士團。這種掠奪性的做法靠的是莫須有的異端罪名。

一般說來，從此以後的教廷爭端往往是損害自身的權威。若望二十二世與方濟各會的分歧招致了奧坎的批駁。由於教宗在亞維農而不是羅馬，因此在克拉・迪・黎恩濟的領導下，羅馬出現短暫的分裂。起初，黎恩濟這位羅馬公民只是反對腐敗貴族，最後公然蔑視教宗和皇帝，並聲稱羅馬應該像過去一樣成為宗主國。1352年，黎恩濟被教宗克萊孟六世抓獲，直到兩年後教宗去世，他才被釋放。雖然他又重新在羅馬掌權，但幾個月之後卻被暴民殺害了。

由於流亡法蘭西，教廷的威望大打折扣：為了彌補這個損失，額我略十一世於1377年回到羅馬，但是他第二年就去世了。繼任者烏爾班六世（義大利人）又和法蘭西大主教們發生爭執。大主教們選舉日內瓦的羅伯特（法蘭西人）為他們的教宗，稱之為克萊孟七世，並重新住在亞維農，由此產生的宗教分裂一直持續到了康士坦斯大公會議。法蘭西人擁護他們的亞維農教宗，帝國只承認在羅馬的教宗。由於兩個教宗都任命了各自的大主教，這些主教們又都選舉了教宗的接班人，因此裂痕便到了無法彌合的地步。為了打破這個僵局，1409年在比薩召開的大公會議決定廢黜兩位現有的教宗，並且在會上選出一位新教宗。但是被廢黜的教宗都不肯退位，於是就有了三位教宗，而不是過去的兩位。1414年召開的康士坦斯大公會議終於恢復某些秩序。新當選的教宗被廢黜，羅馬的教宗被勸退，

亞維農的教宗由於缺乏在法蘭西得勢的英格蘭人的支持，最終失敗。1417年，大公會議任命瑪爾定五世為教宗，這才算結束宗教大分裂。然而教會自身的內部改革不成功，教宗透過反對會議運動，進一步削弱教廷原本可以贏得的威信。

在英格蘭，約翰·威克里夫（約1320—1384）進一步開始對羅馬的抵制。威克里夫是約克郡人，也是牛津的學者和教師。值得一提的是，英格蘭和歐洲大陸相比，長期以來不順從於羅馬。征服者威廉早就有規定，在他的疆域內，未經國王同意，不得任命主教。威克里夫是一位世俗的教士，他的純哲學著作不如方濟各會的重要。他放棄奧坎的唯名論，傾向於更接近柏拉圖的某種形式的實在論。奧坎賦予上帝絕對的自由和權力，威克里夫認為上帝的律法是必需的，而且這種約束對上帝本身也有效。世界不可能超越它存在的樣子，這個觀點明顯受到新柏拉圖學說的啟示，並且於17世紀在史賓諾沙的哲學中再次出現。威克里夫晚年漸漸開始反對教會，首先是因為教宗和主教們沉醉於奢靡的世俗生活之中，但是廣大信眾卻十分貧困。1376年，他在牛津的一次演說中提出一種世俗統治的新觀點，即只有正直、正義的人才有權獲得財產和權威。教士們迄今為止都未能經受住這種考驗，這就意味著他們放棄財產，財產問題應該由國家來決定。無論如何，財產都是弊端的根源：如果基督及其門徒原本一無所有，今天的教士們也不應該擁有任何財產。有財產的教士們自然不喜歡這樣的觀點，但正準備停止向教宗進貢的英國政府卻很支持。教宗額我略十一世發現威克里夫與帕多瓦的馬西略有同樣的異端見解，於是就下令審判他，但審判卻為倫敦市民們所否定。此外，牛津大學也堅持自己有服從國王的學術自由，否定教宗將其教師送上法庭的權力。

宗教大分裂之後，威克里夫甚至聲稱教宗是反基督份子。他和一些朋友一起出版《聖經》的英譯本，並且建立一個清貧教士的世俗修士會，會員都是為窮人服務的巡迴傳教士。最後，他還譴責「化體論」觀點，後來的宗教改革領袖們也痛斥了這個觀點。威克里夫在1381年的農民起義中採取中立，儘管他以前曾經是起義的同情者。1384年，他在路德維斯去世。他生前逃脫了迫害，死後卻被康士坦斯大公會議鞭屍洩憤，他的英格蘭追隨者（羅拉德派）也遭到無情的消滅。在波希米亞，威克里夫的學說卻啟發胡斯運動，該運動一直持續到宗教改革。

如果我們問自己，希臘思想和中世紀思想的主要區別是什麼？我們就完全可以說，希臘思想中缺乏原罪意識[1]。希臘人似乎不為遺傳下來的個人罪孽負擔感到苦惱。也許他們的確注意到現世生活是朝不保夕的，隨時可能因為神靈的心血來潮而毀滅。但是他們絕對不會認為這是對過去罪孽的一種正義的報應。由此可見，希臘人心靈裡沒有贖罪或靈魂獲救這種觀念。因此，整體上看，希臘人的倫理思想完全不是形而上學的。在希臘化時代，尤其是隨著斯多葛主義的興起，某種忍受苦難的特性悄然潛入了倫理學，後來又傳給早期的基督教各派。然而說到底，希臘哲學沒有遭遇神學問題，因而始終是徹底世俗的。

當西方世界為基督教所控制的時候，倫理問題的形勢就發生劇烈的變化。對基督教徒而言，今生是在為更好的來世做準備，一個人的各種苦

---

1. 原罪一詞來自基督教的傳說，是指人類與生俱來、無法洗脫的「罪行」。《聖經》記載：人類有兩種罪——原罪與本罪，原罪是始祖犯罪遺留下來的罪性與惡根，本罪是每個人今生所犯的罪。原罪，與生俱來的罪之宿命。原罪的重點，不是要人們贖罪，而是要人們明白自身的不足，所以又稱為原罪意識。——譯者注

難是其必須經歷的考驗，是為了消除其原罪負擔。但是，從字面上理解，這似乎是超人才可以完成的任務。為了成功地經受住考驗，人需要神的幫助，神則可能願意，也可能不願意提供幫助。在希臘人眼裡，德行是對自己的獎賞，基督徒則認為行善是因為上帝有此要求。雖然僅靠遵循嚴格的德行原則不能確保靈魂獲救，但是無論如何，這也是一個先決條件，其中的一些信條當然要深信不疑，這正是神的幫助首先介入的地方。由於人必須透過對神的皈依來獲得信仰，因而就要尊重信仰的各種條款。那些連第一步都做不到的人就只能無可救藥地被詛咒了。

正是上述背景使得哲學逐漸具有某種宗教功能。雖說信仰超越理性，但信仰者還是可以盡量利用理性來展示其信仰，進而增強自己抵制疑惑的意志，於是哲學在中世紀就成為神學的婢女。只要這種觀點還盛行，基督教哲學家也就必然是教會成員。迄今為止，所有的世俗學問都是教士們和某些大修士會成員所開辦的學校（或後來的大學）保留下來的。這些思想家所使用的有效哲學手段可以追溯到柏拉圖和亞里斯多德時期，尤其是亞里斯多德派還在13世紀佔據主導地位。不難理解為什麼亞里斯多德比柏拉圖更容易被基督教神學採納。用經院派語言來說，我們可以這樣來解釋這一點：在對事物的處理上，實在論者的理論沒有為神權留下絲毫發揮關鍵作用的餘地，唯名論卻在這個方面提供更廣闊的空間。儘管猶太教與基督教的上帝不等於亞里斯多德的神靈，但是無論如何，亞里斯多德學說也確實比柏拉圖學說更適合基督教方案。柏拉圖的學說很容易激發出泛神論觀點，正如我們下文將介紹的那樣，史賓諾沙就是一個例子，儘管他的泛神論特徵完全是邏輯性的。只要承認理性在一定程度上支持信仰，哲學與神學之間的這種融洽就會持續下去。自從14世紀的方濟各會學者否定這種可

能性，並且堅持認為理性與信仰互不相干後，中世紀觀念就逐漸從舞台上消失，神學領域不再繼續使用哲學。奧坎使信仰徹底擺脫與理性探索的聯繫，進而使哲學回到現世主義的老路上。16世紀以後，教會就不再在哲學領域佔主導地位了。

這次宗教大分裂，還使人們可以把自己的理性活動與宗教活動嚴格區分開來。如果認為這是一種虛偽，那就完全錯了。無論過去、現在還是將來，總有很多人不願讓自己的實際信仰干預宗教信仰。相反，可以十分肯定地說，只有透過這種方式，宗教才可以保持獨立性，使自己免遭懷疑的襲擊。因為只要神學進入辯證法領域，就必須遵循理性討論的規則。

當人們必須相信某個不符合經驗探索結果的命題時，又會走進另一個無法擺脫的困境。拿地球的年齡來說，《舊約》的估計是5750年左右，這是正統派必須相信的數字；而另一方面，地質學家們卻拿出了各種證據，認為地球的年齡在40億年以上。這樣一來，其中的一個信念就必須加以糾正，除非具有宗教思想的探索者打算在星期日堅持一個觀點，在其餘幾天則堅持另一個觀點。這裡的重要意義在於，在宗教原則與探索結果出現衝突的地方，宗教總是處於防守地位，並且不得不改變其立場，因為從本質上看，信仰絕對不應該和理性發生衝突，既然這樣的衝突在理性辯證法的領域之內，宗教就總是不得不敗下陣來。但是在這種情況下退卻之後的宗教，卻可以維持自己獨特而獨立的地位。

經院派哲學家們在試圖盡量合理地解釋宗教教義時，經常顯示出他們過人的獨創性和巧妙思維，這些實踐的長遠影響錘煉了後來中世紀思想家們所繼承的語言工具。這或許就是經院派完成的最有價值的工作。它的缺陷在於對經驗探索不夠重視，這個缺陷一直到了方濟各會學者那裡，才引

起重視。在一個關注上帝和來世甚於今生的時代，如此輕視經驗探索的結果，也是很自然的。文藝復興思想家們再次強調以人為中心，在這個思潮中，人的活動應該因其自身價值而受到重視，由此，科學探索的步伐也開始以驚人的速度向前邁進。

在近三四百年裡，一種重視活動的倫理觀不僅改變西方世界，而且也改變世界其他地方。由於世界已經為西方的技術所征服，所以其倫理觀也隨之在一定程度上產生新的影響。

第七章

近代哲學的興起

中世紀觀念在14世紀開始衰落，與此同時，一些新的力量逐漸產生，並且塑造今天的現代世界。從社會角度看，隨著一個強大的商人階級的崛起，中世紀社會的封建結構變得岌岌可危了，商人階級與君主聯合起來反對那些為所欲為的貴族。從政治角度看，當貴族們的習慣據點在更先進的攻擊性武器面前越來越脆弱的時候，他們不可侵犯的優勢便失去了。如果說農民們原始的棍棒長矛無法攻破城牆，火藥就另當別論了。有四項偉大的運動可以作為這個過渡時期的象徵（過渡時期是指從中世紀衰落到17世紀的躍進）。

　　首先是15世紀、16世紀始於義大利的文藝復興。雖然但丁還停留在中世紀的思維方式裡，但是他卻提供通俗的語言工具，使那些不懂拉丁文的普通人（非教士）也可以讀寫書面文字。薄伽丘和佩脫拉克這些作家則回歸世俗的理想。我們在各類藝術和科學中，到處可以發現人們對古代世俗文化的興趣又重新煥發了，它象徵著與中世紀教士傳統的一種決裂。

　　儘管有關上帝的各種偏見主宰著中世紀的舞台，但文藝復興思想家們更感興趣的卻是人。一種新的文化運動從這種狀況中產生了，這就是人文主義運動，這是第二種偉大的新生力量。雖然文藝復興從整體上影響人們的普遍人生觀，但人文主義運動仍然停留在思想家和學者們的範圍中。義大利的文藝復興沒有使國家再次持久地統一，整個國家被分為若干地區，實行城邦統治，無政府狀態十分盛行。義大利落到奧地利與西班牙的哈布

斯堡王朝手中，直到19世紀中葉才重新恢復為一個主權國家。但是，它的文藝復興運動卻產生巨大的影響，並且逐漸向北傳到德國、法國和其他國家。這些地區偉大的人文主義者大約要比他們的義大利前輩們晚了一個世紀。

改變中世紀世界的第三大力量，就是與人文主義運動同時代出現的馬丁‧路德的宗教改革。的確，在教會內部，曾經有人一度認為應該進行某種改革。人文主義思想家們曾批判教會管理中充斥著各種不法行徑，但野心勃勃、貪圖錢財的教宗仍然有太強的控制力。宗教改革一爆發，立刻遭到羅馬的猛烈反擊和詛咒。作為一種新興運動，它原本可以被納入萬國教會的大家庭之內，卻因此而被迫陷入孤立，進而發展成許多國家的新教教會。當天主教終於開始進行自身變革時，這個宗教分裂已經不可挽回了。從此，西方的基督教一直處於分裂狀態。改良後的各種宗教之所以認為「每個人都是傳教士」，正是由於人文主義的影響。每個人都可以直接與上帝接觸，基督不需要代理人。

第四個重要的發展直接來自經驗研究（發端於奧坎的批判）的復興。在隨後的兩個世紀裡，科學領域取得巨大的成就。其中最重要的就是哥白尼重新發現太陽中心說，並且於1543年對此做出解釋。自17世紀以後，物理學與數學取得很大的進步，並且透過對技術進步的促進，確立其在西方的支配地位。科學傳統除了帶來物質利益以外，它本身也是獨立思想的一個偉大的推動者。無論西方文明傳播到哪裡，它的政治理想都會緊隨著物質擴張的步伐到來。

科學進步產生的觀點，在本質上還是希臘人的觀點，從事科學工作也就是去顧全解釋現象。這些傳統所獲得的權威和中世紀教會強加於人的教

條主義是完全不同的。當然，在很大程度上，當探索者持不同意見時，靠信仰的教條體系生活的僧侶統治階層會用同一種論調來對付所有問題。有些人以為牢不可破的整體一致就是優越性的象徵，至於其成立的原因卻從未得到答案。毫無疑問，它可以使那些支持者感受到一種力量，這才是實際情況。但是這樣做不能使他們的立場有更多的合理性，就像一個命題不會因為用了更高的嗓門來宣布，就會變得更正確一些一樣。探索工作唯一需要尊重的，就是理性論證的普遍規則，或者用蘇格拉底的話說，就是辯證法。

然而不知道為什麼，科學在技術應用領域的巨大成就卻招來另一種危險。因為漸漸地，很多人開始以為，只要恰當地引導和利用人的努力，就沒有什麼人不能企及的目標。近代技術的巨大進步取決於很多人的共同努力，對於那些以制定新計畫為己任的人來說，他們一定真的以為自己的力量是無窮的。所有這些計畫都包含著人的努力，並且應該為人的目標服務，這一點卻被拋到了腦後。從這個方面看，我們自己的世界也正面臨過分的危險。

在哲學領域，對人的強調產生一種內向的思辨傾斜，由此導致的觀點是與那種激發權力哲學的觀點截然不同的。現在，人成為自己能力的批判者，除了某些直接經驗以外，人不承認還有什麼不可批判的。這個主觀態度導致某種極端的懷疑論，它的隨心所欲就像「完全忽視個人」的傾向一樣過分。顯然，必須另外尋求一種妥協的解決方法。

此外，還有兩項特別重要的進步可以作為這個過渡時期的象徵。首先是活字印刷術①的出現。以西方世界而言，它可以追溯到15世紀，中國人使用這種方法的時間還要早500年，不過當時的歐洲人不知道。印刷術的出

現極大地拓展新思想的傳播範圍，最終這也有助於破壞傳統的權威。比如說，譯成通俗語言的《聖經》透過印刷，就可以很輕易地弄到，教會再也不能憑三寸不爛之舌來維持它在信仰問題上的監護人地位了。至於一般的學問，也由於同樣的原因，加快了向現世主義的回歸。印刷術不僅為批判舊秩序的新政治學說提供傳播的途徑，而且還使得人文主義學者們可以出版古人的著作。這樣一來便促進對經典史料的更廣泛的研究，並且有利於普遍提高教育的水準。

有必要指出一點，即如果探討的自由得不到保障，印刷術的發明是否算一件好事就值得懷疑了，因為謬論和真理同樣易於印刷和傳播。如果一個人對擺在面前的資料毫不置疑地接受，這個人的閱讀能力也就沒什麼價值了。只有在可以自由發表言論和意見的地方，印刷品的廣泛傳播才會促進探索。如果沒有這種自由，也許當文盲會更好一些。在我們這個時代，這個問題已經變得更為嚴重了，因為印刷品不再是大眾交流的唯一媒介。自從無線電和電視發明以來，就更有必要永遠保持這種警惕了。一般說來，這種警惕性一旦喪失，自由就會開始喪失活力。

隨著資訊的更廣泛傳播，人們開始對地球形成一種更為合理的認識。這個認識是透過一系列的航海發現來獲得的，這些發現為西方的魄力和膽略提供新的契機和出路。造船及航海技術的進步以及對古代天文學的回

---

1. 活字印刷術的發明，是印刷史上一次偉大的技術革命。活字印刷的方法是先製成單字的陽文反文字模，然後按照稿件把單字挑選出來，排列在字盤內，塗墨印刷，印完以後再將字模拆出，留待下次排印的時候再次使用。北宋慶曆年間（1041—1048），畢昇（約970—1051）發明的泥活字象徵活字印刷術的誕生。他是世界上第一個印刷術發明人，比德國的谷騰堡（1398—1468）活字印書早約400年。——譯者注

歸，都使得這些冒險和開拓有實現的可能。在15世紀以前，船隻還不敢遠離大西洋海岸線，一方面是因為這樣做沒有什麼意義，更重要的是，如果冒險進入沒有陸地標誌導航的水域，水手們就會覺得不安全。羅盤的使用開闢了公海，從此探險家們就可以漂洋過海，探索新的大陸和航線。

在中世紀的人看來，世界是一個靜態、有限和有序的地方，世上的一切都有其特定功用，星辰圍著各自的軌道運行，人們生活在命定的地位之中。這幅自以為是的畫面被文藝復興撕得粉碎。兩種對立的傾向導致一種新觀點。一方面，人現在佔據著舞台的中心，並且對自己的力量和創造力信心十足；但是同時，人在宇宙中的地位卻變得不那麼高，因為空間的浩渺無際開始依賴於哲學家的想像力。德意志的紅衣主教尼各老·馮·庫斯（1401—1464）在著作中暗示這些思想，在接下來的世紀裡，它們又被納入了哥白尼的思想體系。同樣，另一種觀點則向畢達哥拉斯和柏拉圖回歸，它認為世界建立在數學模式之上。這一切思辨不僅否定事物的現有秩序，而且在教會和世俗兩方面都動搖了根基牢固的古老權威。教會試圖遏制異端思想的傳播，但收效不大。儘管如此，我們還是必須記住，即使到了1600年，宗教裁判所還在詛咒焦爾達諾·布魯諾[2]，並且將他燒死在火刑柱上。現有秩序的維護者們出於對顛覆的恐懼，對那些敢於特立獨行的

---

2. 焦爾達諾·布魯諾（1548—1600），文藝復興時期義大利哲學家、自然科學家，1548年生於那不勒斯附近的諾拉鎮；1563年進入道明會修道院；1576年因為反對羅馬教會的腐朽制度，相信科學，堅持哥白尼的日心說，被指控為「異教徒」而革除教籍，從此離開義大利，流亡瑞士、法國、英國、德國；1592年返回義大利，隨即被宗教裁判所逮捕入獄囚禁八年，但是他堅貞不屈，寧死不放棄自己的信念，因而被判處死刑；1600年2月17日被教會燒死在羅馬鮮花廣場。——譯者注

人給予凶殘的判決。這種情形在以前也不少見，然而正是這種判決顯示他們原以為可以維護的地位是多麼岌岌可危。在政治領域，逐漸發展起新的權威概念，世襲統治者的權力則受到越來越多的限制。

宗教改革也不是在各個方面都富有成效。也許改革派原以為人們在眾多宗教面前最終會明白，可以用不同的方式來崇拜同一個上帝。早在宗教改革之前，卡薩努斯就在提倡這個觀點。不過這個十分明顯的結論卻未能為廣大信眾所接受。

當然，文藝復興也不是指古代知識從休眠中突然覺醒。事實上，我們已經看到整個中世紀都殘留著某些古老傳統的遺跡。這種整齊的分界線不能簡單地將歷史分割開來，但如果處理得好，這種劃分還是有它的優點的。所以，如果說義大利的文藝復興是合理的，這意味著在中世紀和近代之間肯定有一些明顯的差異。例如在經院派的教會文學和世俗文學之間就存在鮮明的反差，後者始於14世紀，採用通俗語言來創作。在人文主義者以古典文化為基礎進行學術復興之前，這種文學的復甦就已經開始了，新文學運用大眾的語言作為創作工具，學者們的作品卻仍然在使用拉丁文，因而前者的吸引力和號召力比後者更廣泛。

至此，所有的領域都拋棄中世紀的狹隘觀念。靈感的源泉首先存在於當時蓬勃的世俗興趣，後來又表現在對古代的理想化想像中。當然，那個時代所發展起來的古代概念多少受到一代人熱情的歪曲，因為他們重新看到歷史的某種延續性。直到19世紀之前，有關古人的浪漫觀點都一直存在。和文藝復興時期的藝術家和作家相比，我們對這類問題懂得當然要多一些。

義大利的古代文明遺跡提供昔日的視覺象徵，和後來在阿爾卑斯山以

北所採取的形式相比，義大利文藝復興獲得更廣泛的立足點。從政治角度看，國家的瓦解就像古希臘一樣。北方是為數甚多的城邦，中間是教宗的轄區，南部則是那不勒斯及西西里王國。在北方城邦中，米蘭、威尼斯和佛羅倫斯實力最強。城邦之間存在長期的衝突，各城邦內部也存在派系紛爭。雖然人與人之間陰謀仇殺的熟練和殘忍程度達到極點，但整體的國家沒有遭到嚴重的損害。貴族和城邦都使用雇傭兵來互相廝殺，這些人的職業目的就是生存，為了生存他們什麼都肯做。當義大利成為法蘭西國王和羅馬皇帝的戰場時，這種混亂的局面才得以迅速扭轉。但是義大利的分裂實在太嚴重了，以至於不能同心協力來抵禦外來侵略。因此，國家依舊四分五裂，大多數地區為外國所統治。在法蘭西與帝國的反拉鋸戰中，哈布斯堡王朝取得最終的勝利。西班牙繼續控制那不勒斯和西西里，教宗轄區則享有默認的獨立。1535年，米蘭（教宗派的一個據點）淪為西班牙哈布斯堡王朝的屬地。威尼斯人則處於一種特殊的地位，一方面是由於他們從未被蠻族打敗過，另一方面是因為他們與拜占庭的聯繫。威尼斯人在歷次十字軍東征中累積實力和財富，並且在戰勝對手熱那亞人之後，主宰整個地中海的貿易。當1453年君士坦丁堡落入鄂圖曼土耳其人手中時，威尼斯開始走向衰落，好望角航線①的發現和新世界的開闢，更加速這個過程。

---

1. 好望角航線，世界上最繁忙的海上通道之一，有「西方海上生命線」之稱。1486年，葡萄牙探險家迪亞士奉國王之命，率領探險隊從里斯本出發，沿著非洲西海岸向南航行，尋找一條通往「黃金之國」——印度的新航道，駛至大西洋和印度洋會合處的水域，狂風驟雨交加，船隊被推上一個無名岬角，免遭覆滅，迪亞士將其命名為「風暴角」。1497年11月，葡萄牙探險家達迦馬率領遠航隊成功地繞過此角駛入印度洋，次年5月到達印度西南海岸，滿載黃金和絲綢回到葡萄牙。葡萄牙國王約翰二世將其命名為「好望角」，以示繞過此角就可以帶來美好希望，好望角航道成為溝通歐亞的唯一海上通道。——譯者注

文藝復興最重要的策源地是佛羅倫斯。除了雅典，還沒有任何城市可以像佛羅倫斯這樣，造就過這麼多的藝術家和思想家。但丁、米開朗基羅[1]、達文西及後來的伽利略，全都是佛羅倫斯人。佛羅倫斯的內亂使但丁被流放，該城最終為麥第奇家族統治。從1400年往後，除了一些暫時的中斷以外，這個商人貴族家族統治這個城市長達三個多世紀之久。

至於教廷，文藝復興對它有雙重影響。一方面，教宗們對人文主義者的學術探索表現出開明的興趣，並且成為藝術的偉大庇護人。教廷聲稱其世俗權力來自「君士坦丁的饋贈」；教宗尼閣五世（1447—1455）卻對揭穿這個騙局並且持有其他可疑觀點的洛倫佐·瓦拉極為推崇，儘管他有非正統的思想，這位文學「偵探」還是被任命為教宗秘書。另一方面，信仰標準變寬鬆後導致的世俗成見，使教廷的宗教影響力大減。有些人，如亞歷山大六世（1492—1503）的私生活就有些缺乏虔誠，這種虔誠本來是他們作為上帝的人間代表所應該具有的；更何況，16世紀的教宗們為了追求世俗的享樂，還把來自國外的大量錢財揮霍一空。這些行為所引起的不滿和抱怨，在宗教改革中激起怒潮。

整體來說，義大利的文藝復興在哲學領域沒有產生偉大的作品。這不是一個進行偉大哲學思辨的時代，而是一個重新尋根的時代。尤其是透過對柏拉圖的研究來再次挑戰經院派的亞里斯多德主義。15世紀初，科濟莫·德·麥第奇統治下的佛羅倫斯建起佛羅倫斯學院。該學院支持柏拉圖

---

1. 米開朗基羅（1475—1564），義大利文藝復興時期著名雕塑家、建築師、畫家、詩人，與達文西和拉斐爾並稱「文藝復興三傑」。米開朗基羅脾氣暴躁，不合群，與達文西和拉斐爾合不來。他一生追求藝術的完美，堅持自己的藝術思路，其作品以人物「健美」著稱，藝術風格影響深遠。——譯者注

派，並且藉此反對現有的大學。從通常意義上說，人文主義學者們所做的工作為17世紀偉大的哲學發展鋪平道路。

雖然文藝復興把人們從教會的教條主義中解放出來，但是沒有使人們脫離形形色色的古代迷信。占星術一直為教會所反對，這時卻大受歡迎，不僅目不識丁的人被它吸引，而且飽學之士也受到影響。巫術也同樣得到廣泛的接受，許多行為古怪卻又無害的人被當作巫師燒死在火刑柱上。當然，即使到了我們這個時代，政治迫害也不罕見，儘管已經不再時興使用火刑了。隨著對中世紀教條主義的抵制，人們也不再尊重長期形成的品德和行為模式。在所有的因素中，這一點尤其阻礙面對北方威脅的義大利實現國家統一。在這個時期，背信棄義的陰謀和兩面派行為氾濫成災，消滅對手的「文雅」做法已經發展成某種無與倫比的權術。在這個欺騙和猜疑盛行的時代，任何可行的政治合作形式都不可能出現。

在政治哲學方面，義大利文藝復興產生一位傑出人物尼柯洛·馬基維利（1469—1527），他是佛羅倫斯一位律師的兒子，他的政治生涯始於1494年麥第奇家族被逐出佛羅倫斯之際。就是在這個時期，佛羅倫斯受到薩萬納羅拉的影響，這位道明會改革家堅決反對當時的罪惡行徑和腐敗現象。他在積極的努力過程中，終於得罪了波吉亞的教宗亞歷山大六世，並且於1498年被燒死在火刑柱上。也許是這些事件誘發了人們對權力及政治成就性質的反思，後來，馬基維利就以薩萬納羅拉為例寫道：赤手空拳的預言家總是會失敗的。在麥第奇家族流亡期間，佛羅倫斯是一個共和國，馬基維利一直擔任公職，直到麥第奇家族於1512年捲土重來，再次掌權。由於馬基維利在此期間抨擊麥第奇家族，因此遭到罷黜。被迫退出政壇之後，他開始潛心進行政治哲學及相關問題的寫作。為了重新獲得麥第奇家

族的歡心，1513年他向洛倫佐二世獻上了自己的著作《君王論》，但是仍未能如願以償。他死於1527年，就在這一年，羅馬遭到皇帝查理五世雇傭軍的洗劫。

　　馬基維利的兩部論述政治的傑作是《君王論》和《史論集》。第一部研究專制政權得以取勝和維持的方法及手段，第二部則普遍研究權力在不同統治形式下的運用。《君王論》中的理論根本沒打算為如何做一名有德之君提供道德忠告；相反，它承認某些罪惡勾當有助於獲取政權。「馬基維利式的」一詞正是因此而具有一定程度的邪惡含義。公平地說，馬基維利不提倡邪惡原則，善與惡也不在他的探索範圍內，因此他的論證才這樣說道：如果你想獲取權力，你就必須冷酷無情。至於這是善是惡，完全是另一個問題，馬基維利的研究興趣不在這裡。人們也許會因為他沒有注意到這個問題而對他過於挑剔，但如果由於他研究客觀存在的政治權術而對他橫加指責，是沒有意義的。因為《君王論》所記載的東西在一定程度上只是總結文藝復興時期義大利的普遍做法而已。

　　馬基維利在為佛羅倫斯效勞的政治生涯中，曾經接受各種外交使命，進而有足夠的機會來親身體會政治陰謀的錯綜複雜。在外交工作中，他對切薩雷・波吉亞有了很深的瞭解。切薩雷・波吉亞是亞歷山大六世的兒子，他與父親一樣，也是一個真正的惡棍。長於計謀和膽略的切薩雷計畫在其父去世之後確保自己的地位。在實現野心的過程中，他的兄弟由於擋了他的道而被他除掉了。在軍事方面，切薩雷協助其父擴大教宗的統治區，完全是為自己日後擁有這些土地打算的。在教宗的繼位問題上，為了使自己的一位朋友得到該職位，他不惜採取一切手段。在實現這些目標的過程中，切薩雷・波吉亞表現出令人驚歎的獨創性和外交手腕，他時而假

裝和善，時而又置人於死地。當然，我們無法知曉這些政治鬥爭的犧牲者們的感受，他們很可能從一種超然的觀點出發，對切薩雷‧波吉亞的權術佩服得五體投地，這也正是那個時代的特徵。切薩雷的計畫最終還是失敗了，因為他的父親於1503年去世時，他自己也病倒了，繼任教宗儒略二世正是他的一個死對頭。單就切薩雷‧波吉亞的目標而言，我們完全可以承認他非常能幹，正因為如此，馬基維利慷慨地讚許他，在《君王論》中，他把波吉亞譽為熱愛權力者的楷模。馬基維利認為，這種做法之所以經得起辯駁，是因為它符合時代的普遍標準。不過整體來說，從17世紀到19世紀，這種冷酷無情的做法沒有得到寬恕，至少沒有得到公開的讚揚。20世紀再次產生許多具有馬基維利傳統的政治領袖。

從1513年到1521年，教宗寶座被列奧十世佔據，他來自麥第奇家族。由於馬基維利試圖巴結麥第奇家族，因此我們發現《君王論》用了一些虛偽的陳詞濫調來迴避教宗的權威問題。《史論集》對教廷的批判則尖銳得多，裡面的探討更多地充滿倫理觀。馬基維利認為，各種類型的掌權者，從宗教創始人到最初的暴君，都應該以功績大小為序加以考慮。關於宗教在國家中的作用，他的觀點則與實用主義一脈相承，認為只要國家可以獲得一定的社會凝聚力，宗教信仰的正確與否根本就無關緊要。根據這種觀點，為了維護社會穩定而迫害異端自然就是完全正確的。教會則因兩條罪行而受到指責：首先，很多教會執行者的罪惡生活方式已經削弱大眾對宗教的信任；此外，教廷對世俗政治的興趣已經成為義大利實現國家統一的一大障礙。我們還可以留心一下，後面這條是與如下認知完全一致的：為了達到個人目的，有些教宗曾經處心積慮，不擇手段。《君王論》並未提及這些目的，《史論集》則時有提及。

《君王論》十分清楚地顯示，統治者不受傳統道德的約束，除非是出於權宜之計，統治還可以打破所有的道德準則。的確，如果想掌權，就必須經常這樣做。但是同時，他又得在別人面前做出高尚正直的樣子，只有靠這種表裡不一的兩面派方式，一個統治者才可以保住自己的地位。

在《史論集》的一般討論中，馬基維利闡述「制約與平衡」理論。社會各階層都應該擁有一定的法定權力，以便實行一定程度的相互制衡。該理論可以追溯到柏拉圖的《政治篇》，17世紀的洛克和18世紀的孟德斯鳩使它變得更為引人注目。因此，馬基維利不僅影響近代政治哲學家的理論，而且影響當時獨裁者的行為。這個兩面派理論得到很多人的淋漓盡致的發揮和應用，儘管它也有馬基維利未曾料到的局限性。

在15世紀，文藝復興運動曾席捲義大利。但是它在阿爾卑斯山北面出現則費了些時間。復興的力量在向北蔓延的過程中，出現一些重要的變化。首先，在北方，只有學者才關心新觀點。在嚴格的意義上，甚至將它稱為復興都是不恰當的，因為北方沒有什麼曾經有過如今又可以再生的東西。一般說來，在南方，過去的傳統對人們還有一些模糊的意義；而在北方，羅馬的影響只是暫時的，或者說不曾有過，因此新運動主要靠學者來宣導，其影響力也就多少受到一些限制。由於在藝術領域找不到相同的出路，北方的人文主義就在某些方面演化成更為嚴肅的事情，結果，和義大利相比，它與中世紀權威的決裂顯得更為突然和壯觀。儘管有很多人文主義學者不贊成宗教改革帶來的宗教分裂，但是從某個角度看，人們還是希望這種分裂可以隨著北方的文藝復興而產生。

文藝復興以來，宗教在阿爾卑斯山兩側的人民生活中所起的作用是完全不同的。在義大利，教廷在某種意義上代表了與昔日帝國的直接聯繫，

宗教事務本身反而變成例行公事，成為日常生活的一部分，人們對它的態度就像對待飲食一樣平靜，甚至在今天，和其他地方的信仰相比，義大利的宗教信仰仍然保持那種平靜。因此我們就有了兩方面的原因，來解釋為什麼不可能與現有宗教傳統完全決裂。首先，教會在某種意義上仍然是現存體制的一部分，即使如馬基維利所說，教廷是義大利實現國家統一的障礙。其次，宗教信仰沒有達到號召一聲就出現激進變革的地步，北方的人文主義思想家們嚴肅地關注著宗教及宗教的弊病。他們在辯論作品時，猛烈地抨擊羅馬教廷的倒行逆施。除此以外，他們還有一種義大利主教們始終不曾原諒過的民族自豪感，這不僅僅是為修繕羅馬城而進貢納稅的普通問題，而是出於對義大利人的不滿，因為頭腦靈活的義大利人在嚴肅認真的北方人面前總是擺出一副恩賜的姿態。

北方最偉大的人文主義者是鹿特丹的伊拉斯謨（1466—1536）。他不到20歲的時候，父母就都去世了，這似乎使他未能上大學。監護人把他送進了一所僧侶學校，他在適當的時候加入斯泰因的奧古斯丁修道院。早年的經歷使他對嚴苛而呆板的經院主義產生永久的憎恨，因為他深受其害。

1494年，伊拉斯謨被康布雷主教任命為秘書，進而擺脫斯泰因的隱居生活。隨後，他多次訪問巴黎。然而，巴黎大學神學院的哲學氣氛已經不能再促進新學術，因為湯瑪斯派和奧坎派在文藝復興中已經握手言和，並且聯合起來反對人文主義者。

1499年末，伊拉斯謨對英國進行短暫的訪問，並且在那裡見到了克利特，但首先是結識摩爾。回到歐洲大陸後，他開始希臘文的學習，並且學得很快。1506年，他在義大利的杜林獲得博士學位，這個時候他的希臘文水準已經無人能及。1516年，《新約》的希臘文第一版印刷出版了。他

的作品中最值得回味的是《愚行頌》，這部諷刺作品寫於1509年的摩爾家中，以摩爾名字的雙關語作其希臘文標題。該書不僅諷刺人性的各種缺陷，而且還尖銳地抨擊宗教組織及其執行者的墮落。儘管他敢於直言不諱地進行批判，但是當宗教改革的契機到來時，他卻沒有公開表示支持。他基本上堅持一種新觀點，認為人可以與上帝直接聯繫，神學純屬多餘。但是同時，他又沒有捲入改革所帶來的宗教論戰。他對自己的學術研究與出版更有興趣，並且覺得宗教分裂無論如何都是一種不幸。雖然在某種程度上，這種論戰確實令人厭煩，但這些問題是不能忽視的。

最終，伊拉斯謨宣布倒向天主教，不過這個時候他已經不重要了，歷史舞台已經為更勇敢的人所佔據，只有在教育方面，伊拉斯謨的影響才給人們留下長久的印象。在任何西歐觀點盛行的地方，人文主義學問至今仍然是中學教育的主要內容，這主要歸功於伊拉斯謨的文學和宗教活動。作為出版家，他不總是對原文進行徹底的批評性審查，他的出版對象是更為廣泛的普通讀者，而不是學術專家，但是同時，他又沒有採用通俗語言來寫作，而是有意加強拉丁文的地位。

在英國，最傑出的人文主義者是湯瑪斯·摩爾爵士（1478—1535）。摩爾14歲時被送入牛津，並且開始在那裡學習希臘文。在當時，這很容易被視為不務正業的古怪舉動，自然也就引起這位年輕學者的父親的懷疑。於是摩爾註定只能繼承父業，從事法律工作。1497年，他結識初訪英倫的伊拉斯謨。與新學問的重新接觸增強他對希臘文研究的興趣。不久，他過了一段時間的禁慾苦行生活，並體驗了卡爾圖斯修士會的嚴苛作風。但是，他最終還是放棄做僧侶的念頭，這可能與他的朋友伊拉斯謨提出反對意見有一定關係。1504年他成為下院議員，並且因為直言不諱地阻止亨

利七世的財政請求而名聲大噪。亨利七世死於1509年，摩爾又重新從事律師職業，但是亨利八世很快又把他召回去擔任公職。1529年沃爾西垮台之後，摩爾被提升到最高職位，成為下一任大法官。但是他任職時間不長，1532年，由於反對國王與亞拉岡的凱薩琳離婚，摩爾辭去了大法官職務，並且因為拒絕出席安妮·博林的加冕典禮而引起國王的強烈不滿。1534年「至權法案」確定國王為新教會的領袖時，摩爾又拒不宣誓，於是他被關進了倫敦塔。1535年，他被認定曾經說過下院無權決定國王為教會領袖的話，進而以叛逆罪被處死。那個時代沒有在政治問題上寬容的習慣。

摩爾是一位多產作家，但是他的絕大多數作品今天幾乎已經沒有人去讀了。他的名聲完全得益於一本名為《烏托邦》的政治空想書籍。這種幻想的社會、政治理論顯然受到柏拉圖《理想國》的啟示。這些觀點以報導一位水手遭遇的形式提出來，船隻遇難後，這位水手在島嶼（烏托邦）上生活了5年之久。像柏拉圖的作品一樣，該書也極為強調公共財產，而且理由相近。它堅持認為，在財產私有的地方，就不可能出現對集體福利的徹底尊重。此外，假如人們將財物據為己有，財富數量的差異就會使他們彼此間產生隔閡。在烏托邦社會裡，每個人都應該平等，這是一個天經地義的基本狀況。他由此推斷，私有財產是一股腐蝕力量，因而不應容許它存在。當來訪者對烏托邦人說起基督教時，主要吸引他們的只是基督教財產教義中的共產主義色彩。這本書極為詳盡地描述這個理想國的組織。這個國家由一個首都和五十三個其他城鎮組成，不僅建造模式相同，而且住宅樣式也整齊劃一，所有的人都可以自由來往。由於這裡沒有私有財產，所以偷竊也就變得毫無意義。散布於鄉村的農莊全都按一樣的方式經營。至於服裝，除了已婚婦女和未婚女子之間有一處細微而必要的差異以外，所

有的人都穿同一樣式的衣服，服飾十分樸素，而且總是一成不變，人們根本不知道有五花八門的時尚。公民們的工作生活也按照同一模式進行，所有的人都每天工作六小時，晚上八點就寢，早晨四點起床，從不更改。那些有學者素質的人則從事腦力勞動，不做任何別的工作，管理者就是從這群人中選舉產生的。政治體制是一種間接選舉的代表制民主形式。當選的國家元首只要恪盡職守，就可以終身任職；如果品行不端，就會被廢黜。公眾的社會生活也要服從嚴格的規章制度。與外國的關係，則要限定在必不可少的最低程度。比如烏托邦沒有鐵，就必須依賴進口。儘管除了自衛或支持盟國及受壓迫國家外，絕不發動戰爭，但男女公民還是要接受軍事訓練。國家盡可能招募雇傭兵來打仗，並且透過貿易來建立貴重金屬基金，以便在戰時發軍餉給雇傭兵，他們自己是不需要用錢的。烏托邦人的生活方式既不偏激，也不苦行，但還是有一個小小的限制：無神論者雖然被允許堅持自己的觀點，但不享有公民身分，也不能進入政府機構。比較卑下的工作則由奴隸們來承擔，這些奴隸是從那些為逃避本國懲罰而逃亡的外國人和重刑犯中徵來的。

毫無疑問，在這個精心設計的國家裡，人們的生活是了無生趣的。這是各種理想國的一個共同特徵。然而在摩爾的討論中，更中肯的是他對宗教寬容問題的新自由觀。宗教改革已經動搖了歐洲基督教自以為是的權威態度，之前說過，改革先驅者們提倡在宗教事務上持寬容態度，當宗教改革運動導致歐洲宗教持久的分裂時，寬容概念便逐漸盛行起來了。為了避免出現大規模的滅絕和鎮壓，也曾經用過其他方法，但最終都無濟於事。在16世紀，所有人的宗教信仰都應該得到尊重的觀念仍被視為奇怪的想法，這足以引起正統派的注意。

宗教改革的結果之一，就是使宗教成為一種更開放的、經常以國家為基礎的政治性事務。比如在英國，只要某種世界性的宗教佔據優勢，這種情況顯然就不可能發生。正是由於宗教信仰的這種政治特徵，摩爾之類的人才會拒絕支持宗教改革。實際上，他們是贊成進行某種改革的，我們在談到伊拉斯謨時已經看到這一點，但使他們感到惋惜的是，為了某種教義的完全分離，竟然出現暴力衝突。從這一點上看，他們當然是十分正確的。在英國，宗教分裂的國家特徵極為明顯，新建立的教會與國家機器的政治結構緊密相關。同時，英國的決裂在某些方面不像其他地方那樣劇烈，因為英國曾經長期存在一種相對獨立於羅馬的傳統。征服者威廉早就堅持他在主教任命問題上的發言權，從威廉和瑪麗時代①起，英國就始終保持由新教徒繼位的傳統，我們由此可以看出新教會的反羅馬傾向，這個傾向還殘留在一條規定羅馬天主教徒不得任美國總統的不成文法之中。

　　我們知道，在宗教改革爆發前的幾個世紀裡，知識氛圍的逐漸變化已經動搖了教會至高無上的舊觀念。產生這個革命性變化的原因很多，也很複雜。從表面上看，我們看到的僅僅是人們對上帝的代理人職權的一種反抗，但是如果教會本身的弊端沒有使人們注意到它的言行不一，這個值得稱道的原則也許就不會獨自取得突破。事實上，教士們經常佔有地產，如果不是因為牧師們的世俗舉止違背耶穌的教諭，他們擁有地產本身倒也不會引起人們的反對。至於教義的問題，奧坎早就堅決主張，即使沒有至高無上的羅馬主教，基督教也同樣可以發揮作用。因此，對基督教徒的宗教生活進行徹底改革的條件，就存在於教會內部。最後是由於政治勢力的介

---

1. 指英國國王威廉三世和女王瑪麗二世統治時期。——譯者注

入，改革才導致宗教分裂。

在智力方面，改革者雖然不如那些為改革打下基礎的人文主義學者，但是他們卻提供批判性思想家難以喚起的革命激情。馬丁·路德是一位奧古斯丁派的修道士和神學教師，教會出售免罪券的惡劣行徑使他和別的許多人一樣，在道德上感到十分苦惱。1517年，他挺身而出，公開發表著名的《九十五條論綱》，並且將這份文件釘在威登堡教堂的大門上。當他在這一點上向教廷挑戰時，沒有準備建立某個新宗教，但是這個爭論不休的問題牽涉到向德意志大規模進貢的政治問題。當路德於1520年當眾燒毀教宗開除教籍的訓令時，這問題就不再是單純的宗教改革問題了。德意志的王公貴族和統治者們開始聯合起來，於是宗教改革演化成一場德意志人反對教宗敏感權力的政治起義。

1521年的烏姆斯會議之後，路德隱居十個月，潛心翻譯《新約》的德語版。作為一部文獻，在某種程度上，它對於日耳曼人就像《神曲》對於義大利人一樣重要。無論如何，它為福音書在民間的傳播提供很大的便利。現在，任何一個識字的人都可以發現耶穌的教義和現有社會秩序之間有很大的差異。正是這種認識和以《聖經》作為唯一權威的新教觀念，為1524年的農民起義提供道德上的支持。但路德不是一個民主改革家，他公然反對那些蔑視自己政治主子的人，他在政治上仍舊保持中世紀的觀念。農民起義在各個方面都導致暴力與殘殺，最終被殘酷鎮壓下去。這次社會革命的失敗，也在一定程度上削弱宗教改革的原動力。「新教（Protestant）」一詞源自改良宗教支持者們所發出的一個呼籲。1529年，他們對會議條款表示抗議，該會議宣布路德及其追隨者為非法，不過這個議案從1526年以後就暫時被擱置起來。現在，路德由於再次遭到帝國的禁

止，因而無法出席1530年的奧格斯堡會議。但是這時的新教運動已頗具實力，要壓制下去已經不可能了。1532年，皇帝不得不接受紐倫堡宗教和約，並且很不情願地保證：新教徒可以自主信教。

宗教改革運動迅速蔓延到低地國家、法國和瑞士。在路德之後影響最大的改革家是約翰·喀爾文（1509—1564），一位定居日內瓦的法國人。喀爾文二十出頭就轉向改革運動，此後成為法國和荷蘭新教的精神領袖。作為一種學說，喀爾文主義的奧古斯丁教義要比路德的福音主義更為激烈和不妥協。它洋溢著清教徒理想，認為靈魂得救是一個宿命論問題。這是基督教神學缺乏吸引力的特徵之一，羅馬教會就明智地捨棄這種教義。當然，在實踐中它不像看起來那麼有害，因為每個人都可以自由地認定自己就是上帝選中的獲救者之一。

16世紀下半葉，天主教與改良後的胡格諾教派之間的宗教戰爭把法國弄得支離破碎。正如德國的情況一樣，這類動盪的原因不僅僅是宗教上的，有部分是經濟原因。更確切地說，宗教和經濟兩方面的因素正是從中世紀到近代過渡期普遍變革的象徵。因為改良宗教及其清教徒特徵是與近代商貿的興起密切相關的。1598年在南特頒布的寬容敕令曾經彌合法國的宗教分歧，當這個敕令於1685年被廢止時，許多胡格諾派教徒離開家園，移居到了英國和德國。

由於新教不是世界性宗教，因此它需要得到國家政治首腦的庇護，後者也就容易成為國教領袖。從表面上看，這是一件可喜的事情，因為新教牧師們缺乏羅馬教士那種權力，也就不會胡作非為了，儘管他們經常也像別人一樣頑固而偏執。最終，人們發現宗教紛爭是徒勞的，是不會有定論的，因為任何一方都沒有強大到消滅另一方的地步。宗教寬容正是從這種

消極意識中逐漸發展起來。

16世紀中葉，一場新的宗教改革運動在羅馬教會內部爆發了。這場運動以耶穌會為中心，耶穌會由依納爵・羅耀拉（1491—1556）創立，並且於1540年得到官方的承認。受早年軍旅生涯的啟發，羅耀拉按照軍事原則建立耶穌會。耶穌會反對新教所採納的奧古斯丁教義，並且強調自由意志高於一切。他們的實際活動包括傳教、教育及剷除異端邪說，他們也是西班牙宗教裁判所的主要組織者。

北方人文主義引出一個新的基督教概念，義大利的人文主義思想家們卻不重視宗教。像現在一樣，那時的天主教在義大利只是日常生活的一部分，沒有深入到人們意識深處。在某種意義上，宗教在他們的生活中只充當一個小角色，自然也就不可能激發起他們的情感。此外，羅馬是統治集團的中心，因此羅馬天主教不可能削弱義大利人的民族自豪感，這正是古羅馬帝國時代就存在過的國家崇拜原則的殘餘。在羅馬教會的統治機構中，義大利影響一直到今天還保持它的優勢。

在義大利人文主義者的觀念裡，更重要的是他們再次強調畢達哥拉斯與柏拉圖的數學傳統。世界的數字結構再一次受到重視，並且取代亞里斯多德傳統，儘管後者曾經使前者黯然失色。這是導致16世紀、17世紀科學探索復興的主要發展之一。在義大利文藝復興的建築理論和實踐中，這一點尤為明顯，這時的建築與以前的經典傳統，尤其是與維特魯威作品中所確立的傳統有直接的關係。維特魯威是1世紀的羅馬建築師。建築物各部分之間的比例以及與美有關的數學理論受到極大的重視。正如維特魯威於希臘傳統所說的那樣，美存在於適當比例的和諧之中。這種看法可以追溯到畢達哥拉斯時代。同時它還顯示，包含著理念論的另一種方式也是成立

的。因為人的肉眼顯然不能精確地判斷某個結構各部分之間的數字關係，但如果有了精確的比例，似乎就可以產生某種美的滿足感。因此，這些比例作為一種理想存在，就保證完美。

　　阿伯提（1404—1472）是義大利最重要的人文主義思想家之一，以那個時代而言，這位威尼斯人是一位多才多藝的工匠。他在建築領域的影響最為持久，但同時他也是一位哲學家、詩人、畫家和音樂家。誠然，正如要理解畢達哥拉斯派對希臘哲學的影響，就必須瞭解一些基本的和諧知識一樣，在文藝復興時期的建築學中，為了領會設計中的各種比例關係，也需要用到同樣的知識。簡單地說，這個理論的基礎就是把畢達哥拉斯音程中的聽覺和音作為建築設計中的視覺和諧標準。當歌德[1]後來說「建築就是凝固的音樂」時，他確切地表達文藝復興時期建築師們所要實踐的一些東西。這樣一來，以調和絃為基礎的和諧理論就為藝術提供整體「優秀」標準，喬爾喬[2]與達文西等人也做過這樣的解釋。比例原則還表現在人體結構和道德調節功能上，這一切都屬於直接而嚴密的畢達哥拉斯主義。但數學在這裡還進一步發揮「極大地影響後世科學復興」的作用，只要帶有數的特徵，藝術立刻就可以上升到一個新的高度。最明顯的例子就是音樂，但是它也適合其他門類的藝術。在某種程度上，這也反映這個時期的

1.　約翰・沃夫岡・馮・歌德（1749—1832），18世紀中葉到19世紀初期德國和歐洲最重要的劇作家、詩人、思想家。除了詩歌、戲劇、小說之外，歌德在文藝理論、哲學、歷史學、造型設計等方面，也取得卓越的成就。——譯者注

2.　喬爾喬・瓦薩里（1511—1574），米開朗基羅的得意門生，義大利文藝復興時期著名畫家、美術史學家。他於1562年創立迪亞諾學院（今義大利佛羅倫斯美術學院），被譽為世界美術教育奠基人，著有《藝苑名人傳》一書，沒有人比他更瞭解藝術的價值，更懂得紀念偉大藝術家的重要性。——譯者注

人文主義思想家是多才多藝的，尤其是許多人既是藝術家又是建築師，因為關於比例的數學為宇宙萬物的設計提供一把萬能鑰匙。當然，這種理論能否作為美學可靠的普遍基礎，也還是有爭議的，但是無論如何，它都具有極高的價值。這種理論建立不受情感或目的約束、無可爭議的、客觀的「優秀」標準。

由於瞭解事物中的數字結構，人們就有了征服周圍環境的新力量。在某種意義上，它使人更像上帝。畢達哥拉斯派曾認為上帝是至高無上的數學家，如果人可以在一定程度上運用並且提高自己的數學技能，那他就更接近於神的地位了。儘管這不意味著人文主義就不虔誠，或者甚至反對公認的宗教，但是它確實顯示，流行的宗教習俗很可能被作為例行公事來接受，真正激發思想家想像的則是古代前蘇格拉底學說。因此，一種新柏拉圖主義的傾向就在哲學領域再次引起重視。對人的力量的關注，使我們想起雅典鼎盛時期的樂觀主義。

以上就是近代科學得以成長的知識氛圍。人們有時候會以為，在17世紀初，科學突然全副武裝地闖入生活，猶如雅典娜從宙斯的頭顱裡冒了出來。然而事實不是這樣的，科學復興直接地、有意識地源自義大利文藝復興的畢達哥拉斯傳統。同樣應該強調的是，在這種傳統中，藝術家與科學探索者的工作不是對立的，他們都以各自不同的方式探索真理，並且透過數字來掌握真理的實質。對於任何一位不辭辛勞的真理探求者來說，這些數字的模式都是清晰可辨的。這種對世界及其各類問題的新觀點與經院哲學的亞里斯多德主義截然不同，它是反教條的，因為它不依賴書本，它唯一依賴的權威就是數字科學。在這個方面，它有時候也許走得太遠了，像其他領域一樣，這種過度的危險性必須永遠牢記。就拿現在的例子來說，

做得過度則可能導致把數字當作魔術符號來依賴的數學神秘主義，這一點和一些別的因素，在以後的世紀裡曾使比例理論聲名狼藉。此外，人們還感到畢達哥拉斯的音程理論對設計師的發明天賦強加了許多不自然的、沉悶的限制。很顯然，這種違背規則的不切實際的副作用，在我們這個時代也完全可能繼續發展下去，然後在不久的將來再向著曾經激勵過義大利文藝復興的某些原則回歸。

從整體上看，15世紀、16世紀的哲學本身不是波瀾壯闊的。另一方面，新知識的傳播、書籍的發行，首先是畢達哥拉斯和柏拉圖傳統的重新煥發活力，為17世紀的偉大哲學體系鋪平道路。

隨著古代思維方式的復甦，偉大的科學革命緊接著開始。它在一定程度上以正統的畢達哥拉斯主義為起點，並逐漸推翻亞里斯多德物理學和天文學的既成概念，最後深入到現象的背後，發現極其普遍而強有力的各種假說。在所有的領域，精益求精的探索者們都清楚自己直接繼承柏拉圖的傳統。

第一位重新提出阿里斯塔克斯「太陽中心說」的人是哥白尼（1473—1543）。這位波蘭教士早年到過義大利，並且於1500年在羅馬講授數學。正是在羅馬，他接觸到義大利人文主義者的畢達哥拉斯主義。他在義大利的幾所大學攻讀幾年之後，於1505年回到波蘭，並且於1512年重操舊業，在弗龍堡大教堂當了一名牧師。他主要做些管理工作，偶爾也幫人看病（他曾經在義大利學過醫），一有空閒，他就研究天文學。在義大利期間，太陽中心說的假說引起他的注意，現在他試圖用當時所能搜集到的儀器來證實他的觀點。

他的《天體運行論》完整地記錄這一切，這本書直到他去世以後才得

以出版。他所闡述的理論沒有擺脫各種難題，在某些方面還受到來自畢達哥拉斯的預定概念的支配。行星必須在圓周上勻速運動，這對於哥白尼來說似乎是意料之中的結論，因為圓周是完美的象徵，而且只有勻速運動才適合於某個天體。然而，在力所能及的觀測範圍內，主張圓形軌道的太陽中心說要比托勒密的本輪學說更合理，因為它終究是一個可以單獨解釋所有現象的簡單假說。

哥白尼的理論遭到天主教徒和路德派教徒的強烈敵視。因為他們感覺到了這是一場新的反教條運動的開始，雖然不會撼動宗教本身，但是它至少會損害到宗教組織所依賴的獨裁原則。科學運動的偉大發展之所以主要在一些新教國家出現，是因為這些國家的教會在控制教友的意見方面比較軟弱。

繼哥白尼之後，第谷・布拉赫（1546—1601）繼續進行天文學研究。他的主要貢獻是提供廣泛而準確的行星運行記錄。他還證明月球以外的空間同樣也有變化，並且由此對亞里斯多德的天文學說提出質疑。因為1572年發現的一顆新星就沒有周日視差，所以它的距離肯定比月球遠得多。此外，還可以證明彗星在月球軌道以外的地方運行。

克卜勒（1571—1630）則又向前邁出了一大步，他是在第谷・布拉赫手下工作的一位青年。他透過對觀測記錄的仔細研究，發現哥白尼的圓形軌道沒有合理地解釋現象。他認識到軌道是橢圓形的，而且太陽就位於其中一個焦點上；此外，他還發現在一定的時間內，太陽光的輻射半徑每次掃過某顆行星的面積是不變的；最後，所有的行星都具有一個相等的比值，即行星旋轉週期的平方與行星和太陽之間平均距離的立方之比。這就是克卜勒的三定律，它們確實與畢達哥拉斯主義徹底決裂了，後者曾經指

導過哥白尼的研究。這樣一來，圓周運動之類的膚淺說法顯然就要被拋棄掉。在這之前，由於簡單的圓周運動顯得不夠充分，於是自托勒密以後，人們習慣於用本輪運動來合成更為複雜的軌道。這種方法對月球相對太陽的運動做出近似的解釋，但更為精細的觀測卻顯示，複雜的本輪根本不能充分地描述所觀測到的軌道，克卜勒的第一定律則一下就解決這個棘手的難題。同時，他的第二定律顯示，行星在自己軌道上的運動不是勻速的，當它們離太陽更近的時候，比在軌道的較遠位置運動得要快一些。這一切使人不得不承認，如果不參照事實，光憑美學或神秘原則的想當然來進行論證，是很危險的。另一方面，克卜勒的三定律還出色地證明畢達哥拉斯主義的數學原理。這樣一來，似乎的確是現象中的數字結構才提供理解現象的鑰匙。同樣，為了合理地解釋各種現象，人們就必須尋找那些往往不很明顯的關係。正如赫拉克利特所說，宇宙運行所遵從的準則是隱蔽的，探索者要做的就是去發現它們。最重要的是，千萬不可為了維護某個表面的原則而歪曲現象。

如果說忽視現象是危險的，盲目地記錄現象就像異想天開一樣，也是於科學無益的。亞里斯多德就是一個典型的例子，因為他正確地說了下面這句話：如果你不繼續推動某個物體，它就會最終停下來。對於我們能看到的、並且能推動的物體來說，這句話是對的，但如果由此認定我們自己無法推動的星體也一定如此，那就錯了，我們會因此認為，它們一定是按照別的方式來運行的。動力學中的一切謬論都是建立在自以為是的表面現象之上的，在這裡，正確的分析同樣是隱蔽的。在沒有受到連續推動的情況下，致使物體速度變慢的原因是阻力，假如沒有阻力，物體就會自動地永遠運動下去。當然，我們不可能完全消除阻力，但是我們可以透過減小

阻力來看到，路障清除得越徹底，運動持續時間就越長。最後，當物體不受任何東西的阻礙時，它就會繼續運動下去。

伽利略系統地闡述動力學中的這個新假說，他是近代科學的偉大奠基者之一。這個新的動力觀點在兩方面完全脫離亞里斯多德主義。首先，它假定了物體的第一狀態不是靜止，而是完全自然的運動。其次，它顯示圓周運動不像原來以為的那麼「自然」，更「自然」的應該是直線運動。「自然」一詞在這裡具有特殊含義，如果某物體不受任何形式的干擾，那它就會沿著一條直線勻速運動下去。對觀測結果缺乏批判性的態度曾經影響人們正確地理解支配落體的規律，事實上，在大氣中，如果質量相等，密度大的物體要比密度小的物體下落得快一些。在這裡，我們必須考慮到物體下落時所受到的介質阻力，介質越稀薄，所有的物體下落的速度就越接近一致，在真空中則完全一樣。對落體的觀測顯示，物體下落的速度每秒會增加32英尺，由於下落速度不是均勻的，而是加速的，所以一定有什麼東西在干預物體的自然運動，這種東西就是地球所施加的重力。

這些結論不僅對伽利略的拋射體研究具有重大意義，而且對於其庇護人塔斯卡尼公爵來說，同樣具有一些軍事上的實用價值。這裡有一個明顯的例子就首先利用一項重要的動力學原理。如果我們考慮拋射體的軌跡，就可以把整個運動看作由兩個部分彼此分離、獨立的運動構成，其中一種運動是水準、勻速的，另一種則是垂直的，這種結合的運動路線最終形成一條拋物線軌跡，這是一個遵循平行四邊形加法定律的向量合成的簡單例子。速度、加速度和力都是可以按照這種方式來處理的量。

在天文學方面，伽利略接受太陽中心說，並且陸續有許多重大發現。他對不久前在荷蘭發明的望遠鏡做了改進，並且觀測到大量的事實，這些

事實徹底摧毀亞里斯多德錯誤的天文觀念。終於，他發現銀河是由無數星星組成的。哥白尼在其論述中曾經說過，金星肯定會顯示出相位（盈虧），現在這個觀點透過伽利略的望遠鏡得到證實。望遠鏡還發現木星的衛星，並證明這些衛星正按照克卜勒的定律繞著木星運轉。這一系列發現推翻根深蒂固的謬誤，並且使得正統經院派大肆譴責望遠鏡，因為它損害他們原本安穩的教條。有一點是值得我們關注的，那就是三百年後出現一件非常類似的事情——孔德①譴責顯微鏡破壞氣體定律的簡單形式。從這個角度看，實證論者與亞里斯多德在物理觀測方面的執拗和膚淺有許多相同之處。

伽利略必定會冒犯正統派，這只是一個時間問題。在1616年宗教裁判所的秘密法庭上，他受到指責。但是他似乎毫無妥協之意，於是1633年他再次被強行拉上法庭，受到公開審判。為了脫離凶險，他只好當眾認錯，並承諾從此放棄一切有關地球運行的觀點。據說，他迫於教廷的命令不得不這樣做時，嘴裡還在自言自語：「可是地球還是在轉嘛！」當然，他的公開認錯只是表面上的，但宗教裁判所卻因此成功地阻撓義大利的科學探索長達數百年之久。動力學普遍理論的最後一步工作是由艾薩克·牛頓（1642—1727）來做的。它涉及的絕大部分概念曾經被前人暗示過或運用過，但是牛頓第一個理解前輩們探索過程的全部意義。在1687年出版的《自然哲學的數學原理》一書中，他提出運動的三大定律，並且按照古希

---

1. 奧古斯特·孔德（1798—1857），法國著名哲學家，社會學和實證主義的創始人。他在著作中正式提出「社會學」這個名稱，建立社會學的框架和構想。他創立的實證主義學說，是西方哲學由近代轉入現代的重要象徵之一。——譯者注

臘人的演繹方式論述動力學。牛頓第一定律是對伽利略原理的廣義上的表述，一切物體，假如不受外力的阻礙，都會以恆定的速度作直線運動，用專門術語來說，就是做勻速運動。牛頓第二定律把力定義為變速運動的原因，並且指出，力與質量、加速度之積成正比。牛頓第三定律則認為每個作用都有一個大小相等、方向相反的反作用。在天文學方面，他作出了最後的完整論述，哥白尼和克卜勒做的是一些基礎工作。按照萬有引力定律，物質的任何兩個粒子之間都有引力，而且該引力與兩個粒子質量的乘積成正比，與距離的平方成反比。用這種方式，行星及其衛星，還有彗星的運動，都可以被解釋到已知的最細微的地步。由於事實上每個粒子都在影響著任何一個別的粒子，於是這個理論就使我們有可能準確地計算由其他物體所引起的軌道攝動，在這之前，是沒有任何其他理論可以做到這一點的。至於克卜勒的定律，現在只能算是牛頓理論的推斷。在此，牛頓似乎終於找到通向宇宙的數學鑰匙。我們現在用以陳述這些事實的終極形式，就是運動的微分方程（它適用的現實運動的一切表面偶然性細節都已經被完全排除）。愛因斯坦更為廣義化的論述也是如此。不過迄今為止，相對論仍然是有爭議的，而且為其內在難題所困擾。牛頓闡述動力學的數學工具是流數理論，這是微分學的一種形式，萊布尼茲也獨立地發現它。從此，數學和物理學開始有了長足的進步。

　　17世紀還有一些其他的重大發現。1600年，吉爾伯特[1]出版有關磁力

1.　吉爾伯特（1544—1603），英國著名的醫生、物理學家。他醫術高明，1601年擔任英國女王伊莉莎白一世的御醫，直到1603年12月10日逝世。他在科學研究方面興趣廣泛，尤其是用觀察和實驗的方法科學地研究磁與電的現象，並且把多年的研究成果寫成名著《論磁石》，於1600年在倫敦出版。——譯者注

的著作；惠更斯[2]在這個世紀中葉提出光的波動理論；哈維[3]於1628年公布他在血液循環方面的發現；羅伯特・波以耳[4]於1661年出版的《懷疑的化學家》一書結束煉金術士的故弄玄虛，由此回歸德謨克利特的原子理論。儀器製造業的巨大成就提供更精確的觀測手段，進而促進理論的進一步發展。隨著科學活動的空前繁榮，與之相應的技術發展也緊跟其後，並且使西歐保持大約三百年的霸主地位。科學革命使希臘精神再次引起人們的關注，所有這一切也都在哲學中有所表現。

迄今為止，哲學家在解釋現象的過程中，討論的主要還是解釋和說明方面，現象本身則幾乎無人提及，這種狀況也是有很多理由的。亞里斯多德的三段論法作為一種「工具」或「工具論」，已經無法再促進科學的進步，看來還需要有一種新的工具論。

最早明確地提出這些問題的人是法蘭西斯・培根（1561—1626）。他是掌璽大臣[5]的兒子，受過法律專業知識的訓練。培根的家庭背景使他順理成章地進入政界。他23歲就進入下議院，後來又成為埃塞克斯伯爵[6]

2.　惠更斯（1629—1695），荷蘭物理學家、天文學家、數學家。他是介於伽利略與牛頓之間的一位重要的物理學先驅，是歷史上最著名的物理學家之一。他在力學、光學、數學、天文學方面都有卓越的成就，是近代自然科學的一位重要開拓者。他建立向心力定律，提出動量守恆原理，並且改進計時器。——譯者注

3.　哈維（1578—1657），英國醫生、生理學家、解剖學家、胚胎學家，公認的近代生物學先驅，其《關於動物心臟和血液運動的解剖研究》和《動物的生殖》兩書，象徵新的生命科學研究的開始。——譯者注

4.　羅伯特・波以耳（1627—1691），愛爾蘭自然哲學家，在化學和物理學研究上都有傑出貢獻。雖然他的化學研究仍然帶有煉金術色彩，他的《懷疑派化學家》一書仍然被視為化學史上的里程碑。——譯者注

的顧問。當伯爵因為叛逆罪而遭罷黜時，培根站到王室一邊，儘管他從未得到伊莉莎白女王的完全信任。但是當1603年詹姆士一世繼承王位時，培根的前途變得更有希望了。到1617年，他已經升到其父的職位（掌璽大臣），第二年又當上大法官（兼上院議長），並且獲得維尤拉姆男爵的封號。1620年，他的政敵指控他在法庭訴訟案中收受賄賂，企圖以此來毀掉他的政治前途。培根沒有為自己進行辯護，就承認受賄事實，但是他解釋說，他所作出的判決從未受過禮品的影響。上議院判他繳納4萬英鎊罰金，並根據國王的旨意，將他拘禁在倫敦塔，以後不得再擔任公職或下院議員。這個災難性的判決後來有了鬆動，他被赦免了第一項處罰（罰款），而第二項，也只是關押他四天。但是要他退出政界的決定卻得到強制執行，從此他過著退隱生活，以寫作和做學問為業。

培根對文藝復興傳統有廣泛的興趣。他創作法律以及歷史方面的作品，並且以隨筆聞名於世，這種文體是不久前由法國的蒙田（1533—1592）發明的。在哲學方面，培根最著名的著作是《學術的進展》（1605年出版），在這本書裡，培根為自己後來的探索工作搭起了舞台。正如書

---

5. 英國國家最高權力的象徵——國璽的掌管人，負責起草和頒發各種政府文件，歷來為政府首席大臣。所有重要的政府法令、條約、議會宣召令、國王賞賜令、委任書、特許狀，均由大法官擬定和頒行，但是必須加蓋國璽才可以生效。此外，英國國王以掌璽大臣為媒介，對司法行政事務進行稽核。——譯者注

6. 埃塞克斯伯爵二世（1565—1601），英國軍人和廷臣，19歲即為伊莉莎白一世的寵臣，1591—1592年指揮在法國的英國軍隊，協助亨利四世對天主教徒作戰；1596年率領軍隊洗劫西班牙加的斯港；1599年擔任英國駐愛爾蘭代表。他被愛爾蘭叛亂份子打敗，屈膝言和，1600年被伊莉莎白女王撤銷所有職務。1601年，他率領黨羽進入倫敦城，希望引起叛亂，但是很快被捕，以叛國罪被處死。——譯者注

名所示，他關心的是擴大知識的範圍和增強人對所處環境的控制力。在宗教問題上，他採納類似於奧坎主義者的觀點，即讓信仰和理性各司其職，互不干擾。理性在宗教領域中的唯一作用，就是從人們基於信仰而接受的原則中演繹出結論。關於科學探索，培根強調必須有一種新的方法或工具來發現真理，以取代顯然已經力不從心的三段論法。他是從自己的新歸納法中看到這一點的。歸納概念本身不是什麼新鮮事物，亞里斯多德早就運用過它了，但直到今天，用於實踐的歸納形式都只是簡單的舉例。培根認為自己找到某種更有力的方法。這種方法就是在調查時，把那些具有同一既定屬性，或不具有該屬性，或在不同程度上具有該屬性的事物，逐一列舉出來。透過這種方法，人們就有可能發現該屬性所獨具的特徵。如果這個列表過程可以完整地走到盡頭，我們就一定會達到自己的探索目標。不過在實踐中，我們必須滿足於部分清單，然後據此大膽地作出某種推測。

　　簡單地說，這就是培根解釋科學方法的主要方法，他把這種方法看作新的發現工具。以下這篇論文的標題就顯示這種觀點，1620年，他出版《新工具論》，旨在取代亞里斯多德的「工具論」。它作為一種實用方法，沒有被科學家們接受，作為一種方法論，它也是錯誤的，儘管對傳統理性主義的氾濫來說，它堅持觀察的態度不失為一種有價值的解藥。但是從根本上看，這種新的工具的確從未超出過亞里斯多德的範疇，它只是簡單地依賴於分類法及如下概念：透過足夠詳細的列表，就可以找出適用所有事物的正確「分類架」，一旦我們為某個屬性找到恰當的位置和名稱，我們就可以認為自己在一定程度上控制該屬性。

　　對於統計學的探索而言，這種解釋是十分充分的，但是對於假設的系統闡述，培根錯誤地認為它以歸納法為基礎，歸納法更多涉及的是假設

有驗證。事實上，為了進行一系列的觀察，人們必須事先有一個初步假設，但不能對假設的發現也制定一套框架。培根完全錯誤地認為可以找到一種發現工具，透過對它的機械運用，人們就可以揭示出新的驚人的自然秘密，但是假設的建立根本不能以這種方式來進行。此外，培根低估了演繹論證在科學探索中的作用，尤其是他很不欣賞當時正蓬勃發展的數學方法。歸納法在假設的驗證中的作用只是所需方法的一個很小的方面，如果沒有數學的演繹法從假設中匯出可驗證的具體情況，我們就無從知道需要驗證的是什麼。

培根對人類容易犯的各種錯誤做了論述，這些論述成為他哲學中最精彩的部分之一。按照他的說法，我們很容易屈從於四類精神缺陷，他稱它們為「幻象」。第一類是「部族的幻象」，由於我們是人，所以會受此約束，妄想就是一例，尤其是不切實際地期望在自然現象中存在一種更好的秩序。第二類是「洞穴的幻象」，就是每個人自己的怪念頭，這個方面的例子比比皆是。第三類是「市場的幻象」，這些錯誤是由受言辭迷惑的心靈傾向引起的，也是哲學中特別普遍的一種錯誤。第四類是「劇院的幻象」，它們源自各種思想體系和學派的錯誤。培根經常舉的一個例子，就是亞里斯多德主義。

雖然培根對科學探索很有興趣，但是他卻忽視當時所有重大的科學進步。他沒有關注克卜勒的工作，也不瞭解哈維醫生在血液循環方面的發現，儘管他還是哈維的病人。

一般來說，在哲學上對不列顛經驗主義更有影響的人是湯瑪斯·霍布斯（1588—1679）。雖然他的理論某些方面屬於經驗主義，但是他也讚賞數學方法，數學把他和伽利略、笛卡兒聯繫在一起。由於熟知演繹法在科

學探索中的作用，他對科學方法更為徹底和正確的把握是培根所不及的。

　　霍布斯早年的家庭生活經歷十分慘痛。他父親是一個性情粗野、頭腦糊塗的牧師，當霍布斯還是一個孩子的時候，他就在倫敦失蹤了。所幸的是，他父親的兄弟很有責任感，因為自己沒有子女，於是就擔當起了撫養侄兒的重任。霍布斯14歲進了牛津大學學習古典知識，經院派的邏輯和亞里斯多德的形而上學都在當時的課程範圍內，霍布斯對這類知識產生深深的厭倦感。1608年，他做了威廉・卡文迪許的家庭教師，後者是德文郡伯爵的兒子。2年後，他陪同學生做了一次例行豪華旅行。這位年輕的貴族繼承爵位之後，便成為霍布斯的庇護人。霍布斯透過他結識當時的許多頭面人物。在主人去世以後，霍布斯曾去巴黎住了一段時間，然後又回來做了先前這位學生的兒子的家庭教師。1634年，他隨年輕的伯爵訪問法國和義大利，在巴黎期間，他遇到默塞尼等人。1636年，他在佛羅倫斯拜訪伽利略。1637年，他回到家中，開始撰寫早期的政治理論文章。在即將爆發的保皇黨與共和黨的爭鬥中，他的君權觀點未能博得任何一方的好感。於是生性謹慎的霍布斯於1640年去了法國，在那裡一直住到1651年。

　　在巴黎逗留期間，霍布斯再次與默塞尼這群人來往，並且邂逅笛卡兒。起初，他和這些逃離英國的保皇黨流亡者們（包括未來的查理二世）互相很友好，但是當他於1651年出版《利維坦》[1]時，卻與所有人都鬧僵了。保皇黨朋友們不喜歡他對待忠誠問題的那種科學而超然的態度，法國教士們厭惡其反天主教的觀點。於是，霍布斯決定再度出走，這次他回到

---

1. 在《舊約聖經》和基督教文獻中，「利維坦」象徵罪惡的海中巨獸，霍布斯以之代指「國家」。——譯者注

英國，屈從於克倫威爾[①]，並且退出政界。也就是在這段時間裡，霍布斯和來自牛津的沃利斯之間，發生一場「化圓為方」的論戰。霍布斯對數學的尊重超過他的數學能力，因而沃利斯教授得以輕鬆獲勝。霍布斯直到生命的最後時刻還在與數學家們爭論不休。

1660年，查理二世的王權復辟以後，霍布斯再次得到國王的寵幸，甚至還獲得一百英鎊的年金，不過這項慷慨的贈與一直沒有可靠地兌現。當「瘟疫」和「大火災」發生以後，迷信的流行促使下議院對無神論進行調查，霍布斯的《利維坦》成為反對派批判的一個重點目標，從此他就不能在國內發表任何有關社會或政治問題的有爭議的文章了。霍布斯很長壽，他晚年時在國外贏得的聲譽竟然超過在國內的。

霍布斯在哲學上奠定的基礎，後來成為不列顛經驗主義學派的一個特徵。他最重要的著作是《利維坦》，在這本書中，他把自己的哲學觀點用到君權理論的設計上。在轉向社會理論之前，《利維坦》以導論的方式完整地總結他的一般哲學思想。該書的第一部分用嚴格的機械術語論述人和人類心理學，還有語言和認識論方面的一些哲學反思。他和伽利略、笛卡兒一樣，也主張我們所體驗的一切都是由外物的機械運動造成的，視覺、聲音、氣味之類不屬於客體，而是為我們個人所擁有。在這個問題上，他指出，大學裡還在講授基於亞里斯多德的拙劣的發散理論。不過隨後其又

1. 奧立佛・克倫威爾（1599—1658），英國政治家、軍事家，17世紀英國資產階級革命新貴族集團（資產階級）的代表人物。在1642—1648年的兩次內戰中，率領鐵騎軍和新模範軍戰勝保王黨軍隊。1645年6月，在內斯比戰役中，取得對保王黨的決定性勝利。1649年，迫於平民和自耕農的壓力，處死國王查理一世，宣布成立共和國。1653年，建立軍事獨裁統治，自任「護國公」。——譯者注

閃爍其詞地補充說，自己在整體上不反對大學，只是因為自己日後要提到大學在共和政體中的作用，所以必須指出大學應該改正的主要缺點，「毫無意義的頻繁演說就是其中之一」。對於心理學，他持一種聯想主義者的觀點；至於語言，則採取純粹的唯名論。他還認為幾何學是迄今為止唯一的科學，理性的作用和幾何學中的論證具有相同的特性。我們必須從定義開始，而且在下定義時要謹慎，不要使用自相矛盾的概念：正如笛卡兒堅持的那樣，在這個意義上，理性就是某種透過實踐得來的非天生的性質。接著，霍布斯還用運動來解釋感情，他認為所有的人在自然狀態下都是平等的，都在謀求犧牲別人、保全自己，因此每個人都處於某種戰爭狀態。

為了逃避這種使心靈不安的夢魘，人們就聯合起來把自己的權力交給某個權威。這就是《利維坦》第二部分的主題。人類是理性的，也是彼此競爭的，他們不得不達成一種人為的協議，同意服從於共同選擇的某個權威。一旦這種體制得到實施，他們就無權起來反叛，因為協議制約的是被統治者而不是統治者。統治者應該可以提供保護（這也是他被選中的首要原因），只有在他做不到這一點時，人們才有理由宣布廢止協議。在這種契約的基礎上建立起來的社會就是共和政體，它就像一個由許多普通人組成的巨人，一個「利維坦」，它比個人更大，更強，因此就像一個神靈，儘管它也和普通人一樣會消亡。核心權威被稱為君權，在生活的所有方面都有絕對的權力。

《利維坦》第三部分概述了不應存在世界性教會的原因。霍布斯是徹底的伊拉斯圖派教徒，因此主張教會應該是服從民事當局的一個國家機構。該書的第四部分譴責羅馬教會，因為它未能明白這一點。

當時，政局的動盪影響霍布斯的理論。他最厭惡內部的紛爭，因此他

的觀點不管怎麼看都是傾向於和平的，這與洛克後來提出的「制衡」概念相對立。他的政治觀點雖然脫離神秘主義和迷信，卻傾向於把問題過分簡單化。對於自己所處的政治環境來說，霍布斯的國家概念是欠充分的。

之前說過，文藝復興時期逐漸喚起人們對數學的關注，後期文藝復興思想家們關注的第二個主要問題就是方法的重要性。在談到培根與霍布斯時，我們已經看到這一點。笛卡兒則以古代哲學家過人的氣魄，將這兩種影響融合成一種全新的哲學體系，因此他被稱為「近代哲學之父」是十分恰當的。

笛卡兒出生於一個級別較低的貴族家庭，他的父親是布列塔尼地方議會的一名議員。1604—1612年，笛卡兒在拉弗萊什的耶穌會學院接受扎實的古典教育，此外，他還受到當時最好的數學基礎訓練。離開學院以後，他去了巴黎，並且於次年在普瓦捷①學習法律，1616年畢業。然而他的興趣卻在其他領域。1618年，他應徵從軍到了荷蘭，因而有大量的時間來從事數學研究。1619年，「三十年戰爭」終於爆發了，想到外面闖蕩一番的笛卡兒加入巴伐利亞軍隊。就在那年冬天，他發現激發自己哲學思想的主導概念。《方法論》一書講述他的這個經歷。那一天特別寒冷，笛卡兒躲進一間小屋，坐在一個瓦爐旁。在身體稍稍暖和一些後，他開始沉思。到那天快結束的時候，他的整個哲學的輪廓已經清晰地呈現出來了。1622年以前，笛卡兒一直待在軍隊裡，隨後又回到巴黎。第二年他訪問義大利，並且在那裡住了2年。重返法國以後，他卻對自己的家庭生活感到非常心

---

1. 位於法國中部克蘭河畔，是維埃納省的首府，舊城有許多建於中世紀的教堂。——譯者注

煩。由於他性格有點孤僻，加上想在沒有干擾的氛圍中工作，於是他在1628年去了荷蘭。笛卡兒在臨行前變賣小部分地產，因而可以過著舒適的獨居生活。除了三次對法國的短暫訪問之外，他剩下的21年時光都是在荷蘭度過的。沿著自己在探索方法過程中所形成的思路，笛卡兒逐漸完成他的哲學。1633年，當他聽說伽利略受到審判，就放棄一部重要的物理學著作的出版，因為這本書採納哥白尼的理論。他主要是不想捲入到論戰中，對他來說，那只會浪費寶貴的時間。而且從各種表面現象來看，他都是一個虔誠的天主教徒，儘管他究竟在多大程度上保持教義的純潔性永遠也沒人知道。笛卡兒決定只出版三卷本合集，即《屈光學》、《大氣學》、《幾何學》。1637年出版的《方法論》則是他特地為這三篇論文寫的前言，其中最著名的《幾何學》提出並運用解析幾何的原理。在1641年和1644年，他又先後出版《沉思錄》和《哲學原理》，這兩本書是獻給巴拉丁的女兒伊莉莎白公主的。1649年，他還為公主寫了一篇關於靈魂激情的論文。這一年，瑞典的克莉絲蒂娜女王對笛卡兒的作品產生興趣，並且最終勸他到了斯德哥爾摩。這位斯堪的納維亞君王是一位真正的文藝復興人物，她意志堅強、精力充沛，堅持要笛卡兒在清晨5點為她講授哲學。在瑞典的冬夜裡，清晨5點不是一個適合哲學家起床的時刻，笛卡兒終於經受不住而病倒了，並且於次年的2月去世。

說到底，笛卡兒的方法是他喜愛數學的結果。在幾何學領域，他已經顯示這種方法將會怎樣產生深遠的結果。因為借助於分析方法，人們就可能透過簡單的方程式來描述一切曲線的特徵。笛卡兒相信，在數學領域中的如此成功的方法，也可以延伸到其他領域，並且使探索者可以像在數學中一樣獲得同樣的確定性。《方法論》旨在告訴我們，為了充分利用我們

的理性，我們應該遵循什麼樣的規則。至於理性本身，他認為在這個方面每個人都是平等的，其中的區別僅僅是有些人比另一些人運用得好一些而已。但方法是某種實踐的產物，笛卡兒清楚地看到這一點，因而他不想把某種方法強加給我們，而是想顯示他如何成功地運用自己的理性。書中的說明是自傳式的，它講述作者早年對存在於一切領域的不確切、無定論說法的不滿足。關於哲學，他說再也沒有什麼令人如此難以容忍卻又為某些人所持有的觀點了。數學以其演繹法的確定性讓他留下深刻印象，但他還是無法搞清楚它的恰當用途。他放棄書本上的學習，開始外出旅行，卻又發現各種習俗就像哲學家的觀點一樣差別明顯。最後，他透過審視自我來發現真理。該書接著還記述前文已經提到的「爐邊反思」。

笛卡兒發現，只有完全由作者自己完成的作品才是滿意的作品，於是他決定捨棄一切他所學過的和被迫信以為真的東西。只有邏輯學、幾何學和代數學在他的這場大掃蕩中得以倖存下來，他還從這些學科中得出四條規則：一、除了明晰獨特的理念，絕不接受任何東西。二、必須根據解決時的需要把每個問題分成若干部分。三、思維必須按照由簡到繁的順序，如果沒有順序，我們必須假設一個。四、為了確保沒有任何疏忽，我們應該經常進行徹底的檢查。笛卡兒在將代數應用於幾何問題時，就採取這個方法，並且由此創立「解析幾何」。至於它在哲學上的應用，笛卡兒認為必須推遲到自己年紀更大一些之後。我們在倫理學上陷入困境。倫理學雖然被排在科學序列的末尾，但是在實際生活中，我們卻必須迅速做出決定。於是，笛卡兒採取一種臨時性的行為模式，按照實用主義標準，這種模式將為他提供最好的生活條件，因此他決定遵守本國的法律和習俗，並且始終保持對宗教的虔誠。一旦決定採取某個行動，他就會果斷地走下

去。最後，他還試圖嚴格地約束自己，不去冒險，要使自己的願望適應萬物的秩序，而不是反過來。從此以後，笛卡兒決定專攻哲學。

在繼續談論形而上學時，笛卡兒的方法使自己產生系統的懷疑。感官提供的證據是不確定的，因而必定使人產生懷疑。甚至數學也必須受到懷疑，儘管關於它的疑問要少得多，但上帝可能會故意把我們引入歧途。有一個事實懷疑者最終必須承認，那就是他自己的懷疑。這是笛卡兒的基本命題「我思故我在」的基礎。他還認為這是形而上學的一個清晰的出發點。笛卡兒由此得出結論說，他自己是一個完全獨立於自然也獨立於肉體的正在思維的東西。他還進一步論及上帝的存在，不過基本上是重複了本體論證明。從我們自己明確的理念意義上說，既然上帝必然是誠實的，那他就不可能欺騙我們；既然我們擁有各種物體或廣延性的理念，那它們就一定是存在的。接下來，《方法論》概述了物理學問題，其羅列順序和尚未發表的論文中的順序一樣。一切都可以用廣延性和運動的術語來解釋，這個方法甚至應用到生物學。笛卡兒把血液循環解釋為心臟運動的結果，心臟則像一個加熱裝置，使流入其中的血液擴散開來。這當然是不符合哈維的觀察結果的，進而引發兩個人之間的激烈爭論。但是在《方法論》中，這種機械的理論卻推導出「動物是沒有靈魂的自動化物體」的觀點，之所以這樣說，其依據就是牠們不會說話，因而一定是缺乏理性的。這就使「人的靈魂獨立於肉體」的觀點得到強化，並且推導出「靈魂不朽」的結論，因為不存在任何別的破壞力量。最後，《方法論》隱晦地談到了對伽利略的審判，還提到是否出版的問題。笛卡兒到底找到一個折衷的方法，就是把《方法論》作為前言，和之前提到三篇論文一起發表。以上就是《方法論》的要義，它為我們呈現笛卡兒哲學原理的一個簡潔的輪廓。

這個學說最為重要的部分就是批判性懷疑的方法。作為一種方法，它導致普遍的懷疑，就像後來的休謨一樣。不過笛卡兒卻擺脫這種懷疑性的結論，因為他在思考中抓住了明確理念。他認為廣延性、運動之類的一般性概念是獨立於感官的，它們是與生俱來的理念，也是關於這些第一屬性的真正的知識。感官知覺是第二屬性，如色彩、味道、觸覺等，它們不真的存在於事物中。笛卡兒在《沉思錄》中舉了一個著名的例子，即透過觀察一根蠟燭及其變化來說明這一點。廣延性是始終不變的，這種與生俱來的理念可以為心靈所感知。

笛卡兒哲學強調思維是無可置疑的出發點。從此，歐洲的哲學，無論是理性主義還是經驗主義，都受到這個觀點的影響。這種觀點的確是正確的，儘管它的基礎「我思故我在」的命題本身不是十分合理。因為只有在我們承認其中隱藏著一個先決條件，即思維是一種自我意識的過程時，「我思故我在」的說法似乎才可以成立；否則，我們同樣可以說「我行故我在」，因為如果我確實在走，我就必定存在。這個異議是由霍布斯和伽桑狄[①]提出的。實際上我在並未行走的時候，當然也可以想像自己在行走；而事實上沒有想時，我就不能認為自己在思維。正是這種在思維過程中出現的自我參照，賦予這個命題不容置疑的、明確的特徵。就像後來的休謨那樣，一旦去掉自我意識，這個原理就崩潰了。然而仍舊真實的是，一個人自身的精神體驗具有的獨特確定性，是其他活動所沒有的。

---

1. 伽桑狄（1592—1655），法國科學家、數學家、哲學家。他使伊壁鳩魯主義復興，以取代亞里斯多德主義，認為世界上所有事物都是按照一定次序結合起來的原子的總和。他在認識方面是感覺論者，肯定感覺是知識的唯一來源，其社會觀點是「自然權利」，認為國家只是一種分工，建立在社會契約的基礎上。——譯者注

笛卡兒哲學激化古老的精神與物質的二元論，進而把該理論必須面對的心靈與肉體的關係問題擺在顯要位置。因為現在物質世界與精神世界似乎互不相干，只受自身規律的支配。按照這種觀點，願望的心理效力更不可能影響物質世界。但笛卡兒自己卻在這裡容許一個例外，那就是人的靈魂可以改變生命體的運動方向（儘管不是數量）。然而這個人為的退路與他的整個體系是不一致的，而且也不符合運動規律，因而笛卡兒的追隨者們捨棄它，轉而主張心靈不能移動肉體。為了解釋兩者的關係，我們必須認為世界就是這樣預先規定的，即某種身體運動無論在何時發生，實際上都同時伴有精神領域的適當意識的發生，但是這種意識與身體運動沒有直接聯繫。這個觀點是笛卡兒的追隨者們，尤其是格林克斯[2]和馬勒伯朗士[3]發展起來的。它被稱為「偶因論」，因為它認為正是由於上帝的旨意，物質活動與精神活動才會沿著平行的軌道進行，在這種方式下，其中一個活動總是在另一活動發生的適當時刻發生。為了闡釋這個理論，格林克斯還發明兩個時鐘的比喻。假如我們有兩個鐘，都走得很準，我們只看一個鐘就可以了。當指標指向某個正點時，我們會聽到另一個鐘在報時，這樣，我們就可能傾向於說，是第一個鐘引發第二個鐘的響聲。心靈和肉體就如同這兩個鐘，上帝為它們上好了發條，它們各自在獨立而平行的軌道上運轉。當然，偶因論也產生一些棘手的問題，比如由於為了節省時間，我們只看其中一個鐘就可以了，因此我們似乎就有可能完全透過參照物質活動

---

2. 格林克斯（1624—1669），比利時笛卡兒學派哲學家。——譯者注

3. 馬勒伯朗士（1638—1715），法國笛卡兒學派哲學家，發展笛卡兒的精神物質二元論，使之與天主教神學相容。——譯者注

來判斷精神活動。

　　偶因論本身的原理為如此冒險的計畫提供成功的保障，於是我們就可以僅僅根據物質活動，設計出一整套精神理論來。事實上，這種嘗試是由18世紀的唯物論者來進行的，並且得到20世紀行為主義心理學的推廣。這樣一來，偶因論不僅沒有把靈魂從肉體中獨立出來，反而最終使其中之一（靈魂或肉體）變成多餘的。無論採用哪種觀點，都是與基督教原則格格不入的，難怪笛卡兒的著作會在天主教的禁書目錄中找到自己無法逃脫的位置。首先，笛卡兒主義未能始終如一地容納自由意志。最後，無論從物理學還是生物學方面來看，他在解釋物質世界時所提出的嚴格決定論觀點，都極大地促進十八及十九世紀的唯物主義發展，尤其是當它與牛頓的物理學結合起來的時候。

　　經院派哲學家曾經使用過「實體」一詞，從這個專門術語的含義上說，笛卡兒的二元論純粹是用某種習慣方式處理實體問題的結果。實體是各種屬性的載體，但實體本身又是獨立和永恆的。笛卡兒認識到，物質與精神是兩種不同的自給的實體，並且無法以任何方式相互影響，於是他採用偶因論者的方法，以此來彌合兩者之間的差別。但是很顯然，如果我們承認這樣的原理，那我們就沒有理由不盡可能地依賴於它。比如，人們可以把每個心靈都當作它自己的一個實體。朝著這個方向發展下去，萊布尼茲在「單子論」中提出無限多實體的理論，並指出這些實體是獨立的，但又是協調的。另一方面，人們也可以追溯到巴門尼德的觀點中，即認為只有一種實體。史賓諾沙接受後一種觀點，他的理論可能是迄今為止最連貫、最不妥協的一元論。史賓諾沙出生於阿姆斯特丹的一個猶太人家庭。據說，他的祖先為了尋找一個可以按照自己的方式來敬神的地方，不得不

捨棄原本在葡萄牙的家園，因為自從穆斯林被趕出西班牙和葡萄牙之後，宗教裁判所就不再容許異教的存在，這至少使得非基督徒的生活不好過。正在與西班牙暴政對抗的荷蘭則經歷宗教改革，為這些受迫害的人提供避難之地，阿姆斯特丹因此成為猶太社團的新家園。正是在這裡，史賓諾沙接受早年的教育。然而對於他活躍的頭腦來說，這些傳統的學習太簡單了。借助於拉丁文，他熟讀了一些思想家的著作，這些思想家曾經推動學術的復興，而且正在發展新的科學和哲學。讓猶太社團極為尷尬的是，史賓諾沙竟然很快就發現自己不可能再留在正統範圍之內：改良宗教的神學家們堅持走自己的路，毫不妥協；正統派則認為對宗教的任何激烈批判，都將破壞當時盛行於荷蘭的寬容氣氛。最後，他們用盡了《聖經》裡所有的詛咒，將史賓諾沙趕出了猶太教堂。

從此，生性內向的史賓諾沙就完全隱遁起來，在由朋友組成的小圈子裡過著平靜的生活。他以打磨鏡子為生，並沉浸在哲學沉思之中。儘管過著一種隱居生活，但是他的名聲卻迅速地傳開了。後來他與一些有影響的崇拜者保持書信聯繫，其中最重要的一位就是萊布尼茲，據說他們相識於海牙。但史賓諾沙從沒有答應過復出。1673年，巴拉丁選帝侯提出讓他擔任海德堡大學的哲學教授，被他婉言謝絕。之所以謝絕這個榮譽，他自有充分的理由。他說：「如果我專門去教授年輕人哲學，我就要中止對哲學的進一步研究。何況，我也不知道應該把哲學探討的自由控制在什麼範圍之內，不至於給人留下試圖推翻現有宗教的印象……所以希望您可以理解，我不指望交上什麼好運。不過我放棄講學的原因，僅僅是由於珍惜寧靜的生活。要過這種生活，我想最好還是維持現狀吧！」

史賓諾沙不是一位多產作家，但是他的作品卻展示罕見的專注性和

邏輯嚴密性。他對上帝和宗教的觀點是如此超前，以至於他在世時和死後100年裡都被咒罵為邪惡的怪物，儘管他的倫理觀念極受推崇。史賓諾沙最傑出的作品是《倫理學》，這本爆炸性的書在他死後才得以出版。在政治理論上，他與霍布斯有許多共同之處，不過前者的立足點是截然不同的，儘管在很大程度上，他們都認為一個健全合理的社會應該具備某些特徵。霍布斯採用經驗主義的方式來確立自己的解釋，史賓諾沙則從自己的一般形而上學的理論中推演出了結論。實際上，如果我們想瞭解史賓諾沙論證的力量，就必須把他的全部哲學著作當成一整篇長論文，以便從整體上掌握，部分原因是由於和經驗主義哲學家的政論文相比，史賓諾沙的作品不容易使人留下直觀的印象。但是我們應該記住，他討論的都是當時十分活躍和現實的問題。與19世紀相比，自由在當時的政體中的重要作用還沒有得到普遍的認同。

　　史賓諾沙是思想自由的熱心辯護人，這正是他和霍布斯不同的地方。的確，從他的形而上學和倫理學中，可以推導出這樣的結論，即只有在思想自由的情況下，國家才可以正常運轉。他在《神學政治論》中著重論述這一點。這本書不同尋常的地方是，它透過批判《聖經》的間接方式討論這些話題。在這裡，史賓諾沙主要針對《舊約》提出批判，200年後，這個批判又變成所謂的「高級批判」。他首先考察了《舊約》中的歷史事例，並且以此證明說，思想自由是社會存在的根本。在這個問題上，我們發現他的結論中有一種獨特的反思。「但是我必須承認，思想自由有時也可能導致某些麻煩。但誰又可以建立完全沒有副作用的東西？那些希望以規則支配萬物的人，將會引發更多的缺陷而不是減少它們。無法禁止的東西必然要得到容許，即使有時它們會導致危害。」

史賓諾沙不認為民主制就是最合理的社會秩序，這也是與霍布斯不同的一點。最合理的政府應該在合理的地方發布合理的政令，還應該在信仰和教誨問題上持迴避態度。當一個負責政治的特權階級建立在所有權基礎之上時，民主就會出現。史賓諾沙認為，在這樣的政府治理下，人們就會有最多的機會去發揮自己的知識潛力。從他的形而上學觀點來看，這也是人類本性所追求的目標。至於什麼樣的政府才算最好的問題，如果一個貿易社會（其活動取決於一定程度的自由和安全保障）可以有最好的機會來確定自由規則，這種社會的政府就是最好的政府。史賓諾沙以他的祖國荷蘭為例，闡述自己的觀點。

按照史賓諾沙體系發表的時間順序，現在才輪到了《倫理學》，儘管按邏輯順序應該最先瞭解它。《倫理學》的書名容易使人產生誤會，以為它所有的內容都是倫理學的，事實上，我們首先看到的是史賓諾沙的形而上學，它隱含著對自然進行科學考察的理性主義藍圖。在17世紀，它曾經是最重要的智慧問題之一。該書接下來還闡述心靈、意志心理學、激情心理學以及基於上述各項的倫理學理論。全書的結構按照歐幾里得的方式，從定義、公理及其全部證據、推論和解釋入手，從中推導出全部命題。這種哲學探討的方式在今天已經不流行了。對於那些只熱衷於時尚新書而不管其中有沒有長處的人來說，史賓諾沙體系確實有些陌生而古怪。不過其體系的設置似乎不特別讓人無法忍受，而且以其正確性而言，《倫理學》也仍然堪稱一部簡潔清楚的論證傑作。

《倫理學》的第一部分涉及上帝。它提出六個定義，其中包括與經院哲學傳統用法相同的實體定義和上帝定義。書中的公理陳述七個基本假設，但是沒有做進一步的證明。再往下，我們只是看到一些推論，就像歐

幾里得的作品一樣。從史賓諾沙為實體下定義的方式來看，似乎實體必然是某種完全可以進行自我解釋的東西。實體必定是無限的，否則它的局限性就會給自身帶來某些影響，而且最終變成世界的總實體只能是一個，它還可以與上帝重合一致。因此，上帝和宇宙（萬物的總和）是同一的。這就是著名的史賓諾沙泛神論。應該強調的是，史賓諾沙的解釋沒有神秘主義色彩，整個過程完全是按照演繹邏輯的方式來進行的，而且建立在一組定義和公理的基礎上，這些定義和公理表現他驚人的獨創性。史賓諾沙體系也許是哲學史上最傑出的體系結構典範。

　　把上帝等同於自然的觀點，引起所有陣營中正統派的極端反感，它卻是一項簡單演繹論證的結果。就其本身而言，它是十分合理的，如果說它傷害了某些人所珍視的信仰，這只能說明邏輯對任何情感都是一視同仁的。如果按照傳統方式來定義上帝和實體卻一無所獲，人們就不得不接受史賓諾沙的結論，這樣一來，人們就完全可能逐漸認識到，這些術語具有某種獨特的性質。按照這個理論，史賓諾沙把人類自身的智慧看作上帝智慧的一部分。和笛卡兒一樣，他也堅持明確性，他說：「謬誤的原因在於缺乏足夠的領悟力和洞察力，讓殘缺混淆的理念摻雜其中。」一旦我們有了充分的理念，我們就必然會像把握理念的秩序和聯繫一樣，逐漸掌握住事物的秩序和聯繫。心靈的本質在於探詢事物的必然性，而不是偶然性。我們在這個方面做得越好，就越接近於和上帝（或世界）同一。正是在這種意義上，史賓諾沙說出以下的名言：心靈的本質在於以某種無始無終的觀點來領悟事物。這確實是心靈把事物看作必然這個事實的推論。

　　《倫理學》的第三部分揭示激情是如何妨礙心靈的，進而使心靈不能全面理智地認識宇宙。支配我們一切行動的動力就是自我保存。人們可能

會認為，這種純粹的利己原則會把我們全都罵成追逐私利的犬儒主義者，但這種看法是完全錯誤的。因為一個人在尋求自身利益的過程中，遲早會渴望與上帝統一起來，如果達到這個境界，他就更能以「永恆的形式」來看待事物，這種「永恆的形式」，就是上面所說的「無始無終的觀點」。

《倫理學》的最後兩個部分才真正講到史賓諾沙的倫理學。一個人只要受到外部影響和原因的制約，他就處於某種奴隸狀態。的確，對一切有限的事物來說，也同樣如此。但是只要可以與上帝保持一致，我們就不再受這些影響的制約，因為宇宙作為整體是不受制約的。所以，人們可以透過越來越協調於整體宇宙，來獲得相應程度的自由。由於自由意味著獨立自主，只有上帝才享有完全的自由。透過這種方式，我們就可以擺脫恐懼。像蘇格拉底、柏拉圖一樣，史賓諾沙也認為無知是萬惡之源，知識則有助於人們採取明智、恰當的行動。

和蘇格拉底不同的是，史賓諾沙不考慮死亡問題。「一個自由的人從不考慮死亡問題，他的智慧是對生命，而不是對死亡的思考。」既然罪惡是否定的，上帝或自然作為一個包羅一切的整體，就不可能是罪惡的。在這個唯一可能的世界上，所有事物都在追求極致。在實際事務中，為了獲得與宇宙的最大限度的溝通，人就應該按照自我保存的方式來行動。

以上就是史賓諾沙體系的一個大致輪廓，它對於17世紀科學運動的重要意義，就在於它採用同一標準的決定論解釋宇宙萬物。事實上，這個體系也是日後用來詳盡闡述一元化科學大全的綱要。如果不是從嚴格意義上看，這種嘗試現在就不能被認為是合理的嘗試。同樣，在倫理上，我們也不能承認邪惡純粹是消極的東西，比如，任何無法無天的殘酷行為都是整體世界的一個積極而永恆的缺點，基督教在原罪論中所暗示的可能就是這

一點。史賓諾沙的答案必將是：在永恆的方式下，沒有永遠無法無天的殘酷。但是這種觀點不容易確立起來。不管怎麼說，史賓諾沙體系仍然是西方哲學的一座豐碑，儘管它的嚴肅風格有點《舊約》的色彩，但它仍然是一種偉大的嘗試，因為它以古希臘人的宏偉氣魄向我們指出，世界是一個可理喻的整體。

之前說過，實體問題的確能推導出完全不同的解決方法。假如說史賓諾沙堅持的是極端一元論，萊布尼茲的答案則走向另一個極端，即假設實體的數量無窮多。從某種角度看，這兩種理論之間的關係就像巴門尼德學說與原子論的關係一樣，儘管這種類比不完全貼切。歸根到底，萊布尼茲的理論是以如下反思為基礎的：單個實體不可能具有廣延性，因為這將導致多樣化，而且只能描繪出某一組實體的特徵。於是他推斷說，實體是無窮多的，每個實體都是非廣延的，因此也是非物質的。他稱這些實體為「單子」，從這個詞的普遍含義來看，「單子」具有靈魂的基本特徵。萊布尼茲（1646—1716）生於萊比錫，其父是大學教授。他很小的時候就顯示出活躍的批判性才華。他15歲進入大學學習哲學，2年後畢業，又到耶拿攻讀法律。20歲時，他申請了萊比錫大學的法律博士學位，由於年齡太小而遭到拒絕。阿爾杜夫大學則比較寬容，不僅授予他學位，而且還給了他教授的職位。不過另有打算的萊布尼茲沒有接受這個職位。1667年，他在美因茲大主教手下從事外交工作，後者不僅是選帝侯之一，而且是一位活躍的政治家，他決心在「三十年戰爭」的大破壞中重振破碎的帝國，第一步就是必須阻止法國路易十四的入侵。

1672年，萊布尼茲帶著這個目的來到巴黎，並且在那裡待了將近4年。他的計畫是去勸說太陽王①出兵鎮壓異教徒並入侵埃及。儘管未能完

成任務，但是在此期間，萊布尼茲遇到許多那個時代重要的哲學家和科學家。馬勒伯朗士②當時正是巴黎的活躍人物，還有一些人，如巴斯加之後的詹森主義的主要代表人物阿爾諾③，當時也譽滿巴黎。同時，萊布尼茲還結識荷蘭物理學家惠更斯。1673年，他去了倫敦，遇到化學家波以耳和奧爾登伯格（新創立的皇家學會的秘書，萊布尼茲後來也加入該學會）。在這一年裡，他的雇主美因茲大主教去世了，布倫斯威克公爵正好在漢諾威需要一位圖書館管理員，想要讓萊布尼茲負責這個工作。萊布尼茲沒有立即接受，而是依舊待在國外。1675年，他開始在巴黎研究微積分，這項工作牛頓雖然做得稍早一些，但萊布尼茲是獨立發現這個方法的。1684年，萊布尼茲在《學問記述》上發表他的觀點，該觀點比牛頓的流數理論更接近現代形式，牛頓的《自然哲學的數學原理》3年之後才問世。緊隨其後的是一場長期的無聊爭論，人們沒有正視其中的科學問題，而是根據國家立場來決定支持誰。結果，英國在數學方面落後一個世紀，因為法國

---

1. 指法國國王路易十四（1638—1715），1643年即位，1661年親政，自稱「朕即國家」，使法國封建專制達到巔峰。他多次發動對外戰爭，導致國庫空虛，統治開始衰落。——譯者注

2. 尼古拉・馬勒伯朗士（1638—1715），法國哲學家，法蘭西科學院院士，法國天主教會的神父和神學家，17世紀笛卡兒學派的代表人物。他從唯心主義方面發展笛卡兒的學說，認為除了物質和精神兩種實體以外，還存在上帝實體。他還認為，自然界除了一般法則以外，還存在大量由各種機緣產生的因果連鎖，著有《真理的探索》、《論自然和恩賜》、《論對上帝的愛》。他對於光和色的性質、微積分學、幻想心理也有研究。——譯者注

3. 詹森主義由荷蘭人康內留斯・詹森（1585—1638）創立，其理論強調原罪、人類的全然敗壞、恩典的必要性、宿命論。阿爾諾（1612—1694），法國神學家，傳布詹森主義，反對耶穌會。——譯者注

人所採用的萊布尼茲數學標記法是一種更加靈活的分析手段。1676年，萊布尼茲在海牙拜訪史賓諾沙，然後到漢諾威負責圖書館工作，直到去世。他用了大量的時間來編輯布倫斯威克的歷史，其餘的時間則用來進行科學及哲學研究。此外，他還進一步設計了歐洲政局的改革方案。他曾經試圖彌合巨大的宗教分歧，但是沒有人注意他的方案。1714年，當漢諾威的喬治當上英格蘭國王時，沒有邀請萊布尼茲隨皇室前往倫敦，這是他的微積分爭論所造成的不幸後果。他心情沮喪地留在了漢諾威，並遭到人們的冷落，2年後就去世了。

　　要討論萊布尼茲的哲學不容易。一則他的大部分作品都是不完整的片段，經常忘了及時修改那些導致輕微衝突的地方。這主要歸咎於萊布尼茲的生活環境，因為他的哲學寫作很少能在悠閒的時間裡完成，因而很容易被延遲和中斷。另一個有趣的原因使得萊布尼茲的作品有時令人費解，這就是其哲學的兩重性。一方面，他根據單子論提出實體的形而上學觀；而另一方面，他又提出一種邏輯理論，這個理論在很多方面與他的形而上學思辨很相似。對我們來說，他的邏輯觀點也許比形而上學更重要，但萊布尼茲卻顯然對這兩個方面都同樣重視。的確，對他來說，從一個領域轉到另一個領域不難。現在，多數英國哲學家都開始懷疑這個觀點；儘管「語言與邏輯總是可以自給」這個概念本身就是一種有缺陷的形而上學觀。我們必須注意到以下這一點，那就是萊布尼茲的形而上學吸納當時科學發展的一些主導特徵。他的形而上學著作在其在世時就出版了，其中就有單子論，這個理論為他贏得大約兩個世紀之久的哲學聲譽。他的邏輯著作直到20世紀初才得以出版，並且獲得恰當的評價。之前說過，萊布尼茲在形而上學理論中，透過單子論對實體問題做出回答。和史賓諾沙一樣，他也

堅持實體不能相互影響的觀點。這就立即匯出了一個結論，即任何兩個單子之間都不能產生因果關係。的確，單子之間不可能有任何形式的真實聯繫。形象點說，單子是沒有窗戶的。這難道與各方都認可的宇宙的各個不同部分似乎有因果關係的事實合拍嗎？格林克斯的兩個時鐘理論給了我們答案。對於這個理論，我們只要將其擴展為一個無窮數，就可以獲得既定的和諧理論。照此理論，每個單子在下述意義上反映整個宇宙：上帝決定所有事情，一切單子都在由設計巧妙的平行軌道組成的一個龐大體系中，獨立地沿各自軌道前行。

每個單子是一個實體，它們不僅代表不同的觀點．還在本質上有一定的差異。嚴格來說，我們不應說其有不同的位置，因為它們並非時空的存在物。空間和時間同是感覺現象，這些現象不真實，其背後各有不同觀點的單子布局。每個單子都以稍微不同的方式反映宇宙，任何兩個都不完全相同。若兩個單子完全相同，實際上它們正好是一個。這就是萊布尼茲的「不可辨別的事物的同一性原理」的要旨所在。這樣不嚴格說的話，那種認為兩個單子只能在位置上存在差別的看法，是完全無意義的。

在一切單子都不相同的情況下，我們可以按照其反映世界的清晰度，將其按一定順序排列。每種物體由一群單子組成，人體的各種組織也是一樣，但此處有一個最有力的單子，由於它的視覺清晰度而變得明顯。這個特殊的單子就是人們常稱之為靈魂的事物，儘管從廣義上說，一切單子都是靈魂，都是非物質的、不可破壞的，是不朽的。這個最有力的單子（或靈魂）之所以能突顯出來，不僅在於它在感覺上的清晰度更高，關鍵因為它抱有此種目的，為達到這個目的，其部下就按其既定的和諧方式來踐行。世間任一事物的發生都有足夠的理由，不過自由意志也還是會被考慮

進去的，即一個人所據以行動的各種理由，並嚴格受制於邏輯的必然性。上帝同樣享有此種自由，儘管祂對邏輯的定律不能任意違反。這種自由意志論，使萊布尼茲在史賓諾沙可能引人反感的地方為人所接受；對用單子所進行的系統敘述而言，多少帶有點永恆性，事實上又有差異，這將在後文論述。

對於上帝存在這個常論不衰的話題，萊布尼茲全面展示我們業已遇到的各種主要的形而上學論證。在四種論證之中，第一是安瑟勒姆的本體論論證；第二是亞里斯多德書中的一種從第一推動力出發的論證形式；第三是從必要的真理出發的論證，據說不知為何它會需要一顆神性的心來寄託自身的存在；第四是從設計出發的論證。上述這些，在別處我們都已討論過，並已指出其弱點所在。康德直接對這類形而上學證明的可能性來了一個整體否定。

至於神學，我們應該記住的是，形而上學的上帝是對萬物本性理論所做的最後潤色，它不能激發感情，和《聖經》裡的上帝也毫無關係。除了新湯瑪斯主義者，從整體上看，神學家們已經不再依賴傳統哲學的神性實體。

借助於顯微鏡得出的新研究結果，在一定程度上啟發萊布尼茲的形而上學。當時，雷文霍克①已經發現精子，也有人證明一滴水裡充滿微小的生命體。這的確是一個完整的世界，只是比我們的日常世界規模小一些

---

1. 雷文霍克（1632—1723），荷蘭顯微鏡學家、微生物學的開拓者。由於勤奮及特有的天賦，他磨製的透鏡超過其他人。他磨製透鏡的材料有玻璃、寶石、鑽石，其一生磨製500多個透鏡，有一架簡單的透鏡，放大率高達270倍。他是首次發現微生物並且最早記錄肌肉纖維和微血管中的血流的人。——譯者注

正是由於這一類思考，萊布尼茲提出單子概念，並且把它作為終極的、非廣延的形而上學「靈魂點」。微積分似乎也是在同一方向上發展起來的。在這裡，萊布尼茲覺得重要的是這些終極成分的有機性質，他在這個方面擺脫伽利略和笛卡兒所發展的機械論觀點。儘管這樣做也遇到一些難題，但卻使萊布尼茲發現一種早期形式的能量守恆定律以及最小作用原理。從整體上說，物理學的發展所遵循的還是伽利略和笛卡兒的原則。

不管萊布尼茲的邏輯學和形而上學之間有什麼樣的聯繫，有一點是可以肯定的，即前者提供大量的暗示，至少使得後者更容易理解。我們先看一看萊布尼茲是如何接受亞里斯多德的主謂邏輯的。有兩條一般邏輯原理被吸納為基本公理，第一條是矛盾原理，即兩個相互矛盾的命題中必有一個是真，一個是假；第二條是之前提到的充分理由原理，即一種給定的事態在成立之前要有充分的先決理由。我們從萊布尼茲的角度，用這兩條原理來分析命題，如「所有的金屬硬幣都是金屬的」，我們就可以從矛盾原理中看出，所有這類命題都是真的，充分理由原理則匯出了這樣的觀點：一切有充分依據的真命題都是分析命題，儘管只有上帝才可以這樣理解它們。對人的心靈來說，這類真理全都是偶然的。正如在史賓諾沙那裡所看到的一樣，我們在這裡也看到在理想科學方案上的某種努力。由於科學家們為了建立理論，就要去把握住偶然的事物，再把它作為其他事物的後果呈現出來，進而使這種偶然具有必然的意義。只有上帝才掌握著完美的科學，因而他可以根據必然性洞悉一切。

實體互不作用是以下事實的一個結果：每個邏輯主語的生命史都已經包含在它自己的概念之中。這也源於另一個事實，即它的生命史既符合自身，也符合所有真命題的分析性。因此，我們必須承認預定的和諧。但是

這種解釋本身如同史賓諾沙的理論一樣，是嚴格的決定論，前文所闡釋的自由意志在其中也找不到自己的位置。至於上帝及其創世，史賓諾沙認為上帝出於仁慈而創造盡可能好的世界。但是他關於這個主題的另一個理論卻絲毫沒有提及上帝與創世。這種觀點似乎是受到亞里斯多德「圓極論」或「盡力將潛在性變為現實性」理論的啟發。那個在任何時刻都呈現出最大現實性的世界最終是存在的，但必須記住，並非所有的潛在性都可以同時變成現實。

如果不是因為嚴格堅持主謂邏輯，也許萊布尼茲已經發表數理邏輯的一些嘗試性見解，進而使這個研究主題得以提前一個世紀出現。他還覺得應該有可能發明一種完美的、能以計算代替思考的通用符號語言。雖然有了電腦，但這種想法還是有點急。不過他預見邏輯領域越來越常見的東西。完美的語言只是另一種表述方式而已，亦即希望人們可以逐漸掌握關於上帝的完美科學。

對明晰理念的執著以及對完美通用語言的探索，都是笛卡兒傳統哲學的主要理性主義工作。在一定程度上，這也和前文所提到的科學目標相一致。同時，我們在這裡找到一條可以走下去的道路。當萊布尼茲暗示只有上帝才掌握著完美的科學時，他至少已經隱約瞭解到這一點。偉大的義大利哲學家喬瓦尼·巴蒂斯塔·維柯[1]在其作品中更激烈地批判理性主義思維方式。萊布尼茲的觀點被包括維柯在內的每個敬畏上帝的基督徒所接

---

1. 喬瓦尼·巴蒂斯塔·維柯（1668—1744），義大利著名的法學家、歷史學家、語言修辭學家，其淵博的知識與敏銳的洞察力，使他成為繼布魯諾和伽利略之後啟蒙運動的領袖。作為「歷史哲學之父」及「文化哲學之父」，他在歷史上率先對古典自然法進行歷史性實證批判。——譯者注

受，並且使這位義大利哲學家建立一種新的認識論原理。上帝之所以掌握關於世界的完善知識，是因為祂創造世界，作為被創造的人則不能完善地認識世界。對於維柯來說，認識某一事物的前提條件就是創造該事物。該原理的基本表述就是，我們只能認識自己可以創造的東西。如果按照「事實」一詞的原意來理解，我們也可以說真理就是事實。

事實上，維柯在世時和死後的50年裡不出名。他出生在那不勒斯，是一位小書商的兒子。他31歲時當上那不勒斯大學的修辭學教授，並始終擔任這個不怎麼顯要的職務，直到1741年退休。維柯一生清貧，為了養家糊口，他不得不去做家庭教師和為貴族做一些臨時性的文字工作，以貼補微薄薪水的不足。他之所以不為同時代人所知曉，也從未交上好運，遇到或以書信方式結識到一位和自己分量相當的思想家，其中部分原因就是他的文風晦澀難懂。

「真理即行為」的理論產生許多極為重要的結果。首先，它為數學真理的明確性提供一個理由。因為人正是按照抽象、隨意的方式，創立數學科學的各種法則，我們可以理解數學，就是因為我們創造它。維柯還認為數學不像理性主義者以為的那樣，可以使我們增加自然知識，因為數學是抽象的（這裡說的抽象不是指從經驗中提取，而是指脫離自然、人為的某種隨意性構造）。上帝創造自然，因此只有他才可以完全瞭解自然。如果人想掌握一些有關自然的知識，就應該採取實驗與觀察的經驗性方法，而不是這麼多的數學方法。維柯更贊同培根，而不是笛卡兒。應該承認，維柯在告誡人們不要使用數學方法時，他沒有看到數學在科學研究中的作用。同時還應該指出的是，這裡面也含有反對隨心所欲地進行數學思辨的告誡，這種思辨有時會冒充經驗主義研究。處於這兩個極端之間的正確方

法，我們已經提到。

數學之所以具有明確性，是因為人們從事或創立數學，這個理論影響後來的許多人，儘管他們可能不同意維柯的如下觀點：數學是任意的。我們也許有必要在此提到馬克思主義作家索賴爾的觀點以及戈布魯特和邁爾森所做的解釋，他們都主張數學有功利主義和實用主義的本質。另一方面，形式論者卻接受任意性概念，他們把數學看作某種精心設計的遊戲。當然，要全面地陳述維柯的直接影響，將是一件困難的事。我們知道，馬克思和索賴爾曾經研究維柯的著作。然而，理念經常以某種微妙的方式為人所感知，它們的這種影響是潛移默化的。儘管維柯的著作沒有廣為流傳，但卻包含19世紀許多哲學發展的萌芽。

維柯原理的另一個主要產物就是他的歷史學理論。他認為，由於數學是人為的，所以是完全可知的，但是它沒有反映現實；自然是上帝創造的，因此不為人所全知，但是它卻反映現實。直到今天，在那些把純數學看作是一種構造的地方，這個悖論仍然有生命力。維柯試圖找到一種既可以全知、又可以反映現實的「新科學」。結果他在歷史學中找到了，他認為人可以和上帝合作，這個驚人的觀點顛覆傳統觀念，因為笛卡兒學派早就把歷史學當作非科學的東西而取締。在19世紀，德國哲學家狄爾泰[1]、社會學家馬克斯・韋伯[2]和桑巴特[3]，再次提出社會本來就比惰性物質更可知的觀點。

---

1. 狄爾泰（1833—1911），德國哲學家、歷史學家、心理學家、社會學家，宣導歷史相對主義，指出哲學的中心是生命，文化和歷史是生命的表現，著有《精神科學導論》、《論德國的文學和音樂》。——譯者注

在多次再版的《新科學》一書中，維柯十分完整地闡述這個新的假設。對於現在的讀者來說，這本書裡有一些閱讀障礙，因為它混雜各種各樣的內容，始終沒有恰當地加以區分。除哲學問題外，作者還討論經驗主義問題以及明確的歷史問題，然而他所探索的各個組成部分不容易解決。誠然，維柯自己有時候似乎也沒有意識到他正從一個問題陷入另一個問題。儘管文風晦澀，又有這樣的缺陷，《新科學》一書還是提出一個十分重要的理論。

假如把真理等同於所做的事情，或事實，這將意味著什麼？在進一步考察之後，我們發現，這個不太正統的原理在認識論問題上，產生一些十分合理的推論。因為行為的確有助於我們提高認識，明智地採取某些行動會加強人們對這個問題的理解。顯然，這種現象在人類的行動或嘗試中，發生得最為自然和常見。對音樂的理解就是一個很好的例子，要徹底弄明白一首樂曲，光聽是不夠的，我們還必須透過讀譜或演奏，把這首樂曲按照原樣再現出來，儘管做得相對不那麼專業。問題的關鍵在於，專業技巧正是透過這種方式逐步獲得的。科學探索也是如此，透過研究資料而獲得的主動知識，要比純粹的外部抽象知識更可以使人牢固地掌握現實。正如後文所提及的那樣，這個觀點為皮爾士④的實用主義哲學奠定基礎。

2. 馬克斯·韋伯（1864—1920），德國著名經濟學家、社會學家、哲學家，提出社會學是一門以人類的生命活動的意義和目的為研究對象的科學，在西方古典管理理論的確立方面卓有貢獻。——譯者注

3. 桑巴特（1863—1941），德國經濟學家，德國社會學知名代表人物，主張社會經濟制度由經濟意識、形式、技術構成，強調精神的決定作用。此外，他還將資本主義的崛起歸功於猶太教的影響。——譯者注

不管怎麼說，這裡沒有任何晦澀的東西，人們根據一般常識已經在「實踐創造完美」這句格言中看到這一點。因此，單純學習數學定理是不夠的，人們還應該把自己的理論資源運用到各種具體的問題中。這不是鼓勵功利主義，拋棄超然、公正的研究，相反，對於概念的正確理解正要透過行動來實現。從表面上看，這種觀點有點像普羅達哥拉斯的實用主義學說，但維柯沒有完全從詭辯家的意義上使人成為萬物的尺度，他強調的是認識過程中能動的、不誇大的再造性因素，這完全不同於把每個人的見聞都看作終極標準的做法。強調能動性，是與理性主義者提出的明晰理念根本對立的。

理性主義把想像當作混亂的根源而盡力迴避，維柯卻正好相反，他強調想像在發現過程中的作用。他可能認為，在概念形成之前，我們會根據某種十分模糊而定義不明的情形來思考。這個觀點不是完全令人滿意的，因為無論思維過程有多模糊，我們都很難看出它怎樣才算缺乏概念性內容。也許，不如這樣說，原始思維是以圖像和隱喻來進行的，概念性思維則是最終的複雜階段。這一切中包含著一個有價值的線索，就是理性主義者的解釋把科學當作一件製成品，並且按照講解的次序來陳列。維柯作品中隱含的解釋則顯示，科學正在形成之中，而且以發明的先後為序。不過維柯沒有對這裡面的大部分內容做清晰的陳述。

至於人所創造的歷史，維柯認為可以達到最大限度的明確性，他感到歷史學家有可能揭示歷史過程的普遍規律，並且根據這些規律來解釋事情

---

4. 查爾斯‧皮爾士（1839—1914），美國哲學家、邏輯學家、自然科學家，實用主義的創始人。——譯者注

為什麼會發生，為什麼將會按照預見的方式繼續下去。維柯沒有說每個細節都可以按機械的方式進行預測，而是說大致輪廓一般說來是可知的。在他看來，人的事業有高峰和低谷，就像潮漲潮落一樣，人類的命運也是如此循環往復。之前提到，循環理論最早見於前蘇格拉底時期的原始資料。但維柯如同劇作家和演員，透過在人的心靈中探詢歷史重演的形式，從一個新的角度認識這些古老的概念。

因此，維柯的理論不是對過去的回顧，而是對黑格爾歷史論的展望。同時，這種對待歷史問題的態度，也比理性主義者更適合歷史的經驗主義研究。所以，由霍布斯及後來的盧梭闡述的社會契約論⑤是一種典型的理性主義的曲解，幾乎可以說，那是一種按照機械的數學方式得出的社會理論。維柯的理論則允許把社會組織視為人類自然而循序漸進地成長的結果，人類透過自身所累積的傳統，逐漸建立集體生活的各種形式。另一方面，社會契約論卻假定人們突然發現自己是理性的，並且懂得為自己打算，於是他們透過合理的決定，採取一次行動，使一個新社會一下子冒了出來。

普遍符合於社會的事物，也同樣符合於具體語言。人們在共同的活動中不得不互相傳達資訊時，語言就產生了。語言的原始形式包括各種手勢和象徵性動作。當語言開始變成聲音時，它的符號就不再與其對象發生直接的自然聯繫，而是逐漸變成約定俗成的模式。實際上，語言是從

---

5. 法國思想家盧梭在其著作《社會契約論》中提出的社會理論，主要闡述「主權在民」思想，是現代民主制度的基石，深刻影響逐步廢除歐洲君主絕對權力的運動，以及18世紀末期的美國獨立戰爭。美國的《獨立宣言》和法國的《人權宣言》及兩國的憲法，均表現《社會契約論》的民主思想。——譯者注

詩歌開始的，只是經過發展，最終變成一門科學。那些撰寫語言結構原理的語法學家們也在這裡採取理性主義觀點，錯誤地以為語言是一種有意識的構造。我們在討論古代哲學時已經瞭解到，科學和哲學語言是文明的新產物。我們在其中可以看到，人們為了表達新事物，是如何與當時的通用語言對抗的。雖然經常被人遺忘，但這仍然是一條重要原則。科學和哲學的職責正是從平常語言入手，錘煉出更鋒利的語言工具，以便進行新的探索，這個可貴的資訊就隱含在笛卡兒對明晰理念的要求之中。維柯似乎沒有從中看到這一點，因而也就忽視理性主義哲學對於科學的重要性。

我們可以用兩種對立的方式來討論語言問題，一是像萊布尼茲那樣，採取極端的理性主義觀點，把語言看作某種充滿明晰的概念，並具有明確計算規則的演算法。二是按照維柯的觀點，認為自然語言是作為交流的充分媒介發展而成的，同時放棄任何形式化的曲解企圖。按照這個觀點，邏輯的作用實際上是多餘的，因為具有意義的唯一標準就是語言本身的積極運用。這兩種極端的看法都是錯誤的，理性主義者誤以為發展的方向就是可以達到的終極目標；而對形式化的全盤否定，則使我們失去突破狹隘視野的可能性，結果總是只看到我們自己。此外，後一種觀點還經常與如下的觀點聯繫在一起：日常會話已經完全清晰明白了。實際上這是一個十分草率的樂觀看法，它沒有考慮到過去哲學的各種偏見還殘存在日常用語之中。

雖然維柯在社會學方面有正統的理論，但他依然是一位虔誠的天主教徒。不管怎麼說，他都試圖把天主教納入自己的體系，至於這樣做會不會出現自相矛盾，則是另一個問題。但始終如一不是維柯的優點，維柯不可思議地預見19世紀及其哲學的發展，這才是他的重要性所在。在他的社

會學中，他放棄理性主義者「理想共和政體」的概念，埋頭於經驗主義事務，也就是研究社會是如何形成與發展的。在這個方面，他具有非凡的獨創性，第一個提出人類文明的一項真正理論。這一切都與他全部思想的主導概念密切相關，這個概念就是：真理即行為。用拉丁文表述就是「verum factum」。

第八章

不列顛經驗主義

緊隨著宗教改革的步伐，歐洲北部出現一種新的政治和哲學立場。作為對宗教戰爭時期和隸屬於羅馬時期的一種反作用，它主要出現在英國和荷蘭。歐洲大陸的宗教分裂所造成的恐怖局面對英國的影響不大，的確，英國新教徒和天主教徒曾經態度曖昧地互相迫害，克倫威爾統治下的清教主義也和教會有衝突，但不存在大規模的暴力衝突，更沒有來自外國的武力干涉。荷蘭卻受到宗教戰爭的一切影響，在與天主教西班牙長期艱苦的抗爭中，他們的獨立終於在1609年得到暫時的承認，並且得到1648年《西發里亞和約》①的首肯。這裡所說的關於各種社會與智力問題的新立場被稱為自由主義。這個標題有點籠統和含糊，但是人們仍然可以從中分辨出許多鮮明的特徵。

　　首先，從根本上說自由主義是新教的，但是沒有採取狹隘的喀爾文方式，它是新教「每個人都必須以自己的方式和上帝溝通」概念的一種發展。此外，自由主義還認為偏執的態度於事業不利，因為自由主義是新興

1.　《西發里亞和約》是象徵三十年戰爭（1618—1648，由神聖羅馬帝國的內戰演變而成的全歐洲參與的大規模國際戰爭）結束而簽訂的一系列和約，簽約雙方分別是統治西班牙、神聖羅馬帝國、奧地利的哈布斯堡王室和法國、瑞典以及神聖羅馬帝國內布蘭登堡、薩克森、巴伐利亞等諸侯邦國。1648年10月24日簽訂的《明斯特和約》，正式確認《西發里亞和約》。條約規定，國家不論大小一律平等，任何國家不得以任何理由干預其他國家的內政，為近代國際公法的確立打下堅實的基礎。——譯者注

中產階級的東西，商業和工業正在這個階級的手中蓬勃發展著。自由主義還與貴族和君主的頑固特權傳統格格不入，因此它的主要思想就是寬容。在17世紀，歐洲的大多數地區被宗教衝突弄得支離破碎，被毫不妥協的宗教狂熱所折磨時，荷蘭共和國卻成為異教徒和各種自由思想家的避難所。新教教會從來沒有獲得天主教會在中世紀時期擁有的政治權力，國家權力因此變得更為重要。

中產階級越來越厭煩君主的獨裁，他們憑著自身的進取精神獲得財富。因此，自由主義運動就朝著民主的方向發展，其基本願望就是爭取財產權和削弱君權。除了否定神授的君權以外，還產生一種認識，即人們可以透過自身的努力來改善當前的境遇。結果，教育的重要性便開始得到普遍的承認。

通常，人們對政府抱持懷疑態度，因為政府正在限制商業的自由發展。但是同時人們又意識到，對法律和秩序的需求是最基本的需求，這樣就多少緩和了他們反政府的態度。從這個時期開始，英國人便繼承典型的妥協傳統。在社會問題上，這就暗示著他們更喜歡改良而不是革命，因此就像它的名稱所提示的那樣，17世紀的自由主義其實是一股解放的力量。它解放那些實踐它的人們，使他們擺脫中世紀傳統在彌留之際仍不肯放棄的一切暴政，包括政治、宗教、經濟和智力上的暴政。同樣，它也反對極端主義新教各派的盲目狂熱，並且不承認教會在哲學、科學問題上享有合法權威。在維也納會議①把歐洲帶入神聖同盟②的新封建泥潭之前，一種樂觀的看法激發早期自由主義的活力，並且在無窮能量的驅動下大步向前邁進，沒有遭到重大挫折。

在英國和荷蘭，自由主義的蔓延與當時的普遍條件是如此密切相關，

以至於幾乎沒有引起什麼動亂。在其他地方，如法國、北美，自由主義就產生革命性的影響，並且左右和決定後來事件的發展。自由主義態度的主要特徵就是對個人主義的尊重，新教神學早就強調教會在良心問題上享有立法權是不恰當的。同樣，個人主義也滲入了經濟和哲學領域。在經濟領域，它表現為「自由放任」；而在理論上則表現為19世紀的功利主義；在哲學方面，它對知識論表現出強烈的興趣，從此以後，哲學家們一直致力於這個理論的研究。笛卡兒的著名命題「我思故我在」就是這種個人主義的典型例子，因為它使每個人都把個人的存在當作知識的基礎。

　　這種個人主義學說主要是一種理性主義理論，它極力推崇理性。感情用事一般會被認為是蒙昧的表現。然而在19世紀，個人主義學說還是逐漸延伸到了感情領域，並且在浪漫主義運動的巔峰時期導致大量的權力哲學（鼓吹強者的一意孤行）。這樣的結果當然是與自由主義相對立的，實際上，這些理論也是不攻自破的，由於害怕與同樣野心勃勃的人競爭，成功者自然就會「過河拆橋」。

　　自由主義運動影響學術氣氛，因此那些在哲學上持有相反觀點的思想家在政治上卻是自由主義派的，也就不奇怪了。像不列顛的經驗主義哲學

---

1. 維也納會議是從1814年9月18日到1815年6月9日在奧地利維也納召開的一次歐洲列強的外交會議。這次會議是由奧地利政治家梅特涅主持，其目的在於恢復拿破崙戰爭時期被推翻的各國舊王朝及歐洲封建秩序，防止法國東山再起，使戰勝國重新分割歐洲的領土和領地。——譯者注
2. 神聖同盟是1815年9月在沙皇亞歷山大一世的倡議下，奧地利皇帝法蘭茲一世、俄羅斯皇帝亞歷山大一世、普魯士國王腓特烈‧威廉三世在打敗拿破崙以後締結的一個鬆散的政治同盟，歐洲大多數國家陸續參加，其目的是維護君主政體，反對法國大革命在歐洲傳播的革命理想。——譯者注

家一樣，史賓諾沙也是自由主義的。

19世紀的工業社會崛起之後，自由主義就成為遭受殘酷剝削的工人階級要求改良社會的強大源泉，這個功能又被後來更富戰鬥力的新興社會主義運動所繼承。從整體上看，自由主義仍然是一種沒有教條的運動，但不幸的是，作為一種政治力量，它現在已經失去效力。絕大多數人離開嚴苛的政治綱領，就沒有勇氣活下去，這就是對我們這個時代的一種可悲的評價，也許這正是20世紀國際性大災難所導致的惡果。

笛卡兒哲學產生兩個發展主流，一是復甦的理性主義傳統，在17世紀，這個傳統的主要傳播者是史賓諾沙和萊布尼茲；二是通常所說的不列顛經驗主義。重要的是，我們不能過於生硬地使用這些分類標籤。實際上，像在其他領域一樣，理解哲學的最大障礙就是盲目、生硬地為思想家們貼上分類標籤。但習慣的分類法不是隨心所欲的，而是指出兩種傳統的主要特徵。

即使在政治理論上，不列顛經驗主義者也確實展示一種理性主義思維的顯著特色。這個運動的三位偉大的代表人物是洛克、柏克萊和休謨，時間大約從英格蘭內戰到法蘭西大革命。約翰·洛克（1632—1704）自小接受嚴格的清教徒式教育，他的父親在內戰期間曾經與議會軍隊並肩作戰。洛克學說的基本宗旨之一就是寬容，這最終導致他與衝突雙方都斷絕了關係。1646年，他前往威斯敏斯特學校，並且在那裡學到了古典學問的基礎知識。6年後，他又進了牛津，在那裡度過15年，先是當學生，後來成為那裡的希臘文和哲學教師。經院哲學當時在牛津仍然盛行，但不為洛克所喜愛，他對科學實驗及笛卡兒哲學產生濃厚的興趣。對於他這種持有寬容觀點的人，頑固的教會是不會給他什麼發展機會的，於是他最終決定從事醫

學研究。在這個時期，他結識波以耳，後者與1668年創立的皇家學會有聯繫。1665年，他隨同一個外交使團拜訪勃蘭登堡選帝侯，第二年又遇到阿什利勳爵，阿什利後來成為第一代沙夫茲伯里伯爵。在1682年之前，他始終是伯爵的朋友和助手。

洛克最著名的哲學著作是《人類理智論》，該書作為與朋友們探討的成果，於1671年開始撰寫。書中明確指出，對人類知識的範圍和局限性做出初步評價是有好處的。沙夫茲伯里於1673年倒台後，洛克去法國生活了3年，並且在那裡見到了許多當時頂尖的思想家。1675年，沙夫茲伯里復出，並且擔任樞密院大臣。這一年，洛克再次成為伯爵的秘書。沙夫茲伯里試圖阻撓詹姆士二世登基，並且捲入不成功的蒙默思叛亂，結果，他遭到放逐，並且於1683年死在阿姆斯特丹。也就在這一年，洛克被懷疑與伯爵有牽連，因此逃到荷蘭。為了不被引渡回國，他曾經改名。正是在這個時期，他完成《人類理智論》。在同一時期，他還完成《寬容書簡》和《政府兩論》。1688年，奧蘭治的威廉當上英格蘭國王，不久，洛克便回到故鄉。《人類理智論》出版於1690年，洛克晚年把大部分時間花費在準備該書的後期版本上，並且忙於應付此書引發的論戰。

在《人類理智論》中，心靈的局限性和我們所能進行的探索的局限性，第一次得到直截了當的闡述。理性主義者顯然有這麼一種設想，即完善的知識最終是可以獲取的。不過新的探討卻對此不那麼樂觀。整體來說，理性主義是一種樂觀的學說，並且到了喪失批判性的地步，洛克的認識論探索卻是某種批判性哲學的基礎，這種哲學在兩種意義上是屬於經驗主義的。首先，它不像理性主義者那樣預先斷定了人類的知識範圍；此外，它強調感知和經驗的因素。因此，這種觀點不僅象徵著經驗主義傳統

的開始（由柏克萊、休謨和J・S・彌爾所推動），而且象徵著康德批判性哲學的開始。可見洛克的《人類理智論》旨在掃除過去的偏見和先入為主的見解，而不是為了提供某種新的哲學體系。在這個方面，洛克為自己確定一項工作，他謙虛地認為這項工作比不上那些大師（如「無與倫比的牛頓先生」）的工作。對於自己所做的貢獻，洛克認為「如果可以像一名掃地的低級雇工，清除一下知識道路上的垃圾，就算是抱負不小了」。

在這個新計畫中，首先要做的就是嚴格地把知識置於經驗基礎之上，這就意味著必須捨棄笛卡兒和萊布尼茲的天生理念。有一種觀點是公認的，即我們與生俱來就有一種既可以發展，又可以使我們學到許多知識的資質。但如果由此設想未受過教育的心靈也會有蟄伏著的內容，那就不對了。如果真的如此，我們可能永遠也無法把這種知識與真正來自經驗的知識區分開來，而且也可以說一切知識都是與生俱來的。當然，這正是《美諾篇》中的回憶理論所提倡的觀點。其次，最初的心靈要像一張白紙，由經驗來為它提供思想內容。洛克把這些內容叫做理念（這個術語在這裡具有極為寬泛的含義）。按照所指對象的不同，理念一般可以分為兩類，一是感覺理念，我們透過感官瞭解外部世界就可獲得這種理念；二是反思理念，它們源於心靈的自我審視。至此，這個學說沒有提出任何驚人的新觀點。如果不透過感官擁有內容，心靈只是一片蒼茫，這是經院學派的一個古老命題。萊布尼茲又加上了一個限定條件，即把心靈本身排除在這個命題之外。經驗主義的獨特之處，就在於它指出感覺理念與反思理念是知識的唯一來源。因此，在思考和思辨時，我們只能透過感覺與反思來獲得知識，絕對不可能超越這個限度。

接下來，洛克把理念分為簡單理念和複雜理念兩類，但是他沒有提

出令人滿意的簡單標準。他稱不能再分解的理念為簡單理念，作為一種解釋，這沒有什麼好處。此外，洛克在使用這個片語時也不是前後一致的，但是他想達到什麼目的卻是很清楚的。如果只有感覺理念與反思理念，就必然可以顯示思想內容是怎樣由這些理念構成的，或者說，複雜理念是怎樣從簡單理念的組合中產生的。複雜理念又可以分為實體、程序和關係三類。實體就是獨立存在的事物的複雜理念，程序則依賴於實體存在。正如洛克開始注意到的那樣，就其自身的意義而言，「關係」根本不能算真正的複雜理念，它們自成一類，源自心靈的比較作用。我們以因果事實為例，這種關係理念是隨著對變化的觀察而出現的。洛克認為聯繫概念的基礎必然是一個假設，而不是經驗。後來，休謨強調後一種觀點，康德則強調前一種。

洛克認為，如果說某人知道什麼，那就意味著他確信他所知道的。在這個方面，洛克不過是遵循理性主義傳統。「知道」一詞的用法可以追溯到柏拉圖和蘇格拉底那裡。按照洛克的觀點，我們現在所知道的就是理念，理念又代表了世界。知識表現論使洛克很自然地超越了自己大力提倡的經驗主義。假如我們所知道的一切都是理念，我們也許永遠也不知道這些理念是否與萬物的世界相一致。不管怎樣，這種知識觀使洛克產生以下的見解：詞語代表理念，正如理念代表萬物一樣。不過其中也有這樣的區別，即詞語是約定俗成的符號，理念則不是。既然經驗只向我們提供個別理念，心靈的作用就是去產生抽象理念和普遍理念。《人類理智論》還表述了洛克關於語言起源的見解，他和維柯一樣，也發現隱喻的作用。

洛克知識論的一個主要難點就是解釋謬誤。如果我們將洛克的白紙換成柏拉圖的鳥籠，將理念換成鳥，該問題的形式就和《泰阿泰德篇》中的

形式完全一樣。根據這種理論，我們似乎就不可能犯錯誤，但洛克不總是為這類問題感到不安。他的表述不僅缺乏系統性，而且經常是遇到難題就退卻。由於抱著某種實用的目的，洛克處理起哲學問題來總是很零碎，他沒有去正視前後要一致的責任。就像他曾經說過的那樣，他是一個低級雇工。

至於神學問題，洛克認同把真理分為理性真理和啟示真理的傳統劃分法，他雖然獨來獨往，但始終是一位虔誠的基督徒。他特別厭惡希臘原義上的「神秘靈感」，即被神靈啟示所眩惑的某種狀態，它是16世紀、17世紀宗教領袖的一個特點。洛克認為這些人的狂熱不僅損害理性，而且損害啟示。宗教戰爭的暴行令人恐怖地證實這一點。總之，洛克在這個方面遵從當時哲學的一般趨向，確實把理性放在第一位。

在洛克的政治理論中，也包含理性與經驗主義的混合物。他在1689─1690年完成的《政府兩論》中闡述這些理論。其中第一篇論文批駁一本名為《家長論》的小冊子（羅伯特・菲爾默爵士[1]著），這本書含有神授君權的極端觀點。這個理論的基礎是世襲原則，洛克發現要推翻它易如反掌，儘管人們也許會認為這個原則與人類的理性不是那麼水火不相容。事實上，這個原則在經濟領域得到廣泛的認同。

洛克在第二篇論文中提出自己的理論。他和霍布斯一樣，也認為在文官政府存在之前，人們生活在一種受自然法則支配的自然狀態之中。這些觀點全都屬於傳統的經院哲學。洛克還認為，政府是在社會契約的理性

---

1. 羅伯特・菲爾默（約1588─1653），英國政治思想家，君權神授說的代表人物。──譯者注

主義學說基礎上建立起來的。在當時的背景下，他和那些堅持君權神授的人相比，算是前進了一步，儘管它比不上維柯的理論。洛克認為，社會契約背後的原動力就是對財產的保護，由於有這類協定的約束，人們就放棄獨自維護其利益的權力，這種權力現在交給政府。由於在君主制度下，國王也可能捲入紛爭，按照任何人都不應對自己的案件進行裁判的原則，司法就必須獨立於行政。孟德斯鳩後來非常詳盡地論述權力的劃分。洛克首先對這類問題進行充分的解釋，尤其是考慮到國王的行政權力和相對應的議會立法權。立法機構作為整個社會的代表，是至高無上的，它只對社會負責，但是假如行政和立法發生衝突，我們又應該怎麼辦？顯然，在這種情況下，行政必須被迫屈從於立法。查理一世②也確實曾經遭遇這樣的事情，他的獨裁引發內戰。

　　另一個問題是人們如何來決定，在什麼情況下可以對暴君採取正義的武力行動？在實踐中，往往是根據起義能否成功來決定的。儘管洛克似乎隱約感覺到了這個事實，但是他的觀點仍然是與當時政治思維的一般理性主義傾向相一致的。他設想任何一個有理性的人都可以明辨是非。由於只有根據某個內在的原則，才可以評價一個行動的對與錯，第三種權力（司法權）正好在這裡產生獨特的作用。洛克沒有把司法權當作一種單獨的權力來討論。但是在權力劃分逐漸為人所接受的任何地方，司法權都及時地獲得完全的獨立，並且可以在其他任何權力之間進行裁決。這二種權力透

---

2. 查理一世（1600—1649），英格蘭、蘇格蘭、愛爾蘭國王。他與議會的決裂，引發英國的內戰。1645年6月14日，國王軍被以費爾法克斯爵士和克倫威爾為正副司令的模範軍在內斯比戰役中擊敗。1648年，查理一世率領的蘇格蘭軍被議會軍擊敗，不幸被俘。1649年，他在審判以後被公開處死。——譯者注

過這種方式組成一個相互制約的均衡體系，進而防止任意的權威出現。對於政治上的自由主義來說，這是非常重要的。

今天的英國，政黨一成不變的結構和內閣所產生的權力，在一定程度上削弱行政權與立法權之間的分工。權力劃分（像洛克設想的那樣）最明顯的例子是美國的政體，它的總統和國會都獨立發揮作用。至於大多數國家，自洛克時代以來，已經發展成國家權力以犧牲個人為代價的局面。

在所有的思想家中，洛克既不是最深刻的，也不是最具獨創性的，但是他卻逐漸在哲學和政治兩個領域產生巨大而持久的影響。在哲學領域，他站在新經驗主義的前列，這種思想首先是由柏克萊、休謨和後來的邊沁、約翰‧史都華‧彌爾發展起來的。在18世紀法國的百科全書派①運動中，除了盧梭及其追隨者，其餘大部分都屬於洛克派。馬克思主義的科學特色也是在洛克的影響下形成的。

在政治方面，洛克的理論是對英國實際應用的一套方法的總結，因此不可能導致什麼大的動盪。在美國和法國，情況則完全不同，洛克的自由主義導致一種更為壯觀的革命。自由主義在美國成為國家理想，並被寫進了憲法。作為一種理想，它沒有始終得到忠實的遵守；但是作為一項原則，早期的自由主義幾乎原樣不變地在美國繼續發揮著作用。

奇怪的是，洛克的巨大成功是與牛頓理論的徹底成功分不開的。牛

---

1. 18世紀法國啟蒙思想家在編纂《百科全書》（全稱為《百科全書，或科學、藝術、工藝詳解詞典》）的過程中形成的派別。這個學派由一群以《百科全書》主編狄德羅為首的唯物論者組成，他們反對封建特權制度和天主教會，嚮往合理的社會，認為迷信、成見、愚昧、無知是人類的大敵，主張所有制度和觀念都要經過理性的批判和衡量。他們對機械工藝十分推崇，孕育資產階級的務實謀利精神。——譯者注

頓的物理學永遠地顛覆亞里斯多德的權威；同樣，洛克的政治理論儘管沒有什麼新鮮內容，卻也否定神授君權，並且試圖從經院哲學的自然法則出發，建立一套新的國家學說。這些嘗試的科學性反映在它們對後來事件的影響上。《獨立宣言》的措詞正好就打上它的烙印。富蘭克林[2]寫下「我們認為這些真理是不言而喻的」，他用「不言而喻」代替傑佛遜[3]的「神聖不可置疑」，富蘭克林在這裡模仿洛克的哲學語言。在法國，一方面，洛克的影響更為巨大。「舊秩序」的暴政已經過時，並且與英國的自由主義原則形成痛苦而鮮明的反差。另一方面，牛頓的見解在科學領域取代比較陳舊的笛卡兒世界觀。在經濟方面，英國的自由貿易政策在法國受到極大的推崇，儘管存在部分的曲解。在整個18世紀，英國文化都得以在法國盛行，這種狀況首先是由於洛克的影響。

正是由於洛克的哲學，近代歐洲哲學才出現第一次分裂。從整體上說，大陸哲學建構大規模的體系，它的論證具有先驗性，而且在論證範圍之內經常忽視細節問題。英國哲學卻更為遵循科學的經驗主義研究方法，它以零散的方式討論許多小問題，當它真的要提出普遍性原則時，就會把這些原則置於直接證據的驗證之下。

上述差異必然會導致如下的結果：假如先驗體系的基本原則被去除，

---

2. 班傑明・富蘭克林（1706—1790），18世紀美國偉大的科學家和發明家，著名的政治家、外交家、哲學家、文學家，以及美國獨立戰爭的偉大領袖。他有一句名言：「誠實和勤勉，應該成為你永久的伴侶。」——譯者注

3. 湯瑪斯・傑佛遜（1743—1826），美國政治家、思想家、開國元勳，第三任美國總統，1776年參與起草美國《獨立宣言》。擔任美國總統期間，他從法國手中購買路易斯安那州，使美國領土增加近一倍。——譯者注

它就會完全被推翻，即使它本身是前後一致的；而以觀察事實為基礎的經驗主義哲學卻不會崩潰，即使我們可以在某些地方對它吹毛求疵。兩者的反差就像兩座塔基與塔尖顛倒的金字塔一樣。經驗主義的金字塔建立在牢固的地基之上，即使從某個地方拿走一塊石板，它也不會倒塌；而先驗性的金字塔卻是靠塔尖支撐的，似乎瞟它一眼，它都會搖搖欲墜。

這種方法的實際效果在倫理學中更為明顯。善的理論被當作一個嚴格的體系提出來，如果某個不寬容的暴君自以為註定要由他來貫徹這個理論，就會出現恐怖性的災難。毫無疑問，有些人可能會鄙視功利主義倫理學，因為它源於追逐快樂的低級欲望。然而可以絕對肯定的是，和那些不顧一切追求理想目標的高尚改革家相比，這種理論的辯護者在改善同胞命運方面要做得更多。除了這些不同的倫理學觀點，相應地，政治學的發展中也出現不同態度。堅持洛克傳統的自由主義者不喜歡在抽象原則的基礎上進行徹底變革，每項爭執都必須在自由討論中按照自身的價值來進行討論。正是英國政府和社會實踐中的這種零散的、暫時的、不僅不成體系而且反體系的特徵，才使得歐洲大陸怒火中燒。

洛克自由思想的功利主義繼承人贊同一種開明的利己倫理學。雖然這個概念不可能在公眾中喚起最高尚的情懷，但是由於同樣的原因，它實際上也避免在崇高體系的幌子下犯下堂皇的暴行——這些體系展望更崇高的目標，卻忽略了人不是抽象的這個事實。

洛克理論留下一個嚴重的缺陷，就是他對抽象理念的解釋。當然，這種解釋只是一種嘗試，試圖解決洛克認識論中餘下的共相問題。其中的困難就在於，假如我們從具體實例中提煉抽象理念，最終將會一無所獲。洛克以三角形的抽象理念為例，它必定「既不是斜角的，又不是直角的；

既不是等邊等角的，又不是不等邊的。這些特徵既同時具有，又同時沒有」。柏克萊哲學正是從對抽象理念論的批判出發的。

喬治・柏克萊（1685—1753）於1685年出生於愛爾蘭，是盎格魯-愛爾蘭人的後裔。他15歲就進入都柏林的三一學院[1]，在那裡，除了傳統學科以外，牛頓的新學問和洛克的哲學正日益興盛。1707年，柏克萊當選為三一學院研究員。在其後的6年裡，他發表一些著作，進而奠定他的哲學家聲譽。柏克萊不到30歲就已經出了名，從此以後，他把主要精力投入其他事業中。從1713年到1721年，柏克萊一直在英國和大陸居住和旅行。回到三一學院以後，他出任高級研究員，並且於1724年當上德利教區的負責人。在此期間，他開始準備在百慕達創辦一所教會學院，在政府做出提供支持的承諾後，柏克萊於1728年前往美洲尋求新英格蘭人的資助。然而威斯敏斯特許諾的資助遲遲不能兌現，因此柏克萊不得不放棄這個計畫，於1732年回到倫敦。2年後，他晉升為克羅因地區的主教，並且終身擔任這個職位。1752年，他訪問牛津，第2年初逝世於牛津。

柏克萊哲學的基本觀點是，被感知的東西等同於存在物。在他看來，這個命題是不言而喻的，以至於他從來沒有對不信服的同時代人解釋他想做什麼，因為從表面上看，這個命題與常識相去甚遠。通常，沒有人會認為（正如這種觀點似乎要求的那樣）自己感知的對象就在自己的心靈中。然而它的意義卻在於，柏克萊隱晦地提出所指對象的理念存在某些問題，

---

1. 劍橋大學三一學院，由英國國王亨利八世於1546年建立，其前身是1324年建立的麥可學院，以及1317年建立的國王學堂。牛頓、培根、丁尼生等著名人物，都是從這裡畢業的。——譯者注

他所根據的正是洛克曾經宣揚過卻又未能堅持到底的經驗主義觀點。因此，試圖用詹森博士①那種方式來駁倒柏克萊的做法就完全偏離目標。至於柏克萊自己的理論最終能否解決洛克的難題，則是另一回事了。同時，我們還應該記住，柏克萊不打算用一些神秘的難題來使我們迷惑，而是試圖修正洛克某些自相矛盾的地方。至少可以說他在這個方面是十分成功的，如果根據洛克的認識論，那就無法合理地保持內心世界與外在世界的反差。我們不可能在堅持洛克理念論的同時，又認同知識表現論。後來，康德在解釋同一個問題時，也遇到極為相似的困難。

柏克萊在他的第一部著作《視覺新論》中批判抽象理念論，他一開始就討論當時盛行的關於感知的各種混淆觀念，尤其是對以下表相難題做出合理的解答，即我們看見的事物是正的，儘管其圖像在視網膜上是倒立的。這在當時是一個十分盛行的難題，柏克萊證明這完全是由於一種簡單的謬誤所致，關鍵在於我們是用眼睛看東西，而不是像看螢幕一樣從眼睛後面看眼睛，因此造成這個誤解的原因就是我們無形中從幾何光學掉進視覺感知語言的陷阱。柏克萊進一步提出一種感知論，這個理論明確地區分了不同感官所針對的不同對象。

柏克萊認為，視覺感知不是外部事物，只是心中的理念。但是他又認為觸覺感知（雖然在心靈裡屬於感覺理念）的對象是有形物質，儘管在後來的著作中，他不再同意這種區別，並且認為一切感知都只在心靈中產生感覺理念。各種感官之所以會如此分離，其原因就是所有的感覺都是獨特

---

1. 塞繆爾·詹森（1709—1784），英國詩人、散文家、批評家、辭書編輯家。——譯者注

的。這也就解釋柏克萊為什麼要否定他所謂的「唯物主義」。因為物質完全是各類屬性的形而上學載體，只有屬性才可以產生經驗，也就是思想內容。單純物質是不可能被經驗的，因此也是多餘的、無用的抽象。這樣的見解也適用於洛克的抽象理念。例如，假如你把一個三角形所具有的所有特性都去掉，嚴格地說，最終將什麼也留不下來，子虛烏有的東西是無法被經驗的。

　　1710年，也就是《視覺新論》發表的第二年，柏克萊又出版《人類知識原理》一書，他在書中毫不保留和妥協地陳述自己的命題：存在即被感知。嚴格地說，這是洛克經驗主義的最終結果。當我們事實上確實有經驗時，我們唯一能說的就是自己具有某些感覺或反思的經驗。因此，我們只有在不僅被限定在這種儲存於心靈中的經驗範圍內，而且不得不只能在自己有這些經驗時，才承認它們的存在。在某種意義上，這是很自然的。只有在經驗中，或者透過經驗來提及物的存在，這樣才有意義，因此存在就等於被感知。根據這種觀點，如果去談論某個未曾經驗過的經驗，或某個未曾感知過的理念，就是毫無意義的。那些持有現象主義認識論的現代哲學家們繼續堅持著這個立場，按照這樣的理論，未經感知的感官資料是不存在的。至於抽象理念，如果有可能，它們必然代表著某些無法體驗的實在，這一點是與洛克的經驗主義相矛盾的。因為在經驗主義者看來，實在性與可以被經驗的東西同樣廣闊和久遠。怎樣來解決共相問題？柏克萊指出，洛克所想像的抽象理念純粹是普遍性的名稱，它們不是指任何單個的事物，而是指一組事物中的任何一個。因此，「三角形」一詞就是指任何三角形，而不是指一個抽象的三角形。實際上，抽象理念論面臨的困難和我們談到蘇格拉底形式論時所面臨的困難是有關係的，那些形式指的也是

完全非特定的東西，它們獨立存在於另一個世界裡，但有可能被認知。

　　柏克萊不僅拋棄抽象理念，而且完全拋棄洛克所做的對象與理念的區分以及由此產生的知識表現論。因為，對一個前後一致的經驗主義者來說，我們怎麼可以一面堅持「所有經驗都針對感覺理念與反思理念」，同時又斷言「理念與那些本身不可知或不能被人所知的對象相一致」？康德後來對事物的本體和現象做了區分，但是洛克的理論中早就有了這種跡象。柏克萊沒有採納洛克的這些觀點，並且非常正確地抵制了它們，因為它們與洛克的經驗主義不相容。柏克萊唯心主義的意義正在於此。我們可以認知和提到的所有事物都是心靈（思想）的內容。在提出知識表現論的同時，洛克還認為詞語是理念的符號，每個詞都有一個與之對應的理念，反之亦然。正是這種錯誤觀點導致抽象理念論的出現，因此洛克必定會認為，在言談中說出一個詞，就會喚起一個理念，資訊就是透過這種方式，從一個人傳給另一個人。

　　柏克萊很輕易地證明對語言的這種解釋是錯誤的。因為，我們在聆聽時所理解的是對方說話的大意，而不是一系列彼此分離，然後又像珠子一樣串起來的單詞的含義。人們也許還會說，知識表現論的難題肯定會反覆出現，如何來確定理念的名稱？這就要求我們可以用非言辭的方式，把出現在心靈中的某個明確理念傳出來，然後再給它安一個名稱。但即使如此，我們還是不知道怎樣才可以表述出其中的對應性。因為用理論術語來說，理念本身是非言辭的。因此，洛克對語言的解釋存在嚴重缺陷。

　　我們已經看出，人們可以對柏克萊的唯心主義進行一番闡釋，使其不像看起來那麼嚇人。唯心主義使柏克萊做了一些推論，不過這些推論不那麼令人信服。他認為，如果進行感知活動，就一定會牽涉到心靈或精神，

這一點看來是不可避免的。一個包含理念的心靈不是它自身的經驗對象，所以它的存在不表現於被感知，而是表現於去感知。但是這種心靈觀與柏克萊自己的立場不一致，因為我們透過考察可以發現，用這種方式感悟到的心靈正好就是柏克萊批判過的洛克的抽象理念。心靈是一種去感知的東西，而不是別的東西，但它又是抽象的。至於心靈不活動時會遇到什麼，就需要有一個特別的答案了。顯然，如果「存在」要麼意味著去感知，要麼意味著被感知，心靈在不活動時就一定是上帝心中的某種理念，因為只有上帝的心靈才是永遠活躍的。引用這個哲學中的上帝，正是為了應付理論上的某個難題，祂的作用就是確保心靈可以連續地存在，也保證所謂物質對象的繼續存在。這種比較自由的方式使整個解釋回到一種接近常識的層面上。柏克萊的這部分觀點是最沒有價值的，也是最缺乏哲學趣味的。

這裡值得強調的是，柏克萊的命題（存在即被感知）不表示他認為這是一個應該透過實驗來確定是否引進上帝的問題。實際上，我們只要仔細考慮怎樣來正確使用自己的詞彙，就可以明白他的命題肯定是真的。因此，他在這個問題上所做的研究沒有形而上學的含義，只是在探討如何運用某些詞語的問題。只要我們決定把「存在」與「被感知」當同義詞來使用，自然就沒有懷疑的餘地。然而，柏克萊不僅指出我們應該如何運用這些詞語，而且認為我們在謹慎的談話中已經這樣做了。我們一直在盡力揭示這個觀點，它不是完全沒有道理的。但是人們很可能會感覺到，這種說法不像柏克萊想像的那麼妥當。

首先，他被引向關於心靈和上帝的形而上學理論，這個理論與他的其他哲學觀點不協調。如果柏克萊不堅持這一點，我們就會覺得他的術語沒有必要與通常的說法有區別，儘管這可能還有爭議，而且無論如何也不

能成為人們拋棄它的理由。除此之外，柏克萊的解釋還有一個哲學上的缺陷，進而使得他的大部分解釋很容易受到批判。在以下事實中，這一點尤為突出：柏克萊曾經指出有關視覺的這類錯誤觀點。之前說過，他正確地堅持人是用眼睛看東西，而沒有看眼睛的觀點；同樣，我們也可以說，在通常情況下，一個人用心靈去感知，但是在感知的時候沒有審視自己的心靈。正如我們沒有看自己的眼睛一樣，我們也沒有看自己的心靈；同樣，正如我們不能說自己看見視網膜上的東西一樣，我們也不能說自己感知到了心靈裡的東西。這至少說明我們應該慎重地考慮「在心靈中」這個短語，柏克萊卻沒有考慮到這一點。

以上批判顯示，我們也許有充分的理由來反駁柏克萊贊成另一術語的說法，其根據就是事例中的類比。很顯然，柏克萊的命題在這一點上很容易給人以誤導。也許有人認為這對柏克萊不公平，但這也許正是他自己希望批評家去做的事情，因為他認為哲學家的本職就是去澄清誤導人的說法。在《人類知識原理》導論中，他是這樣看問題的：「我在整體上傾向於認為，哲學家們至今仍然感興趣的絕大部分難題（即使不是全部）之所以變成求知的障礙，完全要歸咎於我們自己。我們剛剛揚起一點塵土，就抱怨什麼也看不見了。」

柏克萊的另一部主要著作《海拉與菲倫諾對話錄》沒有提出可供討論的新話題，而是以更有可讀性的對話錄形式，重申了早期作品的觀點。

洛克提出的理念學說很容易招致許多嚴厲的批評。如果心靈只知道感官印象，柏克萊的批判就指出，性質的第一屬性和第二屬性是不可能區分的。但是批判性解釋想要進行得徹底，還必須比柏克萊更進一步，因為他仍然認可心靈的存在。休謨把洛克的經驗主義發展出邏輯性的結論，結

果，正是由此導致的誇大的懷疑論立場，暴露了當初假設中的各種缺陷。

大衛・休謨（1711—1776）出生於愛丁堡，他12歲就進入愛丁堡大學，在完成常規文科課程的學習之後，他離開大學，當時還不到16歲。他曾經考慮從事法律工作，但是他真正的興趣還是在哲學方面，並且最終決心致力於哲學研究。休謨經過短暫的經商嘗試之後，很快就放棄了。1734年，他去了法國，並且在那裡住了3年。由於沒有多少財產，他不得不學會有計劃地花錢。他很樂於受到這樣的限制，因而可以完全專注於學術研究。休謨在法國期間，寫下他最著名的作品《人性論》。完成這部奠定日後哲學聲譽的著作時，他才26歲。回國以後不久，休謨就在倫敦出版《人性論》。然而剛開始，他卻遭遇慘敗。作者的不成熟在書中有所表現，這種不成熟主要不是表現在哲學內容上，而是表現在他輕率直白的文風上。對公認的宗教原則進行直言不諱的批判，這是不利於自己被普遍接受的。正是由於這樣的原因，休謨未能在1744年獲得愛丁堡大學的哲學教授一職。1746年，他加入聖・克雷爾將軍的部隊，並且於次年跟隨將軍出使了奧地利和義大利。這個差事使他攢下充足的錢，1748年退役以後，他就致力於自己的工作。15年間，他出版許多關於認識論、倫理學和政治學的著作，更令人欣慰的是，《英國史》一書使他名利雙收。1763年，休謨再次前往法國，這次是擔任英國駐法大使的私人秘書。2年後，他成為大使館秘書，並且在大使被召回期間出任代辦一職，直到新的任命下發。1766年，他回英國擔任2年的副國務大臣，1769年退休後，他在愛丁堡度過自己的晚年。

休謨認為，在一定程度上，「人的科學」支配一切探索。和洛克、柏克萊不同的是，他所考慮的不光是清理地面（打基礎），而且要牢記可能

隨之建立的體系，這就是人的科學。這種試圖建立新體系的嘗試暗示歐洲大陸理性主義的影響，因為休謨和那些繼續受笛卡兒原理支配的法國思想家們保持聯繫。無論如何，這種有希望的「人的科學」使得休謨探索普遍的人性。首先，他探索人的精神（思想）的範圍和局限性。

休謨吸納洛克「感覺論」的基本原理。根據這種觀點來批評柏克萊的心靈或自我理論不難，因為我們能意識到，感官經驗中全都是印象，而且沒有任何印象可以產生人格同一性。的確，柏克萊已經發現自己把靈魂當作一個實體，是在用人為的方式將其嫁接於自身體系。他不承認我們可以認知靈魂，於是就建議我們持有某種靈魂的「概念」，但是他從未解釋過這些概念是什麼。但是，無論他會說什麼，這都確實破壞他自己的理念論。

休謨的論證是建立在大量的一般性假設之上的，這些假設貫穿於他的整個認識論。在原則上，他同意洛克的理念論，儘管自己使用不同的術語。休謨把印象和理念解釋為感知的內容，洛克則把理念劃分為感覺理念和反思理念。休謨的這種區分和洛克不同，而且它突破洛克的分類法。

休謨認為，一個印象既可以從感官經驗中獲得，也可以從記憶之類的活動中獲得。他認為印象產生理念，理念又不同於感官經驗（兩者的生動性和逼真度不同）。理念是印象的蒼白複製品，在感官經驗中，印象有時候要先於理念。不管怎樣，當心靈思考時，其中就會伴隨著理念。在這裡，「理念」一詞要按照其希臘原意來理解。對休謨而言，思維指的就是形象思維或想像（拉丁文「想像」具有同樣的原意）。總而言之，一切經驗，不管是感覺還是想像中的經驗，都稱為感知。

需要注意的是，休謨遵循洛克的以下看法，即印象在某種意義上是彼

此分離的、獨特的。因此，休謨認為我們可以把一個複雜的經驗分解為簡單的印象（該經驗的組成部分）。從中還可以推出這樣的結論，既然簡單的印象是建構一切經驗的材料，它們就可以分別被想像。不僅如此，既然理念是印象的蒼白複製品，所以無論我們可以在思維中描繪些什麼，它們都可能是某種可行經驗的對象。基於同樣的理由，還可推出這樣的結論：不能想像的東西同樣也是不能被經驗的。如此一來，可行想像就與可行經驗有了同樣廣的範圍。如果我們想理解休謨的論證，記住這一點是最關鍵的，因為他經常要我們去盡力想像某個東西，並且相信我們和他自己都不可能做到這一點。他斷定，所想像的情況不是一個可能的經驗對象。因此，經驗是由一系列接續性感知構成的。

除了這種接續性以外，感知之間從來不會產生別的聯繫。笛卡兒的理性主義與洛克及其追隨者的經驗主義在這裡存在根本的區別。理性主義者認為事物之間有密切的內在聯繫，並且堅持這些聯繫是可知的。休謨卻否定這種聯繫，他甚至還提出，即使有這種聯繫，也必定永遠不可能為我們所認知。我們所能認知的一切只有接續性印象或理念，因此甚至考慮是否存在其他更深的聯繫，都是徒勞的。

根據休謨認識論的這些普遍性特徵，我們現在就可以更接近地考察他在其哲學中對一些主要問題所做的特殊論證。我們先從人格同一性的問題開始，《人性論》第一卷「論知性」的末尾討論這個問題。休謨一開始就說：「有些哲學家設想我們隨時都會在內心深處意識到所謂的『自我』，感覺到『自我』的存在及其存在的接續性。『自我』的完整同一性和單純性都是無須驗證、確定無疑的。」但是只要我們將其置於經驗之中，就可以看到，假設「自我」就是經驗的基礎是經不起驗證的。「不幸的是，所

有這些斷言都正好違背用來為自己做辯護的經驗——按照這種解釋，我們也就不可能有任何『自我』的理念。因為，從什麼樣的印象中才可以得出這種理念？」接著，休謨還證明不可能得出這樣的印象，因而也就不可能有「自我」的理念。

還有一個更大的難點，就是我們無從知曉自己的特殊感知是怎樣與「自我」相聯繫的。關於特殊感知，休謨以他獨特的方式論證說：「所有這一切都是不同的，它們既可以被分別考慮，也可以分別存在，而且它們的存在不需要任何東西來支持。它們以什麼方式屬於自我，又以什麼方式與自我聯繫？對我來說，當我進入內心最深處的『我自己』時，我總是會遇到各種特殊感知：熱或冷、明或暗、愛或恨、苦或樂。假如沒有某種感知，我任何時候也不可能掌握住『我自己』，永遠也不可能觀察到任何感知以外的東西。」隨後他又補充說：「如果任何人（在認真而不偏頗地反思之後）認為他有某種不同的『我自己』概念，我就要承認我無法再和他討論下去。我能體諒的就是，他可能和我一樣正確，但是我們在這個特殊問題上有根本的區別。」不過很明顯，他把這樣的人當成怪人，他說：「我可以冒昧地斷定，他人只是不同感知的集合體，這些感知以不可思議的速度彼此相連，而且處在某種運動之中。」

「心靈是一個劇場，各種不同的感知相繼登台亮相。」不過這是有限定條件的，「以劇場作類比絕對不應該使我們受到誤導。它們僅僅是具有接續性的感知而已（這些感知構成心靈）。我們根本沒有任何在劇場裡演戲的概念，也沒有任何建構該劇場的材料概念。」人們之所以會錯誤地相信人格同一性，是因為我們傾向於把接續性理念和同一性理念混淆起來，這種情況在一個時期內沒有改變過。於是，我們就被導向了「靈魂」「自

我」「實體」的概念，進而掩蓋了實際上存在於我們的接續性經驗中的變化。「因此，有關同一性的爭論不只是措詞上的分歧。因為當我們把同一性賦予可變的或非接續性的對象時，我們的錯誤就不只是在表述上了，而是經常伴有某種虛構，虛構出了不變的、連續的事物，或者神秘的、令人費解的事物，或者我們至少有虛構的傾向」。隨即，休謨還進一步揭示這種傾向發揮作用的過程，並且以其聯想心理學解釋人格同一性的理念是如何隨之發生的。

隨後我們將討論聯想的原則。至於為什麼要詳盡地引用休謨的原文，他優美的文風就是充足的理由。此外，在休謨處理問題的方式面前，確實也沒有其他更好更清晰的表述方式了。總之，這種狀況為英國的哲學創作開了一個可貴的先例，儘管也許永遠也不會再有人達到休謨的完美。休謨的因果論是我們必須考察的另一個主要問題。理性主義者認為，因果聯繫是事物與生俱來的某種內在特徵。例如史賓諾沙就認為，如果以一種充分的方式來考慮事物，就有可能透過演繹顯示一切現象都必有其因果關係，儘管通常人們認為只有上帝才可以具有這樣的想像力。按照休謨的理論，這樣的因果關係是不可知的，他所持的正是在批判人格同一性時所提出的理由。這種錯誤觀點的根源就在於，我們傾向於把某種序列中理念間的必然聯繫歸於這種因果關係的本質。現在，理念間的聯繫產生於聯想，聯想則是由三種關係（相似性、時空銜接性和因果關係）導致的。休謨把這些關係稱為哲學關係，因為它們在理念的比較中發揮作用。在某些方面，它們與洛克的反思理念是一致的。之前說過，當心靈對自身內容進行比較的時候，這種理念就產生了。在一定程度上，相似性絕對不會介入所有的哲學關係，因為沒有相似性，就不可能有比較。休謨把這些關係細分為七種

類型，即相似性、同一性、時空關係、數的關係、質量等級、對立性和因果關係。他特別挑出了同一性、時空關係和因果三種關係，並指出另外四種關係僅僅依賴於被比較的理念。比如，數的關係在一個給定的幾何圖形中，只能依賴於該圖形的理念。他還認為只有這四種關係才可以產生知識的確定性。但對於同一性、時空關係和因果關係，我們就無法進行抽象推理，必須依靠感官經驗。其中唯一真正具有推理作用的是因果關係，另外兩種關係都要依存於它。某個客體的同一性必須根據因果原則來推知，時空關係也是這樣。這裡需要注意的是，休謨經常不經意地陷入有關客體的一般說法中，這時他的理論就要十分嚴格地迫使他只提及理念。

接著，休謨對如何從經驗中得出因果關係進行心理學闡釋。假如兩個給定種類的客體在感官知覺中出現恆定的聯繫，就會產生一種心靈習慣，進而使我們聯想到由印象產生的兩個理念。當這個習慣足夠強烈時，一個客體的現象（在感覺中僅僅是現象）就會在心靈中引發兩個理念的聯想，對於這種聯想來說，不存在任何確定或必然的東西，因此可以說因果關係就是一種心靈的習慣。但是休謨的論述不是完全一致的，因為我們在之前看到，他說聯想本身產生於因果關係，在這裡卻又用聯想來解釋因果關係。但聯想主義者的原則作為心靈習慣如何形成的一種解釋，卻是一種有用的心理學解釋，並且一直具有非常大的影響。

對休謨來說，確實不可以提及心靈習慣或心靈傾向，至少不可以提到它們的形成。因為正如我們所知，在他的嚴格意義上，心靈僅僅是具有接續性的感知。所以，不可能有任何東西發展成為習慣，也不能說一系列感知實際上發展某些形式，因為勉強的陳述意味著令人費解，除非我們可以多少使這種陳述看起來不完全像某種巧合。現在，有一點顯然是正確的，

正如理性主義者所要求的那樣，因果的必然聯繫不能從休謨的認識論中杜撰出來。因為無論我們所面臨的（客體）聯繫是多麼恆定和有規律，我們都始終不能說：在一系列的印象之上產生必然的印象，因而我們不可能認為必須有一個必然性理念。但是由於有些理性主義者傾向於別的想法，因此一定有某種心理作用誤導了他們，心靈習慣恰巧就乘虛而入了。我們是如此習慣於從經驗中看到原因產生相應的結果，以至於我們最終一味地相信必然如此。如果我們接受休謨的經驗主義，最後這一步是不可能得到證明的。

透過制定一些「判斷因果的規則」，休謨結束對因果關係的討論。他在這裡提前100年展望J・S・彌爾的歸納法準則。休謨在制定規則之前，回顧了因果關係的主要特徵。「一切都可以導致一切」，他這樣說，以此來提醒我們不存在必然聯繫這類東西。規則一共八條，第一條是「因果必須具有時空鄰近性」；第二條是「原因必先於結果」；第三條是因果之間必定有恆定的聯繫。後面這幾條則預示彌爾的準則。他在第四條中告訴我們，同樣的原因總是產生同樣的結果，而且這個原則是從經驗中來的；第五條指出，如果不同的原因可以產生同樣的結果，這些原因一定具有某個共同點；我們也可以推出第六條，不同的結果顯示不同的原因。剩下的兩條我們就不必在這裡討論。

最後，休謨的認識論導致某種懷疑論立場。我們在之前已經看到，古代的懷疑論者是那些反對創立形而上學體系的人。我們絕對不能根據他們之後的通俗意義來理解「懷疑論者」這個術語，「懷疑論者」的通俗含義是指某種經常性的猶豫不決，其希臘文原意是指一個謹慎的探索者，凡是在體系創立者們覺得自己找到答案的地方，懷疑論者卻不敢肯定，而是

繼續觀望。隨著時間的流逝，使他們出名的不是他們的繼續研究，而是他們的缺乏信心。從這個意義上看，休謨的哲學就是懷疑論的，因為他像懷疑論者一樣得出如下結論：我們在日常生活中覺得毋庸置疑的明確事物，都得不到任何方式的證明。當然，我們絕對不能以為懷疑論者在面臨生活中的現實問題時，也瞻前顧後，下不了決心。在闡述懷疑論立場之後，休謨明確指出，這不影響一個人的日常追求。「假如有人在這裡問我，我是否真誠地同意這個我曾費盡心機向人灌輸的論點，我是否真的也是一名懷疑論者，是否認為一切都無法確定，我們對於任何事物的判斷是否都不存在真理或謬誤。我將告訴他，這個問題純粹是多餘的，無論是我還是任何別的人，都不會永遠忠實如一地持有那種見解。自然憑著某種無法阻擋的絕對必然性，已經決定我們既要去呼吸、感覺，又要去判斷……無論是誰熱衷於批判這種徹底懷疑論的不足，實際上都是在進行沒有對手的論戰……」

關於洛克提出的理念學說，休謨堅定地表示這種理論最終會把我們引向何處。一旦離開這一點，就無法再遵循這些路線。如果有人認為我們通常提到因果關係時，不是指（我們的確是指）休謨所說的那種關係，就必須找到一個新的起點。可以肯定的是，無論科學家還是普通人，都不會僅憑恆定的聯繫來思考因果關係。對此，休謨的回答可能是：如果他們另有所指，他們就全錯了。然而在這裡，他可能過分徹底地排斥了理性主義學說。正如我們在討論史賓諾沙時所看到的那樣，對科學家的實際工作進行更好的描述的，正好就是理性主義本身。科學的目的在於透過演繹體系來揭示因果關係，在演繹體系中，結果是由原因引起的，正如一個有效論證的結論源於它的必然性前提一樣。但是對於前提本身來說，休謨的批判仍

然是正確的。對此，我們應該保持某種探索或懷疑的態度。

我們可以回顧一下，休謨主要對人的科學感興趣，在此，懷疑論立場導致倫理學和宗教領域的劇烈變革。因為我們一旦證實自己無法認知必然的聯繫，即使用理性論證來證明倫理學原理，道德的力量也必定受到削弱。現在，倫理學的基礎雖然已經變得不如休謨的因果關係本身那麼牢靠，但根據休謨自己的說法，在實踐中，我們當然可以自由地採納自己所願意採納的任何觀點，儘管我們不能證明它。

第九章

啟蒙運動與浪漫主義

不列顛經驗主義運動的一個顯著的特徵，就是對那些遵從不同傳統的人持普遍的寬容態度。因此，洛克堅持要一視同仁地予以寬容，哪怕是對信奉「教宗至上」的信徒們也應該如此。儘管休謨嘲笑一般的宗教，尤其是羅馬天主教，但是他卻反對容易導致鎮壓的「宗教狂熱」。這種普遍的開明態度逐漸成為當時學術氛圍的特徵。在18世紀，它首先在法國，而後又在德國站住了腳。啟蒙運動或後來德國人所謂的Aufk-1arung（啟蒙思想），並非一直與哲學思想的某個特殊學派有關，實際上它是16世紀、17世紀沒完沒了的宗教血腥衝突的產物。正如我們所知道的那樣，洛克和史賓諾沙都採納宗教寬容的原則。同時，這種關於信仰問題的新態度還產生深遠的政治影響，因為它必然會抵制一切領域的任意權威，神授君權是不可能贊同這種自由觀點的。在英國，政治鬥爭在17世紀末已經達到白熱化的程度。由此導致的憲法實際上不民主，但是它卻擺脫其他地方貴族統治所具有的某些無法無天的特徵，因而也就不可能發生激烈的動亂。在法國，情況則完全不同，啟蒙力量已經為1789年的大革命做了大量的準備工作。在德國，啟蒙運動幾乎仍然是一個智力復甦的問題。「三十年戰爭」以後，德國只是在逐步振興，它在文化方面受到法國的支配。直到普魯士在腓特烈大帝①的統治下得以興起以及18世紀後半葉的文學得以復興，德國才開始擺脫對法國文化的依附。

啟蒙運動還與科學知識的傳播緊密相關。在過去按照亞里斯多德和教

會的權威把許多東西視為理所當然的地方，現在遵從科學家的觀點已經成為時尚。就像在宗教領域，新教已經產生每個人都應該獨立判斷的思想一樣，現在在科學領域，人們也必須親自考察自然，不應該再盲從那些陳腐學說的權威。西歐的生活正被科學探究的結果改變著。在法國，大革命②最終粉碎舊有的制度，18世紀的德國大體上還被「仁慈的」暴政約束著。在一定程度上，確實有言論自由的存在，儘管它絕對不是想說就說，普魯士（如果去掉其軍事性質）或許就是最好的國家範例。無論如何，某種形式的自由主義已開始在知識界發展起來，腓特烈大帝自稱是國家的第一公僕，他主張，在自己的國家裡，每個人都可以按照自己的方式獲得拯救。

啟蒙運動主要是重新評估獨立的思考，從字面上看，它主要是為了傳播光明，消除過去普遍的黑暗。人們可以憑著強烈的獻身精神致力於這種運動，但是它沒有因此成為崇尚激情的生活方式。同時，人們還感受到另一種對立的影響，即更為猛烈的浪漫主義力量。

在某些方面，浪漫主義運動與啟蒙運動的關係使人聯想到戴歐尼修斯傾向與阿波羅傾向③的對比。其來源可以追溯到古希臘人的某些理想化觀念，這個觀念曾經在文藝復興中再次出現過。在18世紀，法國浪漫主義運動反對理性主義思想家冷靜、超然、客觀的態度，逐漸轉化成對情感的

1. 腓特烈二世（1712—1786），普魯士國王（1740—1786），史稱腓特烈大帝，軍事家，作曲家。在其統治時期，普魯士軍事大規模發展，領土擴張，文化藝術得到贊助，普魯士成為德意志的霸主。他是歐洲歷史上最偉大的統帥之一，在政治、經濟、哲學、法律、甚至音樂等方面都頗有建樹。——譯者注
2. 1789—1799年發生於法國的一場大革命。在這次大革命中，代表資產階級的民主黨人和共和黨人一起推翻統治法國許多世紀的君主專制政體。——譯者注

崇尚。自霍布斯起，理性主義者曾經試圖建立和維持社會的政治穩定，浪漫主義者卻提倡一種有風險的生活。他們不求安穩，嚮往歷險；他們唾棄舒適與安全的生活，認為那是一種墮落；他們堅持認為，朝不保夕的生活方式在理論上無論如何也是一種更高貴的東西，並且由此對貧苦農民產生理想化的概念，認為農民雖然靠小塊田地得以勉強維持貧窮的生活，但卻得到補償，也就是擺脫都市文明的束縛和腐蝕。他們把接近自然看作一種獨特的美德，在這裡受到讚美的這種貧窮生活，實際上就是田園生活。早期浪漫主義者詛咒工業主義，的確，工業革命產生社會和物質兩方面的醜惡後果。在其後的幾十年裡，在馬克思主義的影響下，人們逐漸對工業無產階級有了某種浪漫主義的看法。從那以後，產業工人正義的抱怨得到伸張，關於「工人」的浪漫主義觀點至今仍然留在政治學中。

　　與浪漫主義運動有關的還有國家主義④的復甦。科學與哲學的偉大嘗試基本上不帶什麼國家感情。啟蒙運動不瞭解這類政治界線，即使在義大利和西班牙這樣的國家，啟蒙運動也不可能和天主教一同興旺。另一方面，浪漫主義卻加劇國與國之間的差異，並且鼓勵神秘的國家概念，這是

---

3. 戴歐尼修斯與阿波羅分別是古希臘神話傳說中的酒神和日神。布克哈特最早在《希臘文化史》中提出，這兩個神之間存在一種對立與統一的關係，尼采在《悲劇的誕生》中把這種關係發展到哲學和美學的高度，認為「藝術的持續發展是與日神和酒神的二元性密切相關的」，阿波羅和戴歐尼修斯成為理性和非理性、夢境和現實、維持生命之力量和產生生命之力量的象徵。——譯者注
4. 國家主義興起於近代，是關於國家主權、國家利益、國家安全問題的一種政治學說，其價值的歸依是國家。國家主義認為，國家的正義性毋庸置疑，並且以國家利益為神聖的本位，宣導所有國民在國家至上的信念引導下，抑制和放棄私我，共同為國家的獨立、主權、繁榮、強盛而努力。——譯者注

霍布斯《利維坦》一書不曾預料到的一個必然結果。國家逐漸被當作一個放大了的人，而且具有某種自己的意志，後來，導致1789年大革命的各種勢力都受到這種新國家主義的支配。英國由於幸運地擁有天然邊界，可以在極為寬鬆的環境裡獲得某種國家感，它自己的地位在事態的變化中似乎是牢不可破的；而年輕的法蘭西共和國則四面受敵，也就不可能發展出如此自然的國家信念；德國的領土已經被拿破崙的帝國軍隊吞併，當然就更不具備這樣的國家意識了。國家感情的迸發激起1813年的解放戰爭，普魯士成為德國的國家主義振興之地。有意思的是，一些偉大的德國詩人預見到這種國家主義將會導致災難性後果。

浪漫主義者拋棄功利原則，遵循美學標準。凡是他們的思想所及，無論是行為、道德還是經濟問題，美學標準都得到運用。自然中的事物，為他們所認可的正是那種壯烈的美。在他們眼裡，新興中產階級的生活太沉悶，而且受到殘缺慣例的禁錮。他們的這類說法不是完全沒有根據。如果說我們今天的觀念更為寬容，這正是那些公然蔑視既定習俗的浪漫主義叛逆者的功勞。

在哲學領域，浪漫主義產生兩種相反的影響。首先，它過分強調理性和虔誠的希望，即我們只要對眼前的問題稍微用點心，一切困難就會一勞永逸地解決。17世紀的思想家不具有這種浪漫理性主義，但是它卻出現在德國唯心主義者和後來的馬克思哲學裡。功利主義者也具有這個特色，他們設想人在理論上有無限的可教育性，但這顯然是不對的。一般來說，烏托邦概念不論是純思想的，還是關於社會問題的，都是浪漫理性主義的典型產物。另一方面，過低地評價理性同樣是浪漫主義的一種表現。這種非理性主義的態度（臭名遠揚的一個品種或許就是存在主義）在某些方面是

對工業社會日益侵犯個人自由的一種反抗。

　　浪漫主義首先得到詩人的支持。最著名的浪漫主義者可能要算拜倫了。在這裡，我們發現構成徹底浪漫主義的全部要素：叛逆、反抗、蔑視陳規陋習、做事不顧後果和高貴的行為。其為了希臘的自由事業而死在密索隆奇沼澤地，這是最偉大的浪漫主義姿態。拜倫影響後來的德國和法國浪漫主義詩歌。俄國詩人萊蒙托夫也自稱是他的門徒。義大利也有一位偉大的浪漫主義詩人，即萊奧帕迪，他的作品反映19世紀初義大利令人絕望的壓抑狀態。18世紀啟蒙運動時期的偉大豐碑是由法國的一群作家和科學家編纂而成的百科全書。這些人有意識地背棄宗教和形而上學，在科學中尋找新的知識動力，他們透過搜集整理當時所有的科學知識，彙編成這部浩瀚的巨著（不僅要按照字母順序記載知識，而且要論述研究世界的科學方法），這些作家希望在反對既定權威愚民政策的爭鬥中產生一種強有力的工具。18世紀法國絕大多數著名的文學家和科學家都對這個事業有所貢獻，其中有兩位尤其值得一提。達朗貝爾（1717—1783）也許作為數學家最有名，他的名字命名了理論力學中的一條重要原理。但他是一位對哲學和文學懷有廣泛興趣的人，除了其他貢獻，百科全書的導論尤其要歸功於他。狄德羅（1713—1784）承擔大部分的編輯工作，他是一位涉及多種學科的作家，並且摒棄宗教的一切傳統形式。不過從廣義上看，百科全書派不是非宗教的，狄德羅就持有近似於史賓諾沙的泛神論觀點。對百科全書做出重要貢獻的伏爾泰①曾經說過，假如上帝不存在，那我們就必須創造一個。的確，他強烈反對制度化的基督教，但是同時又真的相信，假如人們過著善的生活，某種超自然力量的目標就可以實現。這是某種形式的伯拉糾主義（不依附於任何常規和慣例）。同時，他還嘲笑萊布尼茲的觀

點，即我們的世界是一切可能的世界中最好的。他認為罪惡是一種必須與之對抗的實在物，因此他與傳統宗教進行激烈而艱難的對抗。

在否定宗教方面，法國的唯物主義者們更極端。他們的學說是對笛卡兒實體論的發展。我們知道，在心靈和物質的研究上，偶因論原理實際上已經使這個學說成為多餘，因為心靈和物質這兩個領域嚴格按照平行的方式運轉，我們可以省略其中的一個。拉美特利[2]的《人是機器》是對唯物主義學說最好的解釋。拉美特利拋棄笛卡兒的二元論，只允許一種實體的存在，就是物質。但是這種物質不具有早期機械論所認定的惰性，相反，它的一個主要特徵就是運動，並且不需要什麼原動力，上帝只是後來的拉普拉斯[3]所說的一個「不必要的假設」。按照這種觀點，精神就是物質世界的一種功能。這個理論與萊布尼茲的「單子論」有一些關聯，儘管它認為只有一個實體，萊布尼茲則認為單子的數量是無限多。然而，把單子看作「靈魂」的觀點卻很像物質隨時具有心靈般的作用的概念。馬克思的「精神是肉體組織的副產品」的理論，正是從這個源泉中推導出來的。

唯物主義者在這個理論的基礎上，堅持鮮明的無神論立場，任何形式的宗教都被認為是致命的、蓄意的謬誤，統治者和僧侶們為了自身的利益，就大力宣揚和鼓勵宗教信仰，因為愚昧無知的人更容易控制。當馬克

---

1. 伏爾泰（1694—1778），法國啟蒙思想家、文學家、哲學家，原名弗朗索瓦-馬里·阿魯埃，伏爾泰是其筆名。他是18世紀法國資產階級啟蒙運動的旗手，被譽為「法蘭西思想之王」、「歐洲的良心」。——譯者注

2. 拉美特利（1709—1751），法國啟蒙思想家、哲學家。他出生於一個富商家庭，起初學習神學，成為耶穌會牧師，後來轉攻醫學，曾經師從荷蘭傑出醫學家赫爾曼·布爾哈夫，深受機械主義醫學思想的影響。——譯者注

3. 拉普拉斯（1749—1827），法國數學家、天文學家、物理學家。——譯者注

思說宗教是「人民的鴉片」時，他也要在這裡感激唯物主義者。唯物主義者希望透過揭穿宗教和形而上學的玄想，指出一條科學和理性的道路，以便引導人類進入人間天堂。百科全書派也持有這樣的觀點，並且再次啟發馬克思的空想社會主義。然而他們在這個方面，全都受到浪漫主義幻覺的支配。

雖然對生活採取一種開明的態度，的確有助於我們找到克服困難的適當措施，但是在現世，想要找到一個永久性解決所有問題的終極方法，顯然是不可能的。所有這些思想家都有一個相似之處，那就是強調理性的卓越性。在宗教統治被法國大革命瓦解之後，理性就被抬到至高無上的地位，而且還專門為它設立一個節日④。這實際上是對理性的一種神化。但是同時，大革命又在某些問題上對理性缺乏尊重。在恐怖時期，「近代化學之父」拉瓦節⑤受到革命法庭的審判。他曾經是一名包稅人，事實上，他提出的一些財政改革意見還是有價值的。但是他作為舊秩序的一名官吏，被認為犯下了反對人民的罪行。當有人強烈聲明他是最偉大的科學家之一時，法庭的回答是共和國不需要科學家。於是，拉瓦節被送上斷頭台。

大百科全書在某些方面，堪稱18世紀啟蒙運動的象徵。它強調冷靜而理性的探討，旨在為人類開闢更為幸福的新前景。這個時期，與理性相對立的浪漫主義運動也得到發展。浪漫主義的一個主要代表人物是尚-雅克·

---

4. 指耶穌聖誕節。——譯者注
5. 拉瓦節（1743—1794），法國著名化學家，近代化學的奠基人之一，提出「燃燒的氧」學說。——譯者注

盧梭（1712—1778）。嚴格地說，他不能算一位哲學家。也許他的政治理論和教育著作應該除外，透過這些方面的工作和大量的文學活動，他對後來的浪漫主義運動產生極大的影響。

我們在盧梭的《懺悔錄》中找到關於他生平的記載，儘管這本書的敘述因其「詩人般的」隨意而多少有些不真實。盧梭生於日內瓦，是喀爾文教徒的後裔。他很小的時候就失去雙親，由一位姑母撫養長大。自12歲離開學校起，他嘗試過很多不同的職業，但都不喜歡。16歲那年，他離家出走了。在杜林，他改信了天主教。作為謀生的權宜之計，他一度堅持這個信仰，並依附於一位貴婦，但是這位夫人三個月之後就去世了，他的生活又一次陷入窘迫。就在這個時候，發生一件著名的小事，這件事顯示一個完全感情用事者的倫理觀：有人在盧梭那裡發現一條從主人那裡偷來的絲帶，盧梭卻說絲帶是一個女僕給他的，於是那個女僕立刻因為偷竊而受到懲罰。後來，盧梭在《懺悔錄》中告訴我們，是他自己出於對女僕的愛慕而偷了那條絲帶。當人們要求他做出解釋時，他首先想到的是這位女僕。盧梭對自己所做的偽證沒有任何悔恨的暗示，他的理由可能是自己這樣做並無惡意。

後來，他又投靠了同樣改信天主教的德‧華倫夫人。這位貴婦比年輕的流浪漢盧梭要大許多，她同時充當母親與情婦兩種角色，盧梭在她家裡住了10年之久。1743年，他做了法國駐威尼斯大使的秘書，但是由於領不到薪水而辭職。大約1745年，他在巴黎邂逅女僕泰蕾茲‧勒瓦瑟，隨後就娶了她為妻，但是他時時又與別的女人有染。勒瓦瑟為他生的五個孩子都被送進了育幼院。我們不清楚他為什麼會愛上這位女僕，她貧窮、醜陋、無知，而且很不誠實，但似乎正是她的缺陷使盧梭產生優越感。

盧梭在1750年之前，還不能算一位名作家。就在這一年，第戎學院以藝術與科學是否有益於人類為題，舉辦了一次論文大賽，盧梭作為反方，以其精彩的論證而獲獎。他堅持認為文化教給人們各種非自然的需求，並且使人們受到這些需求限制。他贊同斯巴達，反對雅典。科學遭到他的詛咒，因為它產生於卑劣的動機。他認為文明人是腐化的，只有高尚的未開化者才具有真正的德行。盧梭在1754年出版的《論不平等》一書中進一步發展這些觀點。第二年，他送了一本給伏爾泰，後者對他進行大肆嘲諷，這種輕蔑終於使他們發生爭執。

　　1754年，已經成名的盧梭應邀回到故鄉日內瓦，為了獲得公民資格，他重新皈依喀爾文教。1762年，他的《愛彌兒》和《社會契約論》問世。前者論述教育問題，後者含有他的政治理論。然而兩本書都遭了譴責，因為《愛彌兒》對自然宗教[1]的解釋導致所有宗教團體的不快，《社會契約論》則具有民主傾向。盧梭先是逃亡到當時隸屬於普魯士的納沙泰爾，後來又到了英國，並且在那裡遇到休謨，還獲得喬治三世的一筆年金。但最後，他和所有的人都鬧翻了，還漸漸患上了迫害妄想症。回到巴黎之後，盧梭在貧困中度過餘生。

　　反對理性，維護感情，盧梭的這種態度極大地影響浪漫主義運動。除了其他方面，他還使新教神學走上一條明顯不同於湯瑪斯學說的新道路，後者繼承古代哲學傳統。關於新教，盧梭的觀點免去上帝存在的證明，並

---

1. 自然宗教實質上是一種自由主義的自然神論。盧梭將宗教信仰的合理基礎置於個體經驗和道德情感之上，肯定道德神學的唯一合法性。盧梭對「理性」和「自然」的重新理解，促使理性神學走向衰落，開啟道德神學、自由主義神學、浪漫主義思潮的過程。——譯者注

且認為即使不求助於理性，這種資訊也會從心底湧起。在倫理學方面，盧梭同樣堅決主張我們的自然感情朝著正確的方向，理性則會將我們引入歧途。這種浪漫主義的學說自然是與柏拉圖、亞里斯多德及經院哲學完全對立的。這是一種極其危險的理論，因為它的隨意性太強，簡直是在鼓勵任何行為，只要這種行為有當事人的感情支持就可以了。對自然宗教的說明只是《愛彌兒》的一個插曲，題目為「一個薩瓦牧師的懺悔」。從某種角度看，源自盧梭的新感傷主義神學是不可置疑的，因為它一開始就以奧坎的方式拋棄理性。

《社會契約論》的風格完全不同。在這本書裡，盧梭達到他理論的巔峰。人們一旦把權利交付給了整個社會，他們就會喪失所有的個人自由。的確，盧梭也允許存在某些保護性措施，認為個人可以保留某些自然權利，但是這取決於不可靠的假設，即統治者事實上始終尊重這些權利。統治者的權威是至高無上的，他的意志就是「普遍意志」，這是一種合成的裁決，對於那些可能持不同意見的個人同樣有強制力。

盧梭的很多觀點都建立在普遍意志概念上，遺憾的是，他闡述得不是很清楚。這個概念似乎是指除了相互衝突的個人利益，剩下的就是全體的人共用的「自身」利益。但盧梭沒有繼續探究下去，直到得出最後的結論。一個遵循這個方向，尤其是懷有政治經濟目的的國家，將被迫禁止一切形式的民間組織，這樣一來，就具備了某種極權主義制度的全部要素。對於這一點，盧梭似乎也不是毫無察覺，但是他卻沒有指出怎樣才可以避免這種後果。至於他所討論的民主主義，我們應該這樣來理解，他考慮的是古代城邦，而不是代議制政府。當然，那些最早反對盧梭學說的人以及後來的革命領袖們（儘管支持該學說）都曲解了這本書。

我們知道，在笛卡兒之後，歐洲哲學出現兩個不同的發展方向。一個是大陸哲學的各種理性主義體系，另一個是整體上的不列顛經驗主義，兩者都是關注個人經驗的主觀主義哲學。洛克曾經為自己定下一個任務，即為搞清人的心靈範圍而進行初步的探索。休謨則極為明確地提出怎樣解釋關係的大問題，休謨的答案是，我們養成的某些習慣使得我們看到事物之間的聯繫。嚴格地說，即使如此也超出休謨可以陳述的範圍，但這種陳述還是暗示解決困難的某種可能的方式。正是由於讀了休謨的書，康德才從教條主義的昏睡中清醒過來，他把休謨所說的習慣提高到某種理性原則的高度，進而輕易地解決休謨的問題，儘管他很自然地又陷入自己的一些新的困境中。伊曼努爾·康德（1724—1804）生於東普魯士的柯尼斯堡，他一生從未遠離過該城。早年的教育使他保持虔信派的特徵，這個特徵不僅影響他的生活方式，而且影響其倫理學創作。康德曾經在柯尼斯堡大學就讀，剛開始學習神學，最終轉向哲學，並從中得到真正的樂趣。有一個時期，他為了謀生而做了地主貴族子弟的私人導師，直到1755年獲得柯尼斯堡大學的講師職位為止。1770年，他晉升為邏輯學和形而上學教授，並擔任這個職務直到去世。康德過的雖然不是嚴苛的苦行生活，但還是非常自律和勤勉。他的生活是如此有規律，以至於市民們經常以他路過的時間來對錶。他身體不算強壯，但是也沒什麼病，原因就是生活有規律。同時，他還非常健談，總是在各種社交集會上受到人們的歡迎。在政治上，康德完全接受啟蒙運動傳統，是一位自由主義者。他在宗教上堅持一種非正統的新教立場。他還支持法國大革命和共和國原則。他雖然一生都不富有，但卻以自己偉大的哲學著作而聲名卓著。康德晚年時已經心力衰竭，但柯尼斯堡人仍然以他為榮。他去世以後，人們為他舉行隆重的葬禮，他獲得

的這種榮譽的確很少有其他哲學家獲得過。

康德著作涵蓋的內容很廣泛，他曾經在某些時候講授過所有這些問題。在這裡，我們要特別關注康德的批判哲學。批判性問題最初是由洛克提出來討論的，他的願望是掃淨地面，打下基礎。但是在洛克之後，理念的方式不可避免地導致休謨的懷疑主義。在這個方面，康德發動一場他所謂的哥白尼革命。和休謨不同，他沒有試圖用經驗來解釋概念，而是一開始就用概念來解釋經驗。從某種意義上，我們可以說康德哲學在不列顛經驗主義的極端立場和笛卡兒理性主義的先天原則之間保持某種平衡。康德的理論十分複雜，令人費解，而且很多地方值得懷疑，但是如果我們想要理解他的學說對後來哲學產生的巨大影響，就必須盡力掌握它的整體輪廓。

與休謨及經驗主義者一樣，康德也認為一切知識都來自經驗，不同的是，他為這個觀點加上了一條重要的評論：我們應該把實際產生知識的東西和這些知識所採取的形式區分開來。因此，雖然知識可以來自經驗，但又不完全來自經驗。也就是說，感官經驗是產生知識的必要條件，但不是充分條件。康德可能會認為，知識所採取的形式以及將經驗素材轉化為知識的組織原則本身不來自於經驗。他雖然沒有這麼說，但是它們顯然就是笛卡兒意義上的先天原則。

心靈提供的理性使經驗形成知識。康德採用亞里斯多德的術語，把理性的普遍概念稱為範疇。由於知識具有命題的性質，所以這些範疇必須與命題的形式相關聯。不過在揭示康德如何推導出範疇之前，我們先來探討一下有關命題分類的重要問題。追隨萊布尼茲的康德堅持傳統的亞里斯多德主謂邏輯。他真的以為自己的邏輯是完整的，不必再做進一步的完善。

這樣，所有的命題就可以分為兩類，一類是主語已經包含謂語，另一類則不包含。「所有物體都具有廣延性」就屬於前一類，因為它涉及物體如何被定義。這類命題被稱為分析命題，它們只解釋詞語。「所有物體都有重量」則屬於後一類，因為物體概念本身不包括重量概念。這是一個綜合命題，它可以被否定而不會導致自相矛盾。康德在提出這個命題區分方式的同時，還提出另一種分類標準。他把原則上獨立於經驗的知識稱為「先驗的」，把其他所有來自於經驗的知識稱為「後驗的」。關鍵在於，這兩種分類彼此交叉。康德正是透過這種方式來脫離經驗主義者的困境，後者，比如休謨，可能曾經混淆了這兩種分類。

分析命題涵蓋先驗知識，綜合命題則與後驗知識相關。的確，康德承認前者，但是同時又堅持存在先驗的綜合命題。《純粹理性批判》一書的主旨就是要確定先驗的綜合命題怎樣才有可能存在。具體地說，康德在這裡竭力想要證明的是純粹數學的可能性，因為按照他的說法，數學命題就是先驗的綜合命題。他討論的例子就是一道算術題：5+7。這個例子是來自柏拉圖的《泰阿泰德篇》，該篇用的也是同樣的數字。5+7=12這個命題就是先驗的，因為它不來自經驗，但同時它又是綜合的，因為「12」這個概念不包含在「5」「7」和「10」的概念之內。以此為根據，康德堅持認為數學是先驗綜合的。另一個重要例子就是因果論原則：休謨的解釋在「必然聯繫」這道障礙面前出了差錯，因為根據印象和理念的理論，必然聯繫是不可能的。對康德來說，因果論就是一種先驗的綜合原則。之所以稱它為先驗的，只是為了強調休謨的觀點，即它不可能來自經驗。但康德沒有把它說成是某種外在的習慣性條件，而是把它看作一種認識原則。它之所以是綜合的，是因為我們可以否定它，又不至於陷入語言上的自相矛

盾。正如我們稍後將瞭解到的那樣，它是一種先驗的綜合原則，知識離開它，就會被認為是不可能的。

現在，我們可以轉向康德的範疇論。範疇不是數學概念，而是先驗的認知概念，如前所示，它們只能在命題的形式中發現。如果我們接受康德的邏輯觀，範疇的一覽表似乎就自然地隨之而來了。康德的確認為自己找到一種推導範疇完整名單的方法。首先，他對命題的某些傳統形式特徵做了區分，如數量、質量、關係和模態。對於數量，自亞里斯多德以來的邏輯家們已經發現全稱命題、特稱命題和單稱命題。與此相對應的是單一性範疇、多樣性範疇和全體性範疇。一個命題的性質可以是肯定的，也可以是否定的和限定的，與此對應的分別是範疇的實在性、否定性和限制性。在關係特徵方面，我們可以把命題分成定言、假言和選言三類，相對應的則是實體和偶性範疇、原因和結果範疇、相互作用範疇。最後，命題根據其模態可以分為蓋然命題、實然命題和必然命題三種，與此相對應的是可能性與非可能性範疇、存在性與非存在性範疇、必然性與偶然性範疇。

在這裡，我們即使不去考察康德的演繹細節，也不難看出，康德的範疇表不像他所想像的那麼完整，因為它依賴了一些狹隘的邏輯觀點。但是，這種並非來自經驗，卻又在經驗領域發揮作用的「一般概念」的見解還是頗具哲學趣味的。它對休謨的問題給出一種答案，儘管康德的說明也許不能為人們所接受。

從形式化思索中演繹出範疇一覽表之後，康德繼續指出：假如沒有範疇，就不可能有任何可交流的經驗。因此，在感官印象轉化為知識之前，我們必須透過知性活動，以某種方式來整理或綜合這些印象。我們在這裡探討的是認識論問題，為了解釋康德的觀點，就必須瞭解他的術語用法。

他說認識的過程一方面涉及感官，另一方面涉及知性，感官只是受到來自外界的經驗的衝擊，知性則把這些感覺因素組合起來。後來黑格爾在某個地方表示，應該把知性與理性區分開來。他認為理性使人們聯合，知性則使人們分離。可以說，人都是理性的，或者都具有理性，從這個意義上看，人們都是平等的；而在知性方面，人們卻是不平等的，因為知性是能動的智力，誰都知道，人們在這種智力方面的確是有高有低的。

　　為了以一種可以在判斷中系統闡釋的方式來獲得經驗，就必須用到康德所謂的知覺統一性。顯然，光有休謨彼此分離的印象是不夠的，無論它們具有多高的接續性。康德肯定某種連續性，以取代經驗主義「感官經驗」的斷續性。根據康德的觀點，如果不透過範疇的架構，我們就不可能獲得任何永恆事物的經驗，因此範疇發揮作用就是這些經驗的一個必備條件。的確，範疇不是一個充分條件，因為感官也必須發揮作用。不過範疇也參與了進來，這樣一來，康德似乎想否認純粹經驗（僅僅是被動地接受印象）的可能性，除非我們真的涉及不可言傳的意識流。

　　康德認為空間和時間是兩個先驗的特殊概念，分別屬於外部感官和內部感官的純粹直覺。他對這些問題的論述非常複雜，而且在整體上，其論證也沒有說服力。這個理論的主要觀點似乎是：假如離開先驗的時空概念，就不可能有經驗。在這裡，空間和時間有點近似於範疇。經驗因此而受到先驗概念的影響，但產生經驗的東西仍然受心靈之外事物的制約。康德把經驗的這些源頭叫做「物自體」或「本體」，這和表象或現象是相對立的。按照康德的理論，我們不可能體驗到一個物自體，因為一切經驗都是與空間、時間和範疇同時發生的。我們頂多可以推斷某些東西來自假定的外部印象源泉。但是嚴格地說，即使這樣也是不可能的，因為缺乏獨

立的方式來證實這些源泉的存在。即使能，我們也還是不能說它們正在使我們產生感官印象。因為，在談到因果關係時，我們已經處於先驗性概念（正在知性內部發揮作用）的網絡之中。在此，我們又一次面臨了洛克的困難。因為，正如洛克不該按照自己的理論說外部世界產生感覺理念一樣，康德也沒有權力說本體產生現象。

處於時空之外的物自體是形而上學的一部分內容。儘管它是一種有些主觀的認識論，但卻保證我們可以避開懷疑論，並承認某種至少是主觀的經驗領域。康德不得不持這種立場，因為他不承認時空的獨立存在。一旦把這兩者從先驗性概念的名單中刪除，物自體就變成多餘的東西。這一點當然可以做得到，也不會危及康德的範疇論。但整體來說，康德需要物自體還有另一個理由。我們即將討論他的倫理學，其中就包含這個理由的線索。同時，我們還必須注意到，物自體完全處在了先驗性概念和原則的範圍之外。投機地運用這些概念的危險之一就是我們可能逾越其適用範圍，先驗性概念的界限也就是經驗領域的界限。如果我們再進行下去，就會陷入徒勞的形而上學和「辯證法」之中，在康德眼裡，辯證法是帶有貶義的。

《純粹理性批判》只討論我們必須解決的三個主要問題中的一個。它為「認知力」設定了限度，卻沒有論及「意志力」和他所謂的「判斷力」。前者屬於倫理學範圍，《實踐理性批判》對它進行探討。「判斷力」的含義是去評價目的或結果，它是《判斷力批判》一書的主題，我們在這裡就不作考察了。但是我們必須簡要地考察一下康德的倫理學理論，《實踐理性批判》和《道德形而上學》兩本書都討論這個理論。

意志力所致的行動是實踐性的，認知力的過程則是理論性的，兩者

形成對比。我們必須按希臘文原義來理解這裡的「理論」和「實踐」，它們分別表示「看」與「做」。實踐理性的基本問題是：我們應該怎樣去做？在這裡，康德還提出一些革命性的東西。如果說倫理學歷來都假定意志受外部影響支配，康德就設想意志為自身確定法則。從這個意義上，意志就可以被說成是自治的東西。如果我們想要找到行動的一般性原則，卻又去尋找外部目標或原因，這個願望就無法實現；相反，如果要揭示康德所謂的道德法則，我們就必須在自身尋找答案。但是，這種道德法則顯然不可能包括具體的條款，它不可能告訴我們在任何既定的情形下應該如何去做，因為根據自治的原則，這正是我們必須避免的。這樣一來，就只剩下了一種缺乏經驗內容的純形式的原則，康德把這種原則叫做「絕對規則」。這裡還有另一種混合的概念，在理性的實際運用中，它與理性的理論運用中的先驗假設相對應。在傳統的邏輯裡，絕對論式和規則論式是相互排斥的，但康德認為，有些包含著「應該」的陳述可以是無條件的，這也就是他所謂的「絕對規則」。因而，他在下述「絕對規則」中發現倫理學的最高原則：行動時始終要使指導自己意志的原則可以成為普遍規律的基礎。這個有點道貌岸然的說法實際上只是一種浮誇，也就是希望「我對人做了什麼，人也對我做什麼」，這是一種否定特殊辯解的原則。

我們發現，建立在康德倫理學基礎之上的「絕對規則」，是一種形式原則，它本身不屬於理論的理性範疇，因為理性是與現象相關的。由此，康德得出一個結論，由這種「絕對規則」確定的善的意志必定是本體的。在這裡，我們終於看到本體所發揮的作用。現象遵從於範疇論，尤其是因果範疇論；而另一方面，本體卻不服從這些限制。康德透過這種方式避開自由意志對立於確定論的難題。從人屬於現象世界的意義上說，人是由世

界的法則所確定的；但人作為一種道德力量，則是本體的，因而具有自由意志。這種解決方法的確很新奇，儘管它必然會與「物自體」概念一起崩潰。康德的倫理學在一定程度上具有喀爾文教徒正直而嚴峻的傾向。很顯然，唯一有價值的就是我們的行動應該受到正確原則的支配。按照這種說法，如果在道義上應該做，於是我們就喜歡做，這種想法完全變成道德行為的一個障礙。假如我喜歡我的鄰居，於是在他有困難的時候，我就覺得應該幫助他。按照康德的原則，這是不值得稱道的，它簡直就是把同樣的仁慈態度延伸到了另一個非常討厭的人那裡。因為事情變成一系列並非出於願望，而是依據倫理原則來履行的令人不快和憂鬱的義務。行動者做事應該出於善的意志，只有善的意志才可以稱為無條件的善。

我們不能總是受一時衝動的擺布，這當然是十分正確的。很多時候，我們也確實在按原則辦事，即使是違背自己的初衷。但是，如果一個人所有的行動都要這樣受原則的限制，也是很奇怪的。康德之所以持這樣的觀點，可能是因為他基本上過著一種極為理論性的生活。否則他就可能會發現，在個人感情的領域可能有許多我們可以恰當地稱之為善的東西，不存在一切都必須變成普遍規律的問題。而且，康德的倫理學還容易受到某種更為嚴厲的批駁。他認為，假如有價值的是心境和意向，你就可以心甘情願地陷入徹底的困境，只要你覺得這是你的責任。至於你的行動會帶來什麼樣的痛苦後果，則是無關緊要的。蘇格拉底說過，最大的惡是無知，這句話完全可以用來告誡那些為這種倫理觀辯護的人。

關於「物自體」在倫理上的作用以及進一步的推論，康德在《純粹理性批判》中指出，在理論理性的領域，是不可能透過論證來證明上帝存在的。純粹理性的思辨活動的確容許上帝存在的理念，但只有實踐理性才可

以為這種信念提供依據。實際上，在實踐的範圍內，我們不得不接受這個概念，因為離了它，我們就無法進行適當的道德活動。對康德來說，按照道德的「絕對規則」行事的可能性，實際上就暗示上帝的存在。

康德的理論在某種意義上畫出一條讓人聯想到奧坎的分界線，因為《純粹理性批判》旨在為知識畫出界限，以便為信仰留出餘地。「上帝存在」不能作為一條理論上的真理為人所知，但是它卻可以作為一種實用信仰強加於人，而且始終具有理論和實踐的意義。但是，康德的倫理學卻不允許他遵從任何宗教教條。因為正如我們所知，只有道德準則才是真正重要的，各種宗教的具體教義都被錯誤地說成是神授的。雖然康德認為基督教是一個真正符合道德規範的宗教，但是他的宗教觀點仍然受到普魯士政府的譴責。

1795年出版的小冊子《論永久和平》提出和平和國際合作的觀點，對於康德的時代來說，這同樣是激進的。他的主導概念中還包括了代議制政府和世界聯盟。在我們這個時代，最好還是牢記這些觀點。

我們知道，康德的哲學曾經對休謨的問題給出某種答案，但是也付出接受本體概念的代價。在德國的唯心主義運動中，康德的繼承者們活躍地論證這個概念的缺陷，儘管他們自己在認識論中的發展也存在問題。

唯物主義者曾經指出一種避免二元論的方法，他們認為心靈是某種物質組織的伴隨物。另一種可能的觀點則完全相反，即在某種意義上把外部世界視為心靈的產物。假定了本體的康德不願意走這最後一步，費希特卻審慎周密地選擇它。

費希特（1762—1814）自小家境貧困，他從小學到大學都得到某位庇護人的慷慨資助。此後，他靠當私人導師來維持拮据的生活。當他偶然讀

到康德的著作時，就立刻去找這位偉大的哲學家。在後者的幫助下，他發表一篇有關啟示的批判論文。論文一舉獲得成功，費希特也因此成為耶拿大學的教授。然而他的宗教觀點卻不受當局的歡迎。於是他去了柏林，並且在政府中任職。1808年，他發表一系列演說，這就是著名的《告德意志國民》，他號召全體德國人團結起來抵抗拿破崙。這些演說多少帶有強烈的德意志國家主義色彩。根據費希特的觀點，「做有骨氣的人和做德國人是一回事」。不知他認為這是一個經驗性的事實呢，還是一個恰當的詞語定義？如果是前者，這還是一個有待商榷的問題，如果作為一個定義，似乎就有些離譜了。

費希特在1810年柏林大學創建的時候，成為該校的教授，並任該職直到去世。1813年解放戰爭爆發後，他把自己的學生送到前線去和法國人作戰。他和許多人一樣，也曾經是法國大革命的支持者，但卻反對拿破崙對革命的破壞。

在政治思想方面，費希特展望馬克思「國家控制生產和分配的社會主義經濟」的概念。但是在我們的討論中，他的「自我」學說更有哲學趣味。該學說主要是對抗康德的二元論。在某些方面，「自我」等同於康德的知覺統一性，按照康德的解釋，它是一種自治的、能動的東西，經驗世界則是「自我」的一種無意識的投射，費希特稱之為「非我」。他說，正因為投射不是有意識的，所以我們才會誤以為自己受到外部世界的制約。至於「物自體」，這個問題永遠不可能出現，因為我們所認知的全都是現象。如果說到本體，就會自相矛盾，就像根據定義去認知不可知的東西一樣。投射不僅是無意識的，而且還是無條件的，因為它不被經驗，也不由因果論範疇來認定。作為一種自由的過程，它源於「自我」的實踐和道德

本質。在這裡，「實踐」一詞要按其原義來理解。只有透過這種方式，激發「自我」的能動原則才可能發揮作用，以便和「自我」本身的投射達成協調。

這個極具想像力的理論的確避免二元論的難點。正如我們在後面將看到的，它是黑格爾主義的先行者。該理論的推論之一就是，肯定有可能從「自我」中造出一個世界來。謝林就做了首次嘗試，他的《自然哲學》後來啟發黑格爾。

和黑格爾以及浪漫主義詩人賀德林①一樣，謝林（1775—1854）的原籍也是斯華比亞。他15歲進入圖賓根大學時，和前兩位成為朋友。他所受到的主要哲學影響來自康德和費希特。才華過人、文筆典雅的謝林，不到23歲就獲得耶拿大學的教授職位。於是，他逐漸結識浪漫主義詩人蒂克②、諾瓦利斯③和施萊格爾兩兄弟——奧古斯特和弗里德里希④。奧古斯特曾經和蒂克一起將莎士比亞著作譯成德文，他的妻子和他離婚以後又嫁給謝林，儘管謝林比她小12歲。謝林對科學有濃厚的興趣，而且很瞭解科學的最新進展。25歲之前，他曾經出版《自然哲學》一書，該書主要是對自

---

1. 賀德林（1770—1843），德國詩人，古典浪漫派詩歌的先驅。——譯者注
2. 蒂克（1773—1853），德國作家，其主要作品多讚頌中世紀和天主教社會。——譯者注
3. 諾瓦利斯（1772—1801），德國浪漫主義作家，鼓吹恢復中世紀封建制度和天主教教會的統治，敵視啟蒙運動和1789年法國革命，其作品中帶有濃厚的神秘主義色彩。——譯者注
4. 奧古斯特·施萊格爾（1767—1845）和弗里德里希·施萊格爾（1772—1829），德國文藝理論家、語言學家、翻譯家，二人合辦《雅典娜神殿》雜誌，宣傳浪漫主義文藝理論，反對啟蒙運動。——譯者注

然進行先驗性解釋。謝林沒有忽視經驗科學的實際地位，但是他事後的確認為，肯定有可能從非經驗的普遍原則中演繹出這些結果來。他的這種嘗試帶有史賓諾沙理性主義的色彩，並且結合費希特的能動性概念。謝林設想自己試圖推導出的先驗世界就是能動的，經驗科學的世界則似乎是僵死的。後來的黑格爾採用這個方法。對於當代讀者來說，對科學問題作這種玄妙而深入的思辨簡直是莫名其妙。在這些論述中有大量空洞的話和荒唐的細節，再加上一些原因，使後來的唯心主義哲學一度落到臭名昭著的地步。

不過值得注意的是，謝林在晚年也逐漸摒棄這種哲學思辨。經歷早年階段之後，謝林的興趣已經轉向宗教神秘主義。那個時候，他的第一位妻子已經去世，自己又和黑格爾鬧翻了。1841年，謝林應邀為法國哲學家維克多・庫辛①著作的德譯本作序時，他藉機猛烈抨擊黑格爾的自然哲學。雖然沒有指名道姓，黑格爾也早已亡故，但謝林的意圖是十分清楚的。在這裡，謝林強有力地否定從先驗原則中演繹出經驗事實的可能性。至於他是否意識到這樣做不僅破壞黑格爾的理論，而且也損害自己的自然哲學，那就無從知曉了。

在費希特和謝林的著作裡，我們都找到黑格爾後來用於辯證法的各種形式。在費希特那裡，我們看到「自我」如何承擔起戰勝「非我」的使命。在謝林的自然哲學裡，則有兩極對立面及其統一性的基本概念，這個概念更為明顯地預示辯證法。不過追溯起來，辯證法的起源還是康德的範

---

1. 維克多・庫辛（1792—1867），法國著名哲學家，唯靈論者，折衷主義理論的創始人，代表作有《哲學史講義》、《真善美論》。——譯者注

疇論一覽表。康德解釋道，每組範疇的第三項都是對第一項和第二項的組合，第一項與第二項又是相互對立的。因此，在某種意義上，單一性是多樣性的對立面；而全體性則包含許多單元，它把前兩個概念統一起來了。

德國唯心主義哲學在黑格爾那裡獲得它最終的體系。黑格爾從費希特和早年的謝林那裡獲得啟發之後，建構一座哲學大廈，儘管它不那麼可靠，但是仍然具有趣味性和指導性。此外，黑格爾主義不僅對德國，而且對英國同一個時代的思想家都產生廣泛影響。尤其是在馬克思和恩格斯的辯證唯物主義中，黑格爾哲學得以保留下來，馬克思為黑格爾哲學的站不住腳提供一個最好的例證。但是從整體上說，法國沒有追隨黑格爾哲學，也許是由於原著過於晦澀，妨礙它被翻譯成清晰明瞭的法文。

黑格爾（1770—1831）出生於斯圖加特，他和謝林同時就讀於圖賓根大學。有一個時期，他一直在當家庭導師。1801年，他和謝林一起到了耶拿大學。5年後，也就是耶拿戰役前夕，黑格爾在這裡完成《精神現象學》。在法軍戰勝前，他離開了，後來做了幾年編輯，又擔任紐倫堡中學校長，在那裡完成《邏輯學》的寫作。1816年，他被海德堡大學聘為教授，並且在那裡寫成《哲學全書》。1818年，他擔任柏林大學哲學教授，此後一直留在這裡。黑格爾對普魯士極為崇拜，其哲學隨即成為官方學說。

在所有哲學文獻中，黑格爾的著作是最難懂的。這不僅與其所討論的題目的性質有關，而且也源自他那種冗繁的文風。雖然偶有一些令人寬慰的妙喻，但其普遍性的晦澀讓人撓頭。想要明白黑格爾想要說些什麼，回顧一下康德在理論和實踐這兩個概念之間所做的區別或許是必要的。然後可以說，黑格爾哲學是堅持實踐第一性的，此處的「實踐」要照其本義去

理解。為此,黑格爾對歷史和人類所有努力的歷史性質尤為強調。這或多或少受到康德、費希特和謝林的辯證法的影響。在黑格爾眼中,其可信性源於對一系列歷史過程的拉鋸式發展所做的回顧。值得一提的是,如同前文所述,前蘇格拉底哲學的成長似乎就是基於此種模式,黑格爾只是將其提高到歷史解釋原則的地位。退而言之,以辯證過程本身來說,從兩種對立的要求到某種妥協性解決也是不無益處的。但是很顯然,認可歷史事件的發生模式是一回事,根據此項原則去演繹歷史事件,則完全是另外一回事。謝林對自然哲學的批判於此同樣適用。

在一些方面,辯證法會引起人對蘇格拉底追求善的形式的聯想。黑格爾所說的絕對理念正好與之對應。就像在破除特殊的假設之後,蘇格拉底的辯證法最終所通向善的形式一般,黑格爾的辯證法也上升到理念高度。在《邏輯學》裡,幸而總算對這個過程有所說明。應該記住,在黑格爾眼中,邏輯學與形而上學實為同義詞。於是在這個題目下,我們看到關於範疇的一種說明,它們是透過正、反、合的辯證過程互相構造出來的。這個學說顯然受到康德範疇論的啟發,康德也把「單一性」範疇當作出發點。此後,黑格爾就走了自己的路,構築出了一長串有些隨意的範疇,直到提出絕對理念為止。至此,我們轉了一圈後,又回到單一性問題上。從某個角度看,黑格爾把絕對理念當作完整和正確論證的一種保障。實際上,絕對理念最終成為「單一性」範疇的最高範例,一切差異都在其中淹沒了。

我們理解導向「絕對理念」的辯證過程,就可以更為全面地掌握這個令人費解的概念。想要用簡單的語言來進行解釋,不僅黑格爾做不到,任何人也必然是做不到的。但黑格爾的著作充斥著明顯的例證,他在這裡就借用了其中的一個。他所做的比較是:一個人的「絕對理念」未曾經過辯

證的證實；而另一個人正好相反。這正如禱告對於孩子和老人來說具有不同意義一樣，雖然他們都在念著同樣的句子，但是這些句子在孩子看來只是某種喧鬧；而對於老人來說，卻喚起人生歷程的回憶。

辯證法原則因此認為絕對理念（辯證過程在這裡到達終點）是唯一的現實。特別是在這個方面，黑格爾受到史賓諾沙的影響。他的推論是，整體裡的片段本身不具有任何現實性或意義，只有當它和整個宇宙聯繫起來時，才可能具有意義。看來，我們似乎要冒險接受這個獨特的命題：絕對理念是實在的。只有整體才是真的，任何部分的東西只具有部分真實性。在黑格爾的作品裡，絕對理念的定義是如此晦澀，簡直像毫無價值一樣。但是它的主旨卻十分簡單明瞭，在黑格爾看來，絕對理念即自我思維的理念。

這是一件形而上學的陳列品，它在某些地方相當於亞里斯多德的上帝，是一個隱藏在自身思維中的孤單的、不可知的實體。在別的一些方面，它也使人聯想到史賓諾沙的上帝，這個上帝等同於宇宙。和史賓諾沙一樣，黑格爾也拋棄一切形式的二元論。由於他像費希特一樣，也從心靈入手，因此會採用理念來論述問題。

黑格爾把這種普遍的形而上學理論應用到歷史中。該理論可以適用於歷史的某些普遍模式，這當然不奇怪，因為黑格爾的辯證法原則正是從歷史中演繹出來的。但是，正如我們之前提到的那樣，對於事件具體細節的解釋是不應該採用這種先驗方式的。此外，在歷史中通向「絕對理念」的辯證過程，還為一些赤裸裸的國家主義宣傳提供機會。在黑格爾時代的普魯士國家裡，歷史似乎已經達到最終階段。這就是黑格爾在《歷史哲學》裡得出的結論，現在看來，這位辯證法大師的推論未免有些草率和倉促。

同樣的論證模式還使得黑格爾贊同用極權主義的方式來組織國家。根據黑格爾的觀點，在歷史過程中，精神的發展首先是德意志人的任務，因為只有他們才可以理解自由的普遍範圍。這裡的自由不是一個否定性概念，而是指必須和某個法典相聯繫。我們可以在這一點上贊同黑格爾，但是我們不能像黑格爾那樣由此推斷，有法律的地方就有自由。如果是這樣，「自由」就成為「守法」的同義詞，這與普通人的觀點是相違背的。同時，黑格爾的自由概念中還有一個可貴的暗示：如果一個人由於不願意承認磚頭比腦袋硬，就習慣性地用腦袋去撞磚牆，我們可以說這個人固執，不能說這就是自由。從這個意義上說，自由就是去認識世界的本來面目，而不是去幻想或掌握必然性的運動。我們知道，赫拉克利特早已預見這個觀點。但是，當涉及普魯士的具體法律時，似乎沒有理由可以顯示這些法律具有邏輯上的必然性。為了維護其必然性，只要像黑格爾所贊同的那樣，命令軟弱的公民盲從於國家的法令就可以了。他的自由就是，要他做什麼就做什麼。

　　歷史考察的另一個特徵也啟發辯證法，因為它強調對立勢力之間鬥爭的一面。像赫拉克利特一樣，黑格爾也特別重視衝突。他甚至指出，戰爭比和平更有道德上的優越性，如果國家沒有對手，人們就會在道德方面變得虛弱和頹廢。在這裡，黑格爾顯然想到赫拉克利特的名言：戰爭乃一切之父。他拋棄康德的「世界聯盟」概念，也反對維也納會議產生的神聖同盟。關於政治與歷史的全部討論，都由於黑格爾對政治史的片面興趣而受到歪曲。他在這個方面缺乏維柯的廣闊視野，維柯看到藝術和科學的重要性。只有從一種狹隘的政治觀點出發，黑格爾才可能得出下述的結論：外來之敵人對於一個國家的道德健康至關重要。如果把眼光放遠一些，人

們就會清楚地發現，在任何一個特定的社會裡，公民們都有充分的機會來表現自己健康的尚武精神。認為國與國之間的爭端必須透過戰爭來解決的觀點隱含了一種假設，即國與國之間不可能達成社會契約，在彼此的交往中，它們必須順其自然地崇尚強權。在這個問題上，康德的洞察力要明顯強於黑格爾。因為我們這個時代已經證明，戰爭最終將會導致世界性的毀滅。這的確是一個極端的辯證法結果，即使是最固執的黑格爾主義者，也一定會完全認同的。

黑格爾的政治和歷史學說非常怪異，實際上也無法和他自己的邏輯學協調一致。因為辯證過程中出現的「全體性」既不像巴門尼德不可分的「太一」，也不像史賓諾沙的上帝或自然，後者認為個體將逐漸與宇宙同一，並且最終融為一體。黑格爾則相反，他採用有機的整體性來思考問題，這個概念後來影響到了杜威的哲學。根據這個觀點，個體要透過與整體相聯繫，才可以具有完全的現實性，正如有機體的各個部分一樣。也許有人以為這會導致黑格爾同意國家裡有各種各樣的組織存在，但是實際上他一個也不容許，國家是高於一切的唯一的力量。作為一名真正的新教徒，黑格爾自然宣揚國家對於教會的優勢地位，因為這樣才可以維護教會組織的國家性質。對於羅馬教會，先不說別的，僅憑以下這一點，黑格爾也會反對它：羅馬教會是一種國際性團體（實際上這正是它的主要優勢）。同樣，黑格爾也反對在社會內部單獨追求有組織的利益，儘管根據他的有機觀點，他本來應該歡迎這類活動的。至於不偏不倚地探索或沉溺於個人愛好，他也是反對的。可是，比如說，為什麼集郵者不可以在俱樂部聚會？他們只是為了追求共同的集郵興趣而已。值得關注的是，官方的馬克思主義學說在這個方面也保留很大程度的黑格爾主義。不知道為什

麼，該學說認為一切活動都必須直接有助於國家利益。在這種制度下，如果一個集郵協會不使自己的工作為社會主義革命做出貢獻，它的會員將被粗暴地剝奪集郵或進行任何其他活動的權利。

黑格爾的政治理論在另一個重要方面，與其形而上學不一致。對自己辯證法原則的徹底應用原本應該使他明白，反對建立國際組織是沒有根據的，建立這類組織或許正是康德所提倡的路線。迄今為止，政治中的「絕對」國家似乎就是普魯士王國。黑格爾結論的推導當然是假的，我們不能否認有些人對這個命題深信不疑。雖然某些相信這類說法的人可能感到安慰，但是宣稱它們是理性使然則有點虛偽了。用這種方式，一個人很容易為世上任何一種偏見和暴行找到欺騙性的理由。

現在，讓我們回到辯證法上，辯證法的確是黑格爾體系的核心概念。在前文中，我們已經注意到一個辯證法步驟是如何涉及三個階段的。首先必須有一個陳述，然後有一個對立的陳述，最後把兩者合成一個綜合陳述。有個簡單的例子可以說明這一點。例如，一個人可能提出以下命題：黃金有用。與之相對立的命題是：黃金無用。可能的綜合命題是：黃金是否有用，取決於環境。如果你恰好在牛津街，有人願意用三明治來換你的黃金，黃金就有用；但是，假如你帶著一袋黃金迷失在撒哈拉大沙漠裡，你需要的是水，在這裡黃金就是無用的。因此，我們似乎應該把所處的環境考慮進去。也許黑格爾不贊同這個例子，但是在這裡它卻符合我們的要求。現在的論點是：綜合命題變成一個新命題，同樣的辯證過程將重新開始，由此類推，直到理解整個宇宙。這就是說，任何事物只有放在自身一切可能的聯繫中（即放在整個世界中）來加以考慮，它才可以產生全部的意義。

我想到幾條評論。第一條是關於辯證法的歷史內容。以某種妥協的方式來調整不相容的要求，這樣的情況肯定是有的。比如，我可能不情願繳納所得稅，稅務當局自然會採取相反的行動，堅持要抽走稅款，最後，我們找到某種折衷的解決方法，以使雙方都可以在一定程度上滿意。在這個方面，從來就沒有什麼神秘的事物。必須注意的是，妥協不源於兩種矛盾的要求，而是源於兩種相反的要求。我們應該對這個邏輯論點進行某種解釋。如果一個陳述為真，另一個就必然為假（反之亦然），這兩個陳述就是矛盾的；但是兩個相反的陳述完全有可能都是假的，儘管它們不可能都是真的。因此在以上例子中，妥協的解決方法就是揭穿兩種對立主張的虛假性。在真實的歷史事件中，以下事實使辯證法發揮作用：某種協定總可以從相反的要求中達成。當然，如果相關各方沒有足夠的耐心來制定一個都可以接受的方案，鬥爭就很可能變得更為激烈，最終是強者勝，弱者敗。在這種情況下，相反的要求在事後也可能被視為矛盾的要求，但只能在事後才這樣，因為這種事的發生並非不可避免。正是由於持有相反的（而不是矛盾的）納稅觀點，公民和稅務當局才沒有被逼得非拼個你死我活不可。

此外，我們可以看到，智力的發展也遵循相似的模式。在這個方面，辯證法回顧了柏拉圖對話錄問答形式的相互作用，這正好顯示面臨某個問題時，心靈是怎樣工作的。一個例證提出後，就可能產生各種異議。在討論過程中，可能透過對事態採取更精確的看法來進行調整，或者，經過反思，發現必須接受其中某條異議，進而放棄原來的例證。在這裡，相互對立的陳述無論是矛盾的還是相反的，都有可能達成某種妥協。因此，赫拉克利特的「萬物皆運動」和巴門尼德的「萬物皆靜止」就是相反的。但是

也許有人會說某些東西不運動，以此來反駁赫拉克利特的觀點，這個時候，兩個陳述就是矛盾的。不管是哪種情況，我們都可以達成妥協：有些東西運動，有些東西靜止。這樣一來，就導致黑格爾不願意承認的一個重大差異。矛盾只是某種在交談中才出現的東西。一個人可以和另一個人發生矛盾，或者確切地說，一種表述可以和另一種表述相矛盾，但是在日常的事實的世界裡，卻是不存在矛盾的。無論對語言與世界的關係持什麼樣的觀點，一個事實是不可能和另一個事實相矛盾的。因此，貧窮與富裕不是一對矛盾，只是一對差別。由於黑格爾對世界持某種心靈的觀點，所以他傾向於簡單粗暴地對待這個重要的區別。

此外，根據這個觀點，不難看出為什麼辯證法不僅可以作為知識論的一個工具，而且可以直接用於對世界的某種描繪。用專門術語來說，黑格爾認為其辯證法不僅是認識論的，而且也是本體論的。黑格爾正是在這個基礎上，進一步辯證地解釋自然。我們在之前已經談到過謝林對它的批判。除了以拉美特利的唯物主義原則來取代黑格爾偏執的唯心論以外，可以說，馬克思主義者全盤吸收了這種荒唐的觀點。

此外，黑格爾對數字「3」的偏好，也是一個源於辯證法的特殊偏見。僅僅由於辯證法包含三個階段（正、反、合），於是所有事物似乎都與「3」有關。無論在什麼地方需要對事物進行劃分，黑格爾都會把它一分為三。比如說，他對歷史的記述就只承認東方世界、希臘和羅馬世界，還有日耳曼世界，其他的世界似乎都不值一提。為了對稱，這樣做當然也可以，但是作為一種研究歷史的方法，則似乎沒有多少說服力。同樣，我們發現《哲學全書》也分成三個部分，分別對應精神的三種狀態。第一種是產生邏輯的「自在」狀態；第二種是所謂的「異在」狀態，據說是精神經

歷某種自我疏離之後的狀態，第二種狀態在自然哲學裡做了討論；第三種狀態是精神完成它的辯證往返旅程之後，又回到自身，與此相對應的是精神哲學。事情被設想為一種辯證的三合一。這種說理方式是如此荒謬，以至於尊崇黑格爾的人都不再打算為它辯護了。

但是，在進行這些批判之後，我們絕對不可忽視黑格爾哲學有價值的部分。首先，必須承認，就辯證法而言，黑格爾展示他對心靈作用的非凡洞察力，因為心靈的發展往往是按辯證法模式進行的。作為對智慧心理學的一大貢獻，辯證法在一定程度上可說是一種敏銳的觀察。此外，黑格爾主義確實強調維柯在一個世紀以前提出的歷史的重要性。由於詞語的使用不是很到位，黑格爾在陳述自己的論證方式時有時候受到妨礙，這可能和語言自身的某種詩性概念有關。因此，當黑格爾說哲學就是對自身歷史的研究時，我們應該根據辯證法原則來理解這句話。他其實是說，哲學必然按照辯證法模式發展，辯證法是至高無上的哲學原則，因此辯證法研究和哲學史研究似乎正好達到一致。所以，這是一種間接的表述，其原意是說，為了正確地理解哲學，我們必須瞭解一些有關哲學的歷史。也許有人不同意這個看法，但它不是毫無意義的。在系統的論述中，黑格爾經常用到詞語的不同含義。他也確實說過：不知道為什麼，和人類相比，語言的確具有某種更為優越的固有智慧。令人驚訝的是，今天的牛津普通語言哲學家們竟然也持有極為相似的見解。

在研究歷史形勢時，黑格爾感到「絕對理念」將會到來，因此應該建立哲學體系。根據他的觀點，哲學體系總是緊隨事件之後產生，他在《法哲學》一書的序言中突出地顯示這一點：「只有當夜幕降臨後，米娜瓦的貓頭鷹才開始飛翔[①]。」

有一個普遍原則在哲學史上反覆出現，並且啟發黑格爾的哲學，這就是：世界的任何部分都不可能被單獨理解，除非把它放在整個宇宙的背景之中，因此只有整體才是唯一可能的實在。早在蘇格拉底之前，哲學家就有這種觀點。當巴門尼德說宇宙是一個靜止的球體時，他就試圖表達這個意思。當畢達哥拉斯學派的數理哲學家們說「萬物皆數」的時候，同樣暗示這個概念。較晚的史賓諾沙則代表性地提出如下觀點：只有整體才是最終的實在。繼承畢達哥拉斯傳統的數理物理學家們，在探詢一個可以解釋整個宇宙的最高公式時，也為同樣的信念所左右。牛頓物理學的驚人發展就提供一個這個方面的例子。雖然要推翻唯心主義宇宙體系的概念不難，但如果不設法理解它的意圖就簡單地予以否定，是很危險的。

有意思的是，唯心主義體系在某個方面正確地描繪科學理論的理想。科學的主旨確實是為我們系統地瞭解自然提供越來越廣闊的視野，並揭示出從未被懷疑過的各種相互關係，把日益增多的自然事件納入某種理論體系。從原則上說，這種發展是沒有止境的。而且，科學理論不容許出現例外，它必須具有普遍的控制力，要麼適用於一切，要麼對一切都不適合。因此我們可以說，唯心主義體系是一種柏拉圖式的整體科學觀，也是萊布尼茲所設想的那種神的科學。按照某種方法，一切都相互聯繫，這是非常正確的。但如果認為事物因為與別的事物有聯繫才發生變化，是錯誤的。正是在第二種情況下，這種科學觀很糟糕地偏離目標。此外，由於科學探

---

1. 貓頭鷹是米娜瓦（羅馬神話中的智慧女神）的象徵，代表智慧、理性、公平。牠是站在米娜瓦肩頭的聖鳥，被認為是掌管智慧和學問的鳥。在黑格爾看來，貓頭鷹是哲學思考的別稱，是一種啟迪人類智慧的神鳥，是思想者的象徵。米娜瓦的貓頭鷹飛翔了，表示人類的智慧啟動了。——譯者注

索的特徵之一就是沒有止境，所以把所有事物都看成一種製成品同樣是錯誤的，黑格爾的立場與19世紀後期的科學樂觀主義沒有聯繫，在19世紀後期，所有的人都以為關於所有事物的答案就在眼前，就像早就可能預知的一樣，但後來的事實證明這只是一種幻覺。另一方面，對神的科學進行補充也是徒勞的。不管在這個方面可以說些什麼，這都不是它所屬的世界，我們這個世界之外的世界不可能和我們有什麼關係。因此，唯心主義體系是一個不合邏輯的謬誤概念。

我們可以用一個例子來更為直接地證明這一點。我有許多真實的信念，比如說，我認為納爾遜圓柱[2]比白金漢宮[3]高，黑格爾主義者卻什麼也不承認。他們會駁斥說：「你不知道自己在說什麼。要瞭解你所談到的事實，你就必須清楚這兩個建築物用的是什麼材料，是誰建造的，為什麼建造，這樣，你需要瞭解的東西多得沒有止境。在你有資格說自己知道納爾遜圓柱比白金漢宮高是什麼意思之前，你將不得不瞭解整個宇宙。」但是這樣一來，麻煩自然就出現了：按照這種說法，我在認知任何事物之前，都將不得不先認知所有事物，因此我甚至可能永遠也無法開始。沒有人會謙虛到聲稱自己徹底無知的地步，何況這完全不是事實。我的確知道納爾遜圓柱比白金漢宮高，但不會宣稱自己像神一樣無所不知。事實上，你

---

2. 為紀念19世紀初期在著名的特拉法加海戰中犧牲的海軍中將霍雷肖‧納爾遜（1758—1805，英國皇家海軍之魂），英國政府於1843年在倫敦特拉法加廣場中央建造納爾遜圓柱紀念碑。圓柱高達53公尺，立於四方石基上，圓柱之上豎立納爾遜將軍雕像，納爾遜全身銅像是雕塑家貝利的作品。——譯者注

3. 英國的王宮，建造在西敏市內，位於倫敦詹姆士公園的西邊，1703年為白金漢公爵所建而得名，最早稱白金漢屋。——譯者注

可以認知某種事物，不必瞭解與之相關的一切；你可以恰當地使用某個詞語，不必掌握全部詞彙。黑格爾堅持認為，就像拼圖一樣，在完成整個拼圖之前，拼板上的任何一塊都是沒有意義的。經驗主義者正好相反，他們承認每一塊都有自身的意義。的確如此，如果它真的沒有意義，你就不可能拼它。

從倫理學意義上說，對體系邏輯學說的批判具有十分重要的意義。因為如果邏輯理論是正確的，以它為基礎建立起來的倫理學理論也必定是正確的。但是事實上，這個問題還是沒有得到解決。

黑格爾主義與洛克的自由主義是完全對立的。黑格爾認為，國家本身是善的，公民不重要，只要他們於整體有利就可以了。自由主義卻認為國家應該照顧到各類成員的個人利益。唯心主義觀點容易導致偏狹、殘酷和暴政；而自由主義則產生寬容和妥協。黑格爾唯心主義是把世界當作某種體系的一個嘗試。黑格爾主義的目標完全不是主觀主義的，儘管它強調精神，我們可以把它稱為客觀唯心主義。

之前已經說過辯證法的體系架構後來如何受到謝林的批判。從哲學角度看，丹麥哲學家敘倫・齊克果就是從這裡出發，猛烈抨擊黑格爾主義。他的作品在當時幾乎沒有什麼影響，但大約50年後，卻成為存在主義運動的源泉。

齊克果（1813—1855）生於哥本哈根，17歲進了哥本哈根大學。他的父親年輕時就棄農從商到了首都，並且獲得很大的成功，因此齊克果沒有謀生的壓力。他不僅繼承父親的才智，而且繼承其沉思的氣質。1841年，他獲得神學碩士學位。這段期間，他曾經與一位女士訂婚，但無果而終。那位女士似乎不喜歡他把神學作為自己的使命。總之，他解除了婚約，完

成學業之後去了柏林，當時謝林正在那裡執教。從此他沉浸在神學與哲學的思辨之中，那位曾經和他訂過婚的女士則明智地嫁給了別人。

還是先回到謝林對黑格爾體系的批判上吧！謝林對消極哲學和積極哲學進行區分。用經院派的術語來說，前者涉及概念，如共相和本質，它論述的是事物「是什麼」的問題；而積極哲學則涉及實際存在，或事物「就是那樣」的問題。謝林堅持認為，哲學肯定始於某個消極階段，然後才向積極階段轉移。這種解釋使人聯想到他的「兩極對立面」原則和下述事實：他自己的哲學發展就經歷這個過程。在這種意義上，謝林早年的觀點是「消極的」，後期的作品才是「積極的」。他對黑格爾的主要批判就是：黑格爾扎根於消極領域，卻想推導出積極的事實世界來。這個評論正是存在主義的發端所在。

謝林的批判僅僅是從邏輯上駁斥黑格爾，同樣重要的是，齊克果還在情感上駁斥黑格爾。黑格爾主義涉及的是枯燥的理論化事務，很少為靈魂的激情留出空間。一般來說，德國唯心主義哲學都是如此，甚至謝林晚期的思辨也不例外。啟蒙運動已經有了肯定激情的趨向，儘管還有一些疑慮。齊克果則希望使激情重新在哲學上獲得尊重，這與詩人們的浪漫主義觀點是一致的，與那種把善與知識、惡與無知聯繫到一起的倫理觀相對立。

存在主義者按照真正的奧坎方式，割裂了意志與理性，試圖把我們的注意力引到人們行動和選擇的需要上，這種需要不是哲學反思的一種結果，而是源於意志的某種自發作用。這樣就可以立即以某種簡單的方式，為人們的信仰留出餘地，因為這個時候，接受宗教就是意志的一種自由選擇。有時候可以把存在主義原則表述為：存在先於本質。也就是說，我們

先認知了事物的存在，然後才認知其本質。這就等於把個別放在共相之前，或把亞里斯多德放在柏拉圖之前。

齊克果認為意志先於理性。他論證說，我們不應該把人過分科學化，處理一般性問題的科學只能從外部觸及事物。與此相對，齊克果承認從內部掌握事態的存在主義思維方式。以人為例，如果以科學的方式來對待人，就會感覺真正重要的東西被我們忽略了。我們只能按照存在主義的觀點來理解個人的具體感受。在齊克果看來，倫理學理論太傾向於理性主義，以至於不容許人們自主地安排自己的生活。這些理論從來沒有充分恰當地評價過個人道德行為的具體特徵。此外，要找到打破其規則的反面例子或例外情形總是很容易，正是基於這些理由，齊克果才鼓勵我們要把自己的生活建立在宗教原則而不是倫理學原則的基礎之上。備受推崇的新教奧古斯丁傳統就包含這樣的主張，即一個人只對上帝及其旨意負責，任何其他人都不能干預和改變這種關係。

按照齊克果的看法，宗教是一個存在性思維的問題，因為它來自靈魂的內部。齊克果是一位熱情的基督徒，他的觀點必然與丹麥國教僵化的制度發生衝突，這也是很自然的。他否定經院哲學自以為是的理性主義神學，認為上帝的存在應該透過存在性方式來把握。在本質範圍內，無論有多少論證，也不可能確立上帝的存在。因此，如之前所說，齊克果將信仰與理性割裂開來。

齊克果在批判黑格爾的過程中，他的反思活動自然得到發展。從整體上說，他的批判是正確有效的，不過派生於其中的存在主義哲學卻不那麼合理。由於限定了理性的範圍，它為五花八門的荒謬學說敞開大門，但是在信仰層次上，它不僅受到尊重，而且是受歡迎的。對於那些相信（神

的）啟示的人來說，「信仰源於謬論」是一句古老而流行的格言，從某種意義上說，他們也許是對的。如果你想行使你的信仰自由，你也可能緊緊抓住某個不同尋常的東西。

　　但是，必須記住的是，就像估計過高一樣，過低地看待理性也是危險的。黑格爾對理性的評價太高，以至於出現「理性可以產生宇宙」的錯誤。齊克果則走向另一個極端，事實上，他堅持認為理性無助於我們掌握具體事物，只有具體事物才真正值得去認知。這種觀點否定科學的全部價值，它與浪漫主義原則是協調一致的。儘管齊克果猛烈地抨擊浪漫主義生活方式，認為它完全取決於外部影響的無規律變化，但是他卻是一個純粹的浪漫主義者。他的假設了存在主義思維模式的原則，正好就是一個模糊的浪漫主義概念，針對黑格爾的存在主義批判基本上不承認世界本身構成一個體系。儘管齊克果沒有明確地深入這個問題，但其存在主義實際上卻預先設定了一個實在的認識論（與唯心主義觀點相對立）。如果我們回到康德的二元論中，就會產生針對黑格爾的完全不同的批判，這種批判在叔本華的哲學中出現了。

　　亞瑟・叔本華（1788—1860）的父親是一位但澤[1]商人，他仰慕伏爾泰，像伏爾泰一樣推崇英國。1793年，普魯士吞併自由城市但澤時，叔本華一家遷居漢堡。1797年，9歲的叔本華去了巴黎，並且在該城生活了2年。在此期間，他幾乎忘了自己的母語。1803年，叔本華來到英國，就讀於一所寄宿學校。儘管只有大約六個月時間，但足以使他學會英語，並

---

1. 波蘭稱格但斯克，德語稱但澤，是波蘭波美拉尼亞省的省會，也是波蘭北部沿海地區的最大城市和最重要的海港。——譯者注

厭惡英國的學校。叔本華晚年長期訂閱了倫敦的《泰晤士報》。回到漢堡後，他曾心不在焉地嘗試經商，父親一死，他立刻就放棄了。他母親這時已經搬到威瑪①，並且很快成為一個文學沙龍的女主人，威瑪的許多著名詩人和作家經常光臨這個沙龍。實際上，她自己最終也成為一名小說家。但是這個時候，她的兒子，性格乖僻的叔本華，卻開始對她那種有點自由放縱的生活方式感到不滿。21歲時，叔本華得到一筆不大的遺產，從此母子倆就疏遠了。

那筆遺產可以支持叔本華完成大學的學業。1809年，他進了哥廷根大學，並且在那裡首次接觸了康德哲學。1811年，他轉到柏林大學，主修科學。叔本華雖然也聽了費希特的一些課，卻對後者的哲學抱一種輕視的態度。1813年，他完成學業。這個時候解放戰爭爆發了，不過這沒有喚起他持久的熱情。後來，他在威瑪結識歌德，並且在那裡開始對印度神秘主義的研究。1819年，叔本華作為沒有薪水的教師，開始在柏林大學授課。他自信地認為自己的天賦很高，覺得如果隱瞞這個事實，不告訴那些還沒有意識到這一點的人，是不誠實的表現，於是他把自己的課程安排在黑格爾授課的同時進行。當他未能有效地把黑格爾主義者吸引過來時，就決定放棄授課，去法蘭克福定居。他在那裡度過自己的餘生。叔本華是一個傲慢自負、陰鬱乖戾和愛慕虛榮的人，但是他沒有在有生之年得到他渴望得到的名聲。叔本華的哲學觀點在早年就已經形成。他的主要著作《作為意志與表象的世界》出版於1818年，當時他才30歲。這本書問世之初，絲毫沒

---

1. 威瑪，德國城市，擁有眾多文化古蹟，曾經是德國文化中心，歌德和席勒在此創作許多不朽文學作品，著名景點有歌德故居、包浩斯博物館。——譯者注

有引起人們的重視。該書提出一種修正的、審慎保留「物自體」的康德學說。不同的是，叔本華將「物自體」等同於意志，因此在康德學說的意義上，他和康德都認為被經驗的世界是由現象構成的，不過導致現象的東西不是一系列不可知的本體，而是本體的意志。這一點與正統的康德觀點十分近似。我們已經知道，康德認為意志就位於本體之中，假如我運用我的意志，經驗世界裡與之相對應的就是我的肉體運動。我們還可以發現，實際上，康德在這裡沒有超越偶因論。因為本體與現象之間不可能存在因果關係。總之，叔本華認為肉體是一種現象，它的實在性存在於意志之中。和康德一樣，叔本華也認為本體世界位於空間、時間和範疇之外。本體的意志不隸屬於其中任何一個。所以，它既不是時間的，也不是空間的，這就表示它具有一體性。就我的意志而言，我不是獨特和分離的，這純粹是一種現象的幻覺，正好相反，實際上我的意志是唯一的宇宙意志。在叔本華看來，這種意志是十足的罪惡，它產生人生不可避免的苦難。此外，他和黑格爾正好相反，認為知識是苦難的（而不是自由的）源泉。因此，叔本華展示的是一種沒有快樂餘地的悲觀前景，而不是理性主義體系的樂觀態度。

叔本華認為性是一種邪惡的交易，因為繁衍後代完全是在為苦難提供新的犧牲品。叔本華討厭女人也和這種觀點有關，因為他覺得在性方面，女人比男人更有心計。

沒有什麼邏輯上的理由可以說明康德認識論為何要與悲觀主義觀點相聯繫。叔本華由於自己乖僻的性格而無法感到快樂，所以就宣稱快樂不可能實現。在他陰鬱的生命快要結束之際，他的成就才得到認可，經濟狀況也有所改善，這兩個變化突然使他不顧自己的理論，開始快樂起來。但

是，這也不能證明理性主義者對這個世界的「善」持有十足的信心就是正確的。至少，像史賓諾沙這樣的思想家不打算從理論上發現罪惡，叔本華則走向另一個極端，在所有事物中都看不到善。根據叔本華的觀點，擺脫這種痛苦的方法必須到佛教神話中尋找。由於我們的意志導致我們的苦難，所以透過麻醉意志，就可以最終在涅槃[1]或四大皆空[2]的境界中得到解脫。透過神秘的入定，我們就可以看穿代表幻覺的「摩耶面紗[3]」。這樣一來，我們就可以逐漸把世界視為一個整體。具備了這樣的知識之後，我們就可以征服意志。但是，這裡的一體性知識既不像埃克哈特長老[4]之類的西方神秘主義者那樣，導致人和上帝的感通；也不會分享史賓諾沙的泛神論世界。相反，對整體的洞悉和對苦難的同情，為我們提供一條遁入空門的退路。

叔本華哲學和黑格爾派的理性主義學說相反，它強調意志的重要性。

---

1. 涅槃，佛教用語，指清涼寂靜，煩惱不現，眾苦永寂；具有不生不滅、不垢不淨、不增不減、遠離一異、生滅、常斷、俱不俱等中道體性意義。佛教認為，只有到達涅槃的境界，才可以擺脫輪迴之苦。——譯者注

2. 佛教把所有物質現象歸納為四種基本要素，即堅性的「地」、濕性的「水」、暖性的「火」、動性的「風」，謂之「四大」。四大皆空，是指宇宙之間的一切，包括人身在內，都是虛幻的。——譯者注

3. 在印度哲學中，「梵」在世間顯現的一切就是「幻」，即摩耶，人們必須要破除「幻」才可以找到「梵」，在這個意義上理解，看穿「摩耶面紗」，也就是要看透世間表象，看到宇宙本真。——譯者注

4. 埃克哈特（約1260—1327），德國神秘主義哲學家、神學家，德國新教、浪漫主義、唯心主義、存在主義的先驅。他出生於貴族家庭，1275年加入道明會（也稱為「宣道兄弟會」，會士均披黑色斗篷，被稱為「黑衣修士」），先後在許多地方擔任會長。他主張上帝與萬物融合，人類與上帝可以合一，著有《德語講道集》。——譯者注

後來的許多哲學家採納這個觀點，儘管他們在其他方面幾乎沒有什麼共同之處。我們不僅在尼采，也在實用主義者的作品中發現這種觀點。存在主義也對與理性相對立的意志極感興趣。叔本華學說中的神秘主義因素，是處在哲學主流之外的。如果說叔本華哲學尋求的是一種最終擺脫塵世及其衝突的途徑，尼采則走向它的反面。要歸納尼采的思想內容，不是一件容易的事。在通常意義上，他算不得一位哲學家，而且他也沒有留下某種系統的觀點。也許有人從字面意義上，把他描繪成一個貴族人文主義者。因為他最早試圖提倡的就是最優秀人物享有至高的地位，這些人具有最健康、最堅強的秉性。同時，他還強調面對苦難時的堅忍和頑強，這與公認的倫理標準有相同之處，儘管實踐起來不一定是這樣。許多人由於斷章取義地關注這些特徵，以為尼采就是我們這個時代暴政的預言家。雖然暴君們的確可能從尼采那裡獲得某些啟發，但如果要他對這些人的罪行負責，是不公平的，這些人頂多是膚淺地理解尼采。因為，如果尼采可以活得更長，親眼目睹自己國家的政治發展，他也會極力反對的。

尼采的父親是新教的一名牧師，這就營造了一種虔誠、正直的家庭氣氛。即使在尼采著作最具叛逆性的時候，其強烈的道德感仍然保留這種色彩。尼采在早年就是一位才華橫溢的學者，24歲就成為巴塞爾大學的古典語言學教授。一年以後，爆發普法戰爭⑤。由於他已經是瑞士公民，因此只能當一名軍隊醫院的衛生員。後來因為感染上痢疾，他退伍回到巴塞爾。他的身體狀況一直不好，從服役以來，始終未能恢復健康。1879年，

---

5. 1870年7月19日—1871年5月10日，普魯士為了統一德國並且與法國爭奪歐洲大陸霸權而爆發的戰爭，由法國發動，最後以普魯士大獲全勝，建立德意志帝國告終。——譯者注

他不得不辭去教授職務，儘管那筆豐厚的年金足以使他過上很舒適的生活。隨後的10年，尼采是在瑞士和義大利度過的。他仍然從事寫作，卻在大多數時候孤獨寂寞、默默無聞。1889年，學生時代染上的性病終於導致一個遲來的惡果，尼采患上了精神病，直到去世精神都很不正常。尼采的探索首先受到前蘇格拉底時期的希臘，尤其是斯巴達理想的啟發。在第一部主要著作《悲劇的誕生》（1872年）中，尼采提出著名的區別，即希臘精神中的阿波羅情結和戴歐尼修斯情結。對人類悲劇實在性的認識，與暗淡而情緒化的戴歐尼修斯傾向有密切的聯繫；而奧林匹亞的諸神殿則是某種可以抵消人生不幸的安寧幻象。這一點源自希臘精神中的阿波羅傾向。可以說，希臘悲劇是戴歐尼修斯熱望的阿波羅式昇華。我們知道，亞里斯多德對此也持有類似的觀點。從這些關於悲劇起源的解釋中，尼采最終選擇悲劇英雄的概念。和亞里斯多德不同，尼采在悲劇中看到的不是一種可以引起共鳴的感情淨化，而是積極地接受現實生活。叔本華得出的是悲觀的結論，尼采卻採取樂觀的態度。他認為這種態度可以在有關希臘悲劇的正確解釋中辨別出來。但必須注意的是，這不是尋常意義上的樂觀主義，而是對生活的嚴酷性和現實性的豪邁承受。和叔本華一樣，他也認可意志的至高地位，但是他更進一步認為，堅強的意志是善者的優秀特徵，叔本華卻把意志視為萬惡之源。

尼采把人類及其道德分為兩類，即主人和奴隸。他的《善惡之外》（1886年）一書中詳盡論述基於這個區分的倫理學理論。在主人道德中，「善」意味著獨立、慷慨和自助等，實際上，所有這些都是亞里斯多德「具有偉大靈魂的人」的品格。與之相對的缺陷則是依附、吝嗇和怯懦等，也就是惡。在這裡，善與惡的對比大體上相當於高尚和卑鄙。奴隸道

德按照完全不同的原則發揮作用。它認為善存在於某種普遍的沉默中，存在於一切消除苦難和反抗的事件中。它譴責主人道德中的善，認為它不僅不恰當，而且是罪惡的，因為主人道德中的善容易引起人的恐怖感。對於奴隸（道德）來說，所有引起恐懼的行為都是罪惡的。英雄或者超人的道德，則在善惡之外。這些學說在《查拉圖斯拉如是說》中以道德宣言的形式被提出來，該書在風格上模仿《聖經》。尼采是一位偉大的文學藝術家，他的作品看起來更像詩體散文，而不是哲學。

可以說，尼采最為厭惡的東西，就是隨著新技術發展起來的新的大眾人性。他認為社會應該成為少數傑出人物實現貴族理想的溫床。至於這樣做可能會給小人物帶來苦難，在他看來，則是無所謂的。他所想像的國家與柏拉圖《理想國》中的國家有許多相同之處。他認為傳統宗教為奴隸道德提供支持。按照他的觀點，自由者必須認為上帝已經死了，我們必須為了人的更高形態，而不是為了上帝而奮鬥。尼采在基督教中發現奴隸道德的現成例子，因為基督教消極地懷著來世生活更好的希望。他還對奴隸道德做出恭順、憐憫之類的評價。正是由於華格納①後來傾向於基督教，尼采才會抨擊這位曾被自己視為可敬的朋友的作曲家。除了提倡英雄崇拜以外，尼采還強烈地反對男女平等，他鼓吹把婦女看作奴隸的東方習俗。我們發現，這正好反映尼采無法妥當地與女性相處的事實。

尼采在這樣的倫理學說中，對各種人和人的生活方式進行大量有價值

---

1. 威廉·理察·華格納（1813—1883），德國作曲家，德國歌劇史上一位舉足輕重的人物，前承莫札特、貝多芬的歌劇傳統，後啟理查·史特勞斯以後浪漫主義歌劇作曲潮流。同時，因為他在政治和宗教方面思想的複雜性，成為歐洲音樂史上最具爭議的人物。——譯者注

的考察。如果是為自身考慮，使用某種無情的手段還算情有可原的，但為了少數人的利益，對大多數人所忍受的苦難無動於衷，這種觀點卻是缺乏說服力的。

第十章

功利主義及其以後

現在，我們必須回到一個世紀以前，談論事情的另一個組成部分。

隨著這個世界物質環境的急劇變化，唯心主義哲學及其批判也得到發展。

源於18世紀英國的工業革命給世界帶來許多變化。首先是機器的運用，這是一個漸進的過程。織布機的構造有了改進，紡織品的產量也隨之增加。最關鍵的一步，是蒸汽機的完善，它為大量湧現的工廠提供驅動機器的無限動力。利用燃煤鍋爐來產生蒸汽是最有效的方式，因此煤礦開採業有了極大的發展，儘管工人們經常在嚴酷惡劣的環境下作業。從人道主義的立場來看，工業化的早期的確是一個可怕又可憎的時代。

英國的圈地運動在18世紀達到頂峰。數百年間，公地正逐漸被貴族圈佔，作為私用。對於那些在一定程度上靠公地收益過活的鄉下人來說，圈地運動給他們帶來的是苦難。然而在18世紀以前，對他們土地專有權的這種侵犯沒有導致大批鄉下人背井離鄉，流到城鎮去尋求新的活路，這些人逐漸被新工廠安置下來。這些低收入的被剝削者居住在城市的貧民窟和郊區（19世紀大面積產業貧民窟的前身），機器的發明首先引起手工藝人的彷徨，他們感到自己的技術日益變得多餘。同樣，機器性能的每一次改進，都容易受到產業工人的抵制，因為他們害怕砸了自己的飯碗。即使是今天，他們也依然存在這種擔心。就像19世紀的動力紡織機一樣，電子機械的使用也使工會憂心忡忡。但是，就這個問題來說，悲觀主義者總是錯

的。世界上工業國家的生活條件沒有下降，相反，財富和舒適程度在各個方面都有了逐步增長。

但必須承認的是，早期的英國工業無產者的苦難是十分明顯的。造成一些嚴重罪惡的原因，部分是由於無知，因為人們從未遇到過這些新問題。以手工業和農民產權為基礎的舊自由主義，在處理工業社會的新問題時顯得缺乏靈活性。改革雖然遲到了，但最終還是糾正了這些早期的過失。工業化發展得越晚的地方（如大陸國家），困擾工業社會發展的一些麻煩就越少，因為到了那個時候，問題就更容易理解。

到了19世紀早期，科學與技術之間相互影響的趨勢開始明顯起來。當然，這種影響在某種程度上始終都是存在的。但自工業化時代以來，科學原理系統地應用於技術設備的設計製造，還是引起物質的加速擴張。蒸汽機提供新動力，19世紀上半葉目睹了對相關原理的全面科學研究，新的熱動力學又反過來告訴工程師們如何製造出效率更高的引擎。在這段期間，蒸汽機開始在運輸行業取代所有其他動力形式。在19世紀中葉的歐洲和北美，龐大的鐵路網絡正在形成。同時，汽輪開始取代帆船，所有這些革新都極大地改變人們的生活和視野。從整體上看，人似乎是一種保守的動物。就發展速度而言，人類的技術能力超過自己的政治智慧，直到今天，我們也沒有從這種失衡中恢復過來。

工業生產的早期發展喚起人們對經濟問題的興趣。近代政治經濟學作為一項研究，可以追溯到亞當・斯密（1723—1790）的作品中。

亞當・斯密是一位哲學教授，也是大衛・休謨的同鄉。他的倫理學著作繼承休謨傳統，但整體來說不如自己的經濟學著作重要。1776年發表的論文《國富論》為他贏得聲譽。該書首次對在國家經濟生活中產生作用的

各種力量進行研究嘗試，特別引人注目的一個重要問題是勞動分工。斯密相當詳盡地揭示出：假如把某件商品的製作過程細分為諸多環節，每一環節由一名專業化工人員來負責，工業產品的產量就會增加。他特別舉出製造別針的例子，而且他的結論是在實際考察的基礎上得出的。從此以後，勞動分工的原則在工業中得到普遍的應用，其正確性也得到充分的證明。當然，還必須考慮人的因素。因為，如果專門化操作變得過於缺乏連貫性，就會破壞人們對本職工作的興趣，最終受損害的還是工人。這個在斯密時代沒有得到充分認識的難題，已經成為現代工業的主要問題之一，它對那些操作機器的人產生非人性化的影響。

政治經濟學的研究在很長一段時間內都保持英國特色。18世紀法國的重農主義者雖然的確對經濟問題產生過興趣，但是他們的影響不如亞當・斯密的《國富論》，後者成為古典經濟學的聖經。這個方面的第二個重大貢獻就是李嘉圖的勞動價值論，後來該理論為馬克思所繼承。

在哲學方面，工業化的興起導致人們在一定程度上開始重視功利（主義），功利正是浪漫主義者強烈反對的東西。但是同時，和詩人及唯心主義者所煽起的浪漫激情相比，這種顯得有些乏味的哲學在社會事務方面導致更多的必要改革。它所尋求的變革是零碎而有序的，它的目標根本不是革命。更為情緒化的馬克思學說卻不是這樣，該學說以其獨特的方式保留大量的不妥協唯心主義（源於黑格爾），其目標在於透過暴力，對現有秩序進行全面的改造。

有些人忽視工業社會中至關重要的人的問題，這些人沒有體會過工業無產階級所遭受的侮辱。他們起初認為，這些不愉快的事實也許是不幸的，但也是不可避免的。到了18世紀後期，當作家們開始提出這類問題的

時候，那種有些自以為是的、缺乏同情心的漠然觀點就被粉碎了。為了使這些事實得到社會的普遍關注，1848年的革命①採取一些行動。雖然作為一項政治策略，革命者掀起的騷亂不怎麼成功，但的確在某種程度上給人們留下對於社會環境的憂慮。英國的狄更斯②和後來法國的左拉③，都在作品中表現這些問題，進而使人們對事態有更清醒的認識。根治一切社會弊病的良藥之一，就是向人們提供適當的教育。在這一點上，改革家們也許不完全正確。僅僅教會每個人讀寫和計算，這本身不能解決社會問題，但同樣錯誤的看法是，這些令人羨慕的技能對於一個工業社會的良好運作是不可或缺的。從整體上說，大量的專門化例行工作是可以讓文盲來做的，教育可以間接地有助於解決某些問題，因為它有時可以使那些被迫忍受苦難的人找到改善命運的方法。同時，非常明顯的是，單純的教育過程不一定能產生這樣的結果，相反，它卻可能使人們相信現有秩序是理所當然的，這類灌輸有時是非常有效的。但是，改革者們卻正確地堅持下述觀點：除非可以全面理解一些至關重要的情況，否則有些問題就不可能得到正確的解決，這就的確需要某種程度的教育。亞當・斯密根據商品製造所

---

1. 法國的一次資產階級革命，推翻國王路易-菲利普的七月王朝，建立第二共和國。其後，君主派路易・波拿巴竊取革命成果，出任總統，並且於1852年稱帝，是為拿破崙三世。——譯者注

2. 狄更斯（1812—1870），19世紀英國批判現實主義小説家。他著意描寫社會底層「小人物」的生活遭遇，深刻反映當時英國複雜的社會現實，主要作品有《孤雛淚》、《老古玩店》、《雙城記》。——譯者注

3. 左拉（1840—1902），自然主義創始人，19世紀後期法國重要的批判現實主義作家。他以自然主義筆法寫作大量長篇小説，反映當時法國的社會情況，揭露資產階級的荒淫無恥。——譯者注

提出的勞動分工理論④，幾乎達到哲學探索的高度。可以說，這種探索在19世紀的發展中同樣變得工業化了。

那種使功利主義運動得名的倫理學說，追溯起來，尤其要提到哈奇森⑤，他早在1725年就對該學說進行闡釋。簡單地說，這種理論認為善就是快樂，惡就是痛苦，因此我們所能達到的最佳狀態，就是快樂最大限度地抵消痛苦的狀態。這個觀點為邊沁所採納，並且作為功利主義逐漸廣為人知。

傑瑞米・邊沁（1748—1832）最感興趣的是法學，在這個方面，他主要是從愛爾維修⑥和貝卡里亞⑦那裡得到啟發。邊沁認為，在研究如何透過合法的方式來促進最佳事態時，倫理學主要是發揮一種基礎的作用。他還是一群所謂「哲學激進份子」的領袖，這群人十分關注社會改革與教育，普遍反對教會權威和社會統治階層的特權。邊沁是一位性情孤獨而謙和的人，起初，他的激進觀點不是很明顯，但是到了晚年，他雖然沒有拋頭露面，卻成為一位鋒芒畢露的無神論者。他很關注教育，和自己圈子裡的激

---

4. 斯密的分工理論表現在兩個層次：一是微觀層次的勞動分工，即勞動生產力上最大的增進，以及運用勞動的時候表現得更大的熟練、技巧、判斷力，似乎都是分工的結果；二是宏觀層次的分工，即分工不僅是經濟進步的原因，還是其結果，這個因果累積的過程表現出來的就是報酬遞增機制。——譯者注

5. 哈奇森（1694—1746），英國哲學家。他認為，大多數人的最大幸福是道德行為的判斷準則。——譯者注

6. 愛爾維修（1715—1771），法國著名唯物主義哲學家和教育家，也是一個教育萬能論者。——譯者注

7. 貝卡里亞（1738—1794），義大利經濟學家、法理學家、刑罰改革者，其著作《論犯罪與刑罰》在歐洲有相當的影響力。——譯者注

進派一樣，他也對教育的包治百病抱有很大的信心。值得一提的是，邊沁時代的英國只有兩所大學，而且只有宣稱自己信奉國教的人才可以入學。直到19世紀後半葉，這個不正常的現象才得到糾正。邊沁希望幫助那些無法滿足現行體制苛刻條件的人們，向他們提供接受大學教育的機會。1825年，他和其他團體一起協助創辦倫敦大學院。學院不對學生進行宗教審查，也不做禮拜儀式，這時的邊沁已經與宗教徹底決裂了。臨終前，邊沁要求將自己的遺體做成蠟像，並穿戴整齊，保存在學院裡。該展品擺放在學院的陳列櫃中，以此來永久紀念學院的創始人之一——邊沁。

追溯起來，邊沁哲學的基礎是18世紀早期的兩個主導理念。其一就是哈特萊[1]早就強調過的聯想原則，該原則最初源於休謨的因果論，休謨透過理念的聯想來解釋因果依存的概念。哈特萊和後來的邊沁都把聯想原則當作心理學的基本原理。邊沁提出自己唯一的原則，這個原則根據經驗提供的素材發揮作用，並且以此取代關於心靈及其運作概念的傳統方法。這就使他可以確定地解釋心理學，完全不必涉及心靈概念。事實上，這些概念早就被「奧坎剃刀」剃掉了。巴夫洛夫後來提出的條件反射理論，正是建立在聯想主義心理學的相同觀點之上的。第二個原則是「最大快樂」的功利主義格言（前文曾經提到）。這個原則與心理學有關，因為在邊沁看來，人們盡力所做的就是去獲得自己最大的幸福。幸福在這裡的含義也就是快樂。法律的作用就是保證在追求自身最大快樂的時候，任何人都不得妨礙他人同樣的追求。只有透過這種方式，才可以使盡可能多的人獲得最

---

1. 哈特萊（1705—1757），英國哲學家、醫生，主張以生理心理學代替建立在靈魂概念上的心理學。——譯者注

大的快樂。

　　儘管仍然有不同意見存在，但這卻是各類功利主義的共同目標。我們完全可以這樣說，這樣的目標聽起來有些缺乏創意，而且自以為是，但是它背後的意圖卻遠不止這些。作為一種致力於改革的運動，功利主義所取得的成就顯然要超過一切唯心主義哲學的總和，而且這些成就是在沒有引起什麼混亂的情況下取得的。同時，多數人的最大幸福原則還有另一種解釋。在自由主義經濟學家那裡，它變成「自由主義」和自由貿易的一個正當理由。因為它假設在既定的法律制度下，如果每個人都自由地追求自身的最大快樂，就會產生社會的最大快樂。但是，自由主義者在這個方面過於樂觀了。也許有人會認為，按照蘇格拉底的觀點，如果人們不厭其煩地告誡自己和估量自己行為的後果，一般來說他們會明白，損害社會最終將損害自己。問題是人們不總是謹慎地考慮這些，反而經常憑一時的衝動和無知採取行動。所以在我們這個時代，自由放任的學說已經逐漸為一些防範措施所限制。法律就被看作這樣的機制，它保證每個人都可以追求自己的目標，但又不妨礙他人。因此，法律制裁的目的不是為了報復，而是為了防止犯罪。重要的是，一些侵犯行為雖然應該受到懲罰，但不應該是野蠻的酷刑（實際上，當時的英國正有這樣的傾向）。邊沁反對不加區別地實施死刑，在當時，罪過很輕微的人也會被隨意處死。

　　功利主義倫理學推導出兩個重要結論。第一個推論是這樣的：很明顯，在某些方面，所有的人都對幸福有同樣強烈的要求，因此他們也應該享有同等的權利和機會。在當時，這個觀點是相當新穎的，它成為激進派改革方案的一個核心原則。另一個推論則指出，最大的快樂（或幸福）只有在穩定的狀況下才可以獲得，所以平等和安全就成為最首要的考慮。自

由，邊沁認為這不是太重要。在他眼裡，自由就像人的權利一樣，似乎帶有一些形而上學和浪漫主義的色彩。

邊沁在政治上贊同仁慈的專制，而不是民主。這就為他的功利主義帶來一個難題，因為顯然沒有什麼機制可以保證立法者採取仁政。他自己的心理學理論也要求立法者總是在全面知識的基礎之上，富於遠見地行事。然而，這種設想不完全正確。作為一個實際的政治問題，這種困難不可能得到徹底的解決，人們最多可以設法做到不讓立法者在任何時候都過於放任。

在社會批判方面，邊沁的觀點與18世紀的唯物主義是一致的，它的許多預見後來都被馬克思保留下來。邊沁認為，有關奉獻的現有道德不過是統治者為了維護自身既得利益而採取的一種欺騙手段。它期望別人做出犧牲，自己卻一毛不拔，邊沁的功利主義原則就是針對這種情形提出來的。儘管邊沁生前始終是激進派的精神領袖，但是這個運動的幕後驅動者卻是詹姆斯·彌爾（1773—1836）。彌爾持有與邊沁同樣的功利主義倫理觀，同樣蔑視浪漫主義。在政治問題上，他認為人們可以做到以辯論來說服對方，並且養成在行動之前進行理性分析的習慣。相應地，他還過分地相信教育的功能。這些先入之見的實施對象首先就是他的兒子約翰·史都華·彌爾（1806—1873）。彌爾承受父親無情地灌輸給他的教育學說。「我從來沒有做過一個孩子，」他在晚年抱怨說，「我從來沒有玩過蟋蟀。」相反，他3歲就開始學習希臘文，而後所學的一切都與當時的年紀不相稱，這使他顯得很老成。在他21歲前，這種可怕的經歷很自然地使他精神崩潰了。

雖然彌爾後來很關注1830年的議會改革運動，但是他不熱衷於謀取領

袖職務，這個職位曾經先後屬於邊沁和老彌爾。從1865年到1868年，彌爾是下議院中的西敏市代表，他繼續強烈要求進行普選①，並且追隨邊沁，走上普遍自由主義②和反帝國主義的研究之路。

　　彌爾在哲學方面的觀點幾乎完全是派生的，《邏輯學》（1843）可能是最能牢固樹立其聲譽的書。他對歸納法的討論在當時算是相當新穎的觀點。歸納法受到一套原則的支配，它使人想起休謨的某些因果關係法則。歸納邏輯中一個爭論不休的問題就是如何證明歸納論證的正確性。彌爾提出如下見解：歸納論證的依據就是我們觀察到的自然恆定性③，自然恆定性本身就是一種最高級的歸納。這樣一來，論證自然就成為循環論證，但彌爾似乎不為此擔心。然而，這裡還牽涉到一個更普遍的問題，它至今仍使邏輯學家們頭疼。大體上說，困難就在於：不知道為什麼，人們總覺得歸納法畢竟不那麼受到推崇，儘管它本該如此，因此它必須得到證明；但是，這樣一來似乎就會不自覺地陷入困境，但是人們有時候沒有意識到這一點。因為證明本身就是一個演繹邏輯的問題，如果歸納法本身還需要得到證明，它就不可能是歸納的。演繹法本身，卻沒有人覺得非證明它不可，自古以來，它就是極受推崇的。也許唯一的方法就是讓歸納法自成一派，不與演繹法辯護發生聯繫。

1.　普選制度是指國家中的所有人都有投票權，不是只有男人、貴族、富人才有這種權利。但是一般來說，普選制度不是完全的「普選」——兒童、罪犯、非本國公民仍然會被排除在外。——譯者注

2.　不是少數特權或是既得利益集團的自由，這種「自由」以不得損害別人的自由為邊界。——譯者注

3.　也譯為「自然齊一律」。——譯者注

彌爾對功利主義倫理學的解釋見於《功利主義》（1863）一書。該書幾乎沒有在任何地方超越邊沁。和伊壁鳩魯（也許可算第一位功利主義者）一樣，彌爾最後也願意承認某些快樂高於別的快樂，但是事實上，他沒有成功地解釋，與只有數量差異的快樂相比，品質更高的快樂意味著什麼。但是這不奇怪，因為最大快樂的原則和對快樂的計算，隱含著對品質的排斥和對數量的贊同。

彌爾試圖提出一項論證，來支持「人們追求的實際上就是快樂」這個功利主義原則，然而，他犯了一個嚴重的錯誤。「只有當人們事實上看見某個物體，它的可見性才可以被證明；只有當人們聽到了某個聲音，它的可聞性才可以被證明。經驗的其他來源全都是這樣。按照類似的方式，我可以這樣理解，只有人們實際上有過要求後，才可以證明什麼東西是符合需要的。」不過這是利用詞語相似性的一種詭辯，它隱藏了邏輯上的差異。如果某物可以被看見，我們就說它是看得見的。拿「符合需要的」為例，它的含義是模稜兩可的。當我說某物是符合需要的，可能只是指事實上我的確需要它。當我對別人這樣說時，當然會假定他和我一樣喜歡或不喜歡。在這個意義上，說符合需要的東西就是人們想要的東西，這是沒有意義的。不過當我們說什麼東西是符合需要的，其中還有另一個含義。比如，我們說誠實是符合需要的，這實際上是說我們應該誠實，它是人們所做的一種倫理學表述。因此，彌爾的論證肯定是錯誤的，因為「可以看見的」和「符合需要的」兩者的類推是粗淺的。休謨早就指出，我們不可能從「是」中演繹出「應該」。

不管怎麼說，要舉出證明這個原則無效的直接反證不難。快樂定義為想要的東西，是毫無意義的；此外，說我想要的東西就是快樂，按照常理

也是錯誤的，儘管一種願望的滿足的確能為我帶來快樂。在另外一些情形下，除了我有該願望這個事實之外，我想要的東西與自己的生活沒有直接關係。例如，人們可能希望某匹賽馬獲勝，但是實際上自己沒有下賭注。因此，功利主義原則很容易招來大量的異議。但是功利主義倫理學仍舊是有效的社會行動的源泉，因為倫理學說宣稱善就是大多數人的最大快樂。這種觀點可能被用到別處，沒有考慮到人們是否真的一直按照有利於這種普遍快樂的方式來行動，法律的作用就是保證最大的快樂得以實現。同樣，建立在這個基礎之上的改革目標，與其說是為了實現理想的制度，不如說是為了建立可行的制度，以便真正賦予公民某種程度的幸福，這是一種民主的理論。

彌爾有一點與邊沁完全相反，即他是自由的熱情捍衛者。在著名的《論自由》（1859）一書中，他對這個問題給出最好的說明。這本書由他和哈莉特・泰勒共同寫成，泰勒在前夫去世以後，於1851年改嫁給彌爾。在這篇論文中，彌爾為思想和言論的自由做了強有力的辯護，並建議限制國家干預公民生活的權力。他尤其反對基督教宣稱自己是諸善之源。

18世紀末，預防接種降低死亡率，隨之而來的就是人口的急劇增長，這個問題開始引起人們的注意。馬爾薩斯（1766—1834）對人口問題進行研究。他是一位經濟學家，也是激進派的朋友，此外，他還是一名聖公會傳教士。馬爾薩斯在著名的《人口論》中提出「人口增長遠遠快於糧食供應」的理論。人口按幾何級數增長，糧食供應卻只按算術比例增長，所以人口增長必須得到限制，否則就會出現大規模的饑荒。在如何控制的問題上，馬爾薩斯採納傳統的基督教觀點。人們必須透過接受教育，學會「克制」，進而保持人口的低增長率。馬爾薩斯結了婚，他身體力行地貫徹這

個理論，而且相當成功，他4年只生了3個孩子。儘管有這樣的成就，但是現在看來，馬爾薩斯的理論也不像他所期望的那樣有效。在這些問題上，孔多塞[1]的觀點似乎更合理些。馬爾薩斯主張「克制」，孔多塞卻提出現代意義上的「節育」。對於這一點，馬爾薩斯從來沒有原諒過孔多塞，因為在他堅定的道德觀念中，這類方法是罪惡的，他認為人工節育不比賣淫好多少。

起初，激進派對這個普遍性問題意見不一。邊沁曾經支持馬爾薩斯，彌爾傾向於支持孔多塞的觀點。彌爾18歲時，曾經被捕入獄，因為他在某個工人階級貧民窟散發「節育」小冊子。因此他始終對普遍性的自由問題極為關注，也就不奇怪了。

《人口論》對於政治經濟學來說，是一個非常重要的貢獻，它提出的某些基本概念，後來在其他領域也得到發展。尤其是達爾文（1809—1882）由此演繹出「物競天擇」原則和「生存競爭」概念。《物種起源》（1859）一書論述有機體按照幾何級數增長，隨之而來的就是相互之間的爭鬥。達爾文說：「具有多種作用的馬爾薩斯學說適用於動植物王國，因為在這種情況下，既沒有人為的糧食增長，也不會在生育上保持謹慎的克制。」在為了有限的生存條件而進行的自由競爭中，最能適應環境的有機體將取得勝利，這就是達爾文的「適者生存」學說。從某種意義上看，這只是邊沁「自由競爭」概念的延伸，但是在社會領域中，這種競爭必須遵循某些規則，達爾文的「自然界競爭」不知道有什麼約束。用政治術語來說，「適者生存」的觀點激發20世紀獨裁者們的某些政治思想。達爾文大

---

1. 孔多塞（1743—1794），法國政治家、數學家、哲學家。——譯者注

概不會鼓勵對其理論進行這樣的擴展，因為他自己就是一名自由主義者，同情激進派及其改革方案。

達爾文工作的另一部分，也是首創性較少的一部分，就是進化論。我們知道，這種思想要追溯到阿那克西曼德。達爾文所做的，就是在堅持不懈地觀察自然的基礎上，提供大量事實的細節說明。世人對他的進化論證褒貶不一，但和傑出的米利都學派來相比，他肯定獲得更好的評價。而且，達爾文理論首次把進化論假說引入更廣泛的公開討論之中。由於它根據「物競天擇」的原則，用某種普遍的原始有機體來解釋物種的起源，因而與現行宗教堅持的創世紀觀點是對立的，這就使得達爾文主義者與所有的正統基督教徒都發生尖銳的衝突。

偉大的生物學家湯瑪斯・亨利・赫胥黎[2]是達爾文主義的一個主要辯護者。自他以後，這些爭端就逐漸平息下來。然而在爭執的白熱化階段，「人和高級類人猿是否有共同的祖先」這個問題卻可以極大地傷害人們的感情。我倒認為，這種說法是對類人猿的冒犯。不管怎麼說，今天已經沒什麼人為此感到彆扭了。

以激進派為起點的另一條發展路線直接通向社會主義和馬克思。李嘉圖（1772─1823）是邊沁和詹姆斯・彌爾的朋友，1817年，他發表《政治

---

2. 湯瑪斯・亨利・赫胥黎（1825─1895），英國生物學家、教育家，在古生物學、海洋生物學、比較解剖學、地質學等領域貢獻很大。他曾經獲得劍橋、牛津等大學榮譽博士學位，也曾經擔任英國皇家學會會長。達爾文的《物種起源》於1859年發表以後，他予以英勇捍衛和廣泛宣傳，被稱為達爾文進化論的「總代理人」，其著作《演化論與倫理學》的一部分在1898年由中國學者嚴復譯為《天演論》出版，對中國近代思想界影響很大。──譯者注

經濟學與賦稅原理》一書。在論文中，李嘉圖提出完善的地租理論及勞動價值論。前者不為人所重視，後者認為商品的交換價值完全取決於生產者所消耗的勞動量，這就導致1825年湯瑪斯・霍奇金[1]提出，勞動者有權從其創造的價值中獲得利益，如果資本家或地主收走地租，這就和搶劫沒有什麼區別了。

與此同時，勞勃・歐文[2]也在為工人的事業奔走呼籲。他早就把一些處理勞工問題的新原則引進到自己的新拉納克紡織廠。他滿懷著高尚的倫理觀念，宣稱當時普遍剝削工人的非人道做法是錯誤的。他透過實踐顯示，即使付給工人們公平的薪水，而且不用加班加點，經營一個企業也照樣可以贏利。在歐文的推動下，第一部《工廠法》出台了，儘管它的條款遠沒有達到他所期望的目標。1827年，歐文的追隨者們首次被稱為社會主義者。激進派當然不會喜歡歐文的學說，因為它似乎想推翻公認的財產概念，自由主義者更傾向於認可自由競爭及可能獲得的意外橫財。歐文領導的運動產生合作制，而且促進早期的工會概念。但是由於缺乏相應的社會哲學，這些早期的發展不順利。歐文首先是一位實踐者，他對自己的主導思想懷有熾熱的信念。

---

1. 湯瑪斯・霍奇金（1787—1869），英國古典政治經濟學家，早年曾經參加英國皇家海軍，擔任海軍中尉，後來因為與上司意見不合而離開海軍。他以其著作《大眾政治經濟學》、《保護勞動反對資本的要求》、《財產的自然權利和人為權利的比較》而被視為19世紀主要的「反資本主義作家」之一。——譯者注
2. 勞勃・歐文（1771—1858），英國烏托邦社會主義者，合作社制度的創始人，也是英國職業工會的最早組織者之一。他認為，只有社會主義才可以克服資本主義的所有罪惡，但是把希望寄託於統治者的仁慈上，希望透過傳播知識解決社會衝突。1824年，他到美國進行共產主義「勞動公社」的實驗，著有《新社會觀》。——譯者注

為社會主義提供哲學依據的工作是由馬克思來做的。在這個方面，馬克思以李嘉圖的勞動價值論為基礎，建立自己的經濟學。他把黑格爾的辯證法看作哲學討論的一種工具。這樣一來，功利主義就成為馬克思理論的基礎，最終的結果證明，這個理論更具影響力。

　　莫瑟爾河畔的特里爾城③是一個誕生聖人的地方，因為它不僅是安波羅修的故鄉，而且也是卡爾·馬克思（1818—1883）出生的地方。以聖人資格而論，馬克思更勝一籌。馬克思出生於一個皈依新教的猶太家庭。在大學時代，他受到當時正盛行的黑格爾主義的強烈影響。當1843年普魯士當局查禁《萊茵報》時，他的記者生涯就突然結束了。接下來，馬克思去了法國，並且結識法國的社會主義領袖人物。他在巴黎遇見弗里德里希·恩格斯，恩格斯的父親在德國和曼徹斯特都擁有工廠。由於曼徹斯特的工廠由恩格斯來管理，因此他可以向馬克思介紹英國的勞工問題和工業問題。在1848年革命前夕，馬克思發表《共產黨宣言》。他滿懷熱情地投入到法國和德國的革命中。1849年，他遭到普魯士政府的驅逐，於是就到倫敦避難。除了幾次短暫的回國之外，他一直住在倫敦，直到去世。基本上是由於恩格斯的資助，馬克思及其家人才得以生存下來。儘管生活貧困，但馬克思仍然充滿熱情地研究和寫作，為他感到即將到來的社會革命鋪平道路。

　　馬克思思想的形成主要受到三個方面的影響。首先是他和「哲學激

3.　德國最古老的城市之一，位於萊茵河支流莫瑟爾河中游河谷的一段寬闊處。城內教堂林立，有羅馬時代的豪華宮殿、浴池、氣勢恢弘的競技場、數公里長的城垣，城內的馬克思故居紀念館為人所熟知。——譯者注

進派」的聯繫。和後者一樣,馬克思也反對浪漫主義,探索一種所謂的科學社會理論。他從李嘉圖那裡採納勞動價值論,儘管做出不同的解釋。李嘉圖和馬爾薩斯從一個假設中論證出,現有的社會秩序是不可更改的,由於自由競爭使工人的工資保持在維持生存的水準上,因而人口的數量就可以得到控制。馬克思卻採取工人的立場,認為一個人創造超出其酬勞的價值,資本家為了自身利益,將這種剩餘價值全部搜刮走,資本家正是透過這種方式剝削了勞工。然而,這實際上不是一個私人的問題,因為這種剝削需要同時有大量的人力和設備來完成工業規模的商品生產,所以我們應該按照系統化生產以及工人階級與資本家的整體關係來理解剝削。

這樣,我們就看到馬克思思想的第二個特徵,即黑格爾主義傾向。和黑格爾一樣,馬克思也認為重要的是整個制度,而不是個人。必須解決的是經濟制度問題,而不是孤立地抱怨。尤其是在這個方面,馬克思與激進派的自由主義及其改革截然不同。馬克思學說和以黑格爾派為主的哲學理論有緊密的聯繫。這也許就是馬克思主義從來沒有在英國真正盛行的原因,因為整體來說,英國人的哲學修養不是很高。

馬克思的「社會發展的歷史觀」也源自黑格爾。這種進化論觀點與馬克思全盤接受的黑格爾辯證法有關。歷史過程按照辯證的方式向前發展,馬克思的解釋方法完全是黑格爾式的,儘管兩個人所設想的推動力不一樣。黑格爾認為歷史過程就是以「絕對理念」為奮鬥目標,循序漸進的一種精神上的自我實現。馬克思則以生產方式取代精神,以無階級社會取代「絕對理念」。隨著時間的流逝,一種既定的生產體系將會在各個相關階級中導致內部的緊張,這些衝突將逐漸產生某種更高級的合成。辯證鬥爭採用的形式是階級鬥爭,在社會主義制度下,鬥爭仍然會繼續進行,直到

出現一個無階級的社會為止。這個目標一旦實現，鬥爭對象就消失了，辯證過程也就可以結束了。在黑格爾眼裡，人間天堂是普魯士國家；而馬克思卻認為是沒有階級的社會。

馬克思和黑格爾都認為歷史的發展是無法避免的，而且這個結論都是從某個形而上學理論中推導出來的。對黑格爾的批判同樣適合馬克思。馬克思敏銳地評價了一些真實的歷史事件，就這一點而言，這些歷史事件不需要一套邏輯來宣稱自己是被推導出來的。儘管馬克思的解釋方法是黑格爾式的，但是它拋棄黑格爾堅持世界的精神本質的看法。馬克思認為，必須把黑格爾顛倒過來，於是他進一步吸納18世紀的唯物主義學說。馬克思哲學的第三大組成部分正是唯物主義。在這裡，馬克思同樣對舊理論做了新解釋。他從經濟的角度解釋歷史，其中就有唯物主義因素。

此外，我們還發現馬克思哲學中的唯物主義不屬於機械論，他所主張的是一種可以追溯到維柯的能動性學說。在《關於費爾巴哈的提綱》（1845）一書中，他以一句著名的格言表述了這個觀點：「哲學家們只是以不同的方式解釋世界，問題在於改變世界。」從這個意義上，他提出一個很容易使人想到維柯公式的「真理」概念，並且預見某種形式的實用主義。在他眼裡，真理不是一個思辨的問題，必須得到實踐的證明。思辨的態度讓人聯想到資產階級的個人主義，馬克思是蔑視後者的，他的實踐唯物主義屬於社會主義的無階級世界。

唯物主義這種能動性學說，已經由普遍的唯心主義學派，尤其是黑格爾主義發展起來。由於沒有各種機械論學說參與到這種發展中來，唯心主義就得以確立起這個方面的理論，儘管要使它發揮自己的作用，必須先把它顛倒過來理解。維柯對馬克思的影響可能不是有意識的，儘管後者肯定

知道他的新科學。馬克思稱自己的新理論為辯證唯物主義，因此同時強調其中的進化論因素和黑格爾因素。

我們由此可以看出，馬克思學說是一種高級學說。辯證唯物主義的支持者聲稱該哲學體系涵蓋一切範圍，這曾經導致大量與黑格爾同樣的哲學思辨，實際上，這類問題最好還是留給科學的經驗探索。這個方面最典型的例子，是恩格斯在《反杜林論》中對德國哲學家杜林①的批判。然而用量變引起質變、矛盾、否定和反否定，以及針對水為什麼會沸騰而作的詳盡辯證解釋，絲毫也不比黑格爾的自然哲學更令人信服。實際上，給傳統科學貼上追求資產階級理想的標籤，是說不過去的。

馬克思堅持認為，在一定程度上，一個社會的普遍科學興趣可以反映統治集團的社會興趣。這很可能是對的，因此人們也許以為，文藝復興時期天文學的復甦促進貿易的發展，增強新興中產階級的力量，儘管人們可以說，不能隨便用其中一個來解釋另一個。然而這個學說有兩個重要的缺陷：首先，在某個科學領域中，個別問題的解決顯然沒有必要與所有的社會壓力都扯上關係。當然，也不能否認，有時候解決某個問題是為了滿足當時的急需。不過通常情況下，科學問題不以這種方式來解決。這樣，就引出辯證唯物主義解釋的第二個缺陷，即沒有承認科學運動是一種獨立的力量。同樣，沒有人否認科學探索和社會上其他的事情有重要的聯繫。隨

---

1. 歐根・杜林（1833—1921），曾經擔任柏林大學講師，因為尖銳批評德國的大學制度而被剝奪講課的權利。他曾經猛烈攻擊馬克思「思想和文體不成樣子，語言的下流習氣……英國化的虛榮心……哲學和科學的落後」，在德國社會主義工人黨中造成不良影響。恩格斯陸續在《前進報》發表文章，逐點批駁杜林的觀點，同時闡述馬克思主義的觀點，之後出版的單行本《反杜林論》，成為一本馬克思主義的百科全書。——譯者注

著時間的流逝，科學探索已經累積一定的力量，以保證自己享有某種程度的獨立。一切形式的探索都是如此。所以，儘管辯證唯物主義指出有價值的東西：經濟影響具有塑造社會生活的重要功能，但是在運用這個重要概念時，卻容易將事物簡單化，錯誤也就隨之出現了。

這種情形在社會領域也引出一些奇怪的推論。如果你不贊同馬克思學說，別人就不認為你持有進步的立場；對於那些還沒有接受新啟示的人，留給他們的稱號就是「反動派」。從字面上推斷，這就是說你在與進步背道而馳，辯證的過程將確保你會在適當時候被消滅，因為進步最終總會贏得勝利。因此，這就成為以暴力來消除異己的基本原理。在這裡，馬克思主義政治哲學有一種強烈的救世主特徵。正如某種早期教義的創立者所說的那樣，不贊成我們的人就是在反對我們，這顯然不符合民主學說的原則。這一切都證明馬克思不僅是一位政治理論家，而且是一位鼓動能手和革命小冊子撰稿人。

馬克思的作品經常帶有義憤和道德上的正義色彩，如果辯證法必然會走向自己不可避免的道路，這種文風似乎是不合邏輯的。正如列寧[2]後來指出的那樣，如果國家正在走向滅亡，就沒有必要事先大驚小怪。但是這個遙遠的歷史目標（儘管在思辨中可能讓人歎服），卻沒有給那些隨時在受苦的人帶來多少安慰。因此，任何可以實現的信念都是值得尊重的，儘管它與宣揚暴力推翻現有秩序的歷史辯證進化論不完全一致。事實上，這

---

2. 列寧（1870—1924），原名弗拉迪米爾·伊里奇·烏里揚諾夫，列寧是其筆名。他是著名的馬克思主義者、無產階級革命家、政治家、思想家、理論家、布爾什維克黨創建者、蘇聯締造者。他繼承和發展馬克思主義，形成列寧主義理論，被世人認為是20世紀最偉大的人物之一。——譯者注

個理論似乎主要反映19世紀工人階級絕望的困境。它是馬克思用自己的經濟觀闡釋歷史的最佳範例，它強調，各個時代是根據其主導經濟秩序來提出各種觀點的。這種學說至少在一個方面危險地接近實用主義，因為它看起來似乎正在廢除真理，轉而贊同以經濟條件決定一切的偏見。如果現在我們對這種理論本身提出同樣的問題，我們不得不說，它也只是反映某個特定時期的某些社會條件。然而在這裡，馬克思主義為了維護自己而含蓄地破了例，它認為按照辯證唯物主義模式，對歷史做出經濟性解釋是正確的。

馬克思在其預示歷史的辯證進化方面，不是完全成功的。的確，他相當準確地預見自由競爭制度終將導致壟斷的形成，這一點確實能從傳統的經濟理論中分辨出來。但馬克思錯誤地設想富人將越來越富，窮人將越來越窮，直到這種「衝突」強烈到誘發革命的地步。然而事實完全不是這樣。相反，世界上的工業國家透過限制經濟領域的行動自由以及提出社會福利方案，制定了緩和明顯經濟衝突的調整方法。革命的真正爆發不像馬克思預言的那樣，發生在工業化的西歐，而是發生在農業社會的俄國。

馬克思哲學是19世紀最後的偉大體系。從大體上說，它的巨大號召力和廣泛影響不僅由於其烏托邦預言的宗教特性，而且由於其行動綱領的革命性。它的哲學背景，正如我們曾經揭示的那樣，既不是那麼簡單，也不像人們經常以為的那樣新穎。對歷史的經濟性解釋只是眾多一般歷史論中的一種，說到底，這些理論都派生於黑格爾學說。尤其是馬克思主義的矛盾學說直接借用了黑格爾理論，因而很容易遇到同樣的難題。從政治上看，在我們這個時代，該學說提出的問題也同樣具有某些重要性。今天，絕對相信馬克思理論的國家幾乎控制半個世界。如果要使各國共同存在下

去，就必須在理論信仰上有某種緩和。

法國的奧古斯特·孔德（1798—1857），是百科全書派哲學運動的一位繼承者。和哲學激進派一樣，他也尊重科學，反對現有宗教。他還試圖從數學到社會學，對一切科學進行全面分類。他和同時代的英國人一樣，也反對形而上學（儘管他們根本不瞭解德國的唯心主義）。因為他堅持認為，我們必須從直接來自經驗的東西開始進行探索，而且要克制自己，不要試圖深入現象背後，他稱他的學說為實證哲學。實證主義正是由此而得名。

孔德出生在古老的大學城蒙皮立①，他的家庭十分受人尊敬，世代都是政府官員。他的父親是一位專制主義者和嚴格的天主教徒，但是孔德成年以後很快就擺脫父輩狹隘的視野。他在巴黎工藝大學求學時，因為參加反對某個教授的學生運動而被開除。後來這件事還妨礙他獲得大學的聘任。他26歲時發表第一卷實證主義概論，從1830年起，《實證主義教程》六卷本相繼問世。在最後的10年裡，孔德花費了大量的時間來精心闡釋某種實證宗教，以取代現有的宗教教義。這種新信條承認至高的是人性，而不是上帝。孔德的身體始終相當虛弱，而且精神憂鬱症幾乎使他自殺。他靠當私人導師來維持生活，也靠朋友和追隨者的饋贈來貼補家用，J·S·彌爾就是他的一位資助者。然而，孔德似乎對那些未能始終承認他是天才的人有些不耐煩，因而最終導致他和彌爾的關係疏遠了。

孔德的哲學與維柯的哲學很相似，他曾經研讀維柯的著作。他從維柯

---

1. 法國西南部重要商業、工業中心，位於地中海沿岸，經由萊茲河與海相通，是朗格多克-魯西永大區的首府和埃羅省的省會。——譯者注

的理論中推導出歷史在人的事務中居於首位的概念，同樣，這個源頭還提供人類社會歷史發展的不同階段的概念。維柯早就從希臘神話的研究中演繹出這個觀點。孔德採納以下觀點：社會開始於最初的神學階段，並且經過形而上學的階段，最終到達他所謂的實證階段，這個階段將把歷史過程引向合理的幸福結局。在這個方面，維柯是一位更為現實的思想家，他認識到社會確實可以從精緻而文明的時代重新墮入新的野蠻狀態，羅馬世界的崩潰導致「黑暗時代」就是一例。也許我們的時代也是如此。孔德認為實證階段受理性科學的支配，這就是他著名的發展三階段論。曾經有人指出，這種理論有點模仿黑格爾，但是這種類似性是表面上的，因為孔德沒有用辯證法術語來論述一個階段到下一個階段的發展，事實上，這三個階段純粹是偶然的。孔德和黑格爾的共同點在於，他們都持有歷史過程終將獲得完滿的樂觀看法。正如我們知道的那樣，馬克思也持有類似觀點，這是19世紀樂觀主義的一個普遍徵兆。

實證主義理論認為，一切科學領域都經歷三個階段的進化。數學是唯一已經徹底清除所有障礙的科學，物理學仍然充滿形而上學概念，儘管我們希望它離實證階段不要太遠。以下我們將看到，馬赫①是怎樣在孔德之後的50年裡對力學進行實證說明的。孔德試圖做的工作首先是以一種全面的邏輯順序來排列所有的科研領域，他在這個工作中的表現證明他是百科全書派的真正傳人。當然，這樣的順序觀念是極為古老的，最早可以

---

1. 恩斯特・馬赫（1838—1916），奧地利物理學家、哲學家、心理學家、生物學家。他在研究氣體中物體的高速運動時，發現震波。他還確定以物速與音速的比值（即馬赫數）為標準，以描述物體的超音速運動，在力學上做出歷史性貢獻。在哲學上，馬赫是邏輯實證論者，並且提出經驗主義。——譯者注

追溯到亞里斯多德。等級序列中的每一門科學都有助於解釋排在它後面的科學，卻無助於解釋排在前面的科學。透過這種方式可以得出孔德的一覽表：首先是數學，隨後是天文學、物理學、化學、生物學和社會學。

排在最後的社會學是最重要的科學。休謨曾稱它為「人的科學」，孔德專門創造社會學一詞。按照他的觀點，這門科學還有待建立，因此他自認為是它的創始人。從邏輯上看，社會學是等級序列中最後的和最複雜的研究對象，然而事實上，所有的人對社會環境的瞭解，卻超過對純粹數學公理的瞭解。這就揭示歷史首要性（見維柯著作）的另一面，因為歷史的過程就是人的社會存在。社會存在的實證階段激發孔德的想像力，它具有一切烏托邦思想體系的共同缺陷。

孔德的思想中，存在明顯的唯心主義因素，儘管我們不很清楚他是如何受到這種影響。在每個發展階段的內部，都存在某種逐漸統一的趨勢，該趨勢貫穿發展的三個階段。因此，在神學階段，我們可以從泛靈論②出發，這個理論把神的地位賦予原始人察覺到的一切物體。接著我們由此進入多神論和一神論。事物總是趨向於更大的統一，在科學上，這就意味著我們力求把各種現象歸入某個單一的標題之下；在社會上，我們的目標則是擺脫個人，趨向全人類。這一點確實具有某種黑格爾意味。實證的人類將由科學精英的道德權威來主宰，執行的權力則委託給技術專家。這種安排和柏拉圖的理想國沒有什麼區別。

---

2. 發源並且盛行於17世紀，亦稱「萬物有靈論」，認為自然界所有事物和現象都具有意識和靈性，是人類第一個有結構、帶有某種普遍性的思想體系，是宗教的最初形態之一。在未開化的人和精神發育未成熟的幼兒身上，即具有一般所認為的心性。——譯者注

在倫理學上，這個體系要求個人抑制自己的欲望，全心投入到人類的進步事業中。對「事業」的強調和對私利的排斥，也是馬克思主義政治理論的特點。可以預料，實證主義不承認某種內省心理學的存在。之所以要明確地否認，是因為有人說認知的過程不可能認知其自身。這種說法暗示在某種認知情況下，認知者一般無法認識到自身的認知。就這一點而論，我們可以說它是合理的。但是，實證主義把普遍假設當作形而上學的內容統統排除，是對解釋本質的一種曲解。

C·S·皮爾士（1839—1914）提出與實證主義完全不同的看法。孔德早已把假設當作形而上學的內容拋棄了，皮爾士卻正好相反，他堅持認為，提出假設是一項具有自身邏輯性的重要活動。皮爾士的著作既多又零碎，他還經常與難題和新見解較勁，因此不容易搞清楚他的立場。但是，皮爾士是19世紀後期最具獨創性的思想家之一，而且肯定是迄今為止最偉大的美國思想家。

皮爾士生於麻薩諸塞州的劍橋。其父是哈佛大學的數學教授，皮爾士自己也曾經是哈佛的一名學生。除了兩次短期授課（幾年時間）外，皮爾士從未獲得長期的學術聘任。他在大地測量局擔任行政職務時，除了科學著作，他還源源不斷地創作有關廣泛的哲學話題的文章。他之所以未能獲得教授一職，多少與他無視所處社會的行為標準有關。而且，除了一些朋友和學者，幾乎沒有人承認他是天才，沒有人真正地理解他。完全是靠了一種使命感的驅使，才使他可以忍受這種被埋沒的境遇。在生命的最後25年裡，他雖然貧病交加，卻仍然勤奮工作，直到去世。

通常，人們把皮爾士看作實用主義的創始人，不過這種看法還有待加以嚴格的限定。當代實用主義並非源於皮爾士，而是源於威廉·詹姆斯對

皮爾士學說所做的闡釋。之所以會有這樣的混淆，是由於多方面的原因。首先，皮爾士自己的觀點在晚期的作品中才變得明晰起來，詹姆斯是從更容易產生歧義的早期論述中得出自己的結論。皮爾士曾經試圖否認詹姆斯送給他的實用主義稱號，因而把自己的哲學叫做「務實主義」，希望這個粗糙的新詞可以使人們注意到兩者的區別。

從表面上看，皮爾士早期的一些著作在論述實用主義時所採取的形式，確實為詹姆斯的推論提供依據。出於定義真理的需要，皮爾士普遍地討論探索的動機。探索產生於某種不滿或不安，據說其目的就是要去除各種煩惱，達到一種安寧狀態。人們在心情平靜的任何時候所接受的觀點，都是他盡可能認知的真理。但是人們永遠也不可能明白，新的證據也許不要求他改變自己的立場。我們不能保證自己從來沒有犯過一次錯誤，皮爾士把這種普遍的探索理論稱為「錯誤難免論」。相應地，他還認為，真理歸根結底是一種使社會安定的見解。就它的表面含義而言，這當然是一種謬論，因為就算我們都去相信2+2=5，相信地球馬上就會毀滅，我們以前的算術偏差也仍然是一種錯誤。也許真有這種情況：如果我所有的鄰居都認為這是真的，我的言行也許會更謹慎一些，至少假裝同意他們的看法，但那完全是另一回事。所以，皮爾士的論述必須放在「錯誤難免論」的背景中理解。

關於一切特殊真理的意義，皮爾士堅持認為任何一個號稱正確的陳述，都必須具有實際結果，也就是說必須允許出現某個未來行動的可能性，以及在任何特定的情況下形成某種可以相應行動的傾向。據稱，一項陳述的意義就在這些實際結果之中，詹姆斯正是按照這種形式採納實用主義。但必須記住，皮爾士的觀點在很大程度上是與維柯「真理即事實」

的公式一脈相承的，真理就是你可以按照自己的陳述去做的東西。例如，如果我針對某個化學物質進行陳述，該物質的經得起實驗和審查的一切屬性，就增加這個陳述的重要性。從大體上看，這似乎就是皮爾士的意思。詹姆斯從這些理論中挑出來的實用主義，使我們想起了普羅達哥拉斯的命題「人是萬物的量度」。與此形成反差的皮爾士的意圖，卻在維柯的理論中得到更好的表述。

皮爾士在假設的邏輯討論方面，做出基礎性的貢獻。關於假設，哲學家們曾經提出各種各樣的說法，如理性主義者可能認為假設是演繹的結果，經驗主義者則認為假設是歸納的結果。皮爾士發現這些觀點沒有一個是充分恰當的，他說，假設是完全不同的協力廠商邏輯過程的結果。皮爾士把這種邏輯過程稱為「臆設法」，它相當於試驗性地採納某種假設，因為它解釋某種特殊現象。當然，解釋現象是進行演繹，而不是接受假設。

和他的父親一樣，皮爾士也是一位成就卓著的數學家。他在符號邏輯領域有許多重大發現。除了其他發明，他還發明用於確定複合公式「真理價值」的「真理表」方法，這個方法後來經常被邏輯學家們使用。此外，一種新的關係邏輯也要歸功於他。皮爾士還非常重視用圖解來論證自己的體系，但是論證程序的規則過於複雜，其思想似乎也沒有被普遍接受。皮爾士的實用主義觀點使他強調數學論證的一個有趣的方面，但是這個方面卻從未得到應有的重視。他堅持建立數學證明的重要性，後來這些觀點又在哥勃洛和邁爾森①的作品中出現。

皮爾士不僅熟知數學和當時科學的發展，而且對科學史和哲學史有全

---

1. 埃米爾・邁爾森（1859—1933），波蘭出生的法國化學家和科學哲學家。——譯者注

面的瞭解。正因為有這種廣博的視野，他才可以看到科學中蘊涵某種實在主義的形而上學基礎。因此，他的形而上學明顯地傾向於鄧斯·司各脫[2]的經院實在主義，他也確實主張實用主義與經院實在主義聯手發展。無論這是不是事實，它都顯示皮爾士的實用主義與詹姆斯的實用主義基本上沒有聯繫。

皮爾士在自己的時代一直默默無聞，是威廉·詹姆斯所做的闡釋使實用主義成為一種有影響的哲學。如前所述，皮爾士絕對不會對此感到高興，因為他的學說遠比詹姆斯的實用主義精妙，只是剛開始得不到人們的尊重。

詹姆斯是一位新英格蘭人，也是一名堅定的新教徒。這種背景對他的思想產生影響，儘管他是一位自由的思想家，而且有懷疑一切正統神學的傾向。和皮爾士不同，詹姆斯在哈佛大學的學術生涯是持久而有名望的，他是哈佛的心理學教授。1890年，他的《心理學原理》一書出版，至今仍然是心理學領域最優秀的普遍性論述之一。儘管哲學實際上只是他的副業，但是他卻被視為美國哲學界的領袖人物。和從事文學的弟弟亨利不同，詹姆斯為人親切、寬容，而且強烈地支持民主。他的思想雖然不如皮爾士哲學精深，但是由於他的人格和地位，他在哲學上的影響要比前者大得多，特別是在美國。

詹姆斯在哲學上有兩方面的重要意義。我們剛才瞭解他在傳播實用

2. 鄧斯·司各脫（約1265—1308），蘇格蘭經院哲學家、神學家，著有《巴黎論著》、《牛津論著》，主張個人是行動的主體，對上帝的認識必須借助於個人沉思，人們應該根據自我意志去追求幸福。他曾經提出物質可以具有思維能力的猜測，認為靈魂中可能有物質，其學說被稱為司各脫主義，曾經與湯瑪斯主義長期對抗。——譯者注

主義方面的影響和作用，在另一個主要方面，他的思想與他所謂的「激進經驗主義」學說有關。該學說最早見於1904年的〈「意識」存在嗎？〉一文。詹姆斯在這裡證明，傳統的主體和客體二元論是產生正確認識論觀點的一個障礙。他認為，我們必須拋棄「自我意識」概念，它被看作對立於物質世界客體的一個實體。在他眼裡，對認知的主體和客體的解釋是一種不自然的理性主義誤解，無論如何也不屬於真正的經驗主義。的確，我們沒有任何東西超越了詹姆斯所謂的「純粹經驗」。純粹經驗被視為生活的具體性，它和隨之產生的抽象反思形成對比。這樣一來，認知過程就成為純粹經驗不同部分間的一種關係。詹姆斯沒有繼續指明這個理論的全部含義，但是那些推崇這種說法的人後來用「中性一元論」取代原來的二元論，他們認為世界上只有一種基本要素。

在詹姆斯看來，「純粹經驗」就是構成萬物的要素。在這裡，他的實用主義破壞他的激進經驗主義，因為前者否定對人類生活沒有實際意義的任何東西，只有形成部分經驗（即他所說的「人的經驗」）的東西才是恰當的。和詹姆斯同時代的英國人史考特·席勒[1]對這個問題也持有相似的觀點，他稱自己的理論為「人本主義」。這個學說的困境就在於它的範圍太窄，不能涵蓋科學和常識始終視為自身主要任務的東西。探索者必須把自己看作世界的一部分，世界又總是超出自己的知識範圍，否則，追求任何東西都將失去意義。如果我必然會與世界可能顯示的任何東西相關聯，

---

1. 史考特·席勒（1864—1937），英國實用主義哲學家，自稱上繼古希臘普羅達哥拉斯「人是萬物的尺度」之說，論證真理是人類的主觀創造的，並且稱此觀點為「人文主義」，作品有《人文主義》、《人文主義研究》。——譯者注

我什麼也不用做就可以坐享其成。儘管詹姆斯正確地批判舊的精神與物質二元論，但是他自己的純粹經驗理論卻也不被人認可。關於理性主義與經驗主義這個普遍性問題，我們必須談到詹姆斯所做的一個著名的區分。根據這個觀點，理性主義學說傾向於強調精神，捨棄物質，它具有樂觀的特徵，追求統一，主張反思，忽視實驗。詹姆斯把那些接受這種理論的人稱為「脫離實際者」；而經驗主義理論則傾向於物質世界的探索。它是悲觀的，承認世界的分離性，認為實驗優於計畫（方案），這類觀點得到「講求實際者」的支持。

當然，這種區分不能做得太絕對。實用主義學說顯然是傾向於「講求實際者」的。詹姆斯在《實用主義》（1907）一文中闡釋他的理論，並且指出它的兩面性。一方面，實用主義是一種在態度上等同於經驗主義的方法。詹姆斯謹慎地認為：作為一種方法，實用主義不規定任何特殊結果，它僅僅是論述世界的一條途徑。這種方法的大致意思是：如果區別不能表現實際的差異，這種區別就沒有意義。相應地，他還拒絕承認任何一個有爭議的問題已經得到最終的解決。這類觀點大多直接來自於皮爾士，而且還會被任何一位經驗主義探索者所接受。如果不涉及任何其他的東西，詹姆斯說實用主義不過是一些舊思想的新名稱而已，這種說法還是十分正確的。但是，詹姆斯卻從這些值得稱道的原則中，逐漸陷入更令人懷疑的理論。實用主義的方法使他認為科學理論是未來的行動工具，而不是「自然」問題的最終合理答案。我們不應該把某個理論當作巫師聲稱能控制自然的神奇咒語。實用主義者堅持認真審驗每個詞語，並要求它具有實用價值，即詹姆斯所說的「現金價值」。從這裡只要再往前走一步，就可以得出實用主義的真理定義：真理就是某種有成效的東西。杜威的工具性真理

概念和它如出一轍。在這一點上，實用主義本身成為一種最曖昧的形而上學，這就是為什麼皮爾士要想盡辦法割斷與它的聯繫的緣故。暫且不論難以確定某個特定觀點會產生什麼樣的後果以及這些後果最終是否有成效；無論在什麼情況下，總有一些後果有成效，或者沒有成效，但是不管怎麼說，都不得不以一種非實用主義的普遍方式來進行確定。如果說這些後果將會在某種無法確定的程度上有成效，進而迴避這個問題，這也是不可能的，因為這將允許我們全盤接受任何東西。詹姆斯似乎也察覺到了這種困難，他承認一個人有選擇某種信仰的自由，如果這種信仰有助於幸福。宗教信仰就是一個不錯的例子，但這絕對不是一個教徒堅持自身信仰的方式。他不是由於預估到這些信仰將給他帶來滿足感，才去接受它們，而是由於有了這些信仰，他才感到幸福。

自哲學在希臘的最初發展起，數學就始終是哲學家們特別感興趣的一個學科，最近200年來的進展又明顯地證實這一點。萊布尼茲和牛頓所論述的微積分學使18世紀出現數學發明的大爆發，然而數學的邏輯基礎卻沒有得到正確理解，很多的運用都是由一些經不起推敲的概念組成的。數學分析在那個時代非常重視「無窮小」的概念，據說它在新發明的微積分的運用方面充當重要角色。「無窮小」是一個沒有大小、也沒有限度的量，但是同時又在「逐漸趨向於零」。人們假設，正是這種量在形成微分係數和積分時發揮作用。實際上，「無窮小」是數學譜系中最古老的一個概念，它可以追溯到畢達哥拉斯的「單元」，兩者具有十分相似的含義。

我們已經知道芝諾是如何揭示畢達哥拉斯學說的。在現代，對「無窮小」理論的批判同樣來自哲學家。柏克萊可能是第一個指出其困境的人；黑格爾在討論這些問題時也提出一些生動有力的觀點。但數學家們起初沒

有重視這些警告，他們一如既往地探索自己的科學。當然，這樣做也沒什麼不好，但是在新學科的起源和發展問題上，卻有一個特殊的事實：過早和過多的嚴密性將禁錮人的想像力，進而無法產生發明。從陳腐的形式主義枷鎖中獲得一定的自由，將促進某個學科早期階段的發展，儘管這意味著要承擔出錯的風險。然而，任何領域的發展，總會有一個必須增強嚴密性的時期，在數學方面，其嚴密性始於19世紀初。法國數學家柯西[1]率先提出一套系統的極限理論，這種理論和德國魏爾施特拉斯[2]後來的工作結合後，就取代「無窮小」概念。喬治·康托爾則首次研究隱藏在這些發展背後的持續量和無限數的普遍性問題。

數的無限性所導致的困難，從芝諾及其悖論起就已經存在了。如果回顧一下阿基里斯和烏龜的賽跑，我們就可以這樣來分析這場比賽令人困惑的一面：每當阿基里斯到達一個點，烏龜都佔據著另一個點，可以設想，兩者在任何時候都佔據著同樣多的點，然而阿基里斯顯然會覆蓋更多的路面。這似乎就違反全體大於部分的常識性概念。但是當我們論及無限集合時，情況卻不同了。舉一個簡單的例子，無限集合的正整數數列包括奇數和偶數，假如去掉所有的奇數，你可能就會認為剩下的數是原來的一半，然而餘下的偶數卻和原來數列的總數一樣多（無限之多）。這個有點驚人的結論是很容易證明的，我們首先寫下自然數數列，然後依次寫下它的倍數數列。第一個數列中的每個數都可以在第二個數列中找到對應的項，也

---

1. 柯西（1789—1857），一位傑出而多產的法國數學家，一生著述達28卷之多。他在數學領域有很高的建樹和造詣，很多數學的定理和公式以他的名字來命名，例如：柯西不等式、柯西積分公式。——譯者注

2. 魏爾施特拉斯（1815—1897），德國數學家，證明連續性不包括無限小。——譯者注

就是數學家所謂的一一對應關係，這樣，兩個數列就具有同樣多的項。因此在無限集合的例證中，部分和全體就包含著同樣多的項。這就是康托爾用來定義無限集合的性質。

在這個基礎上，康托爾[1]提出一整套無限數理論，尤其是他指出存在大小不同的無限數，儘管我們不能完全以談論一般數字的方式來考慮它們。比自然數數列更明顯的例子就是實數數列，假定所有的十進位小數依次排列，然後我們來生成一個新的小數表，做法是取第一項的第一個數、第二項的第二個數，由此類推，並且把每個數自乘一次。結果，這個新的小數表與原表（我們已經設定它是完整的）中所有的小數都不同。這就證明，要生成一個可數的表是不可能的。與自然數相比，十進位小數具有更高的無限性。這個「對角線法」後來在符號邏輯中也得到重要的應用。

19世紀末，另一個問題引起邏輯學家們極大的興趣。最早的數學家們就有這樣的願望，就是證明整個科學是從某個單一起點出發，或者至少是從盡可能少的起點出發的一種演繹體系。這也是蘇格拉底「善」的形式的一個方面。歐幾里得的《幾何原理》就提供所需的一個例證，儘管他自己的論述是不充分的。

在算術方面，可以從義大利數學家皮亞諾[2]提出的一小組公設中演繹出其他的一切。基本陳述一共有五條，它們定義級數的分類，自然數數

---

1. 格奧爾格·康托爾（1845—1918），德國數學家，集合論的創始人，出生於俄國聖彼得堡，後來遷居德國法蘭克福。他於1870年開始研究三角級數，並且由此導致19世紀末期20世紀初期最偉大的數學成就——集合論和超窮數理論的建立。此外，他努力探討在新理論創立過程中所涉及的數理哲學問題，曾經擔任柏林數學會第一任會長，創立德國數學家聯合會，並且擔任首屆主席。——譯者注

列就是其中一例。簡單地說，這些公設顯示，每個數的後繼者也是一個數，每個數只有一個後繼者。數列從零開始，雖然零也是一個數，但是它本身不是某個數的後繼者。最後是數學歸納法的原理，透過這種方式，就可以確立數列中所有數的一般屬性。該原理的運作如下：假如任何一個數「N」的某個特性既屬於它的後繼者又屬於「零」，它就屬於數列中所有的數。

從皮亞諾時代開始，人們就對數學的基礎問題有新的興趣。在這個領域有兩個對立的學派。一方面是形式主義者，他們主要考慮一致性；另一方面是直覺主義者，他們採納有點類似於實證主義的路線，要求你對自己碰巧談到的東西提出解釋或證明。這些數學發展有一個共同的特徵，那就是邏輯學家對它們感興趣。在這裡，邏輯學和數學似乎開始接觸和交融。康德曾經認為邏輯學是完善的，從他的時代起，邏輯學理論的研究已經發生巨大的變化，尤其是產生用數學公式來處理邏輯論證的新形式。最早對此做出系統說明的人是弗雷格（1848—1925），然而，人們竟然在長達20年的時間裡對他的著作毫不知曉，直到1903年，我使人們注意到他的著作。長期以來，弗雷格在自己的國家裡只是一名默默無聞的數學教授，只是近年來，他作為哲學家的重要性才得到人們的承認。

弗雷格的數學邏輯觀產生於1879年。1884年，他出版《算術基礎》一書，書中運用數學公式徹底論述皮亞諾的問題。皮亞諾的公設雖然省事，

2. 皮亞諾（1858—1932），義大利數學家，符號邏輯學的奠基人。他致力於發展布爾創始的符號邏輯系統，1889年出版《幾何原理的邏輯表述》一書，把符號邏輯用來作為數學的基礎。他由未定義的概念「零」、「數」、「後繼數」出發，建立公理系統。——譯者注

但是從邏輯上看，卻不那麼令人滿意，因為它提出數學科學的基礎應該是這些公設，而不是別的一些陳述，這看起來似乎有些武斷，皮亞諾從未考慮過這些問題。

弗雷格給自己定的任務，就是用最普遍的形式來解決這個問題。他所做的，就是把皮亞諾的公設作為自己符號體系的一個邏輯結論展現出來，這樣立即就去除了武斷的弊病，而且證明純粹數學只是邏輯學的一種延伸。為數本身推導出某種邏輯定義，是很有必要的。把數學變成邏輯學觀點，皮亞諾的公設很明顯地表現這一點。因為這些公設把數學的基本詞彙限定為兩個術語：「數」和「後繼者」，後者就是一個普遍性的邏輯術語。為了把詞彙完全轉換成邏輯術語，我們只需對前者做出某種邏輯性解釋就可以了。這也正是弗雷格所做的，他透過純粹的邏輯概念為「數」下了定義。

懷海德[1]和我在《數學原理》中所做的定義，與弗雷格的定義有很多共同之處。書中指出，一個數就是所有的類（近似於某個特定類）組成的類。因此每個由三種東西組成的類都是數「3」的一個例子，數「3」本身就是所有這些類組成的類。至於通常意義上的數，則是所有特殊數的類，因此最終是一個第三階的類。從這個定義中可能產生一個出人意料的特徵，即數不能相加。雖然你可以把三個蘋果和兩個梨相加，得到五個水果，但是你卻不可能把所有三元的類和所有二元的類相加。但正如我們所

---

1. 懷海德（1861—1947），英國現代著名數學家、哲學家、教育理論家，「過程哲學」的創始人。他受到直覺主義的影響，反對「科學的唯物主義」，認為自然和宇宙是由連續不斷的經驗的事物和獨立存在的「永恆客體」結合而成。但是，他也強調事物的整體性和相互聯繫，承認事物的運動、變化、發展。——譯者注

知，這實際上根本不是什麼新發現，柏拉圖早就說過數是不能相加的。

弗雷格透過對數學的論述，系統地闡釋一個命題的含義和所指之間的區別。想要證明「等式不只是空洞的重複」這個事實，就需要這種區分。等式兩邊雖然具有共同的所指，但含義是不一樣的。作為一種符號邏輯學體系，弗雷格的解釋沒有為他贏得很大的聲譽，部分原因是由於它的符號過於複雜費解。《數學原理》則使用近似於皮亞諾式的符號，而且已經證明它們更具適應性。從此以後，數學邏輯領域開始應用大量的符號。著名的波蘭邏輯學派設立的符號是其中最精緻的符號之一，並且在上一次戰爭中得以傳播開來。同樣，在簡化符號和減少體系的基本公理數目方面也取得很大進展。美國邏輯學家希弗爾設立一個單一的邏輯常量，可以利用它來依次定義命題演算的常量。借助這種新的邏輯常量，就有可能把符號邏輯體系建立在單一的公理基礎之上。不過這都是高度專業化的問題，在這裡無法進行詳細解釋。

從純粹形式意義上說，數學邏輯不再是哲學家關注的對象，它是留給數學家處理的問題。的確，它也是一種非常特殊的數學。哲學家感興趣的是普遍性「符號」假設所產生的問題，這些假設在體系進行之前就被提出來了。

同樣，符號體系的建立過程中有時得出的矛盾結論，也引起哲學家的興趣。《數學原理》在論述數的定義時，就得出這樣的一個悖論。產生這個悖論的原因就是「所有類組成的類」這個概念。因為，顯然「所有類組成的類」本身也是一個類，因此屬於所有類組成的類。這樣一來，它就把自己當成自己的成員。當然，還有許多別的類沒有這種性質。由全體選民組成的類本身不具有普選資格。當我們考慮並非自身成員的「所有類組成

的類」時，悖論也就出現了。

　　問題在於這個類是不是它自身的一個成員。如果假定它是，它就不能成為包含自身的類的例子。但是，為了成為自身的一個成員，它又必須是我們首先考慮的那種類型，即不是自身的一個成員。相反，要是我們假定所討論的類不是自身的一個成員，它就不是一個不包含本身的類的例子。然而，為了不成為自身的成員，它又必須像一開始提出的問題那樣，是本身的一個成員。無論在哪種情況下，我們都將得出一個自相矛盾的結論。

　　要擺脫這種困境是可能的，如果我們能注意到，絕對不可站在完全相同的立足點上論述「類」和「類的類」，就像通常情況下，不在同一層次上論及一個人和一些國家一樣。因此，我們顯然沒有必要像提出悖論那樣，在談到屬於自身成員的「類」時糾纏不清地兜圈子。雖然已經有很多方法來應付有關悖論的難題，但是在如何解決方面，卻依舊沒有達成普遍的共識。不過與此同時，這個問題已經使哲學家們再次意識到審查建立命題及用詞方式的必要性。

第十一章

當代

我們在討論過去七八十年的哲學時，面臨一些特殊的困難。由於我們與這個時期過於接近，以至於很難用一種恰當的距離和超然的態度來看待它。過去時代的思想家們經受住了後人批判性的考察，隨著歲月的流逝，自然淘汰的作用越來越明顯，這也有助於人們做出選擇。一個很一般的哲學家長期獲得某種程度的聲譽，這種可能性是非常小的，儘管的確發生過重要人物被不公平地忽略的事情。

更大的困難則是對最近的思想家們做出選擇。對於歷史人物，我們有可能全面瞭解整個發展過程的各個階段；而當代的人物由於離我們太近，使我們很難以同樣的信心去辨識真相的各個部分。的確，實際情況只能如此。在事後才變得更明智，並且逐漸理解哲學傳統的發展，要相對容易一些。但是，如果以為能從當代變革的所有細節中總結出它們的意義來，這只能是一種黑格爾式的幻覺。人們最多有可能看到某些與更早時期事件相關的普遍趨勢。

19世紀後期的一些影響我們這個時代知識界風氣的新發展，可以作為那個時期的象徵。首先，工業化之前的陳舊生活方式崩潰了，技術力量的巨大發展使得生活比以前更為複雜起來，至於是好是壞，則不是這裡要討論的問題。我們只是注意到下述事實：和過去任何時候相比，我們對時代的要求變得更為多樣化，對日常生活的要求也更為複雜化。

這些變化也同樣出現在知識領域。以前，個人曾經有可能掌握幾門學

科，而今天，即使只想徹底掌握一門，也變得越來越困難了。知識探索的範圍被分割得空前狹窄，這的確已經在我們這個時代引起語言上的混亂，這種不健康的現象是某些變革產生的惡果，這些變革則是現代工業社會的發展強行帶來的。在不算遙遠的過去，不僅在某個國家，而且在整個西歐的大多數地區，都有一種共同的背景，這種背景為所有具有一定文化程度的人所分享，這當然不是普遍的或平均主義的粉飾。過去的教育往往是一種特權，一種後來被廢除的壟斷；而今天，能否為社會所認同，唯一的標準就是能力，這是另一種特權。我們失去共同的理解基礎，年輕人被專門化的需求和壓力引入狹窄的隧道，以至於沒有時間去發展廣泛的興趣。其惡果就是，致力於不同探索分支的人們彼此交流起來往往感到極為困難。

19世紀還導致另一種更為切實的語言混亂。在這個世紀，從遠古時代起就為所有國家的學者所通用的語言衰落了，並且最終走向消亡。從西塞羅時代到文藝復興，拉丁文曾經是學者、思想家和科學家的語言。高斯[1]在19世紀初期曾經用拉丁文寫下有關曲面的名著，但是這種情況已經有些罕見了。今天，任何領域的探索者如果想深入自己的專業工作，都不得不掌握兩三門其他語言，這已經成為一個重要的問題。到今天，儘管某種現代語言看起來最終將發揮拉丁文曾經產生過的作用，但還是沒有找到解決這個難題的方法。

藝術與科學的分離，是19世紀的另一個新特徵，這種退步違背文藝

---

1. 約翰・卡爾・弗里德里希・高斯（1777—1855），德國數學家、物理學家、天文學家、大地測量學家，有「數學王子」之稱。他是近代數學奠基者之一，其在科學史上的影響力，可以與阿基米德、牛頓、歐拉並列。他獨立發現二項式定理的一般形式、數論上的「二次互反律」、質數分布定理、算術–幾何平均數。——譯者注

復興時期人文主義者的思想傾向。這些早期的思想家們按照一種和諧比例的原則來追求科學與藝術，浪漫主義影響下的19世紀卻強烈地抵制科學進步，彷彿它會對人造成腐蝕。科學的生活方式以及實驗室與科學實驗，彷彿禁錮了藝術家必不可少的自由和冒險精神。「實驗方法揭示不了自然的奧秘」，這個奇怪的觀點，是歌德以其浪漫主義腔調說出來的。不管怎樣，實驗室與藝術家工作室之間的這種對比，正好反映出之前所說的分離。

　　與此同時，科學與哲學之間也出現某種分離。在17世紀和18世紀初期，在哲學上做出重大貢獻的人，往往是那些在科學問題上不外行的人。到了19世紀，這種寬廣的哲學視野在英國和德國消失了，這種狀況主要歸咎於德國唯心主義哲學。如前所述，法國人之所以得以倖免，僅僅是由於他們的語言不容易準確地翻譯出這種哲學思想，因此科學與哲學的分離未能在法國造成同等程度的影響。從整體上說，這種分離從此繼續發展著。當然，科學家和哲學家不是完全忽略了對方，但是也許可以公平地說，他們經常不能理解對方在做些什麼。當代科學家要研究哲學，不比唯心主義哲學家研究科學更容易。

　　19世紀的歐洲，在政治領域處於國別差異加劇的狀態，18世紀對政治問題沒有同樣激烈的觀點。那個時候，當英法交戰之際②，英國紳士照樣有可能在地中海的海濱度過冬季假期。整體來說，戰爭雖然殘酷，卻打打停停，似乎有些漫不經心，不像過去100年裡的國家大戰。正如許多別的現

---

2. 西元1756—1763年，英法兩國爭奪殖民地的「七年戰爭」。法國戰敗，簽訂《巴黎和約》，英國奪得法屬北美殖民地，加強對印度的侵略，奠定其海上霸主地位。——譯者注

代事務一樣，戰爭也變得更有效率了。到今天，如果試圖挽救世界，使它免於徹底毀滅，就要寄希望於世界的統治者們永遠無能。但是，如果讓公共事務的管理權落到日後的「阿基米德」（其戰爭武器是原子彈而不是槍炮）手中，我們很快就會發現自己已經沒幾天活頭了。

但是19世紀後期沒有全面地預見到這些變化，相反，那個時代盛行著一種科學樂觀主義，它使人們相信天國會突然降臨在地球上。科學和技術的突飛猛進，似乎也讓人們感到解決所有問題的方法即將被掌握，牛頓的物理學就是用來完成這個任務的工具。但是，後一輩人的各種發現對有些人產生猛烈的衝擊，他們仍然以為只要把著名的物理學原理應用於特殊情況就可以了。在我們這個時代，原子結構方面的發現已經粉碎世紀之交發展起來的自以為是的觀點。但是，這種科學樂觀主義的某些因素至今還保留著，用科學與技術改造世界的餘地的確是無限的。

與此同時，還有一種日益增強的疑慮（甚至專家們也有），即一個「美麗新世界」[1]也許不像一些過分熱切的宣導者所想像的那樣，完全是一件幸事。在很大程度上，人與人之間的差異可能會消除，這是我們在有生之年就可以看到的一種令人不快的普遍現象，這很可能會使人類社會成為一部更有效率、更穩定的機器，但是它肯定會使一切思想上的努力到此結束，無論在科學領域還是別的任何領域，這種夢想實際上都是黑格爾式的幻覺。它幻想存在可以達到的終極目標，以為探索是一個走向終極的過

---

1. 英國著名作家阿道斯・赫胥黎（1894—1963）著有傑出諷喻小說《美麗新世界》，矛頭直指所謂的科學主義。書中描述一個可怕的集權工業社會：西元2532年，一個科學主義的烏托邦，生物技術孵化出千人一面的社會成員，基因公司壟斷他們的愛、痛苦、激情，甚至思考的權利與創造力。——譯者注

程。然而這種觀點是錯誤的，相反，似乎很顯然，探索是沒有止境的，也許這將最終使我們遠離烏托邦的臆造者們所夢想的那種目標。普遍的科學控制，導致新的具有倫理學特徵的社會問題。科學家的發明和發現，就其本身而言，在倫理學上是中性的，但是它們給予我們的力量卻可以轉化成好的或壞的行為。實際上，這不是什麼新問題，使今天的科學更具危險性的，正是現有破壞方式的可怕效能。另一個問題似乎是現代科學對破壞對象不加區別的特徵。從希臘時代以來，我們確實走過了一條漫長的路。一個希臘人在戰時可能犯下的最大的罪行，也不過是砍倒橄欖樹而已。

然而，在提出所有這些警告之後，我們也許應該記住，要正確地透視我們所處的時代是非常困難的。此外，在整個人類文明史中，當一切似乎瀕臨滅亡之際，總會有一些具有遠見與魄力的人站出來正本清源。儘管如此，還是完全可以說，我們正面臨一種全新的局面。在過去的100年裡，西方經歷一次空前的物質變革。科學與哲學的對立，究其原因，是孔德實證主義的一個結果。我們在提及這一點時可以看到，孔德堅決否定假設的建立。自然的過程可以被描述，但不能被解釋。從某些方面看，這種觀點和當時盛行的科學樂觀主義有關。只有當人們感到科學事業已經達到一定程度的完備，並感到目標即將實現時，才可能出現這樣的理論。值得關注的是，提到這個話題時，人們總是喜歡斷章取義地引用牛頓的一段話，進而使他的本意遭到曲解。在談到光的傳播方式時，牛頓慎重地說自己沒有提出假設，他無意去做出某種解釋，但是這不意味著他無法解釋。但是，我們也許能意識到，一種有力的理論（如牛頓的）一旦創立，就會在一個時期內得到充分的應用，不需要提出這樣的假設。只要科學家們仍然認為牛頓的物理學將會解決一切懸而未決的問題，他們就會很自然地堅持描述而

不去解釋。唯心主義哲學家喜歡按照黑格爾的方式，把探索的一切分支納入某個包容一切的巨大體系，科學家正好相反，他們感到自己的研究不應該陷入某種一元論哲學。

至於實證主義者要求把探索維持在經驗的範圍內，這是在有意識地求助於康德及其追隨者。為現象尋找理由，並且聲稱提供解釋，這無異於闖進解釋範疇不適用的本體之中，因此這必定是一項不切實際的工作。所有對探索的哲學意義感興趣的科學家，都以這種態度看待科學理論。當康德的名字在這裡被引用時，必須記住的是，這些思想家所得出的觀點不是真正意義上的康德學說。因為，正如我們所知，康德的認識論把解釋範疇的架構看作經驗的一個前提條件，在現在這種背景下，這些思想家聲稱解釋是非科學的，因為他們設想它超出經驗範圍，所以我們不認為這些科學實證主義者已經透徹地理解康德。

恩斯特·馬赫（1838—1916）就是這些科學家中最著名的代表人物。其《力學》一書為力學提供一種實證主義解釋，並且在解釋過程中有意避免使用牛頓物理學中曾經出現過的經院派術語。像「力」這樣的術語就是一個明顯的例子。「力」不是我們看得見的東西，我們只能說，物體以某種方式運動，因此馬赫廢除了「力」的術語，使用純粹運動學的加速度概念來定義它。的確，馬赫不是在宣稱建立一門將會更加有效的力學。事實上，實證主義者所做的就是運用「奧坎剃刀」剃掉空洞的科學概念中明顯的累贅。

在這裡，我們無法詳細地審驗這種刪減具有多大的合理性，但是堅持普遍性科學方法的觀點卻具有某些重要意義。排斥假設，是誤會解釋在科學中的作用，只要假設可以說明現象和預測未來，它就可以產生解釋的作

用。如果不把假設本身當作探索的對象，它就可以繼續解釋下去，只要不違背事實。但是，假設之所以能起解釋的作用，僅僅是因為它本身仍然沒有被解釋。當輪到它需要有說明時，它也就不再起解釋的作用了，不過我們必須利用尚未得到解釋的其他假設來解釋它。這一點也不難理解，你不可能同時解釋一切。實證主義者卻錯誤地認為你根本不能解釋任何事物。如果你真的要拋棄所有的假設，又怎麼來從事科學研究？剩下的全部方法似乎就只有培根的分類法。正如我們所知，這種方法不能把我們引向深入。因此，正好是科學需要繼續發展這個事實，證明馬赫之類的實證主義者的虛妄。邁爾森的著作對實證主義學說進行一針見血的批判。他的認識論的確是康德式的，雖然細節上不一致，但是在原則上是一樣的。

科學哲學家們在試圖用科學觀點來取代他們所蔑視的「形而上學」時，經常陷入自己的形而上學困境。從某種角度看，這不奇怪。因為，他們雖然有一些正當理由來否定哲學家的形而上學思辨，但卻忘了科學探索本身就是在某些預想的基礎上進行的。康德至少在這個程度上是正確的。因此，像因果關係這樣的普遍性概念就是科學工作的前提，它不是研究的結果，而是一種預想，即使只是一種人們心照不宣的預想，沒有它，研究就無法進行下去。如果以這種觀點來看問題，後來出現在科學家著作中的那些新奇的哲學觀，就不像乍看之下那麼令人鼓舞了。

由於科學家們贊成某種數學的儀式，就把科學陳述及程序的意義有意地拋開。科學研究的結果已經推翻僵化、封閉的牛頓世界觀，但整體來說，科學家們不打算擴大這種觀點，而是滿足於利用數學理論來應付他們的問題，一旦有了恰當的解釋，這些理論就會產生充分的結果。他們不再理會計算與轉換的中間階段，後者不過是產生一套規則的作用。儘管這種

態度不普遍，卻流傳甚廣；令人驚訝的是，它竟使人想起了文藝復興後期畢達哥拉斯學派及其信徒的數字神秘主義。

這些普遍性趨勢，使哲學領域產生一場脫離科學的運動。不僅歐洲大陸唯心主義的復甦如此，而且不列顛的語言哲學也多半如此。至於後者，從某種意義上說，它的任務確實不是去發現，而是去評價被各方接受的各種說法的價值。不管怎麼說，這也是哲學一直在做的事情之一。但是，不同的哲學觀卻可以在不同的程度上，推動或妨礙科學探索的發展。

現在，我們必須回到正題，討論一下哲學本身。在19世紀後期，從大陸漂流而來的唯心主義在英國的哲學舞台上佔據主導地位。不列顛的雨水來自愛爾蘭，唯心主義則來自德國。然而這個領域的領軍人物卻不完全堅持黑格爾傳統。在牛津從事研究和創作的F・H・布雷德利（1846—1924）批駁唯物主義，他所追求的「絕對」使人想起史賓諾沙的上帝或自然，而不是黑格爾「絕對理念」的那個「絕對」。此外，他在討論中所採用的辯證方法，也不是黑格爾所謂的有機生成原則，而是一種符合柏拉圖及其伊利亞傳統的推論工具。的確，布雷德利在不遺餘力地批判黑格爾有點理性的一元論，因為後者有一種把認知與存在混為一談的傾向，這種觀點可以追溯到蘇格拉底和畢達哥拉斯學派。布雷德利試圖在理性思維的範疇之內，達到純粹感覺或經驗的境界，我們正是在這個階段，才可以談到實在性。思維經常歪曲了實際存在的東西，僅僅產生出一些現象。之所以造成這種結果，是因為人們把外來的分類與關係的框架強加於實在存在。因此布雷德利認為，在思維過程中，我們會不可避免地使自己陷入矛盾之中。這種學說見於《現象與實在》一書。

布雷德利抨擊思維的主要出發點是：思維必然是理性的；至於關係，

正如他所說，則把我們捲入矛盾之中。為了使這個奇怪的結論得以確立，布雷德利採取「第三人論證」的形式，柏拉圖式的巴門尼德派曾經用這種形式來批駁蘇格拉底的參與論。由於品質與關係是有區別的，但同時又是不可分的，所以我們應該可以在任何特定的品質中，將嚴格屬於品質和關係的兩個部分區分開來。但是，我們不能區分品質本身的各個不同部分，即使能，也會遇到把品質與關係這兩個部分重新扯到一起的難題。這樣就會牽涉到一種新的關係，「第三人論證」也就由此介入其中了。

這樣一來，思維領域及其科學就陷入矛盾的困境，因而屬於現象而不是實在。布雷德利在這裡令人費解地繞了一圈後，卻得出和休謨相同的結論，儘管他們的根據不同。他和休謨一樣，也否定「自我」概念，因為它涉及關係。正是由於同樣的理由，也必須把現有宗教的上帝當作現象不予考慮。

用這種方式清理現象之後，布雷德利在「絕對」中看到實在，這裡所說的「絕對」，似乎就是伊利亞學派從內心（比理性思維更直接的層次）體驗到的「太一」。在「絕對」中，一切差異得到統一，一切衝突都得到解決。但是這不意味著現象被取消了，因為在日常生活中，我們的思維和科學研究都要涉及現象。同樣，人所犯的罪，也像現象一樣扎根於日常世界，無法抹去。但是從「絕對」的高度看來，這些缺陷似乎已經消失了。

貝尼德托・克羅采（1866—1952）的哲學似乎是另一種派生於黑格爾的唯心主義，儘管維柯的直接影響可能更大一些。克羅采不是一位學院派哲學家，他一生長壽，而且在經濟上獨立。他的國際聲望使他在法西斯時代倖免於難，沒有受到太多的騷擾。戰後，他曾經在義大利政府中擔任過多種職務。克羅采創作大量的歷史和文學作品。1905年，他創辦文學雜誌

《批評》，並一直擔任它的編輯。他的哲學態度有一個特點，就是強調美學，因為當心靈思索一件藝術品的時候，它正在具體地經驗。

克羅采和黑格爾一樣，也認為實在是屬於精神的。黑格爾的一元論不肯為不列顛經驗主義（甚至康德理論）認識論的各種困難留有餘地。儘管黑格爾強調辯證法，並且堅持精神過程包含著對障礙的能動性克服，但克羅采還是在這個問題上直接回到維柯的「真理即事實」。不管怎麼說，他看到黑格爾主義的某些主要弱點：一是把辯證法應用於自然；二是把數的三分法搞得玄而又玄。黑格爾一開始就在他的唯心主義體系概念中犯了錯誤，我們已經對此做了一些批判性評論。在這裡，還可以補充一點：辯證發展的學說與終極目標的實現是相抵觸的。克羅采保留發展概念，儘管他沒有接受黑格爾對這個概念的解釋。他沒有採納辯證的過程觀點，而是對維柯的階段論進行加工。維柯曾認為這些發展是循環式進行的，因此萬物最終都將回到同一個起點。回顧一下就可以發現，恩培多克勒也持這個觀點。克羅采則認為這些發展是往前進行的，因此當心靈回到起點時，它已經在過程中有了新的覺悟。

克羅采儘管批駁黑格爾，但是他仍然在自己的著作中很大程度地保留辯證法。他在《美學原理》中的說法就使人想起黑格爾的邏輯學。「謬誤與真理之所以會緊密地聯繫在一起，是因為純粹、絕對的謬誤是不可想像的；也正是因為這個原因，才不存在這種謬誤。謬誤用兩個聲音說話：一個聲音對錯誤進行斷定，另一個聲音卻在否定它。這是一場『是』與『非』的鬥爭，也就是所謂的矛盾。」克羅采認為這段摘錄也可以用來強調以下觀點：心靈可以把握住實在。從原則上說，世界上沒有什麼是我們不能發現的。任何不可想像的東西都不可能存在，只要存在的東西就一定

可以想像。需要指出的是，布雷德利的觀點正好顛倒了過來，他認為可以想像的東西就一定存在，其表達公式是：可能存在和一定存在的東西才存在。最後，克羅采把維柯描述成19世紀的理性主義者，這是黑格爾派的影響所致，實際上，維柯應該是17世紀的柏拉圖主義者。

19世紀末20世紀初最有影響的法國哲學家是亨利‧柏格森（1859—1941），他在反對科學方面引起完全不同的變化。他堅持的非理性主義傳統，可以追溯到盧梭以及浪漫主義運動。柏格森和實用主義者一樣，也強調行動至上。在這個方面，他對哲學和科學探索中謹慎而冷靜的理性方式有些不耐煩。理性思維的主要特徵之一是力求精確，《沉思錄》中的笛卡兒格言就很好地表達理性思維。首先，當我們試圖在語言的框架內捕捉瞬間的經驗運動時，我們似乎就阻礙實在的流變，得到的只是一幅蒼白而靜止的詞語圖畫。在這裡，我們遭遇赫拉克利特、巴門尼德的古老問題。柏格森要做的，就是堅持流變在經驗中的實在性，反對用理性的僵化形式來模仿和歪曲世界。至此，柏格森的問題似乎讓人想起布雷德利，但答案卻完全不同。布雷德利的形而上學最終和他的邏輯理論緊密地聯繫在一起，特別是真理的一致性理論，柏格森則認為必須克服邏輯本身的影響。在這個意義上，我們可以把布雷德利說成理性主義者，把柏格森說成非理性主義者。

和19世紀唯心主義及唯物主義一元論形成反差的是，柏格森哲學又回到二元論的世界觀。然而，把宇宙一分為二的觀點不完全就是早期的二元論。一個是笛卡兒所說的物質；另一個則是某種活力原則（不同於理性主義的心靈或精神）。活力與物質這兩種巨大的力量捲入一場永恆的爭鬥之中，積極的生命衝動試圖克服由惰性物質設置的各種障礙。在這個過程

中，生命的力量雖然受到物質條件的影響，但是仍舊保持自由行動的基本特徵。柏格森拋棄傳統的進化論，是因為它具有理性主義傾向，這種傾向不允許出現任何全新的東西。這就損害柏格森賦予生命的行動自由，他認為進化能產生真正的新事物，從字面意義看，進化是創造性的。

柏格森在自己最有名的著作《創造性進化論》中提出這個學說，他所設定的這種進化過程直接來源於藝術創作的類推。正如藝術家在創造性欲望的驅使下採取行動一樣，自然界的生命力也是如此。進化的變革透過源源不斷的創造性欲望來實現，這些欲望所針對的則是迄今尚不存在的某些新特性。

進化過程使人類成為智慧超越本能的動物，在柏格森看來，這是人類的不幸。在他之前，盧梭也有同樣的觀點。人的智慧有禁錮本能的傾向，進而剝奪人的自由，由於智慧把它的概念性框架強加於世界，因而扭曲世界的本來面目。理性主義學說認為智慧是爭取自由的力量，我們實際上已經遠離自由。

本能的最高形式是直覺，直覺是某種直接與世界相一致的精神活動。智慧在歪曲世界，直覺卻在如實地把握經驗。根據柏格森的觀點，智慧的困境就在於它只能勝任對物質世界非連續性的說明。顯然，這種觀點和如下概念有關：語言是非連續性概念的框架。至於生活，則在本質上是連續的，所以智慧不可能理解生活。在這個方面，我們似乎必須依賴於直覺。柏格森認為，智慧與直覺的區別類似於空間與時間的區別。智慧分解並分析世界，它以一種夢幻般的永恆方式發揮作用。我們以前在詞的本義上對比過理論與實踐，認為智慧是理論的，它以幾何學方式來看待世界，對它來說，世界只有空間而沒有時間。然而生活卻是一種時光在流逝的實在的

事務，於是直覺就介入了生活。的確，透過智慧而獲得的空間性分析有一定的意義，但是它們卻使我們不能正確地理解生活。物理學理論中的時間並非真正的時間，而是一種空間性隱喻。柏格森把直覺的實在性時間稱為「綿延」，但「綿延」到底是什麼，卻不容易說清楚。柏格森似乎認為它是某種純粹的經驗，當我們停止理性思維，徹底放任自己翱翔於時間之巔時，這種經驗便主宰我們。可以說，在某些方面，這種觀點類似於認識的存在主義模式，齊克果首先提出這種模式，後來存在主義者加工並接受它。

柏格森的時間理論與他對記憶的解釋有關。在記憶中，具有意識的心靈會設法聯通過去與現在。過去已經不復存在，現在則正具有活力。當然，這種觀點所假定的正好就是那種數學意義上的時間。如果是在其他地方，柏格森就會想盡辦法摒棄它，進而支持「綿延」。如果要使關於活動的陳述有意義，就必須將過去與現在分開。此外，記憶一詞的雙重含義也產生某種混淆，有時候，我們把記憶理解為此時此地正在回憶的精神活動，有時候又把它理解為正在如此回憶的過去的事件。精神活動與其對象的混淆使得柏格森把過去與現在放到一起糾纏不清。

柏格森的思想有反理性主義的傾向，因此他不喜歡為自己的觀點（期望別人接受的觀點）提供理由，無論這理由是好是壞。相反，他喜歡借助於某種詩化的屬性來闡述自己的觀點，這樣做雖然非常精彩，但不一定可以使讀者信服。的確，任何企圖超出理性範圍的準則都會面臨這種困難，因為一旦論及接受觀點的理由，就已經進入理性領域。

我們最好認為柏格森的理論指出經驗的一些心理學（而不是邏輯學）特徵，從這個意義上，它與心理學理論的某些趨向是一致的。至於存在主

義，我們也可以這樣去考慮。心理學領域偉大的新發展就是精神分析論，不過在展開對它的簡略探討之前，我們必須提及心理學的另一個趨向，即通常所說的行為主義觀點，它在許多方面和精神分析論是對立的。心理學的行為主義是實證主義的一個分支，它否認過去的內省心理學表面上看來的神秘本質，宣稱贊同公開的行為（分析）。只有觀察到正在做的事情才有意義。在特定的情況下，我們最多只可以透過某種方式，以概念框架來描述行為和行動的意向。這些東西是公開的、可以觀察到的，而且經得起物理學家實驗的檢驗。

這種方法的一種簡單的推廣，就是為心理學事件找到純物理學和生理學的解釋，因此在之前解釋過的意義上，這種理論就是唯物主義和實證主義的。這種發展中最著名的一個例子，就是俄國生理學家巴夫洛夫的條件反射研究。我們都聽說過巴夫洛夫和流涎狗的故事，簡單地說，該實驗就是在向動物提供食物的同時發出某種信號，例如在螢幕上顯示某個圖形。經過一段時間之後，只要出現圖形，就可以使動物產生期待食物出現的生理反應，一見到相應的信號，動物就開始流唾液。這種反應就叫條件反射。

這類研究要顯示的是，可觀察的具體情景揭示某些有關聯的事件，這種聯繫可以透過強加的習慣（在某種程度上）來予以改變。從這一點上看，解釋中所採用的聯想主義心理學就完全是傳統的休謨方式。不過除此以外，似乎還有以下言外之意：沒有必要把這些神秘本質假設為思想；能觀察到的相關事件已經包括了我們可以說出的一切。這也許是一個極端的例證說明，需要加上某些限定條件。但是，以我們現在的討論目的而言，它已經足以預示趨向。

在哲學方面也出現一種類似的發展，即語言學的一些形式廢除了傳統意義上的含義，取而代之的是語言的實際用法，或在適當場合以某些方式使用語言的意向。我們也應該像巴夫洛夫的狗一樣，去流口水，而不是去思考[1]。

與行為主義觀點完全對立的各種心理學理論，都與西格蒙德‧佛洛伊德（1856—1939）這個名字有關。他從一種純生物學的觀點出發，最終確立他的心理學，他的學說不受限制地看到隱蔽的本質。這個理論中的「潛意識心靈」概念具有特別重要的意義。就本質而言，潛意識是不能直接觀察到的，這個理論是否健全，我們暫且不論，在這裡必須重複的是，不管怎麼說，它都是一個十分正確的科學假設。那些出於實證主義偏見而排斥假設的人，自然無法理解它在科學方法中的作用，但是在佛洛伊德這裡，潛意識心靈的理論及其運作方式，卻為心理學理論的發展提供重要手段。首先是佛洛伊德關於夢的一般性理論，參見《夢的解析》（1900）；其次是他關於遺忘的理論（與前者有關），1904年出版的《日常生活的心理病理學》一書對該理論做了通俗的解釋。

夢與醒的區別在於：夢允許某種自由和幻想，這些東西在清醒的生活中是經不起事實的考驗的，但做夢者的這種自由畢竟要比現實中的自由更徹底。這也是任何關於夢的普遍性理論的結論。佛洛伊德著作整體假設是：在日常生活中，由於各種原因而受到抑制的需求和欲望，卻可以在夢

---

1. 俄國生理學家、心理學家、高級神經活動學說的創始人巴夫洛夫（1849—1936）用狗做了一個實驗：每次送食物給狗以前，打開紅燈、響起鈴聲。經過一段時間以後，鈴聲一響或是紅燈一亮，狗就會開始分泌唾液。——譯者注

中實現。我們不能在這裡深入地探討抑制的機制和個人心理器官的詳細結構，但是只要指出以下這一點就足夠了：做夢者有一定的自由來重新組合基於直接經驗的各種因素以及白天（甚至孩提時代）受到抑制的願望。解釋的作用就在於揭示夢的真正含義，這裡面包括對抑制過程中某些象徵符號的認識。為了掩蓋某種令人不快的真相，或擔心真實意圖得不到支持，避免直言不諱。在做出這些解釋的過程中，佛洛伊德確立一整套象徵符號一覽表，但是他在使用這些象徵符號時，比他的追隨者們更為謹慎。在治療學方面，我們必須記住，佛洛伊德是一名醫生，他認為這些過程的暴露或對其進行精神分析，有助於調節壓抑引起的神經失調。要達到治病的目的，僅僅依賴分析是不夠的；但如果沒有它，甚至不可能作任何嘗試。當然，治療學裡的知識概念也不是什麼新東西，如前所述，蘇格拉底早就有過這種看法。當代語言分析學家們也對哲學難題持有一種極為相似的觀點，他們把這些難題比做需要用分析來治療的語言學精神官能症。

關於遺忘，佛洛伊德認為它和類似的壓抑機制有關，我們遺忘是因為在某種意義上害怕記憶。為了治癒遺忘症，我們必須知道，是什麼東西使我們害怕記憶。不管怎麼說，佛洛伊德的理論是有價值的，它在對夢做出普遍性科學解釋方面進行認真的嘗試。當然，其中一些細節性解釋不是完全令人信服的，例如：佛洛伊德的象徵符號一覽表似乎就不能完全接受。當然，正是由於對性行為和性壓抑的坦白承認，才使得精神分析引起人們更多的關注，同時，這也使它成為無知者謾罵的對象。

進入20世紀以來，美國哲學的主導力量一直是經過修正的實用主義，這個運動的主要代表人物是約翰・杜威（1859—1952）。杜威是新英格蘭人的後裔，深受該地區古老的自由主義傳統的影響。他興趣十分廣泛，其

範圍超出學院派哲學。他的主要影響也許是在教育領域，自1894年成為芝加哥大學的哲學教授以後，他在這個課題上就很有發言權。如果說我們這個時代，傳統教育和技術社會所需的職業培訓之間的界線模糊不清，杜威的著作在其中產生部分作用。

杜威的哲學中的三個主導概念，把他的哲學與某些早期發展聯繫在一起。我們已經提到實用主義的因素，和皮爾士一樣。杜威也認為探索是最重要的。其次是對行動的高度重視，這一點是柏格森主義的，而不是實用主義的。如前所述，實用主義者也確實相信行動的重要性，不過我們必須回顧一下，詹姆斯曲解了皮爾士，後者的能動性更接近維柯在闡述「真理即事實」時所想的東西。最後，杜威的理論中有很大程度的黑格爾因素，尤其是他堅持認為探索的終極目標是有機或統一的整體。因此，他把過程中出現的邏輯步驟視為通往整體的工具，這種工具性的邏輯概念與黑格爾的辯證法有很多共同之處，如果我們把後者當成確立完整體系的一種工具。

追隨實用主義學派的杜威，不願意受到傳統的真理和謬誤概念的羈絆，因為它們來自畢達哥拉斯和柏拉圖的數理哲學。相反，杜威論述可保證的斷言性，這個概念派生自皮爾士。不過我們要補充一點，皮爾士後來認為存在一個可以解決所有問題的答案，無論它離我們多麼遙遠。

關於消除絕對意義上的真理這個一般性問題，我們可以運用談論普羅達哥拉斯時的那種批判。假設有人斷定我是一個討厭的人，如果我以實用主義者的語氣問他，是否能保證這個斷言具有正當理由，他會如何回答？實際上，如果堅持這種觀點可能對他有利，就會誘使他做出肯定的回答。但是，不管他肯定或否定，他都會立即打破自己的實用主義原則，因為這

已經不再是一個保證的問題。他根本沒有想到第二層的保證，這實際上直接導致一種無窮的回歸。反過來，如果他肯定或否定，他就隱晦地承認真理的某種絕對意義，就算他搞錯了問題的真相，這一點也不會改變。他也可能真誠地做出某種回答，最終卻發現那是虛偽的。想要給出任何一個答案，都必須在無形中接受某種絕對標準。這種批判不僅對實用主義的真理理論有效，而且適用於試圖以其他標準來定義真理的任何理論。

要搞清這種把邏輯納入行動的企圖來自何處不難。事實上，它來自柏格森派的不滿：按照傳統、客觀的邏輯觀，世界上就不可能產生任何真正的新事物。正是由於要求創新的呼聲，這種理論才被激發起來，並得以建立，最終出現把人活動的多樣性和表達這種多樣性的語言與邏輯的固定框架相混淆的情況。如果不認識到這些標準，人就容易超出界限，並忘記自己能力有限這個事實。

在這裡，我們必須提到的另一位重要人物，就是我的老同事A‧N‧懷海德。之前說過，他是一位數學邏輯學家。和我一起完成《數學原理》一書以後，他的興趣逐漸轉向當代科學的哲學問題，並且最終陷入形而上學。1924年，他實際上開始一種新的生活，出任哈佛大學的哲學教授一職。他晚期的作品大多晦澀難懂。儘管說一本書難懂，這本身不是什麼批判，但是我必須得承認，懷海德的形而上學思辨對我來說，的確有些不可思議。但是，我還是要盡力對它做一番簡略的陳述。

懷海德認為，想要把握世界，我們就絕對不能遵循伽利略和笛卡兒將「實在分為第一、第二屬性」的傳統。如果這樣繼續下去，我們只能得到一幅被理性主義範疇論扭曲的圖畫。更準確地說，世界是由無數鮮活的事件組成的，其中每個事件似乎都讓人想到萊布尼茲的「單子」。但是和

「單子」不同的是，事件是暫時的，它會消亡，並生成新的事件。不知道為什麼，這些事件又發生在各種對象之上。我們可以把這些事件理解為赫拉克利特的流變，把各種對象看作巴門尼德的球體。當然，事件和對象都是抽象的，但是在實際過程中，兩者又有不可分割的聯繫。至於與「實在」的真正接觸，則需要一種發自內心的認知，需要把認知者和認知對象合併為一個單一的實體。在這裡，我們想到史賓諾沙。懷海德主張：每個命題最終都必須根據它與宇宙體系的關係來看待。顯然，這是系統唯心主義的一種形式，儘管它不完全具有杜威哲學的唯心主義特徵。杜威的整體概念要追溯到黑格爾；而懷海德的唯心主義則與謝林後期的有機體概念更一致。

簡單地說，這大概就是懷海德形而上學的主要思想。我不敢說它將在哲學史上擁有什麼樣的地位，不過使我們感興趣的是，一種形而上學的學說在這裡是以什麼樣的方式，從對某些普遍性科學問題的興趣中直接產生出來的。誠然，我們已經瞭解到，17世紀的理性主義者和19世紀的唯心主義者都是如此。從科學理論試圖掌握整個世界這一點來看，它所追求的目標正是形而上學的，不同在於，科學對嚴酷而難以解決的各種事情承擔更大的責任。

如果可以說19世紀比以前的任何時代都更為徹底地改變世界，過去的50年也是如此，這個時期的改造甚至更為急劇。第一次世界大戰象徵了一個時代的終結。

進步的概念作為一種主導思想，曾經激勵了數代人。世界似乎正朝著一個更美好、更文明的方向發展，西歐是慈善家，世界其他地方則是政治和技術上的附庸。從某些方面看，這種世界觀不是沒有道理的。毫無疑

問，西方在政治上，在掌握由工業產生的物質力量方面，佔據著主導地位。非凡的自信和上帝站在進步一方的感覺，成為這一切的後盾。工業社會的發展導致人口的劇增，100年來，英國的人口數量增長了5倍，但是馬爾薩斯的悲觀預言沒有成為現實，相反，由於工業社會開始克服自身的初發問題，社會的普遍生活方式逐漸變得舒適起來。

這些變革導致樂觀主義情緒的盛行，人們對未來信心十足。在這之前，這樣的情緒和信心一向是經常動搖的。20世紀所有的主要思潮都具有這種樂觀主義基調，功利主義、實用主義和唯物主義莫不如此。最明顯的例子也許就是馬克思學說，它甚至成功地把「進步不可避免」的信念保持到了今天。作為唯一的政治理論，它一直堅持著自己天真的信仰，儘管從那以後，世界已經飽嘗了各種動亂的滋味。就生硬的教條和烏托邦式的觀點而言，馬克思學說是19世紀的出土遺跡。

生活在這種進步的氛圍之中，人們似乎覺得世界建立在牢固的基礎之上。不僅那些富有的人有這種思想，就連那些最底層的貧民也覺得自己的命運可以改善、將會改善，這種希望最終的確沒有落空。同時，教育的普及也有助於人們認識到改善自身狀況的途徑，因為在這個新社會中，那些沒有職權優勢的人可以透過知識和技能出人頭地。這種競爭因素在社會是一種新事物。商人之間的競爭固然和商業本身一樣古老，然而，一個人可以透過自身的努力來改善自己的境遇，這卻是一個最近才出現的新觀念。中世紀的人們普遍接受這樣的觀點：每個人的位置都是由上帝安排的，改變神定的秩序是一種罪惡，這些陳腐觀念首先是遭到文藝復興思想家的懷疑，到了19世紀，則被徹底肅清了。

當然，這裡所描述的情況屬於工業化已經有根基的地區，包括英國和

西歐的部分地區。必須記住的是，這些地區只佔地球可居住面積的一小部分。這些國家的發展對世界歷史的影響，已經與其人口數量完全不成比例了。不過在人類歷史中，這也不是什麼新鮮事，單就面積而言，古代波斯帝國比希臘更遼闊，但是它的影響卻是微不足道的。

那些生逢盛世，並且受到進步思想激勵的人，似乎在滿懷信心地為將來作打算。形勢是如此的安定，以至於人們有理由從整體上展望他們的未來。同時，這些打算又完全是個人的事情，因為只有透過自己的不懈努力，才可以獲得地位和保障。對於社會底層的貧民，則由有責任心的公民來為其提供救濟和自願資助。奇怪的是，提供社會福利的第一個決定竟然是俾斯麥①做出的，為了佔據對社會主義反對派的優勢，他先發制人地為工人們引進某種形式的健康保險。

普遍自由主義的政治觀是這個時期的另一個顯著特徵。人們理所當然地認為政府從事的只是旁觀性工作，它的職責就是對各種利益衝突做出裁決，至於政府會干預工業或商業的運作，人們甚至連想都沒想過。今天，政府本身經營各種企業，則是馬克思主義影響我們對社會問題的看法所致。至於行動自由，在整個歐洲的絕大多數地區是完全不受限制的。正如現在一樣，那時的俄國是一個例外，除了沙皇帝國要求出具護照以外，你不用帶任何證件就可以走遍西歐。同時，人們外出旅行的機會也不像現在這麼多，部分原因是由於開銷太高，限制許多人的行動。從那以後採取的

---

1. 奧托・馮・俾斯麥（1815—1898），普魯士宰相兼外交大臣，德國近代史上傑出的政治家和外交家，被稱為「鐵血宰相」。作為普魯士德國容克資產階級的最著名的政治家和外交家，他是自上而下統一德國（剔除奧地利）的代表人物。——譯者注

各種控制措施則顯示，國際間的信任已經降到多麼嚴重的地步。

在政治方面，西歐從1870年以來，已經享受近50年的和平。事實上，這種幸福的局面不是世界性的。非洲有殖民地衝突；在遠東，俄國敗給了日本[1]，後者努力學習西方技術和文明，已經取得極大的進步。儘管如此，對於生活在我們這個角落的人來說，世界似乎仍舊是一個公正的國度。這就是50年前的情景，當我們回顧它的時候，就很容易感到那個時候的人們彷彿生活在夢境之中。

然而，整個價值體系被第一次世界大戰（1914—1918）摧毀了。儘管在19世紀的過程中，已經出現比較強烈的國家意識，但是在這之前，那些國別差異是一直隱藏著的。現在，它們爆發了，並且導致空前的世界性大屠殺。隨著這場大災難的發生，人們對進步的信心銳減，懷疑的氣氛日益增長，世界再也沒有從這場破壞中完全恢復過來。

從純技術角度看，第一次世界大戰顯示武器的改進速度遠遠超過軍人戰術思想的發展，結果導致一場可怕的、難以預料的大屠殺極大地削弱西歐的實力。自1918年以來，法國的虛弱和不穩定在很大程度上就是這次戰爭的後遺症。同時，美國逐漸在世界事務中發揮核心作用。俄國經歷布爾什維克革命後，建立遠比沙俄帝國強大的新工業化社會：民族主義情緒從維也納會議以來一直在地下鬱積著，現在終於以新民族國家的形式表現出來。每個國家都對自己的鄰國懷有戒心，行動自由受到各種限制，直到今

---

1. 西元1904—1905年，日本與沙皇俄國為了侵佔中國東北和朝鮮，在中國東北的土地上進行一場帝國主義戰爭，以沙皇俄國的失敗而告終。日俄戰爭促成日本在東北亞取得軍事優勢，並且取得在朝鮮和中國東北駐軍的權利。——譯者注

天，情況才有所好轉。

　　歐洲各國的進一步互相殘殺將真正威脅到西方文明的繼續存在，這一點已經變得明顯起來了，這也是1919年建立國際聯盟的主要原因。在這種努力為國與國之間的和平合作奠定基礎的嘗試中，美國總統威爾遜[2]是主要宣導者之一。事實上，由於他的建議最終未能獲得本國的支持，所以一開始就極大地削弱國際聯盟的地位。同時，中央權力的瓦解，反而使更激烈、更不妥協的民族主義得到空前的復甦。國際聯盟成立還不到20年，德國的獨裁統治者就發動第二次世界大戰，其規模和破壞程度都超過過去歷史上的任何一次戰爭。更龐大的軍事技術力量，更強烈的你死我活的意識形態，使軍隊之間的衝突轉化成全面戰爭。受它影響的不僅是士兵，而且還有普通百姓。原子彈首次在日本顯示令人驚訝的威力[3]，破壞性力量中的這個終極成果，現在已經使人類有了自我毀滅的可能。人們是否能足夠明智地抵制這種誘惑，是一個未知數。我們希望，「二戰」後取代舊聯盟的聯合國可以成功地制止那種不死不休的相互毀滅。

　　在人類的歷史過程中，推動技術發展的兩股主要力量就是貿易和戰爭。近年來發生的各種事件已經以驚人的方式證明這一點。電子和通訊的發展產生現在所謂的第二次工業革命。這次革命就在我們的眼前改造世

2.　威爾遜（1856—1924），民主黨人，美國第28任總統。第一次世界大戰中，他於1917年4月代表美國對德國宣戰；1918年倡議建立國際聯盟，提出結束戰爭的《十四點和平原則》。——譯者注

3.　在第二次世界大戰中，為了逼迫日本盡快投降，1945年8月6日，美國向日本廣島投下一顆原子彈；8月9日，美軍又在日本長崎投下第二顆原子彈，對日本造成重大傷亡，成千上萬的人遭到核輻射。——譯者注

界，它採用的方式甚至比以蒸汽機為基礎的第一次工業革命還要劇烈。同樣，運輸工具所經歷的變革也是19世紀做夢也想不到的。從羅馬時代到出現鐵路，相對來說，旅行方式的變化不大，但是從那以後，人類已經把伊卡洛斯[1]的神話變成現實。大約80年前，人們還以為在80天內環遊地球是一種幻想，而現在，只用80個小時就有可能做到這一點。

在某些方面，這些意義深遠的發展是如此迅速，以至於人們來不及適應新的環境。首先，大規模的國際衝突已經危及到19世紀普遍的安全感。人們不可能再以同樣的方式來看問題。同時，國家行為已經嚴重侵犯曾經屬於個人的行動自由。產生這種情況的原因是多方面的。第一，工業國家經濟生活的日益複雜化，已經使這些國家對任何騷亂都極為敏感，由於我們現在的社會遠不如中世紀那麼穩定，因此就有必要對那些可能推翻政府的各種勢力採取一定程度的管制；第二，為了抵消不可避免的動亂，就必須提供某種均衡力量，這就使國家的行為捲入經濟事務；第三，人們雖然失去獨立爭取到的保障，但國家提供的各種服務在一定程度上進行補償，這些變化和一個國家的政治制度幾乎沒有什麼關係，主要取決於文明世界的技術水準；值得注意的是，在那些政治體制截然不同的國家裡，這些問題卻是多麼相似。

組織體制在現代生活中的決定性影響，已經引發非理性主義哲學思維的新傾向。從某種意義上看，這些思潮不僅反對曾經激發過當代獨裁統治

---

1. 希臘神話中的建築師和雕刻家代達羅斯之子。代達羅斯為克里特國王米諾斯修建迷宮，失寵以後被囚在迷宮中。他設法用蜂蠟黏合羽毛製成翅膀，裝在自己和兒子伊卡洛斯身上，一同飛離克里特島。途中，伊卡洛斯由於飛得太高，陽光曬化蜂蠟，落海淹死。這裡借指飛機的發明和使用。——譯者注

的權力哲學，而且反對「科學對人類自由的威脅」。非理性主義的主要哲學觀點，見於復甦的存在主義學說。存在主義近年來曾經在法國和德國的哲學領域發揮過主導作用，對此，我們將做一些簡短的評論。在這裡，需要注意的要點是：這種趨向包含各種學說，它們經常相互爭執不休。

在歐洲大陸，與存在主義學說相伴的是對傳統形而上學的回歸；在英國，哲學近年來主要是沿著語言學的軌跡發展。大陸哲學與英國哲學之間的鴻溝從來不曾像今天這樣巨大，確實，它們甚至都不承認對方真的是在從事哲學研究。

以上就是當代思想領域簡略的背景輪廓。如果要勾勒出一幅草圖，我們不僅要冒曲解真相的風險，而且要冒缺乏洞察力的風險。在這一點上，沒有什麼有效的解決方法。但是，我們可以看到一個普遍性結論，迄今為止，西方文明之所以能主宰世界，是由於它的技術和產生技術的科學、哲學傳統。現在看來，這些力量似乎仍然佔據著主導地位，儘管沒有任何理由可以解釋為什麼必然如此。當西方的技術和技能傳播到世界其他地方後，我們的優越地位就因此下降了。

大陸的存在主義哲學在某些方面是令人困惑的，有時候確實很難看出其中有什麼東西能算傳統意義上的哲學。但整個存在主義運動共同的起點，似乎是認為理性主義哲學不能合理地解釋人類存在的意義，理性主義者透過概念體系所做的一般性描述，未能掌握個人經驗的具體特性。為了彌補這個明顯的不足，存在主義者求助於齊克果所謂的「存在主義思維模式」。理性主義從外部探討世界，不能恰當地處理鮮活經驗的直接性。要掌握世界，還必須按照存在主義方式，從事物內部入手。

對於這種明顯的困惑，人們可以做出各種不同的論述。首先，有人可

能很想指出，從這些思辨的含義看，人生是沒有意義的。生活的目的就是以一種盡可能有趣的方式活著；至於未來的目的，則都是幻想。其次，存在主義思維模式的概念本身也有一個嚴重的缺陷。如果你反思任何事物的存在，你考慮的必然是特定的東西。存在本身就是一個錯誤的抽象概念，甚至連黑格爾也意識到這一點。

　　毫無疑問，這些激烈的論證是有效的，但卻容易妨礙我們看清這些思想家所要暗示的東西。所以，我們應該對存在主義採取比較寬容的態度，並且盡力簡明扼要地說明它試圖表達的是什麼。卡爾·雅斯佩斯的存在主義哲學雖然擺脫唯心主義的形而上學，但是他所承認的三種存在中，卻保留黑格爾意義上的某種辯證因素。雅斯佩斯年輕時對心理學，尤其是對心理病理學感興趣，並且由此逐漸轉入哲學，因此他的哲學研究是以人為中心。從這個意義上看，我們可以把他的存在主義描述成人本主義，沙特就曾經用這個短語來為自己的哲學命名。但是，和文藝復興時的客觀人文主義形成落差的是，這裡的存在主義最多只能算一種主觀人文主義，所以使用沙特的格言就是對存在主義哲學家的一種曲解。

　　我們在雅斯佩斯[1]的存在論中，遇到三個不同的概念。層次最低的就是客觀世界，它只是簡單地存在於此，所以客觀世界的存在是一種從外部來掌握的「存在於此」，它涵蓋一切門類的科學。但是我們卻無法充分、正確地認識它的存在本身。適用於科學領域的客觀存在，確實妨礙我

---

1. 卡爾·特奧多·雅斯佩斯（1883—1969），德國存在主義哲學家、神學家、精神病學家。他主要探討內在自我的現象學描述，以及自我分析、自我考察等問題，強調每個人存在的獨特性和自由性。——譯者注

們感受這種更高層次的存在，即雅斯佩斯所說的「自我存在」或簡稱「存在」，該存在模式不再對支配客觀存在領域的理性負責。據稱「自我存在」或「個人存在」往往含有超越自身的暗示，為了不使雅斯佩斯感到委屈，我們可以用亞里斯多德的術語來描述，即他認為「個人存在」本身隱藏著各種不確定的「潛在性」。在爭取突破自身的過程中，這種「自我」就和第三類存在協調起來，後者可以稱為「超越」，它是一種包含前兩種存在模式的「自在」。雖然雅斯佩斯不追求那種激勵了唯心主義者的目標，但很明顯，他的「三類存在」構成辯證過程的一個妥當的例子。

不知道為什麼，該學說在這裡竟然不可避免地陷入理性範圍。就像我們在之前所看到的那樣，對於任何企圖在原理上顛覆理性的理論來說，這都是一個固有的難題。當然，人們受感情支配的程度，不亞於，甚至超過理性，這雖然讓人難堪，卻也的確如此。從原則上說，這不是對理性的一種制約，但是當它形成某種理性的理論，卻又企圖使理性本身失效時，就會出現難堪的自相矛盾。因為，想要解釋任何事物，就必然會求助於理性，如果否定理性的效力，就無法找到理論上的依據，我們說不出道理來，就只好保持沉默。存在主義者在一定程度上也模糊地意識到這一點，所以有時候他們的確也提倡沉默，儘管自己不去實行。至於雅斯佩斯，他意識到困難所在，並且盡力做了某些修正：承認理性最終還是重要的。

雅斯佩斯在上述存在劃分的基礎上主張：本質上必然具有解釋性的科學，必然不能真正掌握「實在」。因為，如果承認解釋與解釋對象之間存在差別，就等於無形中承認我們已經失敗。似乎可以這樣設想：一切陳述之所以都是對事實的歪曲，僅僅因為陳述不等同於陳述對象。因此，由於陳述還涉及別的東西，所以它們就被認為是不充分的。必須注意的是，陳

述在這裡之所以被視為不充分，是由於它的本質屬性不充分，而不是像唯心主義所說的那樣，是由於它脫離可以為它提供全部意義的其他陳述。

在雅斯佩斯看來，哲學講的就是「超越」或「自在」這種存在模式，更確切地說，哲學就是個人在超越過程中的奮鬥。至於個人的道德，則在個人存在的層面上發揮作用，人們正是在這個層面上，才可以彼此瞭解和體驗到自由感。既然自由處於理性範圍之外，我們就不能對其作理性的解釋，只能滿足於辨認它在某些情緒中的表現。據稱，我們的自由感是與某種憂慮或恐懼感相隨的，雅斯佩斯借用了齊克果的這個短語。總之，我們可以這樣說：理性支配著「存在於此」（客觀世界）的領域，情緒則支配著「自我存在」的領域。

雅斯佩斯的存在主義在「超越」的層面上像齊克果學說一樣，為宗教留有餘地，馬丁‧海德格①更具形而上學意味的著作卻充斥著截然不同的腔調。由於措詞十分怪異，因此他的哲學晦澀難懂，我們忍不住要懷疑語言的運用在這裡是不是太隨心所欲。他的哲學思辨中有一個有趣觀點，即他所堅持的「虛無（不存在）是某種實證的東西」。正如存在主義中的許多其他觀點一樣，這也是一種假冒邏輯的心理學觀察。

在法國，存在主義運動曾經與文學有緊密的聯繫。該運動最著名的宣導者尚-保羅‧沙特②，不僅創作有影響的哲學論文，而且創作多部小說。他的大部分存在主義思想都是透過作品中的人物來表現的，這些人物面臨某種行動的呼喚，這正是存在主義如此重要的一個原因。小說作為文學媒

---

1. 馬丁‧海德格（1889—1976），德國哲學家，20世紀存在主義哲學的創始人和主要代表。——譯者注

介，提供反映人類困境的完美工具。

　　人類自由的存在主義觀點被沙特推向了極端。人類不斷地抉擇自己的命運，這些抉擇與傳統或個人生活中的先例並無聯繫，每個新的決定似乎都需要完全的投入。那些害怕這個真相的人，試圖從世界的合理化思考中尋求保障。在這個方面，科學工作者與宗教信徒的表現是一致的，都企圖逃避現實。但沙特認為他們都錯了，世界不像從科學角度所看到的那樣，至於上帝，則似乎從尼采時代起就已經死了。決心面對世界本來面目的人，確實容易聯想到尼采的英雄，沙特的無神論正是從這個源泉中派生出來的。

　　沙特反對的實際上是理性主義的必然性概念。這個概念見於萊布尼茲和史賓諾沙的著作，並且為唯心主義哲學家們所繼承。我們不妨回顧一下，在這些思想家看來，任何存在物原則上都是可以被視為必然的，如果我們採取某種足夠寬容的看法。這樣，自由學說就不可避免地要採用史賓諾沙或黑格爾的形式，自由存在於和必然性運作相協調的存在之中，這種自由觀一旦遭到拋棄（如沙特那樣），其他觀點似乎就會自動出現。之前說過，理性主義的必然性觀點支配著理論科學。因此，一旦我們採納存在主義的自由學說，就必須拋棄這種必然性觀點。同樣，還必須拋棄理性主義神學，儘管沙特走得太遠了，企圖把它和無神論聯繫起來。如果我們有沙特所設想的那種自由，我們就可以隨心所欲地進行選擇。如前所述，對

---

2. 尚-保羅·沙特（1905—1980），法國作家、哲學家、政治活動家，法國戰後存在主義哲學思想的代表人物，曾經擔任中學哲學教師，第二次世界大戰爆發以後應召入伍，後來參加法國地下抵抗運動，主要哲學著作有《影像論》、《存在與虛無》、《存在主義是一種人道主義》、《辯證理性批判》、《方法論若干問題》。——譯者注

於這個問題，實際上不同的存在主義思想家已經做了不同的選擇。

在批判理性主義的必然性觀點時，存在主義特別關注一個重要的論點。但是，它的哲學批判不比基於心理學基礎的情感斷言更有說服力。正是從一種壓抑的情緒中，存在主義發起對理性主義的反叛。這種反叛導致一種奇怪的個人世界觀，即現實世界是自由的一個障礙。理性主義者在探討關於自然運行的知識時看到自己的自由；而存在主義者則在自己的情感放縱中看到自由。支撐這一切的基本邏輯觀點，可以追溯到謝林對黑格爾的批判。從普遍邏輯原理中是不可能推導出存在的，任何正統的經驗主義者都樂於贊同這樣的批判。不過，由於之前已經對這個問題談了很多，因此就不必再做補充。

的確，假如在這個批判的基礎上演繹出某種存在主義心理學，似乎就推翻這個值得稱道的批判。這也正是沙特理論想要實現的目標。在對各種心理狀態的描述中，含有許多有趣、有價值的意見，但是人們如果根據這種方式來行動和感知，則不是「存在並非邏輯上必然的」這個事實的邏輯結論，否則就會在同時既肯定又否定謝林的觀點。所以，雖然人們完全可以認為心理觀察是精確的，但想要把這種觀察結果轉化為本體論，則是行不通的，這正是沙特的著作《存在與虛無》的目的所在。該書具有朦朧的詩意和奔放的語言，可算德國傳統的上乘之作。該書試圖把個別的人生觀轉化為本體論，對於傳統哲學家（不管是理性主義還是經驗主義）來說，這似乎是一個古怪的想法，就像有人要把杜斯妥也夫斯基[①]的小說變成哲學課本一樣。

需要注意的是，存在主義者可能會反駁說，我們的批判不中肯，因為我們用的正是理性主義標準，我們不是在討論存在主義問題，而是在理

性主義邏輯的範圍內活動。也許的確如此，但是這樣的異議也可以反過來駁斥自己。這純粹是另一種說法，即任何標準都只能在理性領域內產生作用，語言也是如此，所以利用語言來宣揚存在主義學說是危險的。或者，也可以滿足於某種詩性的抒發，這樣，每個人都可以從中獲益。

　　加布里埃爾・馬塞爾[2]和沙特的不同之處在於，其存在主義哲學具有宗教傾向。在這個方面，它有些類似於雅斯佩斯的學說。像所有的存在主義思想家一樣，馬塞爾也特別關注個人及其對人類獨特處境的具體經驗。至於一般的哲學，馬塞爾認為有必要超越分解、分析式的通常反思。為了看清整體意義上的實在，我們必須把被理性主義分解的各個片段重新組合在一起。這種綜合性操作是透過馬塞爾的「第二力量反思」來實現的，其意義在於表達更為強烈的概念和更高形式的反思。「第一力量反思」是外向的，更高的「第二力量反思」則是內向的自我審視。

　　肉體與心靈的關係是馬塞爾考慮的問題之一，它源於馬塞爾對人類困境的關注（如個人在某個特定的現實背景中被打倒），他對笛卡兒二元論的批判，使人想起柏克萊，後者批駁那些把視覺混同於幾何光學的人。說心靈有別於肉體，等於是設置一個暗喻：不知道為什麼，心靈游離於肉體

---

1. 杜斯妥也夫斯基（1821—1881），19世紀俄國文學的卓越代表，與托爾斯泰、屠格涅夫等人齊名。他是俄國文學史上最複雜、最矛盾的作家之一，所走過的是一條極為艱辛而複雜的生活與創作道路。有人說，「托爾斯泰代表俄羅斯文學的廣度，杜斯妥也夫斯基代表俄羅斯文學的深度」。——譯者注

2. 加布里埃爾・馬塞爾（1889—1973），法國哲學家、劇作家，存在主義的代表人物之一，其思想著重在渲染孤獨的人的存在及其痛苦，宗教色彩明顯。他認為，人在本質上是一種過渡性的存在，永遠在「旅途」中，無憂終點，只有與上帝「交往」，才可以體驗到自己真實的存在，著有《旅人》、《存在的奧秘》。——譯者注

之外，而且心靈與肉體是兩個不同的東西。大體上說，這似乎就是馬塞爾十分合理的觀點。但是他把問題的解決和綜合反思聯繫到一起，我們卻覺得，在此稍作語言分析就可以揭示出謬誤所在。

產生於世紀之交的實證主義，其代表人物之一是馬赫，我們在前文已經談到過他的力學著作。在隨後的20年裡，他逐漸對符號邏輯產生更大的興趣。這兩種趨向的結合，形成以石里克為中心的新運動。石里克和馬赫一樣，也是維也納大學的教授，以他為首的團體被稱為維也納學派，他的哲學後來作為邏輯實證主義而廣為人知。

邏輯實證主義正如其名稱所示，它首先是實證主義的。該學說堅持認為，我們的全部知識都來自科學；嚴格地說，舊的形而上學全是空話。除了經驗，我們不可能認知任何別的東西。假如拋開「本體」不論，這個觀點就類似於康德的思想。他們不僅堅持經驗性的考察，而且提出一種內涵標準，後者與實驗室科學家的傳統實用主義有些關係。這就是著名的可驗證性原則，根據該原則，一個命題的內涵就是其驗證方法。它派生於馬赫，馬赫在定義力學術語時就使用這種方法。

雖然邏輯實證主義運動發源於維也納，但卻沒有在維也納維持下來。1936年，石里克被他的一名學生殺害了。由於納粹政權的禁錮即將到來，學會其他成員認為有必要搬到其他地方去定居，結果，他們都去了美國或英國，卡爾納普①去了芝加哥，韋斯曼②去了牛津。與科學語言的統一化

---

1. 卡爾納普（1891—1970），美國哲學家，邏輯實證主義的主要代表，生於德國雷姆沙伊德，卒於美國加州聖塔莫尼卡，早年受教於弗雷格門下，1941年加入美國籍，後來任教於芝加哥大學、加州大學洛杉磯分校。他認為，所有關於世界的概念和知識，最終來自於直接經驗，著有《世界的邏輯結構》。——譯者注

趨勢相一致的是，該運動在戰爭爆發前夕出版《統一化科學的國際百科全書》的首批專著。這套書由芝加哥大學出版社出版，主編奧圖・紐拉特③於1945年在英國去世。因而邏輯實證主義就從其故土移植到英語國家，並且再次與不列顛經驗主義的古老傳統產生聯繫；在某種程度上，它是這個傳統的受惠者。在英國，邏輯實證主義學說透過阿爾弗雷德・艾耶爾④的《語言、真理與邏輯》（1936）一書，首次贏得廣泛的關注。

實證主義運動的內部盛行著某種共同的立場，即輕視形而上學，重視科學。

但其他領域卻在邏輯、科學方法問題上存在很大的分歧，尤其是「可驗證性原則」遭到各式各樣的解釋。事實上，實證主義運動的歷史就是圍繞如下探討來發展的：可驗證性原則究竟有什麼樣的地位和意義？

和真理的實用主義理論一樣，內涵的可驗證性理論也面臨難以自圓其說的困境。因為，如果我們已經找到某種驗證命題的方法，並且對這種方法進行一番描述性的解釋，我們現在就可以問：這種解釋的內涵是什麼？

---

2. 韋斯曼（1896—1959），奧地利哲學家，語言分析哲學的主要代表之一，早年受教於維也納大學，後來擔任該校數學講師，納粹德國入侵奧地利之後移居英國，先在劍橋大學，後來到牛津大學任教，主要著作有：《數學思維導論》、《語言哲學原理》、《我如何看待哲學》。——譯者注

3. 奧圖・紐拉特（1882—1945），奧地利科學家、哲學家、社會學家、經濟學家，邏輯實證主義維也納學派的創始人之一，著有《假設系統的分類》、《經驗社會學：歷史和政治經濟學中的科學內容》、《哲學論文》。——譯者注

4. 阿爾弗雷德・艾耶爾（1910—1989），英國哲學家、邏輯實證主義者，曾經任教於牛津大學、瓦德漢學院、倫敦大學，並且當選為英國科學院院士、美國科學院名譽院士、丹麥科學文學院外籍院士。他認為，哲學只是一種分析活動，應該從事語義分析、定義分析、認識論分析、辯護分析、構成分析、語言的日常用法分析。——譯者注

這就立即導致內涵需要驗證的無限循環，除非我們在某個階段認為命題的內涵就在眼前，不必驗證。但是這樣一來，最初的原則就被打破了，而且我們還可以說：內涵可以被立即直接辨識出來。

實證主義者進一步的困難，就是要把一切哲學思辨當作毫無意義的東西予以拋棄，因為可驗證性理論本身就是一種哲學理論。為了盡可能避開這個難題，石里克論證說：可驗證性原則實際上深藏在我們的行為之中，之所以要費這麼多筆墨來陳述它，只是為了提醒我們事實上自己是如何去做的。但是，如果真是這樣，這個原則就最終是正確的，進而表達某個哲學立場，因為大家都承認它不是經驗科學的一個陳述。

石里克試圖擺脫連續性驗證的無限循環。他認為，內涵最終是從明顯的經驗中推導出來的，是後者把前者賦予命題。卡爾納普在尋求類似的目標，他試圖建立一套形式邏輯體系，把認識論問題納入原始理念，這些理念則由認可相似性的某種基本關係聯繫到一起。這種方法的基礎是一個與真理理論對應的心照不宣的假設。作為對認知問題的一種解釋，該理論的缺陷在於：它要求我們成為局外人，讓經驗與命題自己去進行比較。

紐拉特意識到這個困境，他堅持一個命題只能和另一個命題相比較。按照他的看法，向命題提供支持的是「擬定性陳述」；他把這種陳述和通常的經驗性陳述放在一起來考慮，也就是說，它們不是必然的。卡爾納普採取相似的看法，但是他認為「擬定性陳述」是不容置疑的起點，這種觀點有點笛卡兒主義的意味。無論在什麼情況下，這種探討問題的方法都會使我們按照傳統理性主義的方式，得出一種一貫性的真理理論。

在邏輯實證主義哲學的根本問題上，卡爾納普最終把注意力轉向大不一樣的立場。如果人們可以發明某種形式化的語言，其結構是如此奇妙，

以至於使不可驗證的陳述無法得到闡述，使用這種語言就可以讓一切實證主義者心滿意足。可驗證性原則就被按照原樣植入了該體系的句法之中。但是，這種處理問題的方法也不夠充分。首先，內涵的問題不可能納入句法結構，因為後者涉及的是遣詞造句的方式。其次，建構這種體系等於是在心照不宣地設想：現在，所有的發現都已經完成。在某些方面，它等於是黑格爾的體系，後者的基礎也是相似的觀點，即世界已經進入最後的階段。儘管維根斯坦不是維也納學派的成員，但是在邏輯實證主義者看來，他仍然是一位非常重要的人物。他早期的邏輯理論對前者的思想產生過很大的影響。但是，當邏輯實證主義扎根於英國之後，為它帶來全新轉變的卻是維根斯坦後期語言學的發展。

實證主義運動產生各種各樣的學派，其中最重要的學派之一就是語言分析學派，在過去數10年中，它主導了英國哲學。和正統的邏輯實證主義一樣，語言分析學派也堅持以下原則：一切哲學困惑都是在語言運用上敷衍的結果。因此他們認為，每個闡述得當的問題都會有一個明確的答案。進行分析的目的就是指出「哲學的」問題產生於對語言的隨意濫用。如果闡明這些問題，那就說明濫用語言是沒有意義的，困惑自然也就消失了。所以只要運用得法，我們就可以把哲學看作某種語言療法。

可以用一個簡單的例子來闡明這種方法，儘管我不認同針對這一點的特殊論證。人們經常問自己，一切是如何開始的，是什麼啟動了世界？或者說世界開始運行時是什麼樣子的？暫且不論答案，我們先來仔細考察一下問題的措詞。問題的中心詞就是「開始」。在日常交談中，這個詞是怎樣運用的？為了解決這個附帶的疑問，我們必須考察一下使用這個詞的一般情形。比如，一場交響音樂會可能在8點開始。開始之前，我們可能要進

城吃飯；結束以後，我們就要回家。必須注意的一個要點是：只有問開始之前或開始之後發生什麼才是有意義的。「開始」是指時間上的一個點，它象徵了事件發生的一個階段。假如我們現在回到「哲學的」問題上，立刻就會明白自己正在以某種截然不同的方式使用「開始」這個詞。因為我們從未打算問每件事情開始之前都發生過什麼。的確，透過這種方式，我們就可以看到問題的錯誤所在。如同尋找某個圓的方形一樣，尋找沒有開始的開始同樣是不可能的。一旦明白了這一點，我們就不會再提這樣的問題，因為它是毫無意義的。維根斯坦（1889－1951）對英國的分析哲學產生極大的影響。他曾經和維也納學派有過接觸，和該學派的成員一樣，在希特勒德國的風暴來臨之際，他也離開原來的居住地。他後來遷居到了劍橋，1939年G‧E‧莫爾退休之後，他應聘擔任教授一職。出版於1921年的《邏輯哲學論》，是他生前出版的唯一著作。他在書中提出「一切邏輯真理都是同義反覆」的觀點。根據他的專門含義來理解，「同義反覆」是一個命題，與之相對的是自相矛盾。在這個意義上，「同義反覆」基本上相當於更為常用的術語「分析」。在晚年，維根斯坦的興趣從邏輯學轉向語言分析。就現存的記載來看，他的觀點見於教學筆記和他去世以後才發表的論文集（我手頭有其中兩卷）中。由於文體獨特而深奧，他很難直接進行描述。至於他晚年哲學理論的基本原則，用這句話來陳述也許是恰當的：「詞的內涵在於其運用」。

維根斯坦在進行解釋的過程中，提出「語言遊戲」的比喻。按照他的見解，有些語言的實際運用就像是一場遊戲，比如下棋，其中既有對弈者必須遵循的一定規則，又有允許走棋的某種限制。後來維根斯坦完全摒棄自己早年的《邏輯哲學論》，對當時的他來說，似乎有可能把一切陳述都

解析成不可再分的簡單終極成分。所以這個理論有時也被稱為「邏輯原子論」，它與早期理性主義的單純終極學說有許多共同之處。人們正是以它為基礎，試圖創造出可以極其精確地表述一切的完美語言。維根斯坦在晚年否認了創造這種語言的可能性。我們永遠也不可能完全避免混淆。

透過掌握各種語言遊戲的規則，我們就可以從詞彙的運用中獲得它們的內涵。也就是說，我們有時需要學習某個詞的「語法」或「邏輯」。這個專門術語在語言分析學中得到廣泛的傳播，形而上學問題的產生就會是未能掌握詞的「語法」的結果。因為我們一旦正確地理解規則，就沒有理由提出這類問題了。

語言治療法已經治癒了我們的「隨意濫用」。

儘管維根斯坦極大地影響語言哲學，但是在某種程度上，語言分析還是按照自己的一些方式來發展的。尤其是在語言區別方面出現某種新的趣味，不管它具有什麼樣的療效。一種新的經院哲學已經產生，並像它的中世紀先驅一樣，駛入了有些狹隘的軌道。絕大多數語言分析流派都有一個共同的信念，即日常語言是充分適當的，困惑來自哲學的謬誤。這種觀點忽略了如下事實：日常語言充滿過去哲學理論逐漸褪去的色彩。

之前舉出的例子揭示應該如何來理解常用療法。在清除深奧晦澀、錯綜複雜的形而上學糟粕方面，這種分析法的確是有效的武器；但是作為一種哲學理論，它卻存在一些缺陷。的確，我本來應該想到，哲學家們一直在默默地進行修正。今天之所以不願意承認這一點，是出於某種學問上的狹隘觀念，這種觀念似乎正是最近的新風尚。尤其嚴重的問題是，日常用語被奉為一切爭議的仲裁者。我認為，日常語言本身也有被嚴重混淆的可能，這一點似乎是很顯然的。假如像對待善的形式一樣來對待日常語言，

不去探究它是什麼、怎樣產生、運用和發展，這至少也是危險的。正如生活中所運用的那樣，心照不宣的假設就是具有某種優越性和潛在智慧的語言。和它有間接聯繫的進一步假設，則允許忽視所有的非語言知識，那些語言分析的信奉者正是醉心於這種隨意的做法。

結束語

　　我們的敘述已經接近尾聲。現在，讀者可能會問自己從中有什麼收穫。應該提醒讀者的是，我們所討論的每個主題，都有完整的專著可供查閱。在本書的寫作過程中，我只考慮了浩瀚資料中的一小部分。但是，僅僅熟讀一本書（不管其範圍多麼寬廣）是從來不會把讀者變成專家的。如果是單純地閱讀，即使讀得再多，一個人對事物的理解力也是不會自動提高的。除了擴充見聞以外，還必須對涉及的各種問題進行認真的思考。這也是研究哲學史的一個理由，在我們處理每個論題時，都會有專家提供如此齊備的詳盡著作。

　　對於外行而言（實際上對學者也是如此），重要的是靜下心來，不要草率行動，要從宏觀上把握問題。要做到這一點，就需要進行一種既不龐雜也不過於沉迷於細節的考察。這種考察首先要經過獨立思考。我們所做的不是名詞解釋意義上的百科全書式闡述，無論對人還是對思想，都根據需要有所取捨。我們最大的願望就是提供普遍性思潮的概貌，同樣，對歷史背景資料也進行嚴格的規劃和精簡。本書無意向讀者講述歷史，而是要經常提醒讀者不要忽略產生哲學觀點的歷史背景。此外，本書還強調西方文化傳統從古希臘到當代的連續性。

　　可能有人會問，在這樣一本歷史書中，我們為什麼沒有給通常所說的「東方智慧」留一席之地？對於這個問題，我們可以做出若干回答。首先，由於東西方兩個世界的發展有一定的隔離，所以單獨講述西方思想是

允許的。此外，這已經是一項足夠艱難的工作。所以我們才會做出選擇，將探討的範圍限於西方。不過還有另一個理由是你必須相信的，因為在某些十分關鍵的方面，西方的哲學傳統有別於東方的心靈思辨。東方文明不像希臘文明那樣，允許哲學運動與科學傳統連袂發展。正是這一點賦予希臘探索獨特的視野，也正是這種雙重性傳統造就了西方文明。

理解這種特殊關係是十分重要的。在特定領域內進行的科學探索，與哲學不是一回事，但哲學思考的源泉之一卻是科學。通常，當我們考慮什麼是科學的時候，就是在處理一個哲學問題；而對科學方法原則的研究，也就是一項哲學研究。哲學家們關注的一個永恆的問題，就是嘗試用世界的普遍特徵來解釋它像什麼。但是在這裡，我們要審慎地說清楚：以科學的方式去描述事實，不是哲學研究的一個恰當的目標。如果不尊重這個界限，系統的唯心主義者就會經常誤入歧途。哲學所能提供的是對經驗探索結果的一種考察方式，是把科學發現納入某種秩序的一個框架。唯心主義者過去的嘗試都沒有越過界線，完全處於自己的適當限度之內。

同時，我們可以指出，一旦開始從事科學工作，我們就已經陷入一種哲學的世界觀。因為我們所說的常識，實際上就是有關事物本性的心照不宣的普遍性假設。喚起人們對這種情況的注意，這也許就是批判哲學的主要價值所在。無論如何，它不是多餘的，它提醒我們：不管科學理論可以使我們採取什麼有利可圖的行動，它們的目標都是要陳述世界上某種真實的東西。就像忘了數的用途是為了計算一樣，那些認為理論不過是抽象形式體系的人，也忘記了這一點。

探索的對象不是我們的創造物。實際上，儘管出現錯誤和幻覺，我們也確實還可以設法應付，並且經常感到難以察覺自己正在犯錯。但是，

使我們獲得正確認識的，不是某些信仰提供給我們的那種隨意或內心的安寧。一個人可能會認為自己擁有無盡的財富，因為這種想法能為他帶來某種滿足感。雖然確實有人接受這種觀點，但整體來說，銀行經理們和法庭不贊同他們的看法。有時候，探索的結果是錯誤的，但是這不表示它們就是主觀的。我們可以非常公正地看到，如果說有錯誤，至少需要有一個當事人，自然本身是不可能犯錯的，因為它從不作任何表白。正是人闡述命題時才會犯錯誤。也許實用主義理論的一個動機就來自這個事實。因為如果錯誤是主觀的（按照它與犯錯者的聯繫來理解），而且誰也無法保證不犯錯，我們就會覺得自己總也走不出主觀見解的範圍。然而這種看法是不對的。說錯誤總是不知不覺地出現，這是一回事；斷定我們從未正確過，又是另一回事。如果我所說的是事實，這個判斷裡就沒有任何主觀因素。對錯誤來說也同樣如此，如果我是錯的，我犯錯就是一個關於認識世界的事實。重要的是強調公正探索的客觀性和所追求真理的獨立性。有些人堅持真理是某種可延伸的、主觀的東西，但是他卻沒有注意到：按照這個觀點，探索就成為不可能的事了。此外，他們還錯誤地以為，探索者不可能只服從自己的好奇心，完全忽視自己在發現中獲得的利益。大多數研究並非如此，沒有人會否認這一點，但還是有一些例外。不能用實用主義概念來解釋科學的歷史。

對於那些源於主觀主義偏見的、力量無窮的幻覺來說，尊重客觀真理很可能產生急剎車的防範作用，這就呈現出了哲學思辨的另一個主要動機。至此，我們談到的只是科學及其運作的一般原則（也是哲學研究的一個對象）。但是，作為社會動物的人，卻不光是對揭示世界感興趣，在世界的範圍內行動，這也是人的任務之一。科學考慮的是手段，我們在此討

論的卻是目的。人之所以會面對倫理問題，主要是因為社會本性決定這一點。科學可以告訴人實現某種目標的最佳方式，卻不能告訴人應該追求什麼樣的目標。

關於倫理問題，我們已經瞭解各種不同的倫理觀。在柏拉圖的思想中，倫理最終與科學走到了一起，善即知識。如果真是這樣，當然令人鼓舞。但遺憾的是，柏拉圖的觀點過於樂觀了。有時候，那些最有知識的人倒有可能把知識轉變成罪惡。無論如何，不管一個人有多少知識，其知識本身是解決不了問題的。還有理性與意志的普遍性問題。如果我們否定「兩者有充分的餘地達成一致」的看法，我們只能像奧坎那樣，承認它們是彼此獨立的。當然，這不是說它們完全沒有聯繫。對於意志與激情來說，理智可以，也的確產生制約和引導的作用；但是嚴格地說，還是意志在選擇目的。這個事實產生一項推論：我們無法對自己所追求的目標，或自己所採取的倫理原則進行科學的證明。要使論證得以進行下去，必須一開始就承認某些倫理前提。因此，人們可能會理所當然地認為，他們在行動上也應該這樣去維護自己所處的社會，或者去促進社會體系的某些變革。無論它有什麼樣的倫理前提，在這個基礎上都有可能產生各種論證，以顯示為什麼要採取這樣或那樣的行動。有一個重點需要注意，如果沒有一個含有「應該」的前提，就無法推導出一個告訴自己應該做什麼的結論。

因此很明顯，倫理要求可以因人而異。在倫理問題上，人們經常會有不同的意見，這也是很正常的事。隨之而來的是一個問題：能不能找到一種具有一定程度普遍效力的倫理原則？不管怎樣，倫理原則想要被人接受，就不能取決於某一個人。我們得出的結論是：如果存在具有普遍範圍

的倫理原則，它就必須適用於整個人類社會。這不等於「在所有的方面，每個人都是平等的」，如果硬說就是如此，將是愚蠢的，因為事實上兩者不一樣。人們在機會、能力和其他許多方面都有差異，但是在倫理判斷上，把他們歸於某個特殊的群體是行不通的。比如，我們主張一個人應該誠實，這個倫理原則就不取決於當事人的身材、相貌和膚色。從這個意義上，倫理問題就產生「兄弟般的關係」概念。這個觀點首先在斯多葛派倫理學說中得到清晰的闡述，而後又被基督教所採納。

　　大多數文明生活原則都具有這樣的倫理性質。我們無法用科學的理由來解釋為什麼隨意對別人施加暴力是不對的。我覺得那樣做似乎不對，還覺得自己的看法得到廣泛的認同；但至於為什麼不對，我卻沒有把握提出充分的理由。這些難題還有待解決，也許在某個適當的時候，可以找到解決的方法。但是同時，對那些持有相反觀點的人來說，這也暗示他們應該提出一個問題：我對這些問題的看法是否脫離支持該看法的事實？這樣，一條看似具有普遍性的倫理原則，只是一種特殊的辯解。

　　如前所述，儘管真正的倫理原則不會因人而異，但是這不意味著所有人都是一樣的。在各種眾所周知的差別中，知識差別是一個特例，我指的不僅僅是見聞，而且包括可以清晰有力地表達的知識。蘇格拉底認為知識傾向於與善一致，我們已經批判這種理論的過於理性主義化。但是，有一個觀點是絕對不能忽略的：蘇格拉底很坦率地承認，一個人所知道的，不過是滄海一粟。總之，更重要的是，人應該探求新知識。善就是公正超然的探索，這是源自畢達哥拉斯的一個倫理原則。自泰利斯時代起，不受追求者控制的真理探索，就一直是科學運動的倫理推動力。必須承認的是，這確實沒有觸及濫用發明成果所引起的倫理問題。但是，儘管我們應該正

視這個問題，但如果把這些完全不同的論點糅在一起，卻也不利於我們理解這些問題。

因此，探索者要承擔起一項雙重性任務。一方面，盡力探求他的獨立研究對象，這正是他的使命，無論結果令人欣慰還是煩惱，他都必須這麼做，正如倫理原則對每個人都一視同仁一樣，探索結果也不一定會顧及我們的感情；另一方面，從倫理角度看，還有一個把探索結果轉化為善行的問題。

最後的問題是，應該如何理解真理是一件善事這個倫理原則。顯然，不是每個人都具備從事科學探索的能力，但是也不可能在任何情況下都猶疑不決，人必須思考，也必須行動。但是，有一件事情卻是每個人都可以做到的，那就是允許別人自由決定是否對自己不願意懷疑的問題做出判斷。這也就說明公正的探索是與自由（可看作另一種善）相關的。在一個社會中，寬容是探索得以繁榮的一個先決條件。言論和思想的自由是自由社會的強大推動力，只有這樣，探索者才有可能在真理的引領下漫遊。從這個意義上說，每個人都可以對這個至關重要的善做出貢獻，儘管這不表示我們要對每件事情都持相同的看法，但是它可以保證不會人為地封閉任何探索之路。對於人來說，未經審驗的生活，確實是不值得過的。

海鴿 文化出版圖書有限公司
Seadove Publishing Company Ltd.

作者	伯特蘭‧羅素
譯者	伯庸
美術構成	騾賴耙工作室
封面設計	九角文化/設計
發行人	羅清維
企劃執行	張緯倫、林義傑
責任行政	陳淑貞

青春講義 129

羅素拿到**諾貝爾獎**的**哲學史**

出版	海鴿文化出版圖書有限公司
出版登記	行政院新聞局局版北市業字第780號
發行部	台北市信義區林口街54-4號1樓
電話	02-27273008
傳真	02-27270603
E-mail	seadove.book@msa.hinet.net

總經銷	創智文化有限公司
住址	新北市土城區忠承路89號6樓
電話	02-22683489
傳真	02-22696560
網址	www.booknews.com.tw

香港總經銷	和平圖書有限公司
住址	香港柴灣嘉業街12號百樂門大廈17樓
電話	（852）2804-6687
傳真	（852）2804-6409

CVS總代理	美璟文化有限公司
電話	02-2723-9968
E-mail	net@uth.com.tw

出版日期	2022年08月01日　一版一刷
定價	480元
郵政劃撥	18989626　戶名：海鴿文化出版圖書有限公司

國家圖書館出版品預行編目（CIP）資料

羅素拿到諾貝爾獎的哲學史 ／ 伯特蘭‧羅素作 ；
伯庸譯. -- 一版. -- 臺北市 ： 海鴿文化，2022.08
面 ； 公分. -- （青春講義；129）
ISBN 978-986-392-460-9（平裝）

1. 西洋哲學史

140.9　　　　　　　　　　　　　　111009969

Seadove

Seadove